KB188208

당신은 **복**되십니다

당신은 **복**되십니다 강론집 ❷

글 조용국

1판 1쇄 인쇄 2018. 8. 5
1판 1쇄 발행 2018. 8. 15

펴낸곳 예 · 지 | **펴낸이** 김종욱 | **표지디자인** 김은희
편집디자인 신성기획 | **제작 진행** 공간

등록번호 제1-2893호 | **등록일자** 2001. 7. 23
주소 경기도 고양시 일산동구 호수로 662
전화 031-900-8061(마케팅), 8060(편집) | **팩스** 031-900-8062

ISBN 979-11-87895-08-4 04240
        979-11-87895-06-0(세트)

예 지 의 책은 오늘보다 나은 내일을 위한 선택입니다.

당신은 복되십니다

당신은 복되십니다

조용국
프란치스꼬 신부
강론집 ❷

예지
Wisdom Publishing

당신은 **복**되십니다

추천사 1

✤

    사제는 미사를 집전하는 이다. 미사는 말씀의 전례와 성찬의 전례로 구성되어 있다. 사제는 말씀의 전례를 통해 말씀에 대한 봉사를 한다. 강론은 말씀 봉사의 명백하고 유력한 수단이다.

    말씀이 좋다는 사제들의 강론을 찾아 들으러 다니는 신자들을 보는 것이 이젠 그리 낯설지 않다. 어쩌면 그만큼 말씀에 굶주려 있기 때문이겠다. 좋은 강론을 하는 사제들은 주님께서 주신 은사 안에서 그만큼 노력한다. 하느님의 질서 안에서 거저 되는 것은 없다. 하느님의 이끄심에 따르려는 노력 없이 제대로 이루어지는 것은 없다.

    오랫동안 본당 생활을 한 사제들이 자신들의 강론을 엮어 책으로 내는 것은 무척 고마운 일이다. 그들의 사목 생활 안에서 길어 올린 말씀에 대한 깊은 통찰과 영적 지혜가 가득 담긴 샘을 만날 수 있기 때문이다.

    조 신부와의 첫 만남은 까까머리로 입학한 신학교에서였다. 벌써 40년도 더 지났으니 시간이 참으로 빠르다. 그러니까 시간은 기다려 주지 않는 냉정한 질서다. 3년을 같이 살고는 서로 헤어졌다. 그리고 다시 만나 술잔을 기울이며 깊은 속내를 얘기한 것은 바로 얼마 전이었다. 그 만남은 적어도 40년 묵힌 만남이었던 셈이다.

그 만남에서 나는 하느님께서 인간 모두에게 주신 고유함에 믿음으로 충실하게 응답하고자 했던 나의 오랜 벗을 볼 수 있었다. 그리고 그것은 나에게도 참으로 큰 반향이 되었다. 왜냐하면 나는 그 시절에는 그의 고유함이 썩 내키지 않았기 때문이다.

그는 까만 얼굴에 하얀 이를 드러내며 밝게 웃는 그런 친구였다. 누구에게나 따뜻하고 밝은 웃음을 지으며, 깊은 정감을 드러내는 그의 목소리의 감겨 옴이란…… 하지만 그가 축구를 할 때 보이는 모습은 마치 튼튼한 다리를 지닌 한 마리의 말이 목표를 향해 뛰어가는 폭풍과도 같은…… 그래서 그와 부딪치기라도 하는 날이면 반드시 그 대가를 육신의 아픔으로 치러야 하는…… 그리고 공 앞에서는 어떠한 자비심도 없는 무시무시한…….

아! 이런 모습들이 어떻게 한 인간 안에 공존할 수 있는지 내내 의아하고, 사실 그다지 진솔하게 보이지 않는 조합이었다.

하지만 오랜 세월이 흐른 후, 그가 살아온 본당신부로서의 삶을 들으면서 나는 나의 마음 안에 한 줄기 빛이 지나가는 것을 발견했다. '아! 그랬구나.' 내가 40년 전에 보았던 그의 모습은 인간적인 것이라기보다 신앙에 바탕을 둔 영적인 것이었음을.

왜냐하면 그의 이야기는 그가 신앙 안에서 주님께서 주신 밝고 따뜻하고 정감 넘치는 모습에, 끝까지 포기하지 않고 뛰어가는 충실함과 진지함과 진실함이 어우러진 본당사제로 살아갔음을 드러내고 있었기 때문이다. 그의 신앙 안에서 진작부터 있었고, 계속해서 주님 안에서 말씀을 통해 자라난 이 모습은 그가 고난과 시련의 어려움을 이겨 내고 극복해 나가기보다는 주님 안에서 그 어려움을 품고 보듬어 하느님께서 하시도록 내어놓고 맡기게 하였던 것이다.

그의 얘기 안에서 그걸 발견했을 때 그도, 나도 얼마나 기쁘고 행복했던가!

그의 모습이 담긴 이 강론집은 주님을 믿지 못해 힘들게 살아가는 우리들에게 큰 울림이 될 것이며, 값진 선물이 될 것임이 틀림없다. 이름 없는 한 본당사제가 평생 신앙 안에서 자신을 바쳐 길어 올린 말씀의 내용에 마음을 열고 다가가 본다면, 지친 발걸음을 내딛는 우리 모두가 깊고 신선한 생명의 바람을 맞이할 수 있으리라!

주님 안에서 그의 영육 간의 건강을 빌며……

사도 베드로, 바오로 축일에

김병로 라파엘 신부

추천사 2

❖

조용국 신부님 강론집 출간을 축하합니다. 열정을 갖고 사셨기에 가능한 일입니다. 강론 곳곳에 신부님의 뜨거움이 숨어 있습니다. 찾아내어 읽는 것도 즐거움의 하나입니다. 새로운 느낌으로 다가오기 때문입니다.

학창 시절엔 멀쑥한 선후배 사이였을 뿐입니다. 사제 되어 한동안 떨어져 살다 우연한 계기로 가까워졌습니다. 자연을 좋아하는 공감대 덕분인 듯합니다. 사람을 사랑하는 닮은 모습에 서로 통했던 것 같습니다.

서커스의 어원은 라틴말 치르쿠스(Circus)입니다. 동그라미를 뜻하던 이 단어가 원형 경기장을 뜻하게 되었고, 나중엔 이곳에서 벌어지는 검투사 시합이나 운동경기도 서커스라 했습니다.

현재도 서커스의 인기는 여전합니다. 한계를 뛰어넘는 묘기 때문입니다. 가끔 동물도 등장해 불붙은 고리 속으로 뛰어듭니다. 이동작은 지독한 훈련의 결과라고 합니다. 먹이를 통한 보상으로 훈련할 거라 생각하지만 그렇지 않다고 합니다. 사실은 동물과 조련사 사이의 신뢰 때문이라는군요. 조련사는 불리한 일은 시키지 않는다는 믿음이 있기에 불 속으로 뛰어든다는 겁니다. 물론 그러한 신뢰를 얻기까지 조련사의 지극한 사랑이 있었을 겁니다.

조용국 신부님께서 사제 생활 30년을 넘기면서 강론집을 냅니다. 서커스의 동물 선수처럼 불붙은 고리 속을 통과하는 것이지요. 주님의 이끄심을 느끼면서 살아왔기에 가능한 일입니다. 감사와 열정으로 더 멋진 묘기를 보여 주시길 청해 봅니다.

단순한 강론집이지만 그 속에 숨어 있는 한 사제의 고뇌와 사색의 긴 시간을 묵상해 봅니다. 야구에서 아무리 뛰어난 투수라도 타자들이 점수를 내지 않으면 패전투수가 되고 맙니다. 현대사회는 그렇게 바뀌어 가고 있습니다.

강론집이 나올 수 있도록 기도하며 도움을 주신 모든 교우님들께 감사드립니다.

마산교구 진주 신안동 본당 주임
신은근 바오로 신부

책을 내며

✤

Deo Gratias!

저는 학문을 깊게 연구한 사람도 아니고, 기도에 매달린 사람도 아닙니다. 그저 30여 년간 교회 안에서 사람들과 부대끼며 살아온 평범한 사제입니다.

이곳 금호동 성당에 오면서 저는 세 가지의 실천 사항을 결심했습니다. '첫째는 신자들 야단치지 않기, 둘째는 재정운영 투명하게 하기, 셋째는 매주 철저하게 강론 준비하기'입니다.

5년의 임기를 마쳐 가는 요즘 저는 참으로 하느님께 감사드립니다. 정말 부족하기는 하지만 저의 결심을 어느 정도는 실천했다고 느껴지기 때문입니다.

신부님 강론을 다시 들었으면 좋겠다는 신자들의 요청이 많았습니다. 주위에 조언을 구했는데 정말 뜻밖에도 책으로 냈으면 좋겠다는 얘기를 듣게 되었습니다. 저는 순간 놀라고 당황했습니다. 저의 글을 책으로 낸다는 것은 상상도 못 한 일이었기 때문입니다.

저의 지나온 글들을, 그 글들 속에 있는 세월들을 다시 한 번 되돌아보게 되었습니다. 저의 가슴은 하느님께 대한 감사와 찬미로 뛰고 있었습니다. 돌아보니 저의 글은 제 능력이 아니었습니다. 하나에서 열까지 다 그분이 이끌어 주신 것이었습니다.

이제 저 자신을 드러내는 것이 아니라 제 삶을 통해서, 저의 글을 통해서 함께하신 하느님의 능력과 사랑을 드러내야 할 것 같다는 강한 느낌을 받았습니다.

그래서 용기를 내게 되었습니다. 그러나 부끄럽고 창피합니다. 다시 읽어 보니 감동적인 부분도 있지만 부족하고 또 부족하기만 합니다. 그러나 큰 수정 없이 있는 그대로, 부족한 그대로 출간하기로 결심하였습니다. 분량이 꽤 많습니다. '1300여 페이지가 넘으니 어찌할까?' 하다가 삭제·편집하지 않고 두 권으로 출간하기로 호기를 부리고 말았습니다.

일정한 주제도 없고 맥락도 없으니 그때그때 아무 곳이나 펴서 읽으셔도 되겠습니다. 전문적인 지식은 기대하지 않으시는 게 좋습니다. 그저 편하게 마음으로 읽고 느끼시면 될 듯합니다. 부족하기만 하지만 하느님께서 쓰시고 싶으신 대로 쓰시도록 제 마음도 내려놓고자 합니다.

제 삶을 통해 함께 계시는 하느님께 영광과 찬미가 된다면 그것으로 만족할 뿐입니다. 아멘.

성 김대건 안드레아 기념일에
조용국 프란치스꼬 신부

당신은 **복되십니다**

2016년
강론

성체 성혈 대축일(2016. 5. 29.)

"주님이 말씀하신다. 나는 하늘에서 내려온 살아 있는 빵이다.
누구든지 이 빵을 먹으면 영원히 살리라."

1. 5월은 참으로 아름다운 달입니다. 가정의 달인 이 5월에 우리는 어린이날, 어버이날, 부부의 날, 청소년 주일, 스승의 날 등 말만 들어도 사랑과 감사의 정이 흘러넘치는 그런 아름다운 나날을 지내고 있습니다. 너무나 소중한 관계들입니다.

2. 이 모든 관계들이 행복할 수 있다면 우리의 삶 역시 행복할 수 있을 것입니다. 부부간의 관계, 부모와 자녀의 관계, 스승과의 관계가 좋고 평화롭다면 우리의 삶은 반은 이미 성공한 삶이라 할 수 있을 것입니다. 요즘에는 죄를 설명할 때 관계가 깨지는 것이 죄라고 합니다. 자신의 삶에 주어진 모든 관계를 중요시 여기고 사랑과 평화의 관계로 만들어 나갈 수 있을 때 우리의 삶은 훨씬 더 행복하고 아름다울 수 있을 것입니다.

3. 마찬가지로 우리의 신앙생활 안에서도 어머니이신 성모님과의 관계가 평화롭고 아름다울 수 있도록 기도해야 하겠습니다.

4. 어제 우리 본당의 모든 교우들의 마음을 모아 성모님을 공경하는 아름다운 밤을 성대하게 지냈습니다. 아마 성모님께서는 당신의

자녀들인 우리의 마음과 기도를 기쁘게 받아 주셨을 것입니다. 그리고 미약한 우리들을 위해 더더욱 간구하여 주실 것이고, 우리의 삶을 이끌어 주실 것입니다.

성모님께서는 누구보다도 예수님과 가까이 계시는 분이시기에 성모님의 기도는 이 세상의 어떤 기도보다도 가장 강력한 기도인 것입니다. 그분의 청원은 때가 이르지 않은 예수님도 거절하지 못하셨습니다. 예수님께서 차마 거절하지 못하는 유일한 기도가 있다면 그것은 성모님의 청원일 것입니다.

5. 따라서 우리는 이 미사 중에도 언제나 우리와 함께하시는 성모님과 함께 우리의 마음을 주님께 봉헌할 수 있어야만 그 크신 미사의 은혜가 우리에게 주어질 수 있는 것입니다.

6. 미사의 은총이 얼마나 큰 것일까요? 생각해 보면 은총의 처음이자 마지막이라고 할 수 있습니다.

저는 어린 나이인 중학교 시절에 정말 아무것도 모르면서 3년 꼬박 매일 새벽미사를 거르지 않았습니다. 누가 시키지도 않았는데 그저 미사에 가는 것이 무조건 좋았습니다. 그 미사의 은총으로 제가 사제성소를 받은 것이 아닌가 합니다.

사제성소에 대해서 별 생각을 하지 않았던 제가 어느 날 갑자기 "너 신학교 가지 않을래?"라는 말씀에 느닷없이 "예, 저 신학교 갈 거예요."라고 대답했던 그 시점이 지금도 생생하게 떠오릅니다. 사실 저는 그때 어려운 가정 형편을 생각해서 공고나 상고에 갈 생각을 하고 있었는데 느닷없이 제 입에서 '신학교 갈 거예요.'라는 대답이 무의식적으로 튀어나왔던 것입니다.

갑자기 신학교에 가기 위한 준비가 구체적으로 이뤄지기 시작했습니다. 저는 아무 말도 하지 못하고, 제 마음속에 어떤 생각이 있었는지 말도 못 하고, 어떤 의미에서는 신학교 갈 준비가 다 되어 있었던 사람처럼 급작스럽게 끌려가다시피 하여 신학교에 입학하게 되었습니다.

지금 생각해 보면 그때의 제 대답은 제가 한 것이 아니었습니다. 그 어린 시절의 미사의 은총으로 성령께서 하신 것이 아닌가 합니다.

7. 서품받기 전에 저는 한 가지 결심을 합니다. 다른 것은 몰라도 사제가 되어 미사를 집전할 때는 한 글자, 한 글자 똑똑히 발음하고, 어떤 상황에서도 그 뜻을 생각하면서 미사를 봉헌하기로 결심합니다. 그 결심은 지금도 변함없이 실천하고 있습니다.

하느님께서는 정말 묘하게도 마이크를 통한 제 목소리를 좋게 들리도록 섭리하여 주셨습니다. 원래 제 목소리는 그리 좋지 못했던 것으로 기억합니다. 미사를 봉헌할 때마다 신자들이 제 마이크 목소리가 성우 같다는 등 듣기 편하다는 등 칭찬을 합니다. 나이가 들어 귀가 잘 들리지 않는 어르신들도 이상하게 제 목소리는 잘 들린다고 합니다.

참으로 크신 미사의 은총입니다.

8. 부제 때 저는 본당 신부님으로부터 이상하게 미움을 받았습니다. 제가 하는 일에 괜히 시비를 거시고, 사사건건 따지시는 것이었습니다. 상처도 많이 받았습니다. '왜 그러실까?' 나중에 생각해 보

니 신자들이 부제가 본당 신부님보다 더 강론을 잘한다고 하여 생긴 질투 때문이 아니었나 깨닫게 됩니다.

군대에 가서 보초만 서지 않으면 군대 생활할 만하다고 합니다. 한창 잠이 많은 젊은 나이에 밤중에 깨어 한두 시간씩 보초를 서는 것만큼 고역이 없기 때문입니다.

마찬가지로 사제 생활에 있어서도 강론만 없으면 얼마나 좋을까 생각해 보게 됩니다. 강론은 정말 사제에게 있어 큰 스트레스 중의 하나입니다. 그러나 또 생각해 보면 강론이 없으면 사제 생활에 긴장이 없습니다. 따라서 건강한 스트레스라고 할 수 있을 것입니다.

제가 하느님과 함께하는 은총의 생활을 하면 정말 강론 준비가 쉬운데, 조금이라도 흐트러지면 강론 준비가 너무 어려워집니다. 제가 하는 것이 아니라 제 안에 계신 하느님께서 저를 도구로 신자들에게 필요한 말씀을 하시는 것이 아닌가 합니다. 저에게 주어진 강론의 은총은 미사 경문을 진지하게 외우고자 하는 저의 정성에서 비롯된 것이 아닌가 합니다.

9. 미사 경문은 2000년이 넘는 세월을 통해 갈고 닦인 말씀들입니다. 즉 하느님의 힘으로 가득 차 있는 말씀들인 것입니다. 우리가 그 귀중한 미사 경문을 한 글자, 한 글자 정성스럽게 외운다면 얼마나 큰 미사의 은총을 받을 수 있겠는가 생각해 보게 됩니다.

10. 미사 중에 신자들의 얼굴을 보면 예사롭지 않습니다. 살아온 세월들이 보이고, 그 세월들 속에 있는 삶의 기쁨과 슬픔이 보이기 때문입니다. 밝은 표정을 보면 그 삶 안에 있는 하느님의 힘을 보게 되

고, 어두운 표정을 보면 그 삶 안에서 그를 괴롭히는 어둠의 힘을 보게 됩니다. 깊게 파인 주름살을 보면 안타까운 마음이 들고, 그 주름살 속에서도 정말 열심히 살아오신 인생이 보입니다.

11. 그 얼굴들을 보면서 그 얼굴 안에 숨어 있는 영혼을 느끼면서 진정으로 기도하게 됩니다. 하느님의 힘이 함께하시길, 그 마음이 은총으로 가득 차길 기도하게 됩니다. 특별히 영성체를 하실 때 짧은 순간이지만 그 사람에게 무엇이 필요한지 느껴집니다. 성체의 힘으로 그에게 필요한 하느님의 은총이 주어지길 기도합니다.
여러분은 아무 생각 없이 성체를 받아 모실 수 있지만 사제는 그 찰나의 순간에 수없는 화살기도를 바치고 있는 것입니다.

12. 특별히 저는 미사 중에 성체가 쪼개어지는 그 순간에 큰 감동을 받습니다. '하느님의 어린양, 세상의 죄를 없애시는 주님'이라고 할 때 그 성체가 쪼개어집니다. 실제로 구약시대에는 온 회중이 모여 어린양을 잡아 희생 제사를 바쳤는데, 바치기 전 자신들의 죄를 그 어린양에게 퍼부었다고 합니다.
지금도 이 세상의 죄를 없애시기 위해서 그 어린양이신 예수님의 몸이 실제로 쪼개어집니다. 비록 피가 흐르지는 않지만 저는 제대 위에서 피 흘려 가며 당신의 몸이 진짜로 쪼개져 가며 우리의 죄를 없애시는 어린양이신 예수님을 체험하곤 합니다. 그 쪼개어지는 예수님의 희생과 사랑이 있기에 이 부족한 죄인들이 그래도 살아갈 수 있는 것입니다.

13. 저는 또 미사 중에 성체와 성혈을 들어 올릴 때 깊은 감동을 받

습니다. 밀떡이 성체로 변화되고, 포도주가 성혈로 변화되는 순간인데, 그 밀떡을 보면 하나하나의 밀알들이 모인 것이고, 그 포도주를 보면 하나하나의 포도가 모인 것입니다. 즉 우리 한 사람, 한 사람이 다 밀알이고 포도인 것입니다.

성체와 성혈로 축성된 빵과 포도주를 들어 올리면서 저는 그 성체 안에, 그 성혈 안에 그곳에 있는 모든 사람의 마음과 삶을 일치시킵니다. 즉 성체를 들어 올리면서 한 알, 한 알의 밀알, 즉 한 사람, 한 사람의 삶의 기쁨을 생각하고, 성혈을 들어 올리면서 포도 한 알, 한 알, 즉 한 사람, 한 사람의 삶의 고통을 생각합니다. 우리 모두의 삶이 미사 안에서 예수님의 몸과 피로 축성되고 변화되는 것입니다.

14. 군종신부를 하던 시절, 전방을 방문하게 되는데 어떤 때는 교육, 작업, 훈련 등 부대 내의 사정으로 병사들이 한두 명 간신히 미사에 참례합니다. 미사를 드려 주겠다고 험한 길을 달려왔는데 한두 명밖에 없으면 정말 맥이 빠집니다. 그래서 어떤 때는 잘 가지 않기도 했습니다.

그런데 미사를 봉헌하지 않으니 제 삶도 함께 맥이 빠지는 것이었습니다. 이런저런 핑계로 미사를 봉헌하지 않는 제 삶의 모습은 그야말로 형편없었습니다. 그 체험 이후로 몇 명이 오든 상관없이 미사를 봉헌하기 위해 달려갔습니다. 제 삶은 새로운 활력과 기쁨을 되찾을 수 있게 되었습니다.

15. 미사에 있어 무엇보다 소중한 것은 바로 '지향'입니다. 사제가 제대 위에서 밀떡을 성체로 축성할 때 약속된 것이 하나 있습니다.

제대 위에는 성체포를 깔게 되어 있는데 그 성체포 안에 있는 밀떡만이 바로 성체로 변화된다는 약속이고, 그것이 바로 지향인 것입니다. 오늘 이 미사를 어떤 마음으로 봉헌하겠다는 그 마음이 바로 지향인 것입니다.

매일 봉헌되는 미사이지만 너무나 귀한 하느님의 은총의 보고가 바로 미사인 것입니다. 이 미사는 바로 예수님의 그 희생과 죽음이 사랑으로 변화되는 미사이기 때문입니다.

살아 있는 사람을 위해서도, 죽은 사람을 위해서도 미사는 봉헌됩니다. 그 미사의 은총으로 모든 이에게 하느님의 은총이 전달되는 것입니다.

16. 미사의 은총, 성체와 성혈의 은총을 어찌 다 말로 표현할 수 있겠습니까? 우리가 올바른 지향을 갖고, 미사 경문의 뜻을 생각하면서 외우기만 한다면 하느님께서는 우리에게 엄청난 은총을 베풀어 주실 것입니다. 우리가 원하는 은총이 아니라 하느님께서 주시길 원하시는 엄청난 선물을 받을 수 있을 것입니다.

17. 우리가 믿는 하느님은 우리의 작은 정성과 실천을 크게 보시고, 우리가 원하는 것보다 훨씬 더 크고 풍요로운 은총을 베푸는 분이심을 언제나 잊지 말고 기억하고 실천하도록 하십시다.

"주님이 말씀하신다. 나는 하늘에서 내려온 살아 있는 빵이다. 누구든지 이 빵을 먹으면 영원히 살리라." 아멘.

첫 영성체 강론(2016. 6. 12.)

"하느님, 이 어린이들과 함께하여 주소서.
아니, 항상 함께 계시는 당신을 깨닫게 하여 주소서.
이들이 당신과 함께 살아가는, 진정으로 행복한
당신의 자녀 되도록 특별한 은총으로 이끌어 주소서."

1. 성숙의 계절인 이 6월, 예수님의 사랑이 넘치는 이 예수성심성월에 우리 공동체는 오늘 가장 아름다운 생명인 어린이들이 첫 영성체를 하게 됩니다.

2. 첫 영성체를 하는 어린이 여러분, 한 달 동안 참 고생 많이 하셨어요. 새벽미사 하랴, 매일 첫 영성체 교리 받으랴, 기도문 외우랴, 성서 필사하랴, 정말 고생 많이 했어요.

3. 어린이들을 진심으로 사랑하시는 보좌 신부님과 수녀님들도 고생하셨습니다. 그동안 첫 영성체 하는 모습을 많이 지켜봤지만 이번만큼 어린이들이 자유롭고 활기찬 모습은 처음이었던 것 같습니다. 어떤 경우에도 아이들을 야단치지 않고 끝까지 참으시면서 아이들의 기를 살려 주시는 모습은 감동에 가까웠습니다. 덕분에 아이들은 정말 마음 놓고 성당을 휘저으며 뛰어놀 수 있었습니다. 예수님도, 성모님도 모처럼 깔깔대는 아이들의 웃음소리를 들으시면서 행복하셨을 것입니다.

4. 이번에는 부모님들도, 자모 회원들도 정말 마음을 다해 함께해

주셨습니다. 매일 간식을 정성껏 준비해 주시고, 함께 기도문을 외우시고, 함께 필사를 도와주고, 새벽미사에 함께하셨습니다. 그동안 신앙생활에 등한시하던 부모님들도 나름 깊은 관심을 갖고 함께하셨습니다. ME에서도 부모님들의 교육을 위해 외부에서 강사를 섭외해 주셨고, 함께해 주셨습니다.

5. 그래서인지 아이들을 위한 피아노 기증에 세 가족이 마음을 모아 주셨고, 감사 헌금도 봉헌해 주시고, 어떤 부모님은 첫 영성체 아이들을 위해 무려 300만 원이나 봉헌해 주셨습니다.

6. 모든 것이 하느님의 사랑이며 은총입니다. 사람이 아무리 노력해도 사람의 마음을 움직일 수 없습니다. 오로지 하느님만이 사람의 마음을 움직여 주실 수 있는 것입니다.

7. 그래서 이번 첫 영성체는 참으로 은총이 가득한 첫 영성체입니다. 그래서 오늘 이날이 기쁘고 아름답습니다.

8. 첫 영성체를 함께 기뻐하며 축하하기 위해서 오늘 강론은 어린이와 어른들을 위한 저의 창작동화를 들려드리겠습니다. 제목은 '민들레와 개똥'입니다.

9. 옛날 어떤 들판에 아주 이쁜 민들레가 있었어요. 그 민들레는 다른 민들레와는 아주 달랐답니다. 이뻐도 너무너무 이뻤어요. 자태도 고귀했고요. 햇살에 빛나는 그 민들레는 주위를 모두 아름답게 만들었지요. 말하는 것도, 행동하는 것도 아주 품격이 있었답니다. 성격도 아주 좋아서 주위에 친구들이 참 많았어요. 나비도, 벌도, 잠

자리도 매일매일 와서 민들레와 함께 놀았어요. 어떤 때는 송충이도 오고, 지렁이도 놀러 왔어요. 모두모두 행복했어요.

민들레와 친구들은 약속했어요. "우리 어떤 일이 있어도 이 아름다운 우정을 잘 간직하자." 모두 그러기로 손가락을 걸고 약속했어요. 하루하루가 아름다운 날들이었고, 하루하루가 행복한 날들이었어요.

그러던 어느 날 밤에 민들레가 잠을 자고 있는데 동네에서 강아지 한 마리가 올라왔어요. 강아지는 냄새를 킁킁 맡더니 민들레 옆에다 아주 큰 볼일을 보고는 가 버렸어요.

깊은 잠에 빠져 있던 민들레는 뭔가 이상한 느낌이 들어서 잠이 깨었어요. 갑자기 아주 역겨운 냄새가 나는 것이었어요. "아이, 이게 뭐야. 개똥이잖아." 그 개똥 냄새는 아주 지독했어요. 민들레는 이 개똥을 어떻게 하나 하면서 애를 태웠지만 방법이 없었어요.

다음 날 날이 밝자 친구들이 놀러 왔어요. 나비가 와서는 "아니, 이게 뭐야. 개똥이잖아. 아유, 이런 지독한 냄새는 처음이야. 민들레야, 너는 이쁘긴 하지만 이런 냄새는 견딜 수 없단다." 하면서 나풀나풀 날아가 버렸어요. 이번에는 가장 친한 벌이 왔어요. "야, 야, 정말 못 견디겠다. 아주 더럽구나, 더러워!" 하면서 붕붕 날아가 버렸어요. 다른 친구들도 하나같이 민들레의 속을 뒤집어 놓는 말을 하고는 떠나가 버렸어요.

민들레는 깊은 상처를 입고 말았어요. 개똥 때문에 속이 상해 죽겠는데 친구들마저 깊은 상처를 주고 떠나가 버렸기 때문이에요. 눈앞이 캄캄해졌어요. 그 아름답던 세상도 이제는 아름답지 않았어요. 마음속에 어둠과 분노와 미움이 몰려왔어요.

그 아름답던 민들레는 어깨가 축 처진 채 고개를 숙였어요. 고개를 숙이니 그 개똥이 보이고, 그 냄새가 또 속을 뒤집어 놓는 것이었어요. 민들레는 도대체 어떻게 해야 할지 몰랐어요. 세상이 무너진 것 같은 절망감과 자신의 힘으로는 아무것도 할 수 없다는 무력감이 밀려왔어요.

그 지겹던 하루가 지나고 밤이 찾아왔어요. 민들레는 밤새 잠을 잘 수가 없었어요. 마음속에는 바람과 폭풍이 휘몰아치고 있었죠.

개똥이 지겹던 민들레는 그저 하염없이 하늘만 바라보고 있었어요. 그때 어디선가 따사로이 자신을 지켜보는 눈길이 느껴졌어요. "어, 누구지?" 가만히 하늘을 올려다보니 보름달이 민들레에게 눈길을 주고 있었어요. "어, 안녕하세요." 민들레는 수줍게 인사했어요. 매일 밤마다 달님이 있었지만 민들레는 그걸 모르고 있었던 거죠.

달님이 민들레에게 물어보았어요. "이쁜 민들레야, 안녕. 그런데 오늘은 왜 그리도 슬픈 얼굴이니? 어디 아프니?" 따뜻한 한마디에 민들레는 마음속의 원망과 미움이 솟구쳐 올랐어요. "이 개똥 때문이에요. 이것 때문에 내가 다 망가지고 말았어요. 친구들도 다 떠나고, 냄새는 나고, 내가 어떻게 할 수는 없고, 어쩌면 좋죠?" 민들레는 달님에게 온갖 하소연을 늘어놓았어요. 달님은 온화하게 민들레의 이야기를 다 들어 주었어요.

하고 싶은 이야기를 다 한 민들레가 달님에게 물어보았어요. "그런데 달님은 어찌 그리 이쁘시나요? 제가 본 분 중에 가장 이쁘신 것 같아요." 달님은 이야기했어요.

"민들레야, 내가 이쁜 것은 내 힘이 아니란다. 나를 비추는 해님 때문이지. 해님이 이 깜깜한 밤중에도 나를 비추고 있기 때문에 그 빛을 받아 내가 빛을 낼 수 있는 거란다. 해님은 밤에는 안 보이지만 저 멀리서 언제나 나를 바라보며 비추어 주고 있단다. 해님이 내 아름다움의 근원이고, 내 존재의 근원인 거지. 네가 이쁜 것도 바로 해님이 너에게 생명을 주고, 아름다움을 주기 때문이란다."

민들레는 달님과 이야기하면서 마음이 편해졌어요. 그 어느 때보다도 마음이 아름다워졌어요. 그리고 참으로 감사했어요. "아, 내일 아침에 해님을 만나면 정말 감사드릴게요." 민들레는 편하게 잠을 잘 수 있었어요. 달님이 언제나 비추어 주고 있다는 사실에 감사했고, 내일 그 해님을 만날 수 있다는 사실에 마음이 뛰었어요. 이제 개똥 냄새도 나지 않았어요.

그 밤에 보슬비가 내렸어요.

그다음 날 민들레가 잠에서 깨어나는데 이상하게 그 슬픈 기분이 없어진 거예요. 힘도 불끈불끈 솟고, 얼굴도 화사하게 빛나는 것이었어요. "어, 내가 왜 이러지? 어제는 죽을 것만 같았는데 왜 이렇게 기분이 좋지?"

주위를 둘러보니 아름다운 세상이었어요. 새들은 기분 좋게 아침을 노래하고, 바람은 선들하고, 햇살은 따사로웠어요. 그리고 개똥 냄새가 안 나는 것이었어요. "어, 이상하다." 민들레는 쳐다보기도 싫었던 개똥을 바라보았어요. 그런데 거짓말처럼 그 개똥이 사라진 거예요. "어, 어디로 갔지?"

그 지겹던 개똥이 어디로 갔을까요?

그래요. 우리 어린이들은 참 똑똑해요. 밤새 내린 그 보슬비 때문에 개똥이 땅속으로 다 스며든 거예요. 땅속으로 스며든 개똥은 민들레에게 온갖 좋은 것을 다 주었어요. 초콜릿도 주고, 맛있는 과일도 주고.

민들레는 해님을 바라보았어요. "해님, 안녕하세요." 민들레의 수줍은 인사에 해님은 더 강한 빛을 보여 주었어요. "그래, 안녕. 네 인사는 처음 받아 보는구나. 이제 우리 친하게 지내자." 민들레는 너무너무 감사하고 행복했어요. "아, 해님 때문에 우리가 살 수 있는 거구나. 해님 때문에 이 아름다움이 있는 것이구나. 해님 때문에 우리가 착하게 살 수 있는 거구나." 여태까지 생각하지 못한 깨달음이 민들레의 마음속에 강하게 들어오기 시작했어요.

민들레는 더 이뻐졌어요. 또 건강해졌어요. 더 멋진 민들레가 되었다는 소문이 퍼졌고, 친구들은 마치 아무 일도 없었다는 듯이 민들레 곁에 모여들었어요. 어제만 해도 미워 죽을 것 같던 친구들이었는데 이제 아무 상관이 없어졌어요. 민들레의 마음속에는 영원한 친구, 변하지 않는 친구, 달님과 해님이 생겼기 때문이에요. 이제 밤이 되면 달님을 만나고, 날이 밝으면 해님을 만날 수 있으니 민들레는 너무너무 감사하고 행복했어요. 친구들에게도 그 달님과 해님을 알려 주었어요.

민들레가 있는 동산이 얼마나 행복해졌는지 몰라요. 모두가 사랑을 나누고, 행복을 노래하며, 주어진 삶에 참으로 감사하는, 그야말로 천국과 같은 동산이 되었어요.

10. 퀴즈 하나 낼게요. 여기서 나오는 달님은 누구예요? 그래요. 성

모님이에요. 성모님은 언제나 우리를 바라보시며 우리의 마음과 함께하시는 분이에요. 그러면 해님은 누구예요? 그래요. 바로 예수님이에요. 예수님은 하느님과 함께 우리 생명을 창조해 주시고, 우리의 죄를 용서해 주시며, 우리 삶의 불행을 행복으로 바꾸어 주시는 분이에요.

11. 오늘 첫 영성체를 하는 어린이들은 바로 마음속에 성모님과 함께 예수님을 받아 모시는 복된 사람들이랍니다. 예수님께서는 당신의 몸을 우리를 위한 사랑으로 내어놓으셨습니다. 우리는 그 사랑이 있어야만 살아갈 수 있는 것이에요. 그 사랑이 있어야만 우리 삶의 슬픔이 기쁨으로 바뀔 수 있는 것이에요. 그 사랑이 있어야만 내 맘속의 아픔이 감사로 바뀔 수 있는 것이에요.

12. 정말로 축하드려요. 오늘 이 기쁘고, 행복하고, 아름다운 날이 어린이들 마음속에 영원해 새겨질 거예요. 하느님의 그 전능하신 손길이 여러분의 영혼 속에 당신의 사인을 하는 거예요. "얘야, 오늘부터 너는 나의 것이고, 나는 너의 하느님이란다."
"하느님, 이 어린이들과 함께하여 주소서. 아니, 항상 함께 계시는 당신을 깨닫게 하여 주소서. 이들이 당신과 함께 살아가는, 진정으로 행복한 당신의 자녀 되도록 특별한 은총으로 이끌어 주소서." 아멘.

민족의 화해와 일치 주일(2016. 6. 19.)

"예수님께서 그에게 대답하셨다. 내가 너에게 말한다.
일곱 번이 아니라 일흔일곱 번이라도 용서해야 한다."

1. 이제 신록은 짙어져 가고, 날씨는 여름으로 치닫고 있습니다. 이번 주부터는 장마가 시작된다고 합니다. 덥고 습한 날씨는 우리를 힘들게 합니다. 사람은 지성과 감성을 갖고 있는 존재이죠. 날씨가 힘들더라도 지성과 감성이 잘 조화된 삶을 살아가는 것이 성숙한 인간의 삶이라 할 수 있을 것입니다.

2. 그런데 우리나라 사람들은 이성보다는 감성, 즉 감정에 치우치는 경향이 많은 것 같습니다. 요즘 수많은 민사 사건이 일어납니다. 조금만 감정을 조절할 수 있어도 그 골치 아픈 법정 싸움에서 벗어날 수 있을 텐데 많은 사람들이 감정에 휘둘려 어려움을 겪고 있습니다.

3. 옳고 그름을 따지는 시시비비의 정신도 필요하지만 신앙인의 입장에서는 시시비비를 따지는 정의의 마음보다는 아련하고 애틋하게 여기는 측은지심의 마음이 더 필요한 것이 아닌가 합니다.

4. 만일 하느님께서 우리에게 옳고 그름의 잣대를 갖고 따지신다면 우리는 그 어떤 사람이라도 그 정의의 잣대에서 벗어날 수 없을 것

입니다. 우리가 부족하지만 하느님께서는 시시비비의 마음보다는 측은지심의 마음으로 우리를 대하시기에 우리가 살아갈 수 있는 것이 아닌가 합니다.

5. 하느님께서 우리를 측은지심의 마음으로 대하시니 우리가 우리의 부족함에도 불구하고 그분의 자비하심 속에 살아갈 수 있는 것입니다. 그러니 우리도 옳고 그름을 따지는 시시비비의 마음보다는 모든 것을 용서하는 측은지심의 마음으로 살아가야 할 것입니다.

6. 부모님들은 자녀들에 대해서 기본적으로 측은지심의 마음을 갖고 있습니다. 시비지심의 마음만으로는 자녀들을 키울 수가 없는 것이죠. 측은지심의 마음이 있기에 모든 것이 용서되고, 사랑스러울 수 있는 것입니다.

7. 측은지심의 마음, 그 마음은 예수님께서 가지셨던 마음입니다. 어떤 죄인이더라도 그 삶의 이면에 있는 고통과 사연을 깊이 이해해 주셨습니다. 따지지 않으시고 모든 것을 있는 그대로 받아들여 주셨습니다. 만일 예수님께서 옳고 그름을 따지시는 정의의 예수님이셨다면 하느님의 자비와 사랑은 이 세상에 나타나지 않았을 것입니다. 우리 모두는 죄인이 되고 말았을 것입니다.
예수님이 오셔서 사랑과 은총의 하느님의 법을 가르치시기 전까지 이스라엘 백성에게는 삶의 기준이 율법이었습니다. 그 율법은 무엇이 옳고 그른지 따지는 법이었습니다. 그 율법 속에서 사람들은 죄인이 되었고, 무기력한 종교인이 되었으며, 기쁨과 감사가 없는 형식적인 신앙인들이었습니다.

그러나 예수님께서 보여 주신 하느님의 법은 은총과 자비가 가득한 하느님의 사랑이었습니다. 그분으로 인해 그 어두운 세상에 빛이 들어오게 되었고, 사람들은 노예 상태에서 벗어나 기쁨과 감사를 드리는 자유인이 될 수 있었습니다.

물론 예수님도 옳고 그름을 따지셨지만 그 모든 것은 측은지심의 마음 안에서 이루어졌던 것입니다.

8. 저도 많은 시간을 측은지심의 마음보다는 시비지심의 마음으로 살았음을 고백하지 않을 수 없습니다. 사람보다는 일을 더 중요시했고, 하느님의 역사보다는 저 자신의 역량을 더 중요시하기도 했습니다. 측은지심의 용서와 자비보다는 시비지심의 옳고 그름을 따져 때로는 많은 갈등과 아픔을 겪기도 하였습니다. 왜 젊은 시절을 그 옹졸한 시비지심의 마음으로 살았는지 후회와 회한의 마음이 큽니다.

9. 오늘 우리는 민족의 화해와 일치 주일을 맞이하고 있습니다. 우리 민족의 근대사를 생각해 보면 마음이 저려 오고 아픕니다. 일제 치하에서 해방된 뒤 정말 하나의 민족으로서 하나의 나라를 세울 수 있는 절호의 기회가 많았지만 그 모든 기회를 다 잃어버리고, 갈등과 분쟁, 급기야는 전쟁의 아픈 상처가 우리 모두의 마음속에 존재합니다. 그 상처들은 우리를 미움의 화신으로 만들어 버렸고, 격한 감정 속에서 서로가 서로를 탓하고, 판단하고, 비난하며 오늘에까지 이르고 있습니다.

서로에게 아픔이 있었음을 인정하지 않고 오로지 자신의 아픔만을 강조하며 상대방을 인정하지 않습니다. 자신이 갖고 있는 잣대로만 상대를 재려고 합니다.

남은 남대로, 북은 북대로 서로를 인정하지 않고, 서로를 적대시합니다. 측은지심은커녕 제대로 된 시시비비의 잣대도 없습니다. 정권욕에 눈먼 사람들이 민족의 앞날보다는 자신의 이익만 추구하며 서로를 욕하며 아직도 수많은 상처를 서로가 주고받고 있습니다.

10. 이 엄청난 두 집단의 미움과 분노를 어떻게 해야 해소할 수 있을까요? 인간적인 눈으로 보면 도대체 해결책이 보이지 않습니다. 집단화된 미움과 광기는 우리 모두를 불안한 일촉즉발의 상태로 몰아가고 있습니다.

11. 이제 내년이면 파티마에서 성모님이 발현하신 지 100년이 됩니다. 파티마의 성모님은 간곡하게 부탁하셨습니다. 잘못된 역사의 방향이었던 공산주의의 회개를 위해서 모든 그리스도인들이 한마음으로 기도할 것을 호소하셨습니다. 인류가 함께 멸망하지 않기 위해서는 인류 역사의 가장 잘못된 방향이었던 공산주의가 해결되어야만 했습니다.

수많은 그리스도인들이 파티마에 모이기 시작했습니다. 무릎으로 땅바닥을 기어가면서 두 손을 높이 들고 묵주기도를 하기 시작하였습니다. 저도 그 기도를 해 보았는데 정말 힘들고 고통스럽습니다. 지금도 그 무릎 기도가 진행되고 있습니다.

12. 도저히 해결 기미가 보이지 않던 동서 양 진영의 갈등과 분쟁의 역사는 서서히 변화의 조짐을 보이기 시작합니다. 당시 소련의 지

도자였던 고르바초프가 어느 날 당시의 교황님을 만나 뵙고 서서히
변화되기 시작합니다. 지도자가 변하니 모든 것이 서서히 변화되기
시작합니다. 그런 변화는 결국 소련이 러시아로 바뀌게 되었고, 동구
권의 공산주의 위성국가들도 변화의 바람을 거부할 수 없게 됩니다.
전 세계 공산국가들이 서서히 그 체제를 바꾸어 가고 있는데 오로지
북한만이 전 세계에서 유일하게 공산주의 이념을 따르고 있습니다.

13. 이제 우리는 기도의 힘과 용서의 힘을 믿어야 합니다. 이제 우
리는 북한의 변화와 함께 남한 자본주의의 새로운 변화를 위해 기
도해야 합니다. 우리는 우리가 살고 있는 이 자본주의가 얼마나 많
은 사람들을 피폐하게 만들고 고통스럽게 하는지를 우리 몸으로 직
접 체험하고 있습니다. 만일 성모님께서 다시 파티마에 발현하신다
면 이제는 이 자본주의 변화를 위해 기도하라 하실 것 같습니다.

14. 공산주의를 변화시킨 힘은 바로 기도와 용서의 힘이었습니다.
요즘 전 세계적으로 엄청난 테러들이 일어납니다. 그 테러로 인한
죽음과 상처는 상상할 수 없을 정도로 아프고 가혹한 것입니다.
저는 얼마 전 프랑스 파리 테러로 죽임을 당한 사람의 부모님 편지
를 보고 정말 감동했습니다. 그분은 이렇게 이야기했습니다. "우리
가 싸워야 할 대상은 테러 집단이 아닙니다. 그 테러로 인해 우리 마
음속에 생긴 미움과 분노와 싸우겠습니다. 나의 마음속에 있는 미
움과 분노는 또 다른 테러를 야기할 뿐입니다. 나의 적은 테러 집단
이 아니라 내 마음속에 있는 미움과 분노입니다."
참으로 감동했습니다. 역시 그리스도인다운 삶의 자세와 직관이라

고 느껴졌습니다.

15. 힘과 무력으로 해결할 수 있는 것은 아무것도 없습니다. 힘과 무력은 또 다른 분노를 야기할 뿐임을 우리는 이 현대사를 통해 너무나 분명하게 보고 있습니다.

16. 이제 우리는 북한을 위해서도 기도할 뿐만 아니라 우리가 살고 있는 이 남한을 위해서도 기도해야 합니다. 공산주의의 변화를 위해 기도할 뿐만 아니라 자본주의의 그 깡패 짓과 같은 태도들의 변화를 위해서도 기도해야 합니다. 극단적인 이슬람의 잔악한 행동들만 배척할 것이 아니라 조직적이고 합법적이면서도 폭력적이고 이기적인 자본주의도 배척해야 합니다.

17. 하느님의 눈으로 보면 모두가 다 측은한 인간들입니다. 다 부족한 인간들입니다. 다 죄인들입니다. 그럼에도 불구하고 하느님은 용서하시고 자비를 베풀어 주십니다.
그런데 인간들은 서로 자기가 제일 잘났다고 뻐깁니다. 자기만 옳다고 강변합니다. 자기만 의인이라고 주장합니다. 하느님의 눈으로 보며 다 도토리 키 재기입니다. 잘나 봤자 얼마나 잘났겠습니까? 옳다고 해 봤자 얼마나 옳겠습니까? 의인이라고 해 봤자 얼마나 의인이겠습니까?

18. 이제 우리가 싸워야 할 것은 우리 안에 있는 선입견들과 미움과 분노입니다. 우리의 마음이 측은지심으로 바뀌지 않고 여전히 그 미성숙한 시비지심의 마음에 머무른다면 우리가 겪고 있는 이 현대

사의 문제는 전혀 해결되지 않고 점차 더 미궁 속으로 빠져들고 말 것입니다. 어리석은 시비지심은 더 많은 분쟁과 갈등과 미움과 분노를 양산시키고 말 것입니다.

19. 우리 개인의 역사에 있어서도 이제 더 이상 어리석고 미성숙한 시비지심의 마음에서 벗어나 모든 것을 폭넓게 바라보는 측은지심의 마음을 가져야 하겠습니다. 판단보다는 용서를, 미움보다는 자비를 실천해야 하겠습니다. 내가 변해야 세상이 변하는 것입니다. "예수님께서 그에게 대답하셨다. 내가 너에게 말한다. 일곱 번이 아니라 일흔일곱 번이라도 용서해야 한다." 아멘.

1. 장마가 시작될 것이라는 예보와 달리 서울지역에서는 비가 찔끔 내렸습니다. 어제, 그제는 정말 공기도 쾌청하고, 미세먼지도 없고, 멀리까지 잘 보이고 아름다웠습니다. 사제관 옥상에서 성수대교까지 보이는데 한강이 참으로 아름다웠습니다. 이게 정상인데, 우리는 너무 오염된 환경 속에서 살아가는 것이 안타까웠습니다.

2. 영국에서는 유럽공동체에 남을 것인가, 탈퇴할 것인가에 대한 국민투표가 있었는데 안타깝게도 탈퇴로 결정되었습니다. 전 세계가 하나의 공동체로 연결되어 있는데 그 공동체를 유지하기 위해서 치러야 하는 희생과 인내를 포기하고 만 것입니다. 즉 자기 눈앞에 있는 자국민의 현실의 이익만 중요하다는 것입니다.

3. 세계가 요동치고 있습니다. 세계 경제 질서, 윤리 질서가 바뀌고 있습니다. 앞으로 또 어떤 세상에서 살아갈지 모든 것이 불확실하고 두렵기조차 합니다. 이제는 세상 저쪽에서 일어나는 일도 금방 우리에게 직접적인 영향을 미치기 때문입니다.

4. 세계 곳곳에서 끔찍한 테러가 발생하고 있고, 엄청난 자연재해

가 일어나고 있습니다. 환경은 극도로 파괴되어 가고 있고, 생각지도 못한 질병들이 전 세계로 즉각적으로 퍼져 나가고 있습니다.

사람들은 그 어느 때보다 불안하고 힘들게 살아가고 있습니다. 엄청난 부자들이 있는가 하면 극도의 가난을 겪는 사람들이 있고, 버리는 음식쓰레기가 넘쳐나는 나라가 있는가 하면 기본적인 의식주마저 해결하지 못하는 나라가 있습니다.

5. 정말 어렵고 힘든 세상입니다. 경제적으로, 정치적으로 어려울 뿐 아니라 정신과 마음에도 중심이 없어지고, 질서가 없어지고 있기에 더 어렵고 힘듭니다.

6. 정말 어찌 살아야 하는지 회의스럽고, 어떻게 살아야 하는지 방향감각을 상실한 사람이 참으로 많습니다.

7. 이 어려운 세상 속에서 정말 어떻게 살아야 하는 것일까요?

8. 이 어려운 난세에 하느님께서는 우리에게 프란치스코라는 교황님을 시대의 선물로 주셨습니다. 우리는 힘들지만 교황님의 말씀 한마디에 큰 위로를 받고, 삶의 방향을 찾게 됩니다. 정말 교황님께는 하느님께서 함께 계십니다. 성령께서는 교황님을 이끌어 주고 계십니다. 그렇기에 그분께서 하시는 말씀들은 바로 하느님께서 해 주시는 말씀들인 것입니다.

9. 그분은 말씀뿐 아니라 실제의 삶으로 그 말씀을 보여 주십니다. 그분은 그 엄청난 교황의 자리에 연연하지 않으십니다. 때로는 교회의 관례와 관습마저 과감히 깨 버리십니다.

그분의 경호원들은 여태까지의 교황님 중에 가장 경호하기 어렵다고 말합니다. 그분은 힘들어하고 고통받는 사람이 있으면 즉시 만나십니다. 손을 잡아 주시고, 머리에 강복해 주시며, 그의 이야기를 들어 주십니다. 진심으로 그의 고통과 함께하시는 것입니다. 현실적으로 해결할 수 있는 것은 없을지 모르지만 그의 마음과 함께하시는 것입니다. 그 고통 속에 하느님께서도 함께 계심을 조용하고 나직하게 보여 주십니다.

그분을 만난 사람들은 자신의 고통에 함께 계시는 하느님을 즉각 체험하고, 필요한 치유와 위로와 용기를 얻습니다. 성령께서는 그 짧은 시간에 필요한 하느님의 은총을 주시는 것입니다.

10. 그분은 항상 말씀하십니다. 가난하고 힘들고 고통스러워하는 사람들과 진심으로 함께해야 한다고요. 하느님께서는 누구보다도 그들과 함께하시는 자비로우신 분이시기 때문입니다. 하느님께서 함께하시는, 고통받는 이들에게 베푸는 온정은 바로 자신을 위한 하느님의 자비로 되돌아올 것이기 때문입니다.

그분은 아르헨티나에서 추기경으로 계실 때도 항상 그 지역의 빈민가를 찾아 주시고, 함께 차를 마시고 대화하셨다고 합니다. 그곳 사람들은 교황님을 빈민가의 교황님이라고 부릅니다. 그분의 말씀을 들으면 마음이 훈훈해집니다. 그 말씀 속에 하느님께서 함께 계시기 때문입니다. 아마도 교황님은 자신의 삶의 실천, 즉 가난하고 힘든 이들과 함께할 때 하느님께서 함께하신다는 자신의 깊은 체험을 갖고 계신 듯합니다.

11. 참으로 삶의 방향이 새롭게 정립되는 듯합니다.

사람들은 일반적으로 능력 있는 사람들, 부자인 사람들, 영향력 있는 사람들을 한편으로는 시기하면서도 또 한편으로는 그들 마음에 들고자 합니다. 어떤 면에서 우리 눈에는 나보다 잘난 사람들만 보이는지도 모르겠습니다.

그러나 우리가 진정 행복해지기 위해서는, 또 우리 삶에 하느님께서 함께하시기 위해서는 우리가 바라보는 방향을 바꾸어야 할 때가 아닌가 합니다. 나보다 힘든 사람들, 나보다 약한 사람들, 나보다 고통스러운 사람들, 나보다 성격이 못된 사람들을 향해 우리의 마음을 돌려야 하지 않을까 합니다.

우리의 삶에는 항상 우리를 힘들게 하는 이상한 사람들이 있게 마련입니다. 그들을 바라볼 때 '저들도 나와 똑같은 하느님의 귀한 창조물인데 저들이 처한 환경 때문에, 저들이 겪어야 하는 삶의 고통 때문에 어쩔 수 없이 저리 된 것이구나. 아마 내가 저 사람과 같은 환경, 고통 속에 있었다면 나는 저 사람보다 훨씬 더 이상한 사람, 못된 사람이 되었을 수도 있었으리라.' 생각해야 하지 않을까 합니다.

내가 그 못난 사람들을 진심으로 이해해 주고 사랑해 줄 수 있을 때 그 못난 사람들은 내 인생에 가장 귀중한 선물로 바뀔 수 있게 됩니다. 하느님께서는 내 인생에 온갖 장애물들을 심어 놓으셨는데 그 장애물들을 내 인생의 선물로 바꾸어야 하지 않을까 생각해 봅니다.

영어로 '이해한다'는 단어는 '언더스탠드'입니다. 즉 '언더', '아래'에 '스탠드', '서다'라는 뜻입니다. 아래에 서지 않으면 이해가 불가능한 것입니다. 그래서 인생의 쓴맛을 다 본 사람이 그것이 상처로 남지 않고 그 쓴맛들을 기도로 승화시킬 수 있다면 그는 가장 이해력이 높은 사람, 배려심과 사랑이 깊은 사람이 될 수 있을 것입니다.

12. 우리는 다 우리 삶에 주어진 고통을 싫어하고 힘들어합니다. 그러나 그 고통들이 하느님 안에서 잘 치유될 수 있다면 그 고통들은 우리를 살리는 너무나 귀한 구원의 보물이 될 수 있습니다. 자신의 삶에 있는 고통들을 통해 그 고통 속에 있는 다른 사람들을 이해할 수 있고, 사랑할 수 있게 되는 것입니다.

13. 자신 안에 있는 수많은 삶의 고통의 자국들이 치유되지 못하고 얼룩으로, 흠집으로 남아 있으면 그만큼 사랑하기 힘든 이상한 사람이 되는 것이고, 아픈 상처이지만 그 상처들이 하느님 안에서 치유될 수 있다면 그 상처들은 다른 사람들을 깊이 이해하고 사랑할 수 있는 너무나 귀중한 보물들이 될 수 있는 것입니다.

14. 사실 프란치스코 교황님도 어렵고 힘든 시절을 보내셨습니다. 이탈리아 이주민으로서 아르헨티나의 그 혼란한 정국 속에서 노동자로 살아가시는 가정에서 태어나셨습니다. 하느님께서는 그의 삶에 함께하셨고, 그분은 함께 계시는 하느님을 체험하셨던 것입니다.

15. 그분의 천진난만한 미소, 자유로운 마음, 격식을 과감히 깨 버리는 소탈하신 마음, 자연을 사랑하시고 사람들을, 특히 그중에서도 가난하고 힘든 사람들을 진심으로 사랑하시는 그 모습을 봅니다.

16. 그분이 보여 주시는 모습은 참으로 우리 삶의 등대요, 방향이요, 빛이요, 하느님의 뜻입니다.

17. 그분께서 우리에게 이처럼 희망이 되는 이유는 그분이 하느님을 체험하신 분이시고, 하느님께서 그분과 함께 계시기 때문입니다.

18. 이 어렵고 힘든 세상이 그분에게 얼마나 큰 짐이겠습니까? 관료적이고, 이기적이고, 권위적인 교회의 모습이 그분에게 얼마나 큰 상처이겠습니까? 아무리 말씀을 하셔도 앞에서만 듣는 척하고 뒤에서는 여전히 변화되지 않는 모습들은 또 얼마나 큰 아픔이겠습니까?

엄청난 테러와 자연재해 앞에서 겪어야 하는 인간의 고통들이 그분 마음속에 이루 말할 수 없는 큰 슬픔이지 않겠습니까? 가진 자들이 조금만 나누어도 엄청난 하느님의 선물이 이 세상에 쏟아질 텐데 인간들의 이기심, 권력욕, 탐욕이 그분에게 얼마나 큰 쓰라림이겠습니까?

하느님을 사랑하고, 인간을 사랑하시는 그분에게 있어 이 어두운 세상은 그저 하느님께 기도하고 의탁할 수밖에 없는 무기력하고, 무능력을 체험케 하는 세상일 것입니다.

19. 그러나 그분은 여전히 밝으십니다. 얼굴에 광채를 띠시고, 말씀에는 유머가 있으십니다. 여전히 그분을 통해서 이 세상에 하느님의 자비가 베풀어지고 있습니다. 어둠 가운데에서도 빛이 생겨나고 있고, 상처 속에서도 치유가 일어나고 있으며, 절망 가운데에서도 희망이 생겨나고 있습니다.

우리가 처한 삶이 우리를 아무리 짓눌러도 우리는 깨지지 않습니다. 우리에게는 생명의 근원이신 하느님께서 함께 계시기 때문입니다.

20. 오늘 교황님을 기억하며, 교황 프란치스코를 위해 기도해야 하겠습니다. 그분은 습관적으로 말씀하십니다. "나를 위해서도 기도해 주십시오." 아멘.

연중 제15주일(2016. 7. 10.)

"강도를 만난 사람에게 이웃이 되어 준 사람은
그에게 자비를 베푼 사람입니다.
'너도 가서 그렇게 하여라.'"

1. 여러분의 염려와 기도 덕분에 보좌 신부님과의 뜻깊은 여행을
잘 마치고 돌아왔습니다.

2. 아름다운 자연 속에서 엄청난 하느님의 능력을 깊이 체험할 수
있었던 여행이었습니다.

3. 쉽게 가 볼 수 없었던 곳에서 몸에 전율이 돌 정도로 아름다움의
충격을 느낄 수 있었습니다.

4. 그런데 지금 무척 졸립니다. 밤낮이 바뀐 시차 속에서 그곳에서
도 힘들었는데 적응될 만하니 다시 돌아와 또 힘든 것을 느낍니다.
인간의 몸이란 참 묘합니다. 해가 뜨면 활동을 하고, 해가 지면 잠을
자게 마련인데 그것이 바뀐 곳에서 있다 보니 몸이 마음대로 움직
이지 않습니다.
시간의 차이라는 것이 이토록 힘든 것임을 새롭게 체험하게 됩니
다. 낮에 밤잠을 자야 하고, 밤에 활동하는 것이 참 어려웠습니다.
피곤해도 밤에 잠이 잘 오지 않습니다. 낮에도 멍한 상태가 계속됩
니다.

또한 공간의 차이도 참 어렵습니다. 전혀 다른 문화, 언어 속에 있다 보니 그 새로운 공간에 적응하는 것도 어려웠습니다.

5. 여행을 하다 보면 예기치 않은 일들이 일어나게 마련입니다. 어떤 면에서 여행이란 그런 예상치 못한 일들 속에서 견뎌 나가고, 이겨 나가는 것이 아닌가 합니다.

또한 마음의 어려움도 겪게 마련입니다. 돌발적인 상황 앞에서 마음이 흔들리기도 하고, 마음의 평화가 깨지기도 합니다.

여행이란 그런 것인가 봅니다. 새로운 문화를 보고, 아름다운 자연을 보면서 돌발적인 변수들 앞에서 자신의 마음을 잘 다스려 나가는 훈련이 아닌가 합니다.

6. 시간과 공간의 차이를 넘어서는 것도 어렵고, 예상치 못한 돌발적인 상황에 대처하는 것도 어렵습니다.

7. 언젠가 말씀드린 적이 있었는데 〈인터스텔라〉라는 영화의 내용이 다시 떠오릅니다. 인간의 차원을 넘어선 새로운 차원, 우주의 차원에 들어서 버린 아빠를 딸은 애타게 부릅니다. 전혀 소통이 될 수 없는 서로 다른 차원에서 아빠와 딸은 인간의 가장 큰 영적인 능력인 사랑으로 소통하게 됩니다. 사랑으로 서로 메시지를 주고받습니다.

도저히 빠져나올 수 없을 것 같았던 그 우주의 차원에서 아빠는 딸의 메시지를 전달받고 우여곡절 끝에 인간의 차원으로 돌아올 수 있었습니다. 상식적으로는 전혀 소통이 불가능한 상태였지만 하느님이 인간에게 주신 가장 큰 능력인 사랑의 힘으로 그 불가능을 가능으로 바꿀 수 있었습니다.

8. 사랑이란 인간에게 있는 능력 중에 가장 위대한 능력입니다. 그 능력은 시간과 공간의 차이를 극복하게 해 줍니다. 그런 위대한 정신적인 능력이 있기에 도저히 소통이 불가능할 것 같은 전혀 다른 상황에서도 인간은 소통할 수 있고, 차이를 넘어설 수 있는 것입니다.

9. 이번 여행도 그런 것이 아니었나 합니다. 나이 차이도 있고, 생각의 차이도 있고, 서로의 성장과정도 너무나 다르고, 생활방식도 다르고, 상황에 대처하는 방법도 다르지만 사제라는 유대 속에서, 사제 간의 사랑 속에서 그 모든 돌발 변수들을 잘 이겨 내고, 아름다운 자연 속에서 하느님께 찬미 영광을 드릴 수 있었던 것이 아닌가 합니다.

10. 제가 이 여행 계획을 동창 신부들에게 이야기했더니 모두가 고개를 갸우뚱하는 것이었습니다. "야! 그런 여행은 듣지도, 보지도 못했다. 어떻게 본당신부가 보좌신부하고 여행을 할 수 있냐? 그게 가능하냐?" 하는 반응들이었습니다.

11. 인간적으로는 쉬운 일이 아니었습니다. 시간과 공간의 차이를 넘어선다는 것이 말처럼 쉬운 일은 아니었습니다. 그러나 우리 안에는 하느님께서 함께하셨습니다. 아무리 몸과 마음이 피곤해도 서로를 위한 배려와 희생을 아끼지 않았습니다. 차이를 넘어서서 깊이 이해하고 배려하는 마음은 아름다운 자연과 함께 하느님께서 주신 아름다운 마음들이었습니다.

12. 오늘 복음에서는 착한 사마리아 사람의 이야기가 나옵니다.

고통과 난관을 겪고 있는 사람을 사제도 보았고, 레위인도 보았지만 모두가 외면하였습니다. 그런데 이스라엘 사람들이 사람으로 취급도 하지 않던 사마리아 사람만이 그에게 온갖 정성을 기울였습니다. 그는 진심으로 그의 어려움에 함께하였고, 그의 고통에 함께하였습니다.

당시 사마리아 사람들과 이스라엘 사람들은 뿌리가 같았지만 서로를 무시하고 적대시하였습니다. 특히 이스라엘 사람들의 사마리아 사람들에 대한 차별은 극에 달했습니다. 무시를 받는 사마리아 사람들 역시 이스라엘 사람들에게 적대감을 드러냈습니다. 그래서 이스라엘 사람들은 사마리아 지역을 돌아가기 일쑤였고, 사마리아인들도 이스라엘에 대한 미움이 하늘을 찌르고 있었습니다.

이스라엘 사람의 입장에서 보면 야훼 하느님께 제대로 된 흠숭을 드리지 않는 사마리아 사람들은 사람도 아닌 사람들, 이방인만도 못한 사람들이었습니다.

13. 그런 사마리아 사람이 인간의 고통 앞에서 그 모든 차이를 넘어서는 모습을 보입니다. 그는 민족 간의 차이를 넘어서고 있는 것입니다. 종교 간의 차이를 넘어서고 있는 것입니다. 생각의 차이를 넘어서고 있는 것입니다.

14. 사랑만이 그 모든 인간의 차이를 넘어설 수 있음을 보여 주고 있습니다. 시간과 공간의 차이를 넘어설 수 있는 것입니다. 그 차이를 넘어서지 못하면 우리는 그저 자신만의 세계 안에 갇힌 자로서의 삶을 벗어나지 못할 것입니다. 자기와 다른 사람을 틀린 사람으

로 규정해 버리고, 높은 담을 치고 자기만의 세계 속에서 살아갈 수밖에 없을 것입니다.

사랑이란 모든 것을 넘어서는 것이어야 합니다. 우리는 자신을 깨부수고, 자신의 마음속에 있는 담을 헐어 내고 모든 것을 받아들이는 사랑을 생각해야 하는 것입니다.

예수님께서는 선택된 민족이라는 이스라엘 백성의 독선과 아집을 깨 버리고 계십니다. 너희가 무시하는 사마리아 사람들이 오히려 하느님의 자비를 실천하고 있음을 보라고 하시는 것입니다. 그 독선과 아집을 깨 버리지 못하면 그 영원한 노예 생활에서 해방될 수 없음을 보여 주고 계시는 것입니다.

15. 시간과 공간의 차이를 넘어선다는 것, 그것은 힘든 고통이지만 그 과정을 통해 하느님께서는 당신께서 만들어 주신 그 엄청난 아름다움을 우리 마음속에 다시금 새겨 주심을 생각해 봅시다.

"강도를 만난 사람에게 이웃이 되어 준 사람은 그에게 자비를 베푼 사람입니다. '너도 가서 그렇게 하여라.'" 아멘.

"마르타야, 마르타야, 너는 많은 일을 염려하고 걱정하는구나.
그러나 필요한 것은 한 가지뿐이다. 마리아는 좋은 몫을
선택하였다. 그것을 빼앗기지 않을 것이다."

1. 무더운 여름, 더위와 습기가 가득 차면 때로는 숨을 쉬기조차 어려울 때도 있습니다. 습도가 낮으면 그늘로 들어가기만 해도 시원할 텐데 습도가 높으면 그 어느 곳도 더위를 피할 곳이 마땅치 않습니다. 에어컨이 없으면 못 살겠다고들 하지만 사실 에어컨은 건강에 좋지는 않습니다. 그래도 에어컨이 있어 살 수 있는 것 같습니다.

2. 무더운 여름을 식혀 주는 것은 그래도 장맛비가 아닌가 합니다. 저는 개인적으로 여름비를 매우 좋아합니다. 모든 더러운 것을 깨끗이 씻어 주고, 그 힘든 더위를 식혀 주기 때문입니다. 여름비가 온 뒤의 정경이 얼마나 아름답고 좋은지 모르겠습니다.

3. 모든 것은 어떻게 보고 느끼느냐에 달려 있습니다. 행복과 불행도 마찬가지입니다. 아름다운 사람들은 어려움 속에서도 그 안에 숨어 있는 감사할 거리를 찾아냅니다. 어리석은 사람들은 풍요로움 속에서도 불평, 불만거리만 찾아냅니다.

4. 본다는 것, 그것은 가만히 보면 듣는다는 것입니다. 듣지 못하면 볼 수 없습니다. 듣는 만큼 귀가 열리고, 귀가 열린 만큼 볼 수 있는

것이며, 본 만큼 느낄 수 있고, 느낀 만큼 깨달을 수 있는 것입니다. 따라서 듣는다는 것은 정신세계를 갖고 있는 인간에게 더 깊은 세계로 들어갈 수 있는 출입문이라 할 수 있을 것입니다.

5. 오늘 복음에서 마르타와 마리아, 나자로의 집에 계시는 예수님을 보여 줍니다. 이 세상에서는 머리 둘 곳조차 없다 하신 예수님이지만 이 집만큼은 그 어떤 집보다 예수님께서 애정을 갖고 계셨던 것이 아닌가 합니다. 그 마리아의 집에서는 아마 예수님도 좀 더 편하시지 않았나 상상해 봅니다. 나자로가 죽었을 때 예수님께서 너무 가슴이 아프셔서 눈물까지 흘리셨던 점만 보아도 이 세 사람을 예수님께서는 아끼시고, 특별히 사랑하셨던 것이 아닌가 합니다.

6. 어느 날 예수님께서 그 집에 들르십니다. 모처럼 오신 예수님을 접대하느라 모두가 분주하였습니다. 청소를 하고, 사랑하는 예수님께 한 끼라도 맛있게 대접하기 위해서 마르타는 아침부터 분주합니다.
그런데 동생인 마리아의 행동이 영 마땅치 않습니다. 함께 힘을 모아 준비를 해도 부족할 판에 마리아는 마르타의 마음을 헤아리지 못한 것인지, 예수님 발치에 앉아서 예수님의 말씀만 듣고 있는 것이었습니다. 마르타는 불평을 합니다.
"예수님, 마리아 좀 혼내 주세요. 저는 이렇게 바빠서 숨을 쉴 틈도 없는데 마리아는 아무 일도 거들지 않네요."
그러나 예수님께서는 당신의 발치에 앉아서 당신의 말씀을 듣고 있는 마리아를 칭찬하십니다.
"마리아는 좋은 몫을 택하였다. 그것을 방해하지 마라."

7. '듣는다'는 것은 무엇일까요?

언젠가 어떤 단체의 식사 초대를 받았습니다. 기쁜 마음으로 갔는데 그 식사 자리에서 제 이야기는 듣지 않고 자기들끼리만 이야기하는 것이었습니다. 순간 제 마음속에서는 '어, 이럴 거면 왜 나를 불렀지? 내 이야기를 듣지 않으려면 왜 나를 초대한 거지? 내가 밥 먹을 데가 없어서 온 건가?' 기분이 나빠졌습니다.

언젠가 어떤 곳에서 강의를 요청받았는데 800명 정도의 사람이 모였습니다. 그런데 정말 감동적인 것은 단 한 사람도 딴전을 피우지 않고 제 말을 경청하는 것이었습니다. 저는 한마디, 한마디 정성을 다해 하지 않을 수 없었습니다. 그날의 그 집중된 분위기는 지금도 제 마음속에 잊히지 않고 있습니다. 그 강의 시간에 느꼈던 희열과 감동은 성령께서 함께하시는 하느님의 선물이었습니다.

8. 언젠가부터 우리는 듣는 것을 힘들어합니다. 그저 무조건 자기이야기만 목소리 높여 외칩니다. 들어야 상대의 마음과 뜻을 알아들을 텐데 자기 목소리가 크니 상대의 목소리가 귀에 들어오지 않습니다. 우리 안에 있는 자아가 너무 크다 보니 모든 관계가 틀어지고 불편해집니다.

저희 동창들도 나이가 들다 보니 자기 이야기가 커져만 갑니다. 가련하고 청순하게 보이던 여인들도 나이가 들다 보니 목소리가 커져가고, 자기주장이 강하게 변합니다. 남자들도 보통 때는 잘 대화하지 못하지만 술만 먹으면 온 세상이 다 자기 것인 양 목소리가 드높습니다. 자기가 세상의 중심이고, 자신의 판단이 가장 옳은 판단이요, 자신의 주장이 가장 옳은 것처럼 그저 자신을 확대하고, 강조하고, 강요하기도 합니다.

사회가 참 시끄럽습니다. 저마다 자기주장을 내세우고 있기 때문입니다. 좀처럼 양보하지 않습니다. 좀처럼 배려하지 않습니다. 좀처럼 희생하지 않습니다. 그래서 대화를 통해 타협도 이루어지지 않고, 목소리 큰 사람만이 이기고 이익을 취하는 아주 이상한 사회가 되어 가고 있습니다. 그래서 서로 싸우기만 합니다. 힘이 강한 사람은 힘이 없는 사람을 강압적으로 내리누르고, 힘이 약한 사람은 그 마음속에 상처와 원한을 가득 품고서 언젠가 복수할 날만을 기다립니다.

그렇다 보니 참 이상하고 괴팍한 사회, 상식이 통하지 않는 사회가 되어 가고 있습니다. 어떤 교포가 한국에 와 보니 참 이상하다고 합니다.

중산층 정도 되면 웬만한 아파트에, 웬만큼 가질 것은 다 갖고 삽니다. 미국에서는 상류층만 쓰는 비데도 있고, 자동차도 크고, 온갖 오디오 시설, 큰 TV, 편리하기만 한 세탁기, 청소기, 첨단 IT로 무장한 컴퓨터 등등 없는 게 없습니다. 요즘에는 웬만한 주차장도 다 자동 인식이 되어 편하기 이를 데 없습니다. 치안도 웬만큼 확보되어 있습니다.

그런데 만나는 한국 사람들은 다 지옥 같은 생활이라고 합니다. 못 살겠다고 합니다. 우리나라가 이처럼 풍요롭고 풍족한 생활을 한 적이 없었는데 만나는 사람마다 힘들다고 불평을 토로하고, 얼굴이 다 일그러져 있다고 합니다.

9. 뭔가 잘못 나가고 있습니다. 듣지 못하는 사람들, 그래서 보지 못

하고, 느끼지 못하고, 깨닫지 못하는 사람들이 점점 더 많아지고 있습니다. 우리가 듣는 것에서부터 다시 새롭게 시작해야 하지 않을까 생각해 보게 됩니다.

10. 미국 워싱턴의 한 지하철역에서 남루한 차림의 남자가 바이올린을 연주하기 시작했습니다. 추운 1월의 어느 날 아침이었습니다. 그는 45분 동안 6개의 바흐 곡을 연주했습니다. 출근 시간 동안 수천 명의 사람이 그 앞을 지나갔습니다.

음악가가 45분 연주하는 동안 겨우 6명이 멈추어 서서 들었습니다. 그는 32달러를 모았습니다. 연주를 마치고 침묵이 흐를 때 아무도 그에게 박수를 쳐 주거나 감사의 표시를 해 주지 않았습니다.

그런데 그는 세계적으로 가장 실력 있는 바이올린 연주자 가운데 한 사람인 '조슈아 벨'이었습니다. 그는 35억 원짜리 바이올린으로 엄청난 대곡을 연주했던 것입니다. 그러나 아무도 그를 알아보지 못했습니다. 그 엄청난 대곡들을 들으려 하지 않았습니다. 이 일은 워싱턴포스트지에서 실제로 한 실험입니다.

우리가 살아가야 하는 이 세상이 너무 바쁘고 힘들다 보니 우리 삶 가운데 있는 아름다움을 듣지 못하고, 보지 못하고, 깨닫지 못하고 있습니다. 우리 삶 가운데 있는 아름다움을 듣고, 보고, 느낄 수 있다면 우리의 삶이 얼마나 아름다워지겠습니까?

11. 그러면 구체적으로 무엇을 들을 것인가 생각해 보아야 합니다. 첫째는 자연을 들을 줄 알아야 합니다. 바람소리, 벌레 소리, 나뭇잎 소리, 개울물 소리, 하늘과 구름과 별의 소리, 아름답기도 하지만 때

로는 처연하기도 한 달의 소리 등 자연의 소리를 들을 줄 알아야 합니다.

둘째는 자기 자신을 들을 줄 알아야 합니다. 우리의 영혼은 끊임없이 사인을 보내고 있습니다. '나는 목마르다. 제발 나를 좀 충족시켜 다오.' 자신의 영혼이 부르짖는 소리를 들어야 합니다. 또 자신의 육체의 소리도 들어야 합니다. 심장 등 각종 장기들이 움직이는 소리, 피부를 비롯해서 눈, 귀, 입 등의 소리를 들어야 합니다. 제발 내가 건강할 수 있도록 애타게 부르짖는 소리를 들어야 합니다. 자신의 느낌을 들을 수 있어야 하고, 자신의 내면의 소리를 들을 수 있어야 합니다.

셋째는 함께 살아가는 사람들의 소리를 들을 줄 알아야 합니다. 그들의 마음이 무엇인지, 그들 안에 있는 기쁨은 무엇이고, 슬픔은 무엇인지 들을 줄 알아야 합니다. 함께 살아가는 가족들의 소리는 무엇보다도 소중합니다. 듣는다는 것은 상호 교환적이고 평등해야 합니다. 서로가 서로의 소리를 들어야 합니다.

넷째는 가장 중요한 것으로 우리를 사랑하시는 하느님의 소리를 들어야 합니다. 우리의 일상에서 그분께서는 끊임없이 우리를 부르십니다. 교회를 통해서, 성서를 통해서, 우리가 만나는 사람들, 사건들을 통해서 그분께서는 끊임없이 우리를 부르시고 우리와 대화하기를 간절히 원하십니다. 당신께서 애타는 마음으로 우리의 인생을 허락해 주셨으니 우리가 잘못되면 하느님께 말할 수 없는 슬픔이기 때문입니다.

12. 귀가 둘이고, 입이 하나인 것은 더 많이 들으라는 창조주의 계

시입니다. 그 뜻을 따르면 우리 인생에 보다 더 큰 축복이 함께합니다. 요즘에는 입이 10개요, 귀는 하나밖에 없는 괴물 같은 사람이 참 많습니다. 지금 나는 어떤 모습일까요?

13. 바쁘고 힘들지만 잠시 멈추어 서서 우리 인생의 소리를 들어 보아야 하겠습니다. 그 소리를 듣지 못하면 우리는 언제나 바쁘고 힘들 수밖에 없습니다. 하느님은 우리가 행복하기를 너무나 간절히 바라십니다. 우리가 행복하게 사는 것이 하느님의 최대 소원입니다. 우리가 행복하게 살기 위해서는 창조주의 뜻대로 살아가야 합니다. 두 번 듣고, 한 번 말합시다. 좀 더 우리 삶 안에 있는 내면의 소리들을 들어 보려고 노력합시다.

"마르타야, 마르타야, 너는 많은 일을 염려하고 걱정하는구나. 그러나 필요한 것은 한 가지뿐이다. 마리아는 좋은 몫을 선택하였다. 그것을 빼앗기지 않을 것이다." 아멘.

연중 제17주일(2016. 7. 24.)

"누구든지 청하는 이는 받고, 찾는 이는 얻고,
문을 두드리는 이에게는 열릴 것이다."

1. 날씨가 정말 덥습니다. 마음의 평화가 더위로 깨지는 일이 없도록 더더욱 마음을 잘 조절하고, 함께하는 사람들에게 친절을 베풀고, 특별히 기도의 삶을 잊지 말아야 하겠습니다.

2. 기도를 하면 마음이 차분해집니다. 그리고 모든 삶을 하느님께서 이끌어 주십니다. 내가 내 삶을 이끌면 많은 문제가 생길 수밖에 없지만 하느님께서 이끌어 주시면 내가 생각하지도 못한 삶의 축복을 깨달을 수 있게 됩니다. 하느님께서 나를 사랑하시고 나를 이끌어 주신다는 확신과 신념을 갖고 살면 정말 내가 얼마나 큰 하느님의 축복 속에 있는지 깨닫게 됩니다.

기도는 하느님께서 내 삶을 이끌어 주실 수 있는 결정적인 열쇠입니다. 기도를 하지 않으면 세상의 풍파가 우리를 가만히 두지 않을 것입니다. 세상의 풍파 속에 고생하는 이들은 그 풍파가 바로 기도로의 부르심이라고 생각할 수 있어야 하겠습니다. 이 세상에서의 고난과 고통은 하느님의 징벌이 아니라 우리가 하느님의 사람이 될 수 있는 하느님의 초대인 것입니다.

3. 얼마 전에 본당의 어떤 교우분이 〈자비의 예수님〉 성화를 기증하

고 싶다는 의사를 밝히셨습니다. 저는 〈자비의 예수님〉과 함께 〈매듭을 푸시는 성모님〉 성화를 기증해 주실 것을 부탁하였습니다.

4. '어떤 모습일까? 성전 분위기와 잘 어울릴까?' 등등 걱정도 되고, 기대도 되었습니다. 두 성화가 성당에 걸렸을 때 갑자기 우리 성전이 더 거룩한 하느님의 공간으로 느껴졌습니다.

5. 제대 오른쪽에 있는 성화는 바로 자비를 베푸시는 예수님의 모습입니다.

6. 2000년 4월 30일 로마에서 교황 요한 바오로 2세께서 우리 시대를 위한 하느님 자비의 사도로 불리는 파우스티나 수녀를 시성하셨습니다.

성녀 파우스티나는 1905년에 폴란드에서 10남매 중 셋째로 태어났습니다. 가난으로 인해 초등학교 3학년도 채 다니지 못한 그녀는 10대에 남의 집 가정부로 일하기 위해 집을 떠나야 했고, 20세에는 자비의 성모 수녀회에 입회하여 마리아 파우스티나 수녀로서 주방, 정원사, 문지기의 소임을 하며 매우 평범하게 보이는 13년을 보냈습니다.

죄인들을 위한 희생으로 참아 받았던 폐결핵과 여러 고통들로 쇠진해진 파우스티나 수녀는 33세의 나이로 선종하였습니다.

7. 우리가 보고 있는 〈자비의 예수님〉 성화는 파우스티나 수녀가 1931년 2월 22일에 보았던 환시에서 기인합니다. 그 환시에서 성녀가 본 예수님의 모습이 성화로 만들어지고, 그 아래에 "예수님, 저

는 당신께 의탁합니다."라는 글을 넣기를 강하게 열망하셨다고 합니다.

8. 이 성화는 부활하신 그리스도를 보여 주고 있으며, 그분의 손과 발에는 십자가에 못 박히신 흔적이 있습니다. 그리고 옷에 가려진 그분의 꿰뚫린 심장으로부터 2개의 붉은빛과 옅은 빛이 발산되고 있습니다. 그 의미에 대해 여쭈어 보았을 때 예수님께서는 이렇게 설명하셨다고 합니다.

"옅은 빛줄기는 영혼을 의롭게 하는 물을 나타내고, 붉은 빛줄기는 영혼의 생명인 피를 의미한다. 이 두 빛줄기는 십자가에서 창에 찔린 내 심장이 열렸을 때 내 깊은 자비에서 흘러나온 것이다."(일기, 299)라고 성녀는 일기에 적고 있습니다.

예수님께서는 또한 "이 보호 속에 있는 사람은 행복하다. 왜냐하면 하느님의 정의의 손길도 그들을 붙잡지 못할 것이기 때문이다."(일기, 299)라고 말씀하셨다고 합니다.

예수님께서는 이 성화를 공경함으로써 얻게 되는 여러 가지 약속들을 말씀하셨습니다. 그것은 구원의 은총, 완덕에 이르는 은총, 행복한 임종의 은총, 그 밖에 필요한 모든 은총들과 현세의 축복들입니다.

예수님께서는 말씀하십니다.

"자비의 불꽃이 나를 태우고 있다. 나는 이 자비를 모든 영혼들에게 부어 주고 싶다. 오, 그들이 내 자비를 받아들이기를 원하지 않을 때 나에게 얼마나 심한 고통을 주는지! 앓고 있는 인류에게 나의 자비로운 성심으로 가까이 달려들라고 말하여라. 그러면 나는 그들을 평화로 채울 것이다."(일기, 1074)

9. 2000년 교황 요한 바오로 2세께서는 이 파우스티나 수녀를 시성하고, 부활 2주일을 자비주일로 선포하시게 됩니다.

10. 왜 하느님께서는 무식하고, 쇠약하고, 나약하기만 한 파우스티나 수녀에게 당신의 자비의 모습을 보여 주시고, 그에게 천상의 비밀들을 알려 주셨을까요? 왜 그 수녀를 통해 당신의 자비로우심을 온 세상에 보여 주시는 것일까요?

11. 하느님은 그런 분이십니다. 나약하고, 배운 것 없고, 소외받고, 천대받고, 무시당하는 사람들을 더 사랑하시는 분이십니다. 그것이 하느님의 자비입니다.

12. 이 성화 앞에서 자주 하느님의 자비를 묵상하면 우리가 얼마나 큰 하느님의 자비와 용서 속에 살아가는지 깨달을 수 있게 될 것입니다. 보다 많은 분들이 이 성화 앞에서 하느님의 자비를 깨닫는 귀중한 은총을 받으시길 소망해 봅니다.

13. 성전 왼쪽에 있는 〈매듭을 푸시는 성모님〉에 대한 설명을 해 드리겠습니다.

14. 1980년대 초 호르헤 마리오 베르고글리오 신부(현 프란치스코 교황)는 박사학위 취득을 위해 독일에서 공부하던 중 아우크스부르크에 있는 한 성당에서 18세기 초에 그려진 〈매듭을 푸시는 성모님〉 성화를 보았습니다. 그는 이 작품에 감동하여 복사본을 가지고 아르헨티나로 돌아갔고, 부에노스아이레스 대주교 시절에 '매듭을 푸는 성모님께 드리는 기도문'을 직접 작성하여 많은 사람들이 기도

하도록 하였습니다.

15. '매듭을 푸는 마리아'에 대한 신심은 300년 이상 된 것으로, 많은 사람들이 이 성화로 기도하는 동안에 자신들이 지향하는 인생의 매듭들이 풀리는 기적을 체험하게 됩니다. 지금도 교황님께서는 집무실 뒤편에 이 성화를 모셔 놓고 이 시대의 매듭을 푸시고자 성모님께 기도하고 계신다고 합니다.

16. 이 성화는 하늘로 승천한 성모님이 7개의 별로 장식된 왕관을 쓰고 계시는 모습의 그림입니다.
성모님은 붉은색 옷을 입고 계시고, 어깨 위에서 허리까지 휘감은 푸른 망토를 걸쳤으며, 젊고 아름다우십니다.
매우 평화로운 자태로 당신께 맡겨진 일에 온통 집중하고 계시는 모습이십니다. 성모님은 크고 작은 매듭으로 헝클어진 리본을 푸는 일을 진중하게 하고 계십니다.
왼쪽의 천사가 헝클어진 리본을 올려 드리고 있고, 오른쪽의 천사는 이제 거의 다 풀려 자유롭게 미끄러져 내리는 리본을 가지런히 받쳐 들고 있습니다.

17. 이 그림은 실제 이야기에 바탕을 두고 있습니다. 1612년에 소피아와 혼인한 독일의 귀족 볼프강의 이야기가 그 배경입니다.
그들의 혼인 생활은 얼마 가지 않아 위기에 놓이게 되었다고 합니다. 이미 기울대로 기울어진 혼인 생활, 이혼의 급박한 위기감이 닥쳐오자 볼프강은 파경을 피하기 위해 한 사제를 만나게 됩니다.
그 당시 한 가지 전통이 있었습니다. 혼인 예식 중에 신랑과 신부를 리본으로 한 몸이 되게 묶었다고 합니다. 하느님께서 맺어 주신 것을 사람이 풀지 못한다는 의미입니다.

사제가 이 부부의 혼인 리본을 치켜들고 기도하던 중 갑자기 그 리본의 모든 매듭이 풀려 미끈하게 되었다고 합니다. 이 특별한 사건이 확인된 후 그 위기의 부부는 이혼을 피하게 되었고, 혼인 생활이 아름답게 지속되었다고 합니다.

혼인의 파경에서 벗어난 신랑은 이 사건을 기념하기 위해, 그리고 감사의 표시로 가족제대를 봉헌하게 되었습니다. 또한 화가에게 제대 뒷면 벽화를 그리도록 하였는데, 그 벽화가 바로 이 〈매듭을 푸시는 성모님〉 그림이었습니다.

그 후 이 '매듭의 성모님'은 풀어야 할 많은 어려운 상황을 위해 일찍부터 공경되었습니다.

18. 이 매듭이란 무엇입니까?

그것은 우리가 어떠한 해결방법도 찾을 수 없는 문제들과 난관들입니다.

가정의 불화, 부모와 자녀 간의 이해 부족, 무례함, 폭력이 바로 우리의 매듭이고, 남편과 아내 사이의 뿌리 깊은 상처, 가정에 있는 아픔과 상처가 또한 우리의 매듭입니다. 그리고 약물중독으로 앓거나 가족과 하느님으로부터 떠나 있는 아들 또는 딸, 알코올 중독, 도박 중독에 빠진 사람이 매듭입니다. 그로써 시달리는 우울증, 두려움, 외로움이 매듭입니다.

우리 삶에서 우리를 묶어 놓는 온갖 것들이 다 매듭입니다. 그것들은 얼마나 우리 마음과 정신을 숨 막히게 하고 지치게 만들며, 기쁨을 누리지 못하게 하고, 우리를 하느님에게서 멀어지게 합니까?

19. 세계 곳곳에서 벌어지는 수많은 매듭들을 푸시고자 노력하시는 프란치스코 교황님의 모습이 마음에 다가옵니다.
교황님께서 귀하게 여기시는 이 〈매듭을 푸시는 성모님〉 성화는 꼬불꼬불 꼬인 매듭이 성모님의 손을 거치면서 매끈하고 순한 끈으로 풀려 변화된 모습입니다. 마치 세상의 혼탁한 이쪽과 반대편의 평화를 보는 듯합니다.

20. 뱀의 머리를 밟고 있는 어머니의 발은 이 세상의 온갖 악의 세력으로부터 우리를 보호하시는 성모님의 사랑을 느끼게 해 줍니다. 그리고 그 언젠가 내가 간절히 기도하는 그 매듭들이 풀렸다는 사실을 깨달을 때가 있을 것입니다.

21. 자비의 예수님께 우리의 삶을 의탁하고, 매듭을 푸시는 성모님과 함께 살아갈 수 있다면 우리의 삶은 이 더위를 말끔히 씻어 주는 소나기와 같은 시원한 하느님의 은총을 깨달을 수 있게 될 것입니다.
"누구든지 청하는 이는 받고, 찾는 이는 얻고, 문을 두드리는 이에게는 열릴 것이다." 아멘.

연중 제18주일(2016. 7. 31.)

"예수님께서 말씀하셨다. 너희는 주의하여라. 모든 탐욕을
경계하여라. 아무리 부유하더라도 사람의 생명은 그의 재산에
달려 있지 않다."

1. 날씨가 정말 덥습니다. 어제 뉴스를 보니 노원구의 한 가난한 동네에서는 이 더운 여름에도 연탄불을 땐다고 합니다. 집 안의 습기가 심하기 때문입니다. 에어컨도 없고, 그저 선풍기 하나에 의지한 채 온갖 습기로 인한 곰팡이들과 싸우고 있습니다. 추울 때는 도와주는 사람들이 있는데 이 더위는 그들이 홀로 싸워야 한다고 합니다. 정말 우리가 생각지도 못한 어려운 이웃들이 많이 있습니다.

2. 지구를 보호하는 오존층은 날이 갈수록 파괴되어 가고 있고, 북극의 빙하는 쉴 새 없이 녹아내리고, 전 세계는 이상기후로 인한 폭염과 가뭄, 홍수, 지진에 시달리고 있습니다. 아마도 자연의 피해가 가장 심한 시기에 우리가 살고 있는 것이 아닌가 합니다.

왜 이렇게 자연의 질서가 파괴되고, 그 피해를 우리가 감당해야 하는 것일까요? 인간이 자연과 함께 살고 있지 못하고 있기 때문입니다. 자연은 하느님께서 인간에게 주신 선물인데 그 선물을 소중히 간직하고, 보호하고, 사랑하지 못하고 있기 때문입니다. 모두가 함께 나누어야 할 자연이 인간의 욕심과 탐욕 때문에 파괴되고 있기 때문입니다.

인간의 욕심과 탐욕은 한도 없고, 끝도 없습니다. 그저 당장 눈앞의 이익만 있다면 인간은 자신의 욕망을 만족시키기 위해 물불을 가리지 않기 때문입니다. 자연은 솔직합니다. 존중받지 못하면 그만큼 그 대가를 인간에게 돌려줍니다. 사랑받으면 사랑받은 만큼 그 유익함을 인간에게 돌려줍니다. 자연은 우리가 함께 살아가야 할 존재입니다. 우리가 존중하고, 사랑해야 할 생명체입니다.

3. 자연이 파괴되고, 그 파괴된 만큼 우리의 삶에 수많은 재난과 재해가 따라오고 있습니다. 그렇다 보니 우리 인간 사회도 파괴되어 가고 있습니다. 용서와 화해는 간 데 없이 서로 무자비하게 판단하고 단죄합니다. 자신의 이익을 위해서 남의 상처나 아픔은 무시해 버립니다. 싸움밖에 남는 것이 없습니다.

인생은 하느님께서 주신 선물인데 이 아름다운 인생터가 살벌한 전쟁터가 되어 버리고 말았습니다. 있는 사람은 더 가지려 하고, 없는 사람도 눈을 붉히며 어떻게 해서든지 살아남으려 합니다. 어느덧 욕심과 탐욕이 우리 삶의 중심이 되어 버렸습니다.

인간 내면에는 어떤 상황에서도 변하지 않는 하느님의 모상인 선함이 있습니다. 이 선함이 우리의 현실에서는 참으로 고통받고 있습니다. 선하게 살고 싶지만 우리가 살고 있는 세상은 결코 선하지 않기 때문입니다. 선하게 살면 무능력자가 될 수밖에 없기 때문입니다.

4. 인간의 욕심과 탐욕은 이 아름다운 하느님의 선물인 자연을 무참히 파괴하고 있고, 또한 가장 귀하고 아름다운 우리 인생이라는 선물 역시 무참히 파괴하고 있습니다. 그래서 우리는 행복하지 않습

니다. 언제 어디서 어떤 피해를 당하지 않을까 불안하고 초조합니다. 세상 모든 사람들이 나를 해치는 적으로까지 보이기도 합니다.

남들보다 더 능력 있는 사람이 되기 위해서, 또 남들보다 더 윤택한 삶을 살기 위해서는 눈을 부릅뜨고, 몸에 잔뜩 힘을 주고 긴장하면서 살아야 합니다. 조금만 방심하면 어떤 놈이 나에게 어떤 해코지를 할지, 나에게 어떤 피해가 닥칠지 알 수 없기 때문입니다. 그러나 능력이 없는 사람들은 그저 자포자기하고 자신과 자신의 인생을 한탄하면서 우울하게 살기도 합니다. 잘사는 사람에게도, 못사는 사람에게도 하루하루가 지옥인 경우가 많습니다.

5. 아! 우리는 행복하게 살아야 할 권리와 의무가 있는데 우리가 사는 이 세상은 왜 이리도 혼탁하고, 시끄럽고, 불안한지요? 어찌하면 우리가 이 힘한 세상에서도 행복하게 살 수 있을까요?

6. 우리에게 주어진 인생은 내가 원해서, 또 노력해서 얻은 것이 아닙니다. 그 인생은 나에게 던져진 것이고, 나에게 주어진 것이고, 나에게 선물로 주어진 것입니다. 내 인생은 내 노력의 대가가 아니라 하느님께서 공짜로, 선물로, 은총으로 주신 것입니다. 내가 원해서 이 세상에 태어난 것이 아니기 때문입니다.

내가 태어나기 위해서 창조주이신 하느님은 그야말로 심혈을 기울이셨습니다. 내 조상님들 중 단 한 분이라도 잘못되었다면 나는 이 세상에 존재할 수 없는 것입니다. 이 세상의 역사는 내가 존재하기 위해서 존재했던 것입니다. 그렇기에 나에게 주어진 이 인생은 우연이 아니라 하느님의 엄청난 사랑의 결과입니다.

또한 나에게 주어진 내 몸 역시 엄청난 선물입니다. 내가 노력한 것도 아닌데, 내가 원한 것도 아닌데 내 몸은 나를 위해서 존재합니다. 내 심장은 여전히 뛰고 있으며, 내 허파는 끊임없이 숨을 들이쉬고, 내쉬게 합니다.

내 안에 있는 장기들은 평생 동안 자기에게 주어진 역할을 충실히 수행합니다. 내 눈으로 볼 수 있고, 내 귀로 들을 수 있습니다. 내 촉감으로 만질 수 있고, 느낄 수 있으며, 내 혀로 맛을 알 수 있습니다. 두 팔과 두 다리로 필요한 활동을 할 수 있고, 내 머리는 끊임없이 나를 정신적인 존재, 영적인 존재가 되도록 합니다.

나에게 주어진 감정을 통해 세상을 느낄 수 있고, 나에게 주어진 정신적인 능력을 통해 때로 불가능한 일을 성취해 내기도 합니다. 나에게 주어진 영적인 능력을 통해 나에게 주어진 인생과 우주와 하느님과의 소통이 가능합니다.

이 묘한 몸과 정신과 영혼의 조화들로 우리는 하루하루 살아가고 있는 것입니다. 내 안에 있는 것들은 내가 노력하지 않아도 자기에게 맡겨진 역할을 얼마나 신기하고 신비롭게 수행해 내는지요? 알아주지 않아도, 때로는 혹사를 해도 나를 위해 자기 역할을 다 수행해 내고 있습니다.

7. 이것이 무엇입니까? 내가 원한 것도 아닌데, 내가 노력한 것도 아닌데 어찌 나에게 이토록 신비한 몸과 마음과 정신과 영혼이 있는 것일까요? 그저 공짜로 나에게 주어진 것입니다. 나에게 선물로 주어진 것입니다. 나에게 주어진 그 모든 귀한 선물들은 내가 관리만 잘하면, 그들을 사랑해 주면 그들은 나를 위해 평생을 한결같이,

아무 불평 없이 자기에게 주어진 역할에 최선을 다합니다. 다 하느님께서 당신의 그 넘치는 사랑으로 우리에게 주신 선물입니다.

8. 귀한 선물을 받으면 우리는 감동하고 감사합니다. 마음 깊은 곳에서부터 우러나오는 기쁨이 있습니다. 그 선물을 준 사람에게 한없는 고마움과 감동과 감사를 느끼게 됩니다. 그 선물을 평생 동안 귀중하게 간직합니다. 그 선물을 준 사람의 마음과 사랑과 추억을 생각하면서 행복해집니다.

9. 그런데 우리는 우리에게 주어진 이 선물들을 너무 대수롭지 않게 여기고, 때로는 불평을 하고 있는 것은 아닌가요? '왜 저 사람에게는 나보다 더 좋은 선물을 주셨을까?' 불평하고 있는 것은 아닐까요? 하느님께서는 나에게 맞춰서 나에게 최상의 선물을 주셨는데 우리는 그 귀한 선물을 너무 소홀히 여기고 남의 것만 탐내고 있지는 않은가요? '남의 떡이 더 커 보인다'고 내 안에 있는 욕심 때문에 나만을 위한 그 선물들이 그저 하찮게 보이고 있는 것은 아닐까요?

10. 나에게 주어진 인생, 나에게 주어진 몸과 마음, 그리고 정신과 영혼은 나에게만 주어진 맞춤 선물입니다. 이보다 더 위대하고, 정교하고, 신비롭고, 사랑이 가득 찬 선물은 이 세상 어디에도 없습니다.

11. 나에게 주어진 선물에 감동하고, 감사하고, 행복해할 수 있어야 합니다. 그 선물을 깨닫고 감사할 수 있을 때 우리 인생은 새로운 눈을 뜰 수 있게 됩니다. 감사는 천국의 시작입니다. 불평은 지옥의 시작입니다. 감사하면 할수록 감사할 거리를 더 많이 발견하게 됩니

다. 불평하면 할수록 눈이 막히고, 마음이 막히고, 불평거리만 더 많이 생겨납니다. 감사는 나에게 주어진 선물을 더욱더 빛나게 하고, 불평은 나에게 주어진 선물을 가치 없는 선물로 전락시켜 버리고 맙니다.

미사 중 감사송에서 이런 말씀이 나옵니다. "언제 어디서나 아버지께 감사함이 참으로 마땅하고 옳은 일이며, 저희 도리요, 구원의 길이옵니다." 예수님께서도 빵과 포도주를 축성하실 때 빵을 들고 감사를 드리신 다음, 잔을 들어 다시 감사를 드리신 다음, 우리에게 당신의 몸을 사랑의 성체로 나누어 주십니다.

12. 내 인생에 주어진 사람들, 가족들, 친지들, 친구들, 연인들 모두 감사해야 할 선물인 것입니다. 왜 나에게만 이런 하찮은 선물, 힘든 선물, 불편한 선물을 주셨을까 생각하면 나에게 주어진 그 모든 선물들이 정말 힘든 선물이 되고 맙니다.

선물에는 주는 이의 마음이 담겨 있습니다. 받는 이에게 도움이 되고, 유익이 되도록 주는 것입니다. 인간 사이에도 그런데 하느님은 얼마나 심사숙고해서 나에게 맞는 선물, 유익한 선물을 주셨겠습니까? 나에게 주어진 선물이 때로는 내가 볼 때, 객관적으로 볼 때 불평을 할 만하더라도 그 선물을 귀하게 여기고, 인정하고, 존중하고, 사랑하다 보면 그 선물들이 내 인생에 얼마나 최고의 선물인지 깨달을 때가 올 것입니다.

13. 감사하지 못하기에, 받은 선물에 불평불만이 가득하기에 우리 인생이 꼬이기 시작하는 것입니다. 욕심과 탐욕에 빠지게 되는 것

입니다. 내가 이렇게 생긴 것은 그렇게 살라는 뜻이 숨겨져 있는 것입니다.

나는 내가 되어야지 다른 사람, 다른 인생이 될 수 없습니다. 모든 인생은 다 가는 길이 다릅니다. 자기가 가는 인생길은 자기 스스로 발견해야 하는 것입니다. 자기가 아닌 다른 사람이 되고자 하는 것, 그 욕심과 탐욕에서 인간의 불행과 고통이 시작됩니다.

다 생긴 대로 살아야 하는 것입니다. 주어진 대로 살아야 하는 것입니다. 모든 것은 다 주신 것입니다. 내 것은 하나도 없습니다. 나의 인생, 내 몸과 마음, 내 가족, 친지, 지인들, 나의 능력들 모두 다 주신 것입니다. 내 재산과 명예와 힘도 다 주신 것입니다.

그저 주신 대로 살아야 합니다. 내가 다른 사람이 될 수 없듯이 내 것이 아닌 것을 욕심내면, 탐욕을 부리면 그 순간부터 인생의 나락으로 떨어지고, 고통이 시작됩니다. 다시 자기 자신으로 돌아올 때까지 그 고통은 끝나지 않을 것입니다.

14. 탐욕의 반대말은 감사입니다. 감사하면 자신을 망치고 이웃에게 상처를 주는 탐욕에서 벗어날 수 있습니다. 더 자유로워질 수 있습니다. 더 내면적인 사람이 될 수 있습니다. 더 하느님의 은총과 사랑에 가까워질 수 있습니다. 감사하지 못하면 탐욕에 빠지게 되고, 그 탐욕은 자신에게 씻을 수 없는 상처를 주고, 가족과 이웃들 역시 엄청난 상처와 고통 속에 빠지게 합니다.

"예수님께서 말씀하셨다. 너희는 주의하여라. 모든 탐욕을 경계하여라. 아무리 부유하더라도 사람의 생명은 그의 재산에 달려 있지 않다." 아멘.

"너희 자신을 위하여 해지지 않는 돈주머니와
축나지 않는 보물을 하늘에 마련하여라."

1. 정말 덥습니다. 그래도 성당 오면 시원해서 좋죠? 성체조배실도
아주 시원하답니다. 괜히 다른 곳에서 고생하지 마시고 성당 와서
시원한 곳에서 기도도 하시고, 예수님도 만나시고, 자기 자신도 만
나시기 바랍니다.

2. 우리가 살아가는 세상, 가뜩이나 시끄럽고 불안한데 그 속에 있
어 봤자 열통 터지는 일만 생길 뿐입니다. 가뜩이나 더운데 마음까
지 부글부글 끓으면 얼마나 힘들겠습니까? 이 더운 여름은 그저 조
용히 마음을 가라앉히고, 우리를 평화로이 또 때로는 애처롭게 내
려다보시는 주님께 우리의 삶과 마음과 가정과 일터를 맡기신다면
훨씬 더 이 여름을 견디기 쉬울 것입니다.

3. 브라질 리우데자네이루에서 올림픽이 시작되었습니다. 아시다
시피 브라질은 정말 어렵습니다. 치안도 불안하고, 경제도 어렵고,
정치도 엉망이고, 지카바이러스 때문에 비상 상태입니다. 과연 올
림픽을 열 수 있을까 우려의 목소리가 많았는데 준비가 부족한 상
태임에도 불구하고 올림픽이 시작되었습니다.
어제 방송을 보니 브라질 올림픽준비위원장이 떨리면서도 감격스

러운 목소리로 "모든 난관을 뚫고 이 자리가 준비되었다. 우리의 꿈은 누구도 막지 못한다. 이 자리는 지구인 전체의 축제의 자리요, 꿈의 자리요, 화합의 자리"라고 하는 연설에 마음이 닿았습니다.

또 베이징올림픽이나 런던올림픽에 비해 형편없는 재정으로 개막식을 준비했다고 하는데 단순하면서도 깊이가 있는 아주 훌륭한 개막식으로 마음에 와닿았습니다. 정말 어려운 상황에서 준비되고 시작된 올림픽이 모든 이의 마음에 깊은 감동이 되었으면 합니다.

특히 인상 깊었던 것은 리우데자네이루라는 도시를 바라보시는 구원자이신 예수님의 거대한 동상이었습니다. 그 도시 어느 곳에서나 이 예수님이 보인다고 합니다.

4. 수많은 문제를 안고 있는 브라질, 그 브라질 안에 사는 사람들을 가엾게, 애처롭게 바라보시는 예수님으로 느껴집니다. 문제 속에서도 그 문제를 어떻게 해서든 극복하고자 하는 인간의 놀라운 의지를 예수님께서는 대견하게 바라보시는 듯합니다. 온갖 테러와 불화, 질병 속에서도 세계인의 평화와 화합을 이끌기 위해 노력하는 선의의 인간들을 응원하시는 듯한 예수님의 모습입니다.

5. 인간의 고통을 애처롭게 바라보시며, 그 고통들 속에서도 기쁨과 평화를 찾고자 하는 인간의 아름다운 모습에 기뻐하시지 않을까 생각해 봅니다.

6. 세상의 많은 사람들의 삶의 목표가 재물인 경우가 많습니다. 그래서 그 목표를 달성하기 위해서 물불 안 가리고 살아갑니다. 때로는 무자비하게 살아가기도 합니다. 부모나 형제, 친지들을 모른 척

하고 살아갑니다. 돈이 된다면 어떤 일도 해 버리는 사회가 되어 가고 있습니다. 그저 재물만을 위해서 살아가는 사람들이 의외로 많습니다.

7. 하느님께서 주시는 진정한 축복은 무엇일까요? 바로 자기 자신을 깨닫는 것입니다. 자신에게 주어진 인생길을 깨닫고, 남들과는 다른 자신만의 고유한 하느님의 선물을 깨닫고, 자신의 마음속에 숨어 있는 하느님의 나라를 찾아내고, 그래서 얼마나 갖고 있는가에 상관없이 기쁘고 감사하게 살아가는 것이 진정 하느님께서 주시는 축복의 길입니다. 다시 말해 우리 마음을 비워 내고, 그 자리에 하느님께서 주시는 온갖 영적 축복들로 가득 채우는 일입니다.
마음이 하느님의 선물로 가득 차 있는 마음의 부자가 되는 것이 진정 우리가 추구해야 하는 올바른 행복한 인생길이 아닐까요?

8. 재물과 명예와 권력을 가진 사람들이 과연 행복할까요? 그들 마음속에 진정한 기쁨과 평화가 있을까요? 그런 사람도 있겠지만 실상 그 안으로 들어가 보면 전쟁터가 따로 없습니다. 가진 사람은 그 가진 것을 지키기 위해서, 또 더 많이 갖기 위해서 얼마나 신경을 예민하게 세우고 힘들게 살아가는지 모릅니다.
과연 진정한 평화가 가능할까요? 인생의 목표가 재물인 사람들은 겉으로는 좋아 보이지만 속으로는 정말 힘들게 살아갑니다.

9. 무엇을 가진 사람이 되기보다는 어떤 사람이 되느냐가 더 중요합니다. 좋은 옷, 좋은 자동차, 좋은 집에서 누리고 산다고 절대로 훌륭한 사람이 아닙니다. 사람들은 겉으로는 "대단하십니다."라고

칭찬하지만 속으로는 '그 재산을 모으기 위해서 얼마나 무자비했을까? 그 속이 얼마나 온갖 거짓과 허영과 허세로 가득 찼을까?'를 생각합니다.

10. 어떤 사람이 되어야 할까요? 날씨도 더운데 〈복면가왕〉의 '우리 동네 음악대장'이던 하현우의 〈백만송이 장미〉라는 노래를 들어 보시겠습니다.

11. 원래는 심수봉 씨의 노래인데 우리 심금을 울리는 하현우의 노래로 들으니 이 노래가 새롭게 태어나는 듯합니다. 신앙적인 눈으로 보면 정말 기가 막힌 가사입니다. 들어도, 들어도 감동입니다.

"먼 옛날 어느 별에서 내가 세상에 나올 때
사랑을 주고 오라는 작은 음성 하나 들었지
사랑을 할 때만 피는 꽃 백만송이 피워 오라는
진실한 사랑 할 때만 피어나는 사랑의 장미"

우리가 태어난 이유는 사랑을 주기 위해서입니다. 그 음성은 너무 작아, 내 안이 시끄러워 들을 수 없는 음성이었습니다. 진실한 사랑이 있을 때 피어나는 사랑의 장미, 내 마음속의 장미, 아름다운 마음의 정원을 만들어야 함을 이야기합니다.

"미워하는 미워하는 미워하는 마음 없이
아낌없이 아낌없이 사랑을 주기만 할 때
수백만송이 백만송이 백만송이 꽃은 피고
그립고 아름다운 내 별나라로 갈 수 있다네"

우리 인생에서 싸워야 할 적은 바로 내 마음속의 미움입니다. 그 미움을 없애고 아낌없이, 조건 없이 사랑을 베풀 때 내 마음속에 꽃이 피어나기 시작합니다. 내 마음의 화원이 아름다울 때 비로소 하늘나라의 정원에 도착하게 됩니다.

"진실한 사랑은 뭔가 괴로운 눈물 흘렸네

헤어져 간 사람 많았던 너무나 슬픈 세상이었기에

수많은 세월 흐른 뒤 자기의 생명까지 모두 다 준

비처럼 홀연히 나타난 그런 사랑 나를 안았네"

진실한 사랑, 인생의 모습을 알기까지 얼마나 많은 눈물을 흘러야 하는지요? 정말 인생은 어렵고 힘듭니다. 자신의 힘으로는 깨달을 수 없는 인생이 우리 앞에 놓여 있습니다. 그러나 자신의 생명까지 모두 다 준, 비처럼 홀연히 나타난 그런 예수님의 사랑이 나를 안으면 부족한 우리도 백만 송이 장미를 피워 낼 수 있을 것입니다.

"그대와 나 함께라면 더욱더 많은 꽃을 피우고

하나가 된 우리는 영원한 저 별로 돌아가리라"

예수님과 함께라야 더 많은 꽃을 피울 수 있고, 예수님과 하나가 된 나는 나를 태어나게 한 저 별로 돌아갈 수 있다고 합니다. 절대로 나 혼자의 힘으로는 단 한 송이의 꽃도 피워 낼 수 없습니다. 예수님은 내 마음속에 꽃이 피어나게 하시는 분이고, 그 힘으로 나도 이웃의 마음속에 꽃을 피워 낼 수 있습니다. 이 세상에 꽃을 피워 내시는 그분과 함께라야 더 많은 꽃을 피워 낼 수 있고, 그리되면 그분께서는 내 손을 잡고 영원한 하늘나라로 나를 데려가실 것입니다.

12. 나중에 들어 보시고, 가사를 깊이 음미해 보시기 바랍니다. 이 세상에서 나에게 주어진 재물과 명예와 권력은 바로 이 세상에서 꽃을 피우기 위해서 존재해야 합니다. 내 욕심을 채우기 위한 것은 오히려 나를 망치게 하는 지름길입니다. 나의 것은 다 하느님의 것입니다. 하느님의 것을 내가 가로채면 하늘나라의 도둑인 것입니다. "너희 자신을 위하여 해지지 않는 돈주머니와 축나지 않는 보물을 하늘에 마련하여라." 아멘.

"나는 세상에 하느님의 불을 지르러 왔다.
그 하느님의 불이 타올랐으면 얼마나 좋으랴?"

1. 날씨가 더워도 너무 덥습니다. 해도 해도 너무합니다. 누구를 원망해야 할까요? 사상 초유의 더위 앞에서 많은 사람들이 힘들어하고 지쳐 가고 있습니다. 무자비한 전기요금 때문에 에어컨이 있어도 틀지 못하고, 뜨거운 바람만 나오는 선풍기를 바라보며 한숨짓는 사람들이 많습니다. 정말 이 여름이 힘듭니다.

2. 이 답답하고 힘든 시기에 그래도 올림픽에서 우리에게 희망을 주는 메시지들이 속속 전해지고 있습니다. 펜싱에서 모든 사람이 거의 졌다고 하는 상황에서 무서운 한국인의 뚝심을 발휘하며 기적적인 역전승을 일궈 냅니다. 사격에서도 모두가 숨을 죽이는 가운데 초반의 엄청난 실수를 극복하고 금메달을 이루어 냅니다. 양궁에서는 8연패를 비롯하여 전 종목 금메달이라는 기적적인 결과를 이루어 냅니다.

3. 정말 한국 사람에게는 남다른 DNA, 즉 엄청난 유전자가 존재하는 것 같습니다. 이 좁디좁은 나라, 하루도 분쟁과 싸움이 멈추지 않는 갑갑한 나라이긴 해도 한국인 안에는 다른 나라 사람들에게 없는, 열악한 상황에서도 훌륭한 결과를 이뤄 내는 엄청난 내적인 힘

이 있는 것 같습니다. 정치 하는 분들만 정신을 차린다면 이 엄청난 내적인 힘은 거의 폭발적으로 전 세계를 흥분시킬 수 있는, 그야말로 전 세계를 이끌어 나갈 수 있는 힘을 발휘할 수 있을 것 같습니다.

4. 우리는 역전승을 좋아하는 기질이 있습니다. 우리에게 주어진 것이 아무것도 없다 할지라도 우리는 우리의 꿈을 이루어 냅니다. 우리나라는 좁고 자원도 부족하지만 우리 안에는 그 모든 열악한 상황을 이겨 나가고 반전시키는 우리만의 힘과 자질이 있는 것입니다.

5. 그래서 우리는 어떤 상황에서도 포기하지 말고 꿈을 간직해야 합니다. 비록 너무 멀리 보이고, 도저히 이뤄지지 않을 꿈일지라도 그 꿈은 포기하지 않는 자에게 언젠가는 도달되는 현실임을 믿어야 합니다.

6. 꿈을 다른 말로 하면 희망이라고 할 수 있습니다. 어떤 꿈을 갖고 계시나요? 어떤 희망을 갖고 계시나요? 특별히 신앙인들은 어떤 꿈과 희망을 가져야 할까요?

7. 지난주에 〈백만송이 장미〉노래를 강론 주제로 택했더니 아주 반응이 좋았습니다. 날씨가 계속 더우니 이번 주에는 인순이의 〈거위의 꿈〉을 들려 드리도록 하겠습니다.

8. 저는 인순이의 삶과 그녀의 노래를 아주 많이 좋아합니다. 언젠가 어떤 지인 자제의 결혼식이 있었는데 뜻밖에 인순이가 왔고, 축하 노래를 불러 주는 것이었습니다. 저는 너무 놀랐고, 좋은 마음을 숨길 수 없었습니다.

인순이는 결혼 축가로 제가 잘 알지 못하는 어떤 외국 노래를 불렀는데 제가 앙코르를 신청했습니다. 〈친구여〉라는 노래를 부르는데 정말 엄청난 내적인 에너지가 폭발하는데 그곳에 있는 모든 사람들이 깊이 매료되었습니다.

저는 개인적으로 거위의 꿈이 불리길 바랐는데 신랑, 신부를 생각해서 더 이상 앙코르를 할 수 없었습니다. 수많은 인순이의 좋은 노래 중에서 이 〈거위의 꿈〉은 제가 가장 좋아하는 노래입니다.

9. "난 난 꿈이 있었죠

   버려지고 찢겨 남루하여도

   내 가슴 깊숙이 보물과 같이 간직했던 꿈

   혹 때론 누군가가

   뜻 모를 비웃음 내 등 뒤에 흘릴 때도

   난 참아야 했죠 참을 수 있었죠 그날을 위해"

제가 전곡 백의리에 있는 5사단에서 군종신부를 했는데, 그 지역의 초성리라는 동네에서 인순이가 자랐다고 합니다. 동두천과 가까운 그곳, 우리는 쉽게 인순이의 성장과정을 상상해 볼 수 있게 됩니다. 그의 아버지는 동두천에서 근무하는 미군이었을 것이고, 그녀가 자신의 피부색 때문에 어렸을 때부터 얼마나 큰 편견과 차별 속에 자라 왔을지 쉽게 상상해 볼 수 있습니다. 그 어린 나이에 겪었어야 했을 깊은 슬픔과 아픔이 얼마나 컸을지 쉽게 생각해 볼 수 있습니다. 그래서 그녀는 이 노래를 통해 자신의 어린 시절의 아픔을 노래합니다.

10. "늘 걱정하듯 말하죠

　헛된 꿈은 독이라고

　세상은 끝이 정해진 책처럼

　이미 돌이킬 수 없는 현실이라고

　그래요 난 난 꿈이 있어요

　그 꿈을 믿어요 나를 지켜봐요

　저 차갑게 서 있는 운명이란 벽 앞에

　당당히 마주칠 수 있어요"

이 노래 제목은 '거위의 꿈'입니다. 거위는 날지 못합니다. 그러나 인순이의 거위는 날기를 원합니다. 그 꿈은 도저히 이뤄질 수 없는 꿈이고, 날지 못하는 것은 당연한 현실이기도 했습니다. 거위가 난다는 것은 그 자체가 난센스이고, 누구도 상상조차 할 수 없는 이루지 못하는 꿈이었습니다. 그러나 그녀는 그 모든 편견 앞에서 거위도 날 수 있다고, 거위도 나는 꿈을 꾸어야 한다고 강변합니다. 여기서 나오는 거위는 바로 현실과 운명의 벽 앞에 서 있어야 했고, 그 앞에서 버티고 인내해야만 했던 인순이의 삶의 모습을 보여 줍니다.

11. "언젠가 나 그 벽을 넘고서

　저 하늘을 높이 날 수 있어요

　이 무거운 세상도

　나를 묶을 수 없죠 내 삶의 끝에서

　나 웃을 그날을 함께해요"

언젠가 그 운명의 벽, 현실의 지긋지긋한 벽을 넘을 거라고 노래합니다. 그리고 나를 옥죄고 있는 이 현실과 운명을 뛰어넘어 하늘 높이 날 수 있을 것이라고 노래합니다. 그녀는 남들이 겪지 않아도 되는 수많은 좌절과 꿈이 산산이 부서지는 절망을 얼마나 많이 겪어야 했을까요? 그 치열한 삶의 현실 앞에서 얼마나 넘어지고, 또 넘어져야 했을까요?

그러나 그녀는 결코 꿈을 포기하지 않았습니다. 그 꿈은 단지 돈을 버는 꿈은 아니었을 겁니다. 사람들 앞에 당당히 설 수 있는 꿈, 모든 시련과 아픔을 넘어서서 사람들에게 희망이 되고 싶다는 꿈이었을 것입니다. 그 꿈을 포기하지 않으면 언젠가 그 꿈이 이루어진다는 자신의 경험을 노래하고 있는 것입니다. 결국 마지막 승리자, 인생의 승리자, 자신의 한계를 넘어선 작은 거인의 승리의 찬가를 우리는 이 노래를 통해서 듣고 있는 것입니다.

12. 인순이는 수많은 활동과 함께 요즘에는 해밀턴이라는 대안학교를 운영합니다. 자신과 같은 아픔을 겪을 다문화가정 아이들을 위한 학교입니다.

13. 하느님께서는 우리가 각자 다 나름대로의 아픔을 겪는 것을 마음 아프게 허락하십니다. 우리가 그 아픔을 통해 더 성숙해지고, 더 많은 아픈 이들을 끌어안으라는 하느님의 크신 뜻이 그 아픔 가운데 있는 것입니다. 우리의 꿈은 우리의 아픔을 통해 성장하고 준비되는 것입니다. 아픔 속에서도 그 꿈을 놓지 않을 때 우리의 꿈은 이루어지는 것입니다.

14. 오늘 독서에서 말씀해 주고 계십니다.

"우리 믿음의 완성자이신 예수님만을 바라보며 우리가 달려야 할 길을 꾸준히 달려갑시다." 어떤 상황에서도 희망과 꿈을 포기하지 말고 자기에게 주어진 하루하루에 최선을 다해야 하겠습니다.

예수님께서도 당신의 꿈을 이루기 위해서 이 세상의 수많은 운명의 벽과 현실 앞에 당당히 맞서셨습니다. 결코 하느님 나라를 포기하지 않으셨습니다. 당신의 목숨까지 바쳐야 하는 그 절망적인 상황에서도 그분은 결코 당신의 꿈을 포기하지 않으셨습니다.

15. 예수님의 꿈은 바로 우리 안에 하느님 나라가 이루어지는 것이었습니다. 우리는 바로 예수님의 포기할 수 없는 꿈들입니다. 우리 각자는 예수님의 희망이며 꿈인 것입니다. 오늘도 예수님께서는 당신의 꿈을 이루시고자 이 제대 위에서 그 꿈 때문에, 그 희망 때문에 제물로 봉헌되고 계시는 것입니다.

"나는 세상에 하느님의 불을 지르러 왔다. 그 하느님의 불이 타올랐으면 얼마나 좋으랴?" 아멘.

성모승천 대축일(2016. 8. 15.)

"성모 마리아 하늘로 오르시니 천사들의 무리가 기뻐하네,
알렐루야."

1. 어제에 이어 오늘도 뵙게 되니 반갑습니다. 주님 안에서 자주 본
다는 것은 참 좋은 일입니다.

2. 오늘은 성모님의 승천 대축일이며, 우리나라의 광복절이기도 합
니다.

3. '성모님이 어떻게 생기셨을까? 정말 성모상이나 그림에서처럼
그렇게 이쁘셨을까?' 생각해 보게 됩니다. 화가나 조각가들은 최선
을 다해 성모님을 가장 이쁘게 그리고, 가장 화려하게 조각합니다.
왜 그럴까요? 성모님이 이쁘게 표현되는 것은 그분의 삶이 그 수많
은 역경 가운데에서도 오로지 주님께 의탁하는 삶이었기 때문입니
다. 실제 성모님이 어찌 생기셨는지는 중요하지 않습니다.
성모님 안에 성령께서 언제나 함께 계셨고, 성모님께서는 그 성령
의 이끄심에 따라 당신 삶의 모든 과정에서 하느님의 뜻을 찾으셨
고, 특히 당신의 아드님 예수님과 함께 그 처절하면서도 기쁜 구원
의 길을 걸으셨다는 사실이 중요한 것입니다.

4. 성모님의 마음과 그 삶 안에 살아 계신 하느님께서 함께 계셨기

에 그분은 지극히 아름다우신 것입니다. 우리도 기도를 열심히 하고 하느님의 뜻 안에서 사는 사람들을 보면 왠지 모를 아름다움과 경건함을 느끼게 됩니다. 우리 안에 하느님께서 함께 계시면 우리의 몸과 마음도 아름다워지게 되는 것입니다.

5. 성모님의 삶을 생각해 보면 참으로 마음이 숙연해지고 저절로 존경심과 경외심이 생겨납니다. 그토록 험한 삶의 과정 속에서, 그 혹독한 삶의 시련 속에서, 또 그 극심한 어둠이 판치는 세상 속에서 그분은 그 모든 것을 꿋꿋하게 이겨 나가십니다.

6. 우리는 조금만 시련이 닥쳐와도 실망하고, 좌절하고, 의기소침해집니다. 또 어둠이 우리 마음 안에 스며들면 그 어둠을 잘 이겨 나가지 못합니다. 내 안에 있는 어둠은 곧잘 다른 이의 어둠을 자극하며, 어둠은 더 큰 어둠을 만들어 갑니다.
우리는 본성적으로 아름답고, 선하고, 올바르게 잘 살고 싶지만 우리 삶을 둘러싸고 있는 각종 시련과 어둠 앞에 곧잘 손을 들어 버리고, 실망하고, 좌절하고, 포기하는 경우가 많습니다.

7. 그러나 성모님은 삶의 극심한 시련 한가운데 있으셨고, 이 세상의 어둠 한가운데 있으셨지만 그 시련 속에서도 희망을 잃지 않으셨고, 그 어둠 속에서도 하느님의 빛을 잃지 않으셨습니다.

8. 하느님이 보시기에 성모님이 얼마나 이쁘셨을까요? 이 세상을 사랑하시기에 당신의 아들마저 아낌없이 내어주신 하느님 입장에서 보면 성모님은 인간 중에 가장 큰 협조자, 가장 믿을 만한 분이셨

습니다.

9. 이런 성모님의 삶을 보면서 교회는 성모님을 원죄 없이 잉태되신 분이시라고 선포하고 있는 것입니다. 죄의 세상 속에 있으면서도 그 죄에 물들지 않으시고 그 죄와 어둠을 이겨 나가신 것을 보면 성모님은 태어나실 때부터 인간의 원죄로부터 자유로우신 분이라고 믿을 교리로 선포하고 있는 것입니다. 하느님의 특별한 은총을 받으신 분이라고 선포하고 있는 것입니다.

10. 또한 교회는 성모님을 천상의 어머니이며, 우리의 어머니로서 믿고 선포합니다.

11. 성모님은 항상 드러나지 않으십니다. 항상 뒤에서 모든 뒷바라지를 말없이 성실히 수행하십니다. 그러나 그분의 마음은 예수님과 제자들에게 한없는 힘의 원천이기도 하셨습니다. 예수님은 수많은 사람의 환호도 받으셨지만 이 세상의 어둠과 악의 세력으로부터도 수없는 반대를 받으시고, 표적이 되기도 하셨습니다. 성모님은 자신의 삶을 통해 얻은 하느님의 힘으로 그 어둠과 악을 어떻게 이겨 나가야 하는지 당신의 몸으로 보여 주고 계십니다.

12. 우리의 어머니이신 성모님. 부모의 마음을 천배, 만배 확장하면 그것이 바로 성모님의 마음이며, 하느님의 마음입니다. 우리 안에는 이미 하느님의 마음의 씨앗이 자라고 있는 것입니다. 부모로 산다는 것은 어떤 면에서는 하느님의 마음을 체험하는 것이며, 하느님의 마음으로 성장시켜 나가는 것이라고도 할 수 있을 것입니다.

13. 이미 우리의 삶 안에, 부모로서의 삶 안에 성모님께서 함께 계시고, 하느님께서 함께 계시는 것입니다. 따라서 부모로서의 우리 마음을 성모님께 좀 더 봉헌할 수 있다면 성모님께서는 우리 부모님들의 마음을 통해 하느님을 깨달을 수 있도록 도와주실 것이고, 하느님의 마음과 통할 수 있도록 그 길을 알려 주실 것입니다.

14. 부모로 산다는 것이 얼마나 어려운 일입니까? 자신을 버리지 않으면, 자신을 포기하고 자신에게 주어진 삶의 십자가를 온전히 받아들이지 못하면 부모로서 산다는 것은 참으로 어려운 일일 것입니다. 부모로 산다는 것은 그 자체가 성모님의 마음으로 나아가는 일이고, 하느님의 마음으로 나아가는 일입니다.

자식을 통해 기쁨도 얻지만 수많은 아픔과 고통을 체험하게 됩니다. 말로써는 다 표현할 수 없는 부모만의 아픈 마음들이 있게 마련입니다. 다 자신을 버리는 과정입니다. 다 자신을 비우는 과정입니다. 우리가 성모님과 함께 살아갈 수 있다면 자기를 버리고 비운 그 마음 안에 하느님의 성령을 채워 나갈 수 있습니다.

세상을 다 얻은 사람도 자식의 마음을 얻지 못하는 경우가 많습니다. 자식은 정말 뜻대로 되지 않습니다. 그러나 그런 과정을 통해 진정한 부모가 되는 것입니다. 하느님의 마음을 이해하고, 하느님의 마음으로 성장해 나가는 것입니다. 부모는 자신을 버리는 사람이어야 합니다.

15. 성모님께서는 온전히 자신을 버리신 분이셨습니다. 하느님께서는 그 비워진 마음 안에 당신 자신을 온전히 주셨습니다. 그래서

성모님께서는 이 인류 역사상 가장 하느님과 가까운 분이 될 수 있으셨던 것이고, 그래서 우리 모두의 어머니가 되셨습니다.

16. 우리가 부모로서 올바로 살아가기 위해서는 바로 삶의 지표가 필요한데, 그 삶의 지표가 바로 성모님이셔야 합니다. 성모님은 모든 부모님들의 모범이요, 지표이며, 길잡이고, 걸어가야 할 방향입니다.

17. 죄에 물들지 않으시고, 이 세상의 모든 어둠을 하느님의 사랑으로 이겨 나가시고, 우리의 어머니, 천상의 어머니가 되셨으니 하느님께서는 죄의 결과인 죽음의 세력으로부터 성모님을 자유롭게 해 주셨습니다. 이것이 바로 오늘 우리가 지내는 성모님의 승천 대축일의 의미입니다. 성모님께서는 어둠과 죄와 죽음의 세력으로부터 자유로웠음을 교회가 공식적으로 선포하는 것입니다.

18. 그래서 이 성모승천 대축일은 성모님 삶의 승리요, 올바른 삶이요, 하느님의 마음에 드는 삶이었음을 선포하는 날이고, 그래서 부족한 우리도 성모님처럼 살아가겠다고 결심하는 날이어야 합니다.

19. 무엇이 올바른 삶인지, 어찌 살아야 하는지 헷갈리고 혼란이 많은 우리에게 성모님은 올바른 삶의 지표를 보여 주고 계십니다. 성모님께 우리의 마음을 봉헌하고 의탁한다면 성모님께서는 어머니로서의 마음으로 우리의 마음을 이끄시고, 우리의 삶을 하느님께 안전하고, 효율적으로 이끌어 주실 것입니다.

20. 이 뜻깊은 날에 우리 민족은 광복절을 맞이하고 있습니다. 남과

북이 다 함께 경축해야 하는 날입니다. 동시에 남과 북의 긴장 관계를 해소할 수 있도록 노력해야 합니다. 진정한 광복절은 우리 민족이 하나 되어 기쁨을 노래하는 그날이 진정한 광복절일 것입니다. 일본에 의해 야기되었던 그 아픔, 그 고통들을 우리 민족끼리 주고 받는 그런 끔찍한 일이 다시는 없어야 할 것입니다.

21. 성모님께서는 당신의 기쁜 이날에 우리 민족에게 광복절이라는 기쁨을 선물해 주셨습니다. 아마도 통일이 되는 그날도 성모님의 축일 중 하나가 될 것입니다. 그만큼 성모님은 이 민족을 사랑하시고 특별히 아껴 주십니다. 우리가 조금만 더 노력할 수 있다면, 성모님처럼 이 세상의 어둠 속에서도 하느님의 힘으로 살아갈 수 있다면 성모님께서 당신이 하고 싶으신 일, 가장 하고 싶으신 일인 우리나라의 평화로운 통일을 훨씬 더 빨리 이루어 주실 것입니다.
"성모 마리아 하늘로 오르시니 천사들의 무리가 기뻐하네, 알렐루야." 아멘.

연중 제21주일(2016. 8. 21.)

"너희의 삶에 있는 모든 어려움들을 하느님의 사랑,
하느님의 훈육으로 받아들여 주님과 함께 잘 견디어 내거라."

1. 날씨가 언제까지 더울까요? 밖에 나다니면 때로는 한증막에 있는 듯한 느낌입니다.

모두 잘 아시는 이야기지만 요즘 지옥은 한창 리모델링 중이라고 합니다. 한국 사람들 때문이지요. 한국 사람들은 하도 찜질방을 많이 다녀서 웬만큼 온도가 높아도 "아, 시원하다!" 하며 잘 견딘다고 합니다. 그래서 지옥의 온도를 높이는 공사를 하고 있다네요. 천국에서는 베드로 사도가 요즘 고민에 빠져 있다고 합니다. 역시 한국 사람들 때문이지요. 하도 성형수술을 많이 하는 바람에 도대체 원본과 달라서 천국에 들어올 사람을 분간하기 어렵다고 합니다.

2. 날씨가 덥긴 덥습니다. 그래도 여름에 우리를 괴롭히는 모기가 적어서 다행입니다. 지카바이러스 때문에 방역 당국에서 3월부터 방역을 철저히 한 결과이고, 또 너무 더워서 모기가 살 수 없다고 합니다. 또 요즘에는 과일도 아주 맛있습니다. 비가 적게 와서 당도가 매우 높다고 합니다. 또 채소도 아주 잘된다고 합니다.

3. 어제 올림픽에서 박인비라는 한국 골프선수가 금메달을 따냈습니다. 인터뷰를 보니까 참 마음고생 많이 했더군요. 박인비 선수는

세계 최연소로 미국 명예의 전당에 등록된 선수인데 올해 들어서 슬럼프에 빠졌고, 또 손가락 부상으로 각종 대회에서 실망을 많이 안겨 주었습니다.

올림픽에 출전해야 하나, 말아야 하나 고민이 많았습니다. 그래도 참가해야겠다고 발표를 하니 여기저기서 비난과 아우성이 많았다고 합니다. 이제 전성기도 지난 것 같은데 그 실력 갖고 어떻게 올림픽에 나갈 수 있겠냐, 차라리 젊은 선수들에게 그 자리를 양보하라는 자존심 상하는 이야기를 많이 들을 수밖에 없었습니다.

그러나 박인비 선수는 마음속으로 '한번 해 보자. 최선을 다해 보자.' 하며 독기를 품은 것 같았습니다. 그녀는 골프 실력은 출중하지만 선천적으로 손이 작아 연습을 많이 하지는 않는다고 합니다. 그런데 이번에는 독한 마음을 먹고 연습을 많이 했다고 합니다. 과연 그녀의 경기는 남달랐습니다. 마음을 어찌나 독하게 먹었는지 좀처럼 흔들리지 않았고, 완벽하게 우승을 일구어 냈습니다.

4. 때로는 우리를 향한 비난, 오해, 욕설이 난무할 때도 있게 마련입니다. 우리의 마음속에 격한 풍랑이 일게 마련입니다. 인간은 감정의 동물이기도 하기 때문에 마음이 잠시도 쉴 틈 없이 움직입니다. 때로는 기쁘게, 때로는 슬프게 마치 바다의 파도처럼 쉴 새 없이 움직입니다. 마음이 슬프고 어지럽게 움직일 때 우리는 정말 괴롭습니다.

때로는 어찌해야 할지 모를 정도로 헷갈리고 어려울 때도 많습니다. 마음속에 격한 파도가 일 때, 게다가 그 파도가 미움의 파도일 때는 더더욱 괴로울 수밖에 없습니다. 또한 마음은 아주 연약합니다. 상처를 너무 쉽게 받고, 그 상처 때문에 아프기도 합니다. 더군다나 그 상처가 어떤 개인이 아닌 다수의 군중일 때는 엄청난 고독감과 허탈감, 배신감마저 느끼게 됩니다. 그럴 때 우리의 마음속은 방향을 잃고 헤매게 되고, 분노와 미움의 파도가 들끓게 마련입니다.

5. 그럴 때 우리 삶의 방향은 세 가지 중 하나입니다.

"에이, 나쁜 놈들!" 하면서 우리를 향한 어둠에 같이 물드는 것입니다. 내가 욕먹는 만큼 나도 어둠과 미움에 가득 차 같이 미워하고, 욕하고, 나도 그 사람처럼, 아니 그 사람보다 더하게 온갖 상처를 주위에 퍼뜨립니다. 못된 시어머니 밑에 있던 며느리가 더 못된 시어머니가 되는 것입니다.

두 번째는 피해 가는 것입니다. 적당히 자신의 마음을 합리화하고, 좋은 게 좋은 거야 하면서 현실을 도피합니다. 그 현실이 너무 괴롭고 아프니까 그 현실에 직면하기를 꺼립니다. 그러면서 될 수 있으면 그런 상황이 되지 않도록 머리를 쓰면서 살아갑니다. 부딪히지 않고 살아가려고 합니다. 편하게 사는 게 장땡이라면서 아무 생각 없이 살아가려고 합니다. 어둠을 그냥 놔둔 채 눈감고 살아가는 것이죠.

세 번째는 그 현실에 용감히 대처하는 것입니다. 마음속에 더더욱 힘을 북돋우고 '내가 어떻게 이겨 나가는가 봐라.' 하면서 때로는 오기를 갖고 그 어렵고 불편한 현실에 부딪쳐 나가는 것입니다. 마음속의 어둠을 선으로 바꾸려는 끊임없는 자기 수련을 해 나가며 최선을 다해 그 어둡고 답답한 현실을 마주합니다.

6. 오늘 복음에서 예수님께서는 인생의 좁은 문으로 들어가는 삶을 살라고 하십니다. 어떤 문이 좁은 문일까요? 대부분의 사람은 넓은 문의 인생길을 살기를 원합니다. 좁은 문은 사실 너무 힘듭니다. 자신의 마음을 이겨야 하고, 자신에게 처한 삶의 상황들을 이겨 나가야 하기 때문입니다.

넓은 문은 마치 행복한 문처럼 보입니다. 쉽게 보입니다. 심각함도 없고, 그저 '좋은 게 좋은 거야.'라는 주문을 외우면서 편하고, 쉽고, 아픔도 적당히 무마하고, 적당히 자기합리화, 또 책임 전가를 하는 쉬운 삶처럼 보입니다. 문제가 있어도 손해가 될 것 같으면 그 문제를 바라보지 않습니다.

모든 삶의 기준은 자기 자신입니다. 적당히 사심을 챙기고, 적당한 관계를 유지하고, 자신의 마음을 보여 주지 않고, 그저 좋은 사람이라는 평판을 유지하면서 살아갑니다. 아픔을 피해 가는 삶, 어떤 면에서는 현명한 삶이라고 할 수도 있겠죠. 요즘 아픔이 많은 이 세상에서 이런 삶의 방식이 지혜로운 삶이라고 생각하는 것이 대세인 것 같습니다.

제일 쉬운 넓은 문은 욕하는 사람에게 같이 욕하고, 미워하는 사람을 같이 미워하는 것입니다. 어둠으로 우리에게 상처 주는 사람에게 더 큰 어둠과 상처로 앙갚음하는 것입니다.

7. 예수님께서는 우리에게 끊임없이 좁은 문으로 들어갈 것을 요구하고 계십니다. 아픔이 있어도 그 아픔을 두려워하지 말고, 미움과 어둠을 넘어서라고 하십니다. 적당히 피해 가는 삶은 진정한 자유가 없는 것이고, 진정한 깨달음이 없는 것이고, 인생의 참다운 깊은

맛을 깨칠 수 없기 때문입니다. 물이 흘러가는 대로 살아야 하기도 하지만 때로는 물을 거슬러 올라가는 삶의 모습도 우리에게는 필요한 것이 아닌가 합니다.

좁은 문의 삶은 참으로 어렵습니다. 마음속에 더 깊은 긴장감을 가져야 하고, 더 불편함을 감수해야 합니다. 때로는 더 큰 어둠이 난리를 치기도 하고, 우리를 향한 비난과 오해와 손해를 견뎌 내야 합니다. 내 마음이 더 어두워지지 않도록, 나를 향한 어둠에 물들지 않도록 끊임없이 자신의 마음을 되돌아보며, 빛이신 주님께 온전히 의탁해야 합니다.

좁은 문의 삶은 주님과 함께 사는 삶입니다. 주님과 함께 살지 못하면 절대로, 절대로 그 좁은 문의 삶을 살 수 없기 때문입니다. 이 세상의 어둠과 죄를 없애시는 주님의 길, 그 길은 어둠 속에 있으면서도 그 어둠에 물들지 않고 그 어둠을 주님의 빛으로 바꾸는 길입니다. 죽음을 생명으로 바꾸는 길이라고 할 수 있겠습니다. 주님께서도 괴로워하시고, 번민하신 길이니 우리에게는 그 길이 얼마나 어려운 길이겠습니까?

좁은 문의 삶은 이 세상의 어둠을 없애는 주님의 길을 따르는 삶의 길입니다. 누군가는 이 세상에 어둠을 증폭시키는 삶을 살지만, 또 누군가는 이 세상의 어둠을 없애는 어린 희생양의 삶을 살아야 하지 않겠습니까?

8. 하느님께서는 끊임없이 우리 삶에 긴장을 불러일으키십니다. 이 세상의 어둠을 통해 우리를 끊임없이 시험하시고 단련시키십니다. 우리가 통과해야 되는 인생의 시험, 그 시험은 마음의 문제이기에

참으로 어렵습니다. 그러나 그 시험에 주님께서 함께 계신다면 우리는 우리의 모범 답안이신 주님께로부터 답을 얻을 수 있고, 진정한 마음의 평화와 마음의 자유를 얻을 수 있게 됩니다.

하느님은 우리가 마음속 깊이, 뼛속 깊이 행복하고 자유롭기를 원하십니다. 그 인생의 시험, 그 험한 인생의 고갯길을 넘어서기를 간절히 바라십니다. 그리하여 그 인생의 높은 정상에 섰을 때의 희열과 인생에 대한 성취감, 만족감, 그리고 하느님과의 일치감을 얻기를 바라십니다.

9. 재물에 대한 성공, 권력에 대한 성공은 이런 행복과 평화와 자유를 주지 않습니다. 오히려 그 재물이, 또 그 권력이 인생을 옥죄는 형벌의 도구가 될 수 있습니다.

이 세상에서 재물로, 권력으로 성공했다는 사람들의 말로가 행복하던가요? 이 세상에서는 다른 사람들의 부러움을 받는 첫째의 삶을 살았을지 몰라도 그에게는 진정한 마음의 행복과 평화가 찾아오지는 않을 것입니다. 왜 우리는 우리를 불행으로 이끄는 이 세상의 것들에 마음을 빼앗기고 인생의 힘을 낭비하는 것일까요? 그 재물과 권력을 얻기 위해 애썼던 모든 노력들의 방향이 좁은 문으로 향했더라면 마지막에 웃는 사람이 될 수 있었을 것입니다.

이 세상에서는 남들이 멸시하는 꼴찌의 삶을 살았더라도 그의 삶 안에 있는 긴장과 불편함, 괴로움이 주님과 함께 있다면 그는 주님의 부활에 깊이 동참하는 진정한 인생의 승리자가 될 수 있을 것입니다.

10. 누가 진정한 인생의 승리자일까요? 내 삶은 승리를 향한 삶의 여정입니까, 아니면 뻔히 보이는 패배의 삶의 여정입니까?

11. 오늘 신입 복사들의 입단식이 있는 날인데 강론이 너무 어렵게 됐네요. 우리 어린이들에게 맞는 강론을 못해서 미안해요. 어린이 여러분, 특히 복사 어린이들, 오늘 독서의 말씀을 기억하도록 해요. "내 아들딸들아, 주님의 훈육을 하찮게 여기지 말고, 그분께 책망을 받아도 낙심하지 말거라. 주님께서는 사랑하시는 이들을 훈육하시고, 아들딸로 인정하는 이들을 채찍질하신단다. 너희의 삶에 있는 모든 어려움들을 하느님의 사랑, 하느님의 훈육으로 받아들여 주님과 함께 잘 견디어 내거라."
형제자매 여러분, 계속되는 독서의 말씀을 기억하십시다.
"모든 삶의 시련이 당장은 슬프고 아픕니다. 그러나 나중에는 그것으로 평화와 의로움의 열매를 맺을 수 있게 됩니다. 그러니 맥 풀린 손과 힘 빠진 무릎을 바로 세워 바른 길을 달려가십시오. 그리하여 절름거리는 다리가 오히려 낫게 하십시오." 아멘.

연중 제24주일(2016. 9. 11.)

"하느님께서는 나를 행복하게 하기 위해서 내 주위에 힘든 사람들, 어려운 사람들, 성격이 이상한 사람들, 못된 사람들, 죄인들을 허락하시는 것입니다."

1. 지난여름의 무더위가 어디로 갔는지 어느샌가 가을이 성큼 다가왔습니다. 지난여름 정말 고생들 많이 하셨습니다. 옆 사람에게 인사하시겠습니다. 여름 지내시느라고 고생 많으셨다고 인사하시겠습니다. 건강하신 모습 뵈니 반갑다고 인사하시겠습니다.

2. 얼마 전에 성인이 되신 마더 테레사께서 좋아하셔서 당신의 방에 붙여 놓았던 말씀을 소개해 드리겠습니다.

"사람들은 불합리하고, 비논리적이고, 자기중심적입니다.
그래도 사랑하십시오.
당신이 선한 일을 하면 이기적인 동기에서 하는 것이라고 비난받을 것입니다. 그래도 선한 일을 하십시오.
당신이 성실하면 거짓된 친구들과 적을 만나게 될 것입니다. 그래도 성실하십시오.
당신이 정직하고 솔직하면 상처를 받을 것입니다.
그래도 정직하고 솔직하십시오.
당신이 여러 해 동안 만든 것이 하룻밤에 무너질지도 모릅니다.
그래도 만드십시오.

사람들은 도움이 필요하면서도 도와주면 거꾸로 공격할지도 모릅니다. 그래도 도와주십시오.

세상에서 가장 좋은 것을 주면 당신은 발길로 차일 것입니다.

그래도 가진 것 중에서 가장 좋은 것을 주십시오."

3. 공감이 가시나요? 저는 이 글을 보면서 참으로 많은 공감과 감동을 느꼈습니다.

세상과 세상 사람들은 내 마음과 같지 않습니다. 저도 제 마음만 믿고 나름대로 최선을 다해 살아왔습니다. 그런데 세상은 내 마음과 같지 않음을 절절히 느끼게 됩니다. 내가 선하고, 성실하고, 정직하고, 감정에 솔직하고, 최선을 다해 살면 다른 사람들도 저를 그리 대할 줄 알았습니다.

4. 그럴 때마다 하느님께 묻습니다.

"주님, 제가 무엇을 잘못했나요? 열심히 최선을 다해 공동체를 위해 애쓴 것이 잘못인가요? 왜, 무엇 때문에 사람들은 저의 마음과 함께하지 않는 건가요? 왜 저의 진실된 마음을 알아주지 않는 건가요? 인간들의 어둠과 죄악들을 어떻게 견디고 이겨 나가야 하는 것인가요?"

5. 어떤 본당에서 어느 날 험상궂은 사람이 찾아왔습니다. 미사가 끝난 뒤 저를 보자는 것이었습니다. 그 사람은 저를 보더니 인상을 팍 쓰면서 말했습니다. "신부님, 제 품 안에 칼이 있습니다. 저를 교도소에 가게 한 사람에게 오늘 복수하러 왔습니다. 그놈을 이 칼로 찌르고 저도 제 배를 가를 것입니다."

저는 깜짝 놀랐습니다. 그 사람의 인상을 보니 장난이 아니었습니다. 그래서 그 사람을 제대 앞으로 데리고 나가서 "저 십자가의 예수님을 보십시오. 저분은 아무 죄도 없이 창에 찔리고, 십자가에 매달리시고 돌아가셨습니다. 저분은 그렇게 당하면서도 자기를 그리만든 사람들을 용서해 달라고 하느님께 기도하셨습니다. 형제님도 어려우시겠지만 예수님의 용서의 마음을 가지셔야 합니다. 일을 저지르고 나면 더 큰 아픔이 찾아올 것입니다."

그 사람은 "신부님 말씀을 들으니 조금은 진정이 됩니다. 감사합니다. 이제 어찌 살아야 할지 모르겠습니다. 이사를 해야 하는데 돈도 필요하고, 어떻게 살아야 할지 앞길이 막막합니다." 저는 마음이 진정된다는 말에 기쁜 나머지 "당장 얼마가 필요하신데요?" 하고는 그 사람이 요구하는 돈을 내주었습니다. 또 안수도 해 주었습니다. 얼마 있다가 그 사람이 또 찾아와서는 또 돈을 요구하는 것이었습니다. 저는 '이거 속는 거 아닌가?' 하면서도 그가 요구하는 돈을 주었습니다.

6. 그 후 몇 년의 세월이 지났습니다. 저는 다른 본당으로 발령을 받았고, 그 본당을 마칠 무렵 어떤 치과의사가 저를 만났으면 한다는 연락을 해 왔습니다. '신자도 아닌데 왜 나를 보자고 할까?' 그는 "신부님, 정말 죄송합니다." 하면서 말문을 열었습니다. 그는 개신교 신자였는데 그 교회에서 어떤 사람이 저의 본당과 저에 대해 험담을 하더라는 것이었습니다. 천주교 신부가 수녀하고 같이 산다는 둥 사람들이 들으면 오해할 만한 이야기를 들었고, 자기는 그것이 사실이라고 생각했답니다.

그런데 보호관찰을 받고 있는 마약중독자를 치료하면서 자기가 들은 험담들을 그 환자에게 했답니다. 그 환자는 그 신부님이 조용국 신부님이 아니시냐고 물었고, 그렇다고 하니 갑자기 벌떡 일어나 자기 얼굴을 패더라는 것이었습니다. 경찰이 출동하였고, 그는 자기가 아는 신부님은 절대 그럴 사람이 아니라고 진술하였답니다. 경찰이 사실 조사를 하였고, 그 치과의사의 말이 그저 헛소문이었고, 잘못하면 명예훼손으로 문제가 될 수 있는 상황이 되었다고 합니다. 그 환자는 신부님에게 가서 사과하지 않으면 절대로 묵과할 수 없다고 버텼고, 그 부분에 대해 실수한 그 의사가 사과하기 위해 저를 찾아온 것이었습니다.

7. 그 사람의 인상착의를 물었습니다. 누구였겠습니까? 맞습니다. 가슴에 칼을 품고 다닌다는 바로 그 사람이었습니다. 그는 전과가 있었고, 급기야 마약중독자까지 되었지만 자기에게 베푼 친절과 선행은 마음 깊이 간직하고 있었던 것입니다. 저에 대한 험담을 그는 단칼에 없애 버렸던 것입니다.

8. 오늘 복음에서 예수님께서는 잃어버린 한 마리 양을 찾아 헤매는 목동의 이야기, 은전 한 닢을 찾기 위해 온 집안을 헤집고 다니는 부인의 이야기를 들려주십니다.

9. 왜 예수님께서는 남아 있는 건강한 양 아흔아홉 마리, 또 남아 있는 은전 아홉 닢보다 잃어버린 양 한 마리, 잃어버린 은전 한 닢이 더 중요하다고 말씀하시는 것일까요? 또 왜 못된 작은아들의 회심을 기뻐하시는 아버지의 이야기를 들려주시는 것일까요?

10. 잃어버린 양, 은전, 작은아들도 중요하지만 그보다 더 중요한 것은 그 잃어버린 양과 은전과 작은아들을 찾기 위한 우리의 삶의 자세가 더 중요함을 가르쳐 주고 있는 것은 아닐까요? 회개하는 죄인 한 사람도 중요하지만 그 사람을 회개시키는 우리가 더 중요한 것이 아닐까요? 우리가 그리해야만 우리 자신에게 올바른 삶의 방향이 생기고, 하느님의 축복 속에 비로소 올바른 삶의 자세를 갖게 되는 것이 아닐까요?

11. 도움을 받는 사람도 중요하지만 돕는 바로 그 행동을 통해서 도움을 주는 사람에게 더 큰 유익이 있음을 가르쳐 주고 있는 것이 아닌가 합니다. 용서를 해야 하는 궁극적인 이유는 바로 용서하는 사람에게 주어지는 평화가 더 중요하기 때문입니다. 사랑해야 하는 이유는 사랑하는 사람에게 바로 그 사랑의 축복이 함께하기 때문입니다.

12. 일반적으로 보면 하느님의 뜻에 따라 살아가는 사람은 얼굴이 밝고 아름답습니다. 마음도 참으로 아름답습니다. 그 사람에게는 이 세상이 주지 못하는 평화가 있습니다. 그 사람들은 공통적으로 이야기합니다. 도와줌으로써 내가 받는 것이 더 크다고, 어렵고 힘든 사람에게 힘이 되도록 노력하면 나에게 주어지는 축복이 더 크다고 말입니다. 즉 잃어버린 양 한 마리, 은전, 작은아들을 찾는 노력을 통해서 나에게 주어지는 은총이 더 커지는 것입니다.

좀 이기적으로 이야기한다면 내가 행복해지기 위해서 주위에 죄인들이 필요한 것입니다. 하느님께서는 나를 행복하게 하기 위해서 내 주위에 힘든 사람들, 어려운 사람들, 성격이 이상한 사람들, 못된 사람들, 죄인들을 허락하시는 것입니다.

13. 오늘은 장석주 시인의 〈대추 한 알〉이라는 시로 마감 인사를 드립니다.

"저게 저절로 붉어질 리는 없다.
저 안에 태풍 몇 개
저 안에 천둥 몇 개
저 안에 벼락 몇 개
저 안에 번개 몇 개가 들어 있어서
붉게 익히는 것일 게다." 아멘.

천보묘원 추석 합동 위령미사(2016. 9. 10.)

"저세상 사람들은 우리에게 말은 못 하지만 우리를 위한
기도를 통해 우리를 격려하시고,
여전히 사랑한다 말하고 계실 것입니다."

1. 지난여름 너무 더웠고 힘들었기에 오늘의 이 가을이 참으로 아름답게 느껴집니다.

2. 가을에는 무엇보다 풍요로움과 여유가 있는 것 같습니다. 뭔지 모를 뿌듯함도 있습니다. 황금빛 논을 바라보면 풍요로움이 느껴집니다. 단풍으로 물드는 나무들을 보면 아름다움이 느껴집니다. 석양에 넘어가는 해를 보면 숙연함이 느껴집니다.

3. 우리의 인생도 아름답고, 풍요롭고, 뿌듯한 가을 풍경과 같았으면 좋겠다는 생각을 해 봅니다. 세상의 모든 것을 다 이룰 수 있을 것 같았던 어린 봄날의 꿈과 희망도, 이 세상의 온갖 풍파 속에서 견디어 내야 했던 그 젊은 여름날의 격정과 열정도 다 지나가고, 이제는 인생을 관조하면서 보다 더 풍요롭고, 여유롭고, 뿌듯한 인생의 가을이기를 빌어 봅니다. 모든 것을 다 받아들이고, 이해하고, 좀 더 자신을 버리고 죽일 줄 알고, 마음속의 욕심도, 탐욕도 다 버릴 줄 아는 가을이기를 빌어 봅니다.

4. 이 가을에 우리는 여기 천보묘원에 모여 있습니다.

어떤 집이든지 다 집안의 내력이 있기 마련입니다. 또 어떤 사람이든지 그 인생의 역사가 있게 마련입니다. 이제 모든 것을 다 마치신 분들이 여기서 우리를 맞아 주고 있습니다. 여기에 계신 한 분, 한 분의 삶이 다 소설과 같을 정도로 치열하고, 아름다웠고, 슬펐을 것입니다. 누구 하나 예외 없이 모든 이의 삶이 다 슬프면서도, 고통스러우면서도, 안타까운 역사를 가지고 계실 것입니다.

그분들의 삶 속에 있는 수많은 애환과 애증의 역사 속에서도 우리는 아름다운 사랑의 시간들을 추억하고 있는 것입니다. 지나고 보니, 이제 그 나이가 되어 보니 그분들의 깊은 마음이 전해지고, 이해되는 부분이 있게 마련입니다. 내가 몰랐던 그분들의 삶 속에 있었던 고통들이 이해되고, 그분들의 삶 속에 있었던 사랑들이 이해되게 마련입니다.

5. 모든 사람이 다 완벽한 사랑과 평화 속에 자랄 수는 없습니다. 수많은 상처 속에서, 고통 속에서, 이해되지 않는 현실 속에서 태어나고 자라게 마련입니다. 그래서 우리는 마음속에 있는 불신과 미움, 때로는 증오 속에 갈등하며, 아파하며, 고통스러워하며 살아옵니다. 그러나 시간과 세월은 많은 것을 이해하게 해 줍니다. 그때는 몰랐던 그분들의 마음을, 그분들의 삶 속에 있었던 치열한 삶의 과정들을, 그 세월 속에 숨어 있는 사랑을 이해하게 해 줍니다. 그래서 이제는 어쭙잖게 고백하기도 합니다. 이제는 이해하노라고, 이제는 사랑할 수 있겠노라고, 그때의 어리석음을 용서해 달라고, 이제 나의 마음을 받아 달라고 우리는 여기서 이 위령미사를 봉헌하고 있는 것입니다. 이 시간은 앞서가신 분들과의 진정한 화해와 용서의

시간입니다.

6. 돌이켜 생각해 보면 여기에 계신 분들은 다 나름대로 자신에게 주어진 삶에 최선을 다하고, 사랑의 표현이 미숙한 가운데에서도 깊은 사랑의 마음을 갖고 계셨던 분들입니다. 나를 지켜 주시고, 가정을 지켜 주시고, 이 사회를 지켜 주셨던 분들이십니다. 남들보다 가난하고, 차별받고, 억울한 사회 속에서도 굳건하게 자신의 삶과 자녀들, 가족과 가정을 지켜 주신 분들이십니다.

7. 세상 사람은 다 몰라도 하느님께서만은 이분들의 마음과 그 삶의 이면을 다 알고 계실 것입니다. 이분들의 마음속에 숨어 있는 그 진실함과 그 사랑을 다 알고 계실 것입니다. 이분들의 삶의 애환과 고통과 억울함까지도 다 헤아리고 계실 것입니다. 그 하느님의 사랑 덕분에 이분들은 이제 모든 것을 마치고 이곳에 평화로이 머물고 계십니다.

8. 살아 있을 때는 서로 미워도 하고, 싸우기도 하고, 사랑도 했지만 이제 모든 삶을 끝낸 후에는 진정으로 서로 용서하고, 화해하고, 이해하고 계실 것입니다. 삶의 모든 여정을 마치고 나면 아마도 그동안 이해되지 않던 부분들, 자신의 부족한 부분들을 다 깨치게 되지 않을까 생각해 봅니다.

저는 인순이의 수많은 노래 중에서 특히 〈아버지〉라는 노래에서 깊은 감동과 공감을 느낍니다. 〈아버지〉라는 노래를 들어 보시겠습니다.

참으로 애절한 노래입니다. 인순이의 체험에서 우러나온 이 노래는 우리 가슴속에서도 똑같이 외치고 싶은, 앞서간 이들에 대한 사랑과 미움에 대한 노래입니다.

시간이 흐르고 보니, 이제 이분들이 앞서가 있다 보니 우리 가슴속에서는 미움과 상처보다는 애잔한 마음과 사랑했던 그 순간, 그 추억들이 우리 가슴을 훑고 지나갑니다.

살아 있을 때 왜 잘해 주지 못했는지, 왜 좀 더 사랑해 주지 못했는지, 그 많은 시간들을 미움 속에서, 상처 속에서 아파했는지 후회가 물밀듯이 밀려옵니다.

지나 보면 누구나 다 불쌍한 사람이고, 그의 삶 안에 그럴 수밖에 없는 사정들이 있었는데도 왜 그리 따지고, 자기중심적으로만 생각하고 이해하지 못했는지 회한이 가슴에 가득 찹니다.

> "서로 사랑을 하고 서로 미워도 하고
> 누구보다 아껴 주던 그대가 보고 싶다
> 가슴속 깊은 곳에 담아 두기만 했던
> 그래 내가 사랑했었다"

이제 고백해 보게 됩니다. 나의 미움과 상처 속에는 진정한 사랑이 또한 함께 있었노라고, 그대를 미워했지만 동시에 진심으로 사랑했었음을 이제 깨닫게 되었노라고 고백해 보게 됩니다.

9. 우리는 이곳을 천보묘원이라 부릅니다. 아마도 이곳에 있는 산이 천보산이라 그럴 것입니다. 그런데 생각해 보면 묘원 이름으로서는 정말 딱 맞는 이름입니다. '하늘의 보물'이라는 뜻이지요. 왜 이 산이 천보산이라 불렸는지는 몰라도 우리 금호동 묘원으로서는 정말 적절한 이름이라 생각됩니다.

하느님 입장에서 보면 이곳에 계신 분들의 삶이 참으로 안타까우면서도 귀중한 삶이었을 것입니다. 가난하고, 핍박받고, 억울한 이들의 하소연을 들으시는 하느님께서는 아마 이곳에 계신 분들을 세상 어떤 사람보다도 더 사랑하고 계실 것입니다. 하늘의 보물로, 당신의 보물로 이분들의 삶을 바라보고 계실 것입니다.

이 세상에서는 그 누구보다 힘든 삶을 사신 분들이지만 아마 하느님께서는 누구보다 이분들의 삶과 함께하셨고, 지금도 당신의 보물들로 이뻐하시고 아끼실 것입니다. 하느님께서는 이 세상에서 받지 못한 사랑과 평화를 아낌없이 베푸실 것입니다.

10. 우리가 이곳에서 바치는 모든 기도는 이 세상과 저세상이 서로 통하는 다리와 같은 기도일 것입니다.

저세상 사람들은 우리에게 말은 못 하지만 우리를 위한 기도를 통해 우리를 격려하시고, 여전히 사랑한다 말하고 계실 것입니다.

이 세상 사람들은 저세상 사람들을 만지고 얼굴을 볼 수는 없어도 그분들을 위한 기도를 통해 여전히 기억하고 사랑하고 있노라고, 다 이해하지 못해 미안하다고 말하고 있는 것입니다.

기도를 통해 서로의 마음이 연결되고 있는 것입니다. 기도를 통해 서로의 사랑을 확인하고, 용서를 구하고, 진정한 화해가 이루어지고 있는 것입니다.

우리의 기도는 그분들에게 말할 수 없는 기쁨과 평화가 되는 것이고, 그분들의 기도도 우리들에게 마음의 평화와 위로가 되는 것입니다.

11. 하느님께서는 우리의 신앙을 통해 산 자와 죽은 자를 연결시켜 주고 계십니다. 그분의 사랑은 삶과 죽음을 넘어서는 사랑인 것입니다.

12. 이 아름다운 가을에 우리의 인생도 이 가을처럼 보다 더 아름답고, 풍요롭고, 기쁘고, 평화로울 수 있었으면 좋겠습니다.

13. 우리 곁을 떠나셨지만 여전히 우리 마음속에 살아 계시는 이곳에 있는 모든 영혼들을 위해 잠시 기도하는 시간을 갖겠습니다.

"내가 외국 사람과 통한 것은 오직 천주님을 위해서입니다.
나는 지금 그 천주님을 위해서 죽어 갑니다.
그러나 여기서 바로 나에게 영원한 생명이 시작됩니다."

1. 우리 교회는 이 아름다운 가을, 순교자 성월에 성 김대건 안드레아 사제와 성 정하상 바오로와 동료 순교자들의 대축일을 봉헌하고 있습니다.

2. 1984년 한국 천주교 창설 200주년 되던 해 교황님께서는 김대건 안드레아 신부님과 정하상 바오로와 그 동료 순교자 총 103분을 성인으로 선포해 주셨습니다.

3. 우리 금호동 본당은 50년이 넘는 역사를 갖고 있습니다. 가끔 우리 본당의 긴 역사를 보여 주는 상징물이 없음을 안타깝게 생각하고 있었습니다. 십자가의 길을 바치는 십사처를 자세히 보면 옛날 고어로 적혀 있습니다. 예를 들어 '예수, 엎더지심을 묵상합시다' 등입니다.

그런데 우리 본당에도 오래된 본당임을 보여 주는 성물이 하나 있습니다. 그것은 바로 김대건 신부님의 유해를 제대에 모시고 있다는 것입니다. 옛날에는 좀 힘 있는 신부님들이 순교자들의 묘를 이장한다든가 할 때 그 순교자의 유해 일부를 본당으로 모셔 올 수 있었습니다. 그동안 김대건 신부님의 유해는 제대에 고정된 채 마치

전시용처럼 있어 왔습니다. 이번에 발견한 놀라운 사실은 김대건 신부님의 유해가 바로 우수 뼈, 즉 오른손 뼈라는 사실입니다.

그리고 또 다른 세 분의 성인 유해가 확인되었습니다. '장시메온주교, 남요한, 손베드로'라고 표기되어 있는데 추측컨대 4대 조선교구장이신 베르뇌 주교, 남종삼 요한, 손선지 베드로 성인의 유해로 보입니다.

4. 오늘 이 뜻깊은 날에 제대 안에 고정되었던 이 성인들의 유해를 꺼내어 이 제대 앞에 모시고 미사를 봉헌합니다. 그리고 미사 끝 강복은 특별히 김대건 신부님의 오른손 유해로 해 드립니다. 이 순교 성인들과 함께하는 이 미사가 우리 모두에게 보다 더 복되고 은총 가득한 미사가 되기를 청해 봅니다.

5. 어느 신부님 때 이 유해들이 우리 본당에 모셔지게 되었는지 그 역사 기록을 찾을 수는 없지만 우리 눈앞에, 우리 성전에 이토록 귀한 유해가 있다는 사실에 감사할 수밖에 없습니다.

6. 김대건 신부님은 13살에 중국을 거쳐 마카오까지 가서 10여 년 동안 공부하십니다. 그 어린 꼬마가 단지 사제가 되겠다는 단 하나의 일념으로 그 겨울날 압록강을 건너 중국 마카오까지 갔다는 사실을 생각해 보면 마음이 숙연해집니다.

10여 년의 공부 역시 쉽지 않았습니다. 세상 물정 모르는 조선의 꼬마가 중국어를 비롯해서 라틴어, 프랑스어, 이탈리어까지 공부해야 했고, 철학, 신학, 성서학 등 각종 공부를 피눈물 나게 해야만 했습니다. 마카오에 민란이 났을 때는 필리핀 페낭까지 피란을 가야 하기도 했습니다.

같이 공부하던 최방제 신학생은 병을 얻어 급기야 목숨을 잃고 말았습니다. 아마 그때 김대건 신학생과 최양업 신학생은 사제가 되어 어둠의 조선을 천주의 빛으로 환히 밝히겠다는 결심을 더더욱 단단히 했을 것입니다. 고향에 대한 그리움, 부모형제에 대한 그리움을 가슴에 묻고 살았던 그 세월을 생각해 보면 가슴이 아려 옵니다.

7. 1839년 소년 김대건은 가슴이 메어지는 소식을 들었을 것입니다. 조선의 박해가 더더욱 치열해져 수많은 신앙인들이 목숨을 잃었고, 수많은 선교사와 당시 천주교의 평신도 기둥이었던 정하상 바오로도 순교했고, 조선의 교회는 풍비박산이 났다는 이야기, 또 김대건의 아버지 김제준 이냐시오도 순교했다는 소식이 들렸을 때 그 어린 김대건의 마음이 어떠했을까요? 가슴에 북받치는 그 슬픔을 어떻게 이겨 냈을까요? 또한 남편을 잃은 어머니 우슬라에 대한 걱정으로 잠 못 이루는 밤이 많았을 것입니다. 얼마나 많은 밤을 기도로 지새웠을까요?

소년 김대건이 점차 강인한 신앙인, 사제로 탄생하기 위해서 얼마나 파도치는 가슴을 견뎌 내야 했을지 생각해 보면 가슴이 숙연하다 못해 숨이 쉬어지지 않습니다.

언젠가 마카오 성지순례를 갔을 때 소년 김대건이 공부하고 기도하던 성당에서 조배하던 생각이 납니다. 그 어린 꼬마가 사제가 되기 위해서 견뎌 내야 했던 시간들, 그 시간들을 주님께서 함께해 주셨기에 그 모진 세월을 견뎌 냈음을 묵상하면서 깊은 내면의 눈물이 흐르는 것을 참아야 했던 그 시간들이 마음 깊이 남아 있습니다.

8. 세월이 흘러 김대건은 부제품을 받게 됩니다. 수많은 신자와 선교사들이 순교한 조선의 교회 사정이 급박해지자 당시 주교님은 김대건 부제에게 먼저 입국하여 선교사들이 입국할 루트를 찾으라 명하십니다.

또다시 그 먼 길을 걸어 중국을 거쳐 간신히 조선에 입국합니다. 10여 년 만에 찾은 조선을 보면서 김 부제는 아마 눈물을 감출 수 없었을 것입니다. 온갖 정쟁으로 피폐화되어 버린 조선, 정쟁의 희생물이 되어 수많은 사람이 순교하고, 단란했던 가정이 깨져 버리고, 신자들은 목숨을 부지하기 위해 시골로, 산골로, 인적이 없는 곳으로 숨어들어야 했던 조선의 모습에 그는 천주의 자비를 간구하면서 아마 목 놓아 울었을 것입니다.

그러면서도 그 험악한 상황에서도 신앙의 끈을 놓지 않고 끝까지 목숨을 바쳐서까지 신앙을 지켜 낸 사람들의 놀라운 신앙에 큰 감명을 받았을 것입니다.

그는 신자들의 도움으로 어머니 우술라를 만나게 됩니다. 김 부제는 눈을 의심하지 않을 수 없었습니다. 그토록 아리따웠던 어머니가 지아비를 잃고 떠돌아다니는 거지가 되어 있었기 때문입니다. 어머니와 상봉한 김 부제의 마음이 어떠했을까요? 그 어머니의 마음은 어떠했을까요? 아마도 십자가길에서 피땀에 절은 예수님이 해질 대로 해진 마음을 갖고 계신 성모님을 만났을 때의 그 마음이 아니었을까 생각해 봅니다.

9. 그 후 부제 김대건은 선교사 지원을 요청하기 위해 쪽배를 타고 상해로 떠납니다. 그 쪽배에는 항해에 대해서는 아무것도 모르는

신자들이 타고 있었습니다. 서해에서 큰 태풍을 만나게 됩니다. 신자들은 모두 겁에 질려 있었습니다.

김대건 부제는 가슴에서 성모님 상본을 꺼내 들고 외칩니다.

"걱정하지 마십시오. 두려워하지 마십시오. 성모님께서 우리를 지켜 주십니다."

그러고 나서 기도를 드리십니다.

"성모님께서 저희를 지켜 주시면 이 조선을 성모님께 봉헌하겠습니다."

쪽배는 거의 반파된 채 간신히 상해에 도착하게 됩니다. 그날 이후한국 교회의 수호자는 성모님이 되신 것입니다.

10. 그해 1845년 8월 김대건 부제는 상해 김가항 성당에서 사제로 서품되십니다. 한국인 최초의 신부님이 되신 것입니다. 얼마 되지 않아 다시 배를 타고 조선으로 들어오는데 서해바다가 만만치 않았습니다. 그리하여 제주도 근처에서 표류하다가 충남 강경 나바위에 몰래 입국하게 됩니다. 그다음 해 4월 백령도 근처에서 선교사와 접선할 비밀 항로를 계획하다가 관헌에 체포되고 맙니다. 그리고 9월 16일 새남터에서 순교하십니다.

11. 여섯 번의 문초를 받았는데 그 문초 중에 관리는 김대건 신부의 비상함을 알게 됩니다. 4개 국어에 통달해 있었고, 당시의 신학문을 섭렵하고 있었으며, 세계 정세도 꿰뚫고 있는 김대건 신부를 보고는 그의 삶과 재주가 너무 아까워 사면을 건의하지만, 정치 싸움에 정신이 없던 당시 집권층은 그 건의를 무시해 버립니다.

공부한 마카오가 어디냐고 묻자 김대건 신부는 세계지도를 그려 조선이 얼마나 조그만 나라이며, 세상이 얼마나 큰지 알려 주었다고 합니다. 그 지도가 지금까지 남아 있었으면 아마 우리나라 최초의 세계지도가 되었을 것입니다.

12. 인간적인 면에서 보면 너무 아깝습니다. 왜 하느님께서는 그토록 어렵게 사제가 되신 김대건 신부를 불과 1년 만에 형장의 이슬로, 순교의 길로 가게 하셨을까요? 인간적인 머리로는 도저히 이해가 되지 않습니다. '그를 귀하게 여기던 사람들의 도움을 받아 사면되고, 어리석은 조선을 위해 큰일을 하게 했다면 혹시 조선의 박해가 종식되지 않았을까?'라는 생각도 해 보게 됩니다.

그러나 하느님의 뜻은 다른 곳에 있었습니다. 만일 사면되었다 해도 그 정쟁의 와중에서 신앙의 순수성은 훼손되고 말았을 것입니다. 자신의 정치적 이익을 위해서는 물불 가리지 않던 사람들이 득세하고 있었기 때문입니다.

아깝지만, 너무 아깝지만 하느님께서는 김대건 신부님의 순교를 허락하십니다. 그의 순교는 오늘날 한국 천주교회의 씨앗이 되었고, 뿌리가 되었습니다. 오늘날의 교회도 여전히 이 세상의 어둠과 싸우며 힘들어하고 있지만 그 순교의 피가 우리 안에 절절히 흐르고 있는 것입니다. 수많은 문제와 어려움 속에서도 우리 천주교회는 꿋꿋하게 버텨 나가고 있는 것입니다. 그것은 김대건 신부님의 삶과 아주 잘 일치하고 있습니다.

하느님의 교회가 되기 위해서, 이 세상의 어둠과 고통을 통해서 하느님께서는 우리에게 항상 부활의 신앙을 일깨워 주고 계시는 것입니다. 수많은 문제가 있음에도 불구하고 여전히 하느님께 충실한 신자들이 존재한다는 것, 어려움과 고통, 이 세상의 죄악 속에서도 굳건하게 버텨 나가는 신앙인들이 존재한다는 것, 그것이 바로 순교자의 피로 맺어진 눈에 보이는 결과인 것입니다.

13. 여기서 우리는 정하상 바오로 성인의 삶도 살펴보지 않을 수 없습니다. 다산 정약용의 형 정약종의 아들이신 정하상 성인께서는 20세에 홀로 다시 서울에 올라와 여신도 조증이(趙增伊)의 집에 기거하면서, 신유박해로 폐허가 된 조선교회의 재건과 성직자 영입 운동을 추진합니다.

그는 국금(國禁)의 위험을 무릅쓰고 아홉 차례나 북경을 내왕하고, 의주 변문까지는 열한 번 왕복합니다.

이렇게 해도 뜻을 이루지 못하자 1825년 유진길 등과 연명으로 로마 교황에게 직접 청원문을 올려 조선교회의 사정을 알리는 동시에 선교사 파견을 요청하게 됩니다. 이 청원문은 1827년 교황청에 접수되어 마침내 1831년 9월 9일자로 조선교구의 설정이 선포되고, 초대 교구장에 브뤼기에르(B. Bruguiere) 주교가 임명됩니다.

이렇게 하여 1834년 말 조선에 파견된 유방제(劉方濟) 신부를 의주 변문(邊門)에서 맞아들이고, 이어 1835년(헌종 1)에 모방(P. P. Maubant) 신부를, 1836년에 샤스탕(J. H. Chastan) 신부를, 그리고 1837년에는 조선교구 제2대 교구장인 앵베르(L. M. J. Imbert) 주교를 맞아들임으로써 조선교회는 비로소 명실상부한 체제를 갖추게 됩니다.

정하상은 이때부터 주교 밑에서 전교 활동을 도와 교회 발전을 위하여 헌신하였지만 1839년 기해박해가 일어나 앵베르 주교가 순교하고, 자신도 7월 가족과 함께 체포되어 9월 22일 순교하게 됩니다.

14. 생각해 보면 사실 김대건 신부님도 이 정하상 성인께서 영입하신 모방 신부님에 의해 신학생으로 선발된 것입니다. 한국인 최초의 신부님 뒤에는 선교사를 영입하기 위해 자신의 모든 것을 헌신하신 평신도의 열성과 신앙이 숨어 있음을 역사적으로 볼 수 있습니다.

15. 사실 한국 천주교회는 평신도의 교회입니다. 평신도가 제대로 서야 합니다. 신앙 안에서 올바른 삶을 살아야 합니다. 그래야만 교회가 살 수 있는 것입니다. 우리가 기리는 김대건 신부님도 평신도의 헌신적인 희생과 신앙 속에서 태어났다는 사실을 깊이 기억해야 하겠습니다.

오늘 김대건 신부님의 오른손 뼈, 즉 우수 뼈로 주어지는 주님의 축복을 충만히 받으시기 바랍니다.

"내가 외국 사람과 통한 것은 오직 천주님을 위해서입니다. 나는 지금 그 천주님을 위해서 죽어 갑니다. 그러나 여기서 바로 나에게 영원한 생명이 시작됩니다." 아멘.

"주님은 영원히 다스리신다.
시온아, 네 하느님이 대대로 다스리신다.
내 영혼아, 주님을 찬양하여라."

1. 아름다운 가을입니다. 지난여름 견디기 힘든 무더위가 있었기에 이 가을이 참으로 아름답고 소중하게 느껴집니다.

2. 언젠가 다이어트를 한다고 효소 단식을 해 본 적이 있습니다. 열흘 동안 밥은 한 톨도 먹지 못하고 매끼 효소로만 때워야 했고, 매일 아침, 점심, 저녁으로 걸어야 하는 프로그램이었습니다. 참 고통스럽더군요. 드디어 단식이 끝나고 복식을 하는 날 죽을 먹었는데 지금도 그 죽맛을 잊을 수 없습니다. 쌀 한 알, 한 알이 입에서 살아 있었습니다. 비록 죽으로 된 쌀알이었지만 그 한 알, 한 알의 맛이 기가 막혔습니다.

약 5킬로그램의 체중이 감소되었지만 이게 웬일입니까? 몸에 음식의 간이 들어가자마자 바로 2킬로그램이 증가하는 것이었습니다. 결국 고생만 하고 성과는 거두지 못했습니다. 그러나 그때 느낀 것은 단식이라는 고통 후에 먹는 밥이 이 세상에서 가장 맛있는 밥이라는 사실입니다.

3. 저는 작년에 히말라야 트레킹을 다녀왔습니다. 그때 안나푸르나봉의 베이스캠프 4300미터까지 올라갔습니다. 죽을 고생을 하며

간신히, 간신히 그곳에 갈 수 있었습니다. 눈앞에는 그야말로 절경이 펼쳐져 있었고, 바람과 구름과 산과 하늘이 다이내믹하게 조화를 이루고 있었습니다.

문제는 산소가 부족하여 숨을 쉴 수가 없었습니다. 절경이고 뭐고 하나도 눈에 들어오지 않았습니다. 몸이 힘들고 숨이 쉬어지지 않으니 그토록 아름다운 것도 마음에 느껴지지 않았습니다. 그저 이 지긋지긋한 곳을 빨리 내려갔으면 하는 마음뿐이었습니다. 공기가 희박하니 몸이 천근만근이고, 목표한 곳에 왔다는 성취감도, 기쁨도 없었습니다.

하룻밤을 간신히 지새운 뒤 그곳을 내려가기 시작했습니다. 약 한 시간가량 내려오니 언제 그랬냐는 듯이 몸이 풀립니다. 몸에 산소가 공급되니 정신도 맑아지고, 몸에 기운도 솟는 것이었습니다. 아름다운 자연도 비로소 눈에, 마음에 들어오기 시작했습니다. 그때 우리가 평소에 대수롭지 않게 여기는 이 공기가 얼마나 소중한지 비로소 깨달을 수 있었습니다.

4. 건강한 몸으로 산다는 것, 건강한 마음으로 산다는 것이 얼마나 소중하고 감사한 일인지 우리는 잘 깨닫지 못할 때가 많습니다. 그러나 아파 보면 건강이 얼마나 소중한지, 굶어 보면 한 톨의 쌀이 얼마나 소중한지, 공기가 희박한 곳에 가면 너무나 당연한 듯한 이 공기가 얼마나 소중한지 느낄 수 있게 됩니다. 가족을 잃어 보면 그때서야 가족의 소중함을 깨달을 수 있게 됩니다. 사업이 실패해 봐야 사업이 잘될 때의 소중함을 깨달을 수 있게 됩니다.

5. 우리는 참으로 감사하며 살아야 합니다. 아니, 감사할 거리를 찾아 가며 살아야 합니다. 행복한 삶은 저절로 얻어지는 것이 아니죠. 끊임없이 노력해야 합니다. 자신에게 주어진 소중한 것을 의지적으로 찾아내야 합니다. 자신의 삶에서, 자신의 마음에서 숨겨진 보물들을 찾아내야 합니다.

6. 비록 부모에게 받은 것이 없다 할지라도 부모가 살아 계심에 감사해야 하고, 때론 아웅다웅하면서 미움과 사랑이 교차하지만 그래도 함께 인생을 살아가는 배우자가 있음에 감사해야 하고, 어릴 적에는 눈에 넣어도 아프지 않은 자식이었지만 이제는 컸다고 부모를 무시하고 속을 뒤집어 놓는 자식이긴 하지만 그래도 자신의 분신이 여전히 살아 있음에 감사해야 합니다.
때로는 미운 사람이지만 그래도 이웃이 있음에 감사해야 하고, 함께 신앙생활을 하는 교우들이 언제나 함께하고 있음에 감사해야 합니다. 자신의 마음을 나눌 수 있는 친구가 있음에 감사해야 합니다.

7. 감사해야 우리가 비로소 행복해질 수 있기 때문입니다. 감사는 우리가 우리를 괴롭히는 온갖 삶의 굴레에서 해방될 수 있는 유일한 통로입니다. 삶이 힘드신 분들, 이렇게 살아서 뭐 하나 하는 회의가 드시는 분들, 정말 미치겠다고 외치시는 분들, 마음속에 분노와 미움이 가득 차서 하루하루가 지옥 같으신 분들, 그 모든 고통에서 벗어나는 길은, 참다운 인생의 길을 회복하는 방법은 의외로 쉽습니다. 바로 감사할 거리를 의지적으로, 또 적극적으로 찾아내는 것입니다.

8. 2000년에 걸쳐 인간의 온갖 경험이 집대성된 미사 경문을 보면 감사의 기도 부분이 있습니다. "거룩하신 아버지, 사랑하시는 성자 예수 그리스도를 통하여 언제나 어디서나 감사함이 참으로 마땅하고 옳은 일이며, 저의 도리요, 구원의 길이옵니다."라고 되어 있습니다. 감사함이 마땅하고 옳은 일이며, 우리의 삶의 도리요, 그것이 바로 구원의 길임을 가르쳐 주고 있습니다. 우리 구원의 길, 바로 그 길이 감사로부터 출발함을 보여 주고 있는 것입니다.

9. 감사의 마음을 가지면 삶의 온갖 먹구름이 사라집니다. 온갖 걱정과 두려움이 사라집니다. 온갖 마음의 고통도 사라집니다. 우리 마음 깊은 곳에서 기쁨이 흘러나오기 시작합니다. 마음의 기쁨이 있어야 우리 삶의 역경도, 시련도, 실패도, 좌절도 다 이겨 나갈 수 있는 것입니다. 하느님께서 주시는 구원이 비로소 시작됩니다.

10. 얼마 전 국세청 간부직에서 퇴직한 분과 이야기를 나눌 기회가 있었습니다. 그분은 국내의 모든 재벌 집을 다 들어가 보았다고 합니다. 대부분 압수수색을 당하는 경험이 있기 때문이죠.
제가 호기심에 물어보았습니다.
"그분들은 어떻게 하고 사나요?"
"그 사람들 안방까지 다 들어가 보았는데 참 기가 막힙니다. 모든 게 다 외제입니다. 가구, 전자제품, 그릇, 전등, 심지어 벽지, 젓가락까지 다 외제입니다. 없는 게 없고, 있는 것은 다 최신식이고, 다 수입품입니다. 심지어 그날 먹을 케이크까지 수입해서 먹더군요."
"그럼 똥도 외제 똥이겠네요."

제가 어이없는 농담까지 했습니다.

"그분들 얼굴은 어떻던가요? 행복해 보이던가요?"

"아이고, 신부님, 행복할 리가 있겠습니까? 그렇게 최상으로 살면서도 얼굴에 평화와 기쁨이 도대체 없더군요. 하도 잘 가꿔서 얼굴은 반들반들한데 마음은 탐욕과 이기심과 경계심으로 가득한 것을 느낄 수 있었습니다."

11. 누구보다도 감사하면서 가진 것을 나누면서 기쁘게 살아야 할 사람이, 양 99마리를 가진 사람이 한 마리를 못 채워서 안달하는 모습이 연상되었습니다. 많이 갖고 있다고 나눌 수 있는 것은 아닙니다. 말은 잘하는데, 아는 것은 많은데 감사와 겸손은 간 데 없고, 더 많이 갖고, 더 많이 부리고 싶고, 더 많이 잘난 척하고 싶은 그들의 빈곤한 영혼이 떠올랐습니다.

12. 오늘 복음에서 엄청난 부자와 아무것도 가진 것이 없는 나자로의 이야기가 나옵니다. 부자는 자기가 갖고 있는 것을 다 자기 것으로 생각합니다. 그래서 감사하지 않죠. 겸손은 남의 나라 이야기이고, 나눔은 더더욱 생각할 수 없는 사람이었습니다.

'어떻게 하면 더 많이 가질까? 어떻게 하면 저 없는 놈들 것마저 빼앗을 수 있을까? 어떻게 하면 내가 더 힘 있고 멋있는 사람으로 보일까?'라는 생각에만 집착해 있던 사람입니다. 그러니 이미 많이 갖고 있음에도 더 많이 갖고 싶은 탐욕에 불쌍한 나자로가 눈에 보이지 않았던 것입니다.

나자로는 아무것도 가진 것이 없었습니다. 능력도 없었고, 돈도 없었고, 학연이나 지연도 없었습니다. 정말 이 세상에서 가장 불쌍한 사람이었습니다. 그러나 그에게는 그를 불쌍히 여기시는 하느님이 함께 계셨습니다. 이 점이 중요합니다. 이 세상에서 아무것도 가진 것이 없는 불쌍한 인생들에게는 하느님께서 함께 계신다는 점이 중요합니다.

개들까지 조롱하는 인생, 부자의 식탁에서 떨어지는 음식에 목숨을 거는 불쌍한 사람, 모든 사람이 다 무시하고 천대하는 불쌍한 인생이었지만 하느님께서만은 그의 편이셨습니다. 주님께서는 누구보다도 그 밑바닥 인생을 잘 이해하는 분이셨기 때문입니다. 그 설움과 그 비참함과 그 심해와 같은 좌절감을 그분께서도 겪어 보셨기 때문입니다. 이 세상에 아무도 없기에 주님께서 그의 친구가 되어 주셨습니다.

13. 탐욕과 이기심으로 가득 찬 사람은 다른 것이 눈에 보이지 않습니다. 죽었던 사람이 다시 돌아와서 그리 살아서는 안 된다고 해 봤자 아무 소용이 없습니다. 이미 눈이 멀어 있기 때문입니다. 탐욕과 이기심은 부자에게만 해당되는 이야기가 아닙니다. 때로는 가난한 사람에게서 더 큰 탐욕과 이기심을 만날 때도 많습니다. 탐욕과 이기심은 인간의 문제입니다.

14. 이 세상에서 고통받고 힘들어하시는 분들, 주님께서 바로 당신의 편이십니다. 그 고통 속에서도 내색하지 않고 기도와 인내로 버티시는 분들, 성모님께서 그 고통을 함께 겪어 주십니다. 억울하고, 말 한마디 못 하고 속이 있는 대로 다 타 버리신 분들, 하느님께서

정의를 올바로 세워 주실 것입니다. 남들에게 맨날 당하고 아픈 마음을 부여안고 사시는 분들, 예수님께서 참다운 보상을 내리실 것입니다.

15. 힘들 때, 숨 쉬기조차 고통스러울 때, 마음속 근심과 걱정, 두려움이 가득할 때, 세상일, 자식일이 뜻대로 되지 않아 숯 가슴이 되어 버릴 때, 억울하고 하소연할 데 없고 아무도 몰라줄 때, 바로 그때 감사하십시오. 그럼에도 불구하고 감사할 거리를 찾아내십시오. 불행하다고 느껴질 때 이상하게 감사할 거리도 많이 있음을 발견할 수 있을 것입니다. 그래야만 주님께서 함께 계시는 것이고, 그 주님께서 우리 마음 깊은 곳에서부터 기쁨의 샘물이 터져 나오도록 이끌어 주실 것입니다. 새로운 희망이 생기고, 새로운 인생이 시작될 수 있습니다.

"주님은 영원히 신의를 지키시고, 억눌린 이에게 권리를 찾아 주시며, 굶주린 이에게 먹을 것을 주시네. 주님은 잡힌 이들 풀어 주시네. 주님은 눈먼 이를 보게 하시며, 주님은 꺾인 이를 일으켜 세우시네. 주님은 의인을 사랑하시고, 주님은 이방인을 보살피시네. 주님은 고아와 과부를 돌보시나, 악인의 길은 꺾어 버리시네. 주님은 영원히 다스리신다. 시온아, 네 하느님이 대대로 다스리신다. 내 영혼아, 주님을 찬양하여라." 아멘.

연중 제28주일(2016. 10. 9.)

"모든 일에 감사하여라. 이것이 그리스도 예수님 안에서
살아가는 너희에게 바라시는 하느님의 뜻이다."

1. 지난 주일 항상 부족한 저에게 많은 사랑과 격려를 보내 주심에
감사드립니다. 많은 사람들의 마음속에 교회와 사제를 사랑하는 마
음이 있다는 것을 발견한 소중한 기회였습니다.

외부에서 오신 분들이 금호동 성당은 참 소박하지만 따뜻하다는 칭
찬을 많이 하였습니다. 뭔가 환대와 환영을 받는 듯한 기분이었다
고 합니다. 올 때마다 조금씩 변화되는 모습에 감동을 받는다고 합
니다. 우리 교우 여러분들 안에 계시는 하느님께 감사와 찬미를 드
리지 않을 수 없습니다.

2. 사제의 기쁨, 보람이 무엇인가를 생각해 보게 됩니다. 사제란 공
동체를 해치는 온갖 악의 세력과 맞서 싸우면서 공동체 안에 하느
님의 능력을 새롭게 하는 사람입니다. 하느님께서 함께 계시는 공
동체, 그것이 바로 사제의 임무이며 보람입니다.

하느님께서 함께 계시면 우리는 하느님의 사람으로 새롭게 태어날
수 있습니다. 이 세상의 어둠 속에서도 하느님의 능력이 우리를 지
켜 주실 것이고, 하느님의 평화와 기쁨이 우리 안에 흘러넘치게 됩
니다. 우리 모두가 하느님 안에서 기쁘고 행복하고 감사하는 마음

을 더더욱 가질 수 있다면 우리의 만남은 진정 하느님께서 기뻐하시는 만남이 될 수 있을 것입니다.

3. 사제의 힘으로 변화되는 것이 아니라 우리 안에 계시는 하느님의 힘으로 변화되는 것입니다. 사제는 다만 하느님께 가는 작은 다리에 지나지 않습니다. 진정 하나의 도구일 뿐입니다. 하느님께서는 이 작고 보잘것없는 도구이지만 그 도구를 통해 당신의 능력과 사랑을 보여 주십니다. 우리가 하느님께 마음을 열기만 하면 하느님께서는 당신의 놀라운 능력을 우리에게 보여 주시고, 체험하게 해 주실 것입니다.

4. 오늘 복음에서 나병환자 열 사람에 대한 이야기가 나옵니다. 예수님 당시의 나병이란 하늘에서 내려온 천벌이었습니다. 하늘의 천벌을 받은 사람들, 그 사람들은 그야말로 인간이 아니었습니다. 그들은 집과 사회로부터 철저히 격리당했습니다. 목숨을 부지하기 위해서 그들끼리 모여 살며 마음속에는 천길만길 낭떠러지의 절망감과 좌절감을 갖고 살 수밖에 없었습니다.
누구에게도 사랑받지 못하는 사람들이었습니다. 이 세상의 온갖 죄악과 어둠의 세력이 그들 마음에 가득했습니다. 사람이라고 할 수 없는 사람들, 하느님의 벌을 받은 사람들, 그들에게는 하느님의 구원이 그야말로 절실했습니다.

5. 그들이 용기를 냅니다.
"이대로 살 수는 없다. 우리도 인간이고, 하느님의 사랑과 사람의 사랑을 받을 자격이 있는 사람이다. 어떻게 해서든 이 암흑의 구렁

텅이에서 벗어나자."

사람들의 미움과 적대감 사이를 뚫고 그들은 예수님께 소리를 지릅니다.

"예수님, 스승님! 저희에게 자비를 베풀어 주십시오."

그들은 절박했습니다. 그들의 외침은 마지막 끈을 잡고 놓치지 않으려는 절실함 그 자체였습니다.

6. 예수님께서는 그 내면의 소리, 그 인생의 소리, 그 아픔과 절박함을 들으셨습니다. 그들이 평생 얼마나 천시와 소외감 속에서 살아왔을까 하는 연민의 마음이셨을 것입니다.

"가서 사제들에게 너희의 몸을 보여라."

당시 사제들에게 인정을 받아야 그 치유가 인정될 수 있었습니다. 그들 중에는 반신반의하는 사람도 있었을 것입니다. 그 순간 그들은 결단을 내려야 했습니다. '사제에게 가야 하나, 말아야 하나? 믿어야 하나, 믿지 말아야 하나?' 예수님께서는 치유에 앞서 그들의 신앙의 결단을 요구하고 계십니다. 믿는 자에게만 하느님의 치유가 일어나기 때문입니다.

7. 그들은 생각했을 것입니다. '아니, 병을 고쳐 준다는 거야, 뭐야? 몸도 낫지 않았는데 우리를 그토록 적대시하는 사제에게 가라는 이유가 뭐야?' 그들의 마음속에서 온갖 회의와 갈등이 요동쳤을 것입니다. 그러나 그들은 다행히 혼자가 아니었고, 밑져야 본전인데 한번 가 보자 하는 의견이 많았을 것입니다.

8. 그들이 가는 동안 스스로 몸의 변화를 느낍니다. 종기가 나 가렵

던 부분이 가벼워집니다. 썩어 문드러진 발과 손에 새살이 돋기 시작합니다. 얼굴이 가벼워지고, 입도 제대로 돌아옵니다. 붕대를 풀어 보니 만신창이 몸들이 새로워지고 있었습니다. 출혈도 멈추고, 걸음걸이에 힘이 생깁니다.

함께 얼마나 기뻐했을까요? 그 가는 길에 얼마나 환희와 놀라움이 가득했을까요? 그들 마음 깊숙이 숨어 있던 어둠이 빛으로, 감동으로 바뀌고 있었습니다.

9. 그러나 사람의 마음은 얼마나 간사한지 모릅니다. 절박했던 그 마음들, 하느님의 자비를 간절히 바라던 그 마음들이 어느 순간 사라지고 맙니다. 그대로 자기 고향으로 발길을 재촉합니다. 자기에게 내려진 하느님의 사랑과 치유를 생각하기보다는 그저 자신이 이제 그 지긋지긋한 나병에서 해방되었다는 인간적인 기쁨만을 생각합니다.

화장실 가기 전의 마음과 갔다 와서의 마음이 다르다고 하죠! 우리는 감사하지 못하는 그 아홉의 나병환자를 비웃을지 모릅니다. 아니, 어떻게 그럴 수 있느냐고? 사람이 어째 그러냐고?

10. 그러나 어떤 면에서 우리도 똑같은 사람이 아닌가 합니다. 절박하게 기도할 때가 많습니다. 하느님께서는 때로 우리의 절박한 기도를 들어주시기도 합니다. 우리의 기도를 들어주시는 것은 우리가 보다 더 하느님의 사람으로 온전히 변화되기를 기대하시기 때문입니다.

그러나 많은 경우 사람들은 그 변화를 꺼립니다. 우리도 사실 따지고 보면 그 나병환자들처럼 인생의 절박함 속에서 하느님의 사랑과 자비로 살아갑니다. 때로는 우리가 감히 청하지 못하는 하느님의 사랑을 받기도 합니다. 그러나 깨닫지 못할 때가 너무 많습니다. 이미 엄청난 하느님의 사랑 속에 살면서도 그 사랑을 깨닫지 못할 때가 참으로 많습니다. 내 인생 자체가 하느님의 사랑의 결과인데 깨닫지 못하고, 감사하지 못할 때가 너무 많습니다.

11. 단 한 사람만이 돌아와 감사와 찬양을 드립니다. 그는 이스라엘 사람이 적대시하는 사마리아 사람이었습니다.

이스라엘은 어떤 민족보다도 하느님의 선택과 사랑을 받아 온 민족이었습니다. 그러나 이스라엘은 어떤 민족보다도 하느님의 속을 헤집은 민족이기도 했습니다. 하느님께서는 사랑하신 만큼 그 아픔을 당하신 것입니다.

12. 감사를 드린 그 단 한 사람만이 진정한 치유와 구원을 얻게 됩니다.

"일어나 가거라. 네 믿음이 너를 구원하였다."

그는 진정한 치유와 구원을 얻게 되었습니다. 복음에는 기록되어 있지 않지만 그 나머지 아홉 사람은 후에 나병이 재발되었고, 더 비참한 삶을 살지 않았을까 생각해 봅니다.

13. 감사를 드림은 우리 도리요, 구원의 길입니다. 아무리 자신이 어렵고 힘든 삶을 살았다 하더라도 자신의 인생을 곰곰이 되짚어 보면 그래도 감사할 일이 더 많은 법입니다. 우리가 우리의 인생에서 감사하면 더 감사할 일이 생깁니다. 불평하고 힘들어하면 더 불

평할 일, 힘든 일만 생기고 인생이 더 꼬여만 갑니다.

감사를 드리면 우리 마음의 어둠도 사라지고, 하느님의 빛으로 가득 차게 됩니다. 꼬인 우리의 인생도 조금씩 풀려 가기 시작합니다. 내 마음에 기쁨이 있으면 내가 하는 일도 더 잘될 수밖에 없는 것입니다. 어렵고 힘든 인생을 사신 분들이 감사하면서 기쁘게 살면 그것은 엄청난 감동이며, 인생의 승리인 것입니다. 아무리 힘들어도 감사하면 그 속에서 하느님께서 기쁨과 평화의 선물을 주시는 것입니다.

감사만이 우리가 살 길입니다. 감사만이 우리의 인생에서 하느님의 축복과 사랑을 받을 수 있는 통로입니다. 매일매일, 매순간, 매순간 감사하다고 외쳐야 하겠습니다. 마음이 힘들고 어려울 때 감사의 외침은 그 어두운 터널에서 빠져나올 수 있는 가장 좋은 명약입니다.

14. 오늘 세례를 받으시는 분들, 진심으로 축하드립니다. 면담을 해보니 참으로 하느님의 이끄심과 사랑을 느낄 수 있었습니다. 각기 다른 삶을 살아오셨지만 그 안에는 분명 하느님께서 함께 계셨고, 이제 때가 이르자 하느님께서 더 큰 사랑을 주시기 위해서 교회로 부르시는 것입니다.

오늘 여러분은 새롭게 태어나십니다. 하느님의 자녀로, 빛의 세계로, 행복과 기쁨의 세계로 태어나시는 것입니다. 그러나 이제 시작입니다. 여러분의 마음속에 진정한 치유와 구원이 있기 위해서는 자신에 대한 깨달음과 진정한 감사가 있어야 할 것입니다. 이제 여러분이 행복한 하느님의 세상에서 살 것인지, 아니면 전처럼 힘들고 불행한 삶 속에 살 것인지는 여러분의 선택과 의지에 달려 있습니다.

세례를 받았다고 모든 것이 완성되는 것이 아니라 이제 시작임을 명심하시기 바랍니다. 여러분 안에 시작된 하느님의 나라가 기쁨과 행복이 가득한 하느님의 나라로 성장하시길 함께 기도드립니다. 자신의 인생 안에 새롭게 시작되는 하느님의 사랑에 진정으로 감사드리시기 바랍니다.

"모든 일에 감사하여라. 이것이 그리스도 예수님 안에서 살아가는 너희에게 바라시는 하느님의 뜻이다." 아멘.

연중 제29주일(2016. 10. 16.)

"그분은 너의 인생의 발걸음 비틀거리지 않게 하시리라.
너를 지키시는 그분은 졸지도 않으시리라.
잠들지도 않으시리라."

1. 하늘은 높고 푸릅니다. 누군가가 그림을 그려 놓은 듯한 구름들이 아름다운 모습으로 우리에게 다가옵니다. 맑고 쾌청한 공기와 날씨가 이어지고 있습니다. 지난여름의 그 무더위를 잘 견뎌 낸 나무들, 풀들이 이제 한 해의 일을 다 끝내고 또 다른 생명을 준비하고 있습니다. 그 어려움 속에서도 나무를 살리기 위한 잎들의 치열한 삶은 아름다운 단풍으로 그 마지막을 알리고 있습니다.

2. 이 아름다운 가을은 그 텁디더웠던 여름을 잘 이겨 낸 이에게 주어지는 선물과도 같이 느껴집니다.

나무에게 말을 걸어 봅니다. 정말 고생했노라고, 생명을 지켜 내기 위해 남들이 모르는 고통이 얼마나 많았냐고. 들판은 아름다운 황금빛으로 물들어 가고 있습니다. 이제 결실을 거두고 있습니다. 이 결실을 위해 얼마나 애썼냐고, 고통을 견뎌 낸 그들의 인내를 칭찬하고 싶습니다.

아무도 알아주지 않는 자연에게도 감사의 따뜻한 눈길을 보내고 싶습니다.

3. 이 자연은 모든 것을 묵묵히 받아들입니다. 더위도, 태풍도, 홍수

도, 가뭄도, 그저 자신에게 주어지는 모든 것을 받아들일 뿐입니다. 남이 알아주든, 알아주지 않든 상관없이 그저 자신에게 주어진 자연의 질서에 따라 견뎌 내고 순응하며 살아갑니다.

4. 가끔 본당의 어르신들 얼굴에 새겨진 주름을 보면서 그 주름들 속에 있는 인생을 생각해 보게 됩니다.

어떤 세월을 살아왔을까? 때로는 얼마나 속이 타고 애간장이 녹아났을까? 그 세월들의 이야기를 그 누가 이해할 수 있을까? 모진 세월 앞에 남모를 눈물을 흘려야 했던 하얀 밤들이 얼마나 많았을까? 때로는 사랑으로, 때로는 미움으로 그 마음들이 얼마나 범벅이 되었을까?

그 주름 뒤에 숨어 있는 인생 이야기들에 존경과 감사의 마음을 가지지 않을 수 없습니다.

5. 하느님께서도 '그래, 정말 애썼다. 수고했고, 고생했다. 내가 너와 함께 있었다!' 하시며 칭찬해 주시지 않을까 생각해 봅니다. 힘들고 고통스러운 인생길을 살아온 사람들에게 더더욱 위로와 격려를 해 주시지 않을까 생각해 봅니다.

6. 대한민국이라는 이 나라에서, 이 서울이라는 도시에서, 이 금호동이라는 동네에서 산다는 것이 말처럼 쉬운 일은 결코 아닐 것입니다.

우리는 가끔 우리가 어떤 인생을 살아왔는지 돌이켜 볼 필요가 있습니다. 때로는 아프고 힘들었던 시간들, 때로는 기쁘고 감사했던 시간들 속에 있는 우리의 소설과도 같은 인생들을 되짚어 볼 필요가 있습니다. 과거로 돌아가기 위해서가 아니라 그 인생 여정 속에 함께 계셨던 하느님을 만나기 위해서입니다. 또한 내가 누구인지 새롭게 깨닫기 위해서입니다.

7. 우리는 때로 너무 아둔해서 내가 누구인지, 내 삶 속에 하느님께서 어떻게 함께 계셨는지 잘 깨닫지 못합니다. 내가 어떤 사람인지, 내 삶 안에 하느님께서 어떤 방법으로 함께하셨는지 깨달을 수 있다면 지금 나의 삶이 훨씬 더 감사하고 자유로울 수 있을 것입니다. 조금이라도 자신을 괴롭히는 아집과 고집이라는 감옥에서 벗어날 수 있게 됩니다.

8. 나의 인생 속에 함께 계시는 하느님을 깨달을 수 있다면 그것처럼 훌륭한 기도가 없을 것입니다. 하느님은 내 인생 속에 숨겨진 보물과 같습니다. 어쩌면 우리 인생은 보물찾기 인생이라는 생각을 해 봅니다. 사실 하느님께서는 우리 삶 곳곳에 숨어 계십니다. 내가 절망하고 힘들고 한탄하고 원망할 때도 하느님께서는 숨어 계셨습니다. 내가 기쁘고 행복할 때도 하느님께서는 내 인생 어느 곳엔가 숨어 계셨습니다.

9. 내 인생 안에 숨어 계시는 하느님을 깨달을 수 있다면 하느님께 대한 신뢰가 생기기 시작합니다. 내 인생의 위기마다 나를 구해 주시고, 이끌어 주신 그분을 깨달을 수 있다면 신뢰와 자신감이 생기기 시작합니다. '그래, 나를 여태까지 책임져 주셨다면 지금도, 앞으로도 나를 책임져 주시겠지.' 하는 새로운 희망과 안도감을 가질 수 있는 것입니다. 이 세상을 만드시고 이끄시는 그분께서 나의 구체

적인 삶에 함께하셨다면 이 세상에 이보다 더 큰 '빽'이 어디 있겠습니까?

10. 시간이 지나서야 우리는 그분을 깨달을 수 있습니다. 안개 속에 뿌옇던 그분은 시간이 지나면 우리에게 서서히 당신의 모습을 드러내십니다. 힘들 때는 고통스러워서 그분을 보지 못하고, 좋을 때는 교만해져서 그분을 보지 못합니다. 그러나 시간이 지나고, 우리가 조금만 노력하면 내 삶 속에 숨어 계셨던 그분께서 서서히 모습을 드러내십니다.

11. 기도란 바로 자신의 삶 속에 숨어 계시는 하느님을 발견하는 노력이어야 하는 것입니다.

12. 함께 오래 산 부부는 인생의 온갖 일을 함께 겪게 마련입니다. 남들이 이해하지 못하는 부분들이 있게 마련입니다. 둘만이 아는 시간과 공간과 그 삶의 역사가 있게 마련입니다. 그래서 때로는 미워하면서도 마음 깊은 곳에는 애잔한 정이 있게 마련입니다. 함께 겪었던 인생의 시간과 공간들은 진정한 부부가 되게끔 해 줍니다.

13. 마찬가지로 우리 인생 또한 우리 혼자 살아온 것이 아닙니다. 하느님께서 함께 살아오신 것입니다. 우리는 고아처럼 버려진 존재들이 아니라 언제나 보이지 않는 하느님의 사랑 속에 살아온 사람들입니다. 우리가 느끼든, 느끼지 못하든 상관없이 하느님께서는 우리 인생에서 당신이 하실 일을 충실히 하시는 분이십니다.
우리가 때로는 그분을 잊고 떠나 있다 하더라도 그분께서는 당신의 일에 최선을 다하고 계십니다. 우리는 우리 인생을 살지만 하느님께서는 우리 인생 안에서 당신의 일을 하시는 분이십니다.

14. '하느님을 사랑하는가? 하느님께 진정한 기도를 드릴 줄 아는가?'에 대한 답은 바로 '자신의 삶 안에 함께 계시는 하느님을 만났는가?' 하는 질문과 연결됩니다. 자신의 삶 안에 함께 계시는 하느님을 만난다는 것은 살아 계시는 하느님을 만나는 것입니다. 저기 멀리 구름 속에 계시는 하느님을 의지적으로 믿는 것이 아니라 내 삶 속에서 함께 아파하시고, 함께 기뻐하셨던 그 살아 계시는 하느님을 만나는 것입니다.

그 하느님을 만나면 우리의 기도가 살아 있게 됩니다. 형식적이고 의무적인 기도가 아니라 살아 있는 사랑의 기도가 되는 것입니다.

15. 오늘 독서에서 광야의 이스라엘 백성은 그 당시 강한 부족이었던 아말렉족과 전쟁을 하게 됩니다. 어떤 면에서는 유약하기 그지없는 이스라엘 백성이었습니다. 모세의 기도를 통해 그들은 자신들의 두려움을 이겨 내고 그 강한 부족인 아말렉족을 물리칩니다.

광야의 길을 가는 그들에게 그 전투는 그야말로 광야의 길을 갈 수 있는가, 없는가에 대한 첫 번째 시험 무대이기도 했습니다. 그들은 기도를 통해 죽느냐, 사느냐를 체험했던 것입니다.

16. 기도는 우리가 살아가는 힘입니다. 이 험한 세상에서 자신만의 힘으로 산다는 것은 참으로 어리석은 행동일 것입니다. 하느님이 계시지 않으면, 하느님이 나를 보호하고 이끌어 주시지 않으면 우리는 이 세상의 어둠에 즉각 휘말리고 질식당해 죽을 수밖에 없을

것입니다.

세상의 어둠은 우리의 생각보다 훨씬 더 강력합니다. 내 힘으로는
그 어둠을 도저히 이겨 나갈 수 없습니다. 내 안에 하느님의 힘이 없
으면 그 자체로 우리는 이미 죽은 목숨입니다.

17. 일정한 시간에 꾸준한 기도를 바치는 것도 중요하지만 삶의 순
간순간마다 기도하는 자세가 더 중요합니다. 언제나 우리와 함께
계시는 하느님을 매순간 발견하려고 노력하는 자세가 참으로 중요
합니다. 밥을 할 때도, 직장에서 일을 할 때도, 온갖 종류의 사람들
을 만날 때도, 아이들 때문에 한숨을 쉴 때도, 실패 속에서도, 성공
속에서도 하느님께서는 언제나, 어디서나 함께 계십니다. 성당에도
계시고, 우리의 일상생활에도 계시고, 화장실에서 볼일을 볼 때도
물론 함께 계십니다.

우리 마음의 눈이 떠지고 영적인 힘이 커지면 언제 어디서나 함께
계시는 그분을 느끼고, 만날 수 있고, 감사할 수 있고, 의탁할 수 있
게 됩니다.

18. 오늘 복음에서도 꾸준하게 청을 드리라 말씀해 주십니다. 단순
한 청원 기도를 넘어 꾸준하게 하느님을 찾으라는 것이 오늘 복음
의 키포인트입니다. 공부를 많이 했다고 그분을 쉽게 찾을 수 있는
것은 아닙니다. 하느님은 참으로 단순하고 소박한 마음 안에서 찾
아지시는 분이기 때문입니다. 나이 드신 어르신도, 아이들도 신뢰
와 사랑의 마음으로, 의탁의 마음으로 그분께 향한다면 그분은 의
외로 쉽게 당신의 모습을 드러내 주십니다.

한참 시간이 지나 그분을 만난다면 우리의 삶은 참으로 허무하고 안타까울 수밖에 없을 것입니다. 지금 여기서 우리 안에 계시는 하느님을 만나야 우리에게 주어진 이 인생이 더 아름답고 가치가 있을 것입니다.

"그분은 너의 인생의 발걸음 비틀거리지 않게 하시리라. 너를 지키시는 그분은 졸지도 않으시리라. 잠들지도 않으시리라." 아멘.

영명축일(2016. 10. 21.)

"이와 같이 너희도 너희 삶에 분부를 받은 대로 다 하고 나서
'저희는 쓸모없는 종입니다. 해야 할 일을 하였을 뿐입니다.'"

1. 가을비가 우리 마음을 촉촉이 적셔 주고 있습니다. 비가 유난히
부족했던 올 한 해, 이 가을비가 쓸데없는 비가 아니라 모든 강산을
풍요롭게 해 주는 하늘의 선물이기를 빌어 봅니다. 성당의 꽃들도
비가 오면 춤을 추는 듯 기뻐합니다.

2. 언젠가 어떤 신자분이 자기 집에서 귀하게 키운 나무라면서 기
증을 해 주셨습니다. 지난겨울 잠깐 옥상의 온실 문이 실수로 열렸
고, 그 잠깐 사이에 그 나무는 냉해를 입고 말았습니다.
봄이 되어 그 나무가 성전 입구의 예수님 성심상 앞으로 옮겨지게
되었는데, 어느 날 그 나무 주인이 그 나무를 다시 돌려 달라 합니
다. 왜 그러냐고 물었더니 자기 집에서는 단 한 번도 꽃을 피우지 않
았던 그 나무가 꽃을 피웠다는 것입니다. 한번 기증했으면 그만이
지, 돌려 달라는 게 어딨냐면서 자세히 보니 정말 작지만 이쁜 꽃들
이 줄줄이 피어 있는 것이었습니다.
단 한 번도 꽃을 피운 적이 없는 나무가 예수님의 성심의 사랑 앞에
꽃을 피운 것으로 느껴집니다. 많은 신자들의 기도가 꽃을 피운 것
이 아닌가 합니다. 예수님 옆에 있으면 작고 보잘것없지만 나름대

로 이쁜 꽃들이 피어나는 것이 아닌가 합니다. 이따 나가시면서 자세히 보시기 바랍니다.

3. 우리네 신앙생활도 마찬가지일 것입니다. 단 한 번도 꽃을 피워 보지 못했다 해도, 온갖 상처와 고통 속에 있다 하더라도 예수님의 사랑 앞에 있고, 기도 가운데 있을 수 있다면 우리의 삶도 작지만 나름 아름다운 꽃들을 피워 낼 수 있을 것입니다.
세상 속에만 있으면 힘들고 지치고, 마음은 온갖 상처들로 굳어지고, 미움과 두려움과 걱정 속에서 삶이 혼란스러워질 뿐입니다. 그러나 같은 인생이라 하더라도 예수님과 함께 있으면, 기도 속에 있으면 우리의 작은 삶도 하느님께서는 이쁘게 꽃을 피워 주실 수 있으실 것입니다.

4. 저의 영명축일을 맞이하여 교우분들이 마음 써 주시고, 축하해 주시고, 봉사해 주시는 사랑에 감동을 받고 있습니다. 비록 부족한 사제이지만 사제라는 이유 하나만으로 사랑해 주시고, 격려해 주시고, 참아 주시고, 기도해 주시는 모든 마음들에 진심으로 감사하지 않을 수 없습니다.

5. 제가 3년 전 금호동에 처음 왔을 때는 여러 가지로 혼란스러웠고, 마음이 복잡했습니다. 그런데 3년이 지난 지금은 참으로 감사하고, 감동스럽기 그지없습니다. 가난하지만, 삶에 무거운 십자가가 있지만 내색하지 않고 묵묵히, 또 열심히 살아가는 분들의 삶에 존경의 인사를 드리지 않을 수 없습니다.
정말 하느님께서는 있다는 자들을 내치시고, 가난하고 아프고 힘들고 지친 사람들을 사랑하신다는 사실을 새롭게 깨닫게 됩니다. 하느님께서는 진정으로 삶에 지친 이들을 이끄시고, 그들을 사랑하시며, 그들의 삶에 함께하신다는 사실에 깊은 감동을 느끼게 됩니다. 수많은 상처와 십자가가 여전히 그들을 괴롭히지만, 때로는 그 상처와 십자가로 가난한 이들을 이끄시는 하느님의 놀라우신 섭리를 새롭게 배우고 깨치게 됩니다.

6. 저 자신을 많이 되돌아보게 됩니다. 그동안 어떻게 살아왔는지, 앞으로 어떻게 살아야 하는지 새삼 깊이 생각해 보게 됩니다.

7. 세상 사람들은 먹고살기 위해서, 자녀들을 잘 키우기 위해서, 남들보다 더 힘 있는 사람이 되기 위해서 물불 안 가리고 열심히 삽니다. 아마 전 세계에서 우리나라 사람들처럼 열심히 사는 사람도 없을 것입니다. 젊은 시절에는 그저 앞만 보고 달려갑니다. 옆을 쳐다볼 겨를도 사실 없죠. 철저한 경쟁사회에서 뒤처지지 않으려면 목숨 걸고 살아야 하는 것도 사실입니다.

조금 색깔이 다르긴 하지만 저도 그리 살았던 것이 아닌가 합니다. 제가 맡고 있는 공동체가 보다 더 깨끗하고, 활성화되고, 열심인 공동체가 되기 위해 정말 바쁘게 살아오지 않았나 생각됩니다. 제가 추구하는 이상적인 공동체가 되기 위해서, 아니 어떤 면에서는 제가 사제로서의 욕심(?), 야망(?)을 채우기 위해서 물불 안 가리고 뛰며 살았던 것이 아닌가 합니다. 그래서 참 상처가 많았습니다. 신자들도, 저도 상처 때문에 긴 밤을 지새워야 했던 적이 많았던 것 같습니다.

저는 순수한 마음으로 애쓰는데 왜 신자들이 저의 본심을 몰라주나 하는 섭섭한 마음이 많았습니다. 그 상처들이 제 마음속에서, 또 신자들의 마음속에서 풀리지 않은 매듭으로 남아 있기도 합니다.

8. 그러나 이제 새롭게 생각해 보게 됩니다.
'나의 그 생각들, 열정들이 나만의 십자가에서 비롯된 우상일 수도 있었겠구나! 하느님의 일을 한다면서 나의 만족감, 성취감을 위해서 한 일일 수도 있겠구나! 공동체를 위한다는 열정은 내가 미처 깨닫지 못한 수많은 상처의 원인일 수도 있겠구나! 내가 아파한 날보다 나로 인해 아파한 사람들이 더 많을 수도 있겠구나! 나의 한마디가, 내가 가볍게 한 행동으로 상처받고 힘들어한 사람이 많았겠구나!' 반성해 보게 됩니다.

나는 나의 상처만 중요하다고, 그것이 다라고 합리화했는데 너의 상처 또한 나의 상처 못지않게 크고 아팠을 거라는 생각을 해 보게 됩니다. '사제의 능력이, 열정이 때론 상처의 칼날이 되어 누군가의 가슴을 헤집어 놓을 수도 있었겠구나!' 생각해 보게 됩니다. 첫째가 꼴찌가 될 것이라는 주님의 말씀이 비수처럼 제 마음을 파고듭니다.

9. 이곳 금호동은 제 사제의 삶의 하나의 전환점이 아닌가 합니다. 이제는 업적보다는 사람이 더 중요함을 깨닫게 됩니다.
능력 있는 사람들보다는 가난하고 아픈 이들과 함께 계시는 하느님의 모습을 깨닫게 됩니다. 그래서 모든 것이 감사합니다. 마음이 편해지고 자유로워짐을 느끼게 됩니다. 잘사는 동네에서는 신경 써야 할 일들이 참 많습니다. 그네들의 그 잘난 마음을 만족시키기 위해서 견뎌 내야 하는 굴욕적인 시간들이 많습니다. 그러나 이 동네에서는 그러지 않아도 됩니다. 조금만 웃어 줘도, 조금만 칭찬해 줘도, 조금만 능력을 인정해 줘도 표현은 잘 못 하지만 마음이 열리고, 함께함을 느끼게 됩니다.

10. 작년 성탄 때 우리 본당 관할에 있는 그룹홈 아이들에게 초대를 받았습니다. 그 아이들이 마음을 모아 미사하고, 축가를 불러 주고, 함께 기뻐하는 모습은 제가 여태까지 받아 본 축하 중에 가장 마음에 와닿고, 감동이 느껴지는 귀중한 축하였습니다.

말도 제대로 못 하고, 행동도 어눌하고, 노래 음정, 박자도 잘 안 맞지만 그런 것은 아무 문제도 아니었습니다. 진정 그들 안에는 하느님께서 보내 주신 천사들이 있었고, 하느님의 사랑이 있었습니다. 어떤 면에서는 저주와 징벌로 여겨질 수 있는 그 아이들의 삶이지만 그들 안에 계신 하느님의 사랑은 참으로 아름다웠습니다. 그 아이들은 잘난 척하는 마음도 없었고, 있는 그대로 순수함과 진실함 그 자체였습니다.

11. 오늘 영성체 후에 매듭을 푸시는 성모님 이콘을 하나씩 나눠 드립니다.

우리 삶에는 원치는 않지만 참으로 많은 마음의 매듭들이 있게 마련입니다. 어떤 면에서 그 매듭들은 우리가 풀 수 없는 매듭일 수도 있습니다. 때론 부모님이 그 매듭일 수도 있고, 자녀들이 그 매듭일 수도 있고, 친구, 지인들이 그 매듭일 수도 있고, 때로는 사제나 수도자가 그 매듭일 수도 있을 것입니다. 가장 큰 매듭은 바로 자기 자신이라는 매듭일 것입니다.

우리네 삶에 어쩔 수 없었던 그 매듭들을 오늘 성모님께 봉헌합시다. 우리가 봉헌하기만 해도 성모님께서는 밤을 새워서라도 우리 마음의 매듭들을 풀어 주실 것입니다. 내가 깨달은 매듭들, 내가 미처 깨닫지 못한 매듭들까지 모두모두 봉헌합시다. 내가 어쩔 수 없는 내 마음의 짐들, 나를 힘들게 하는 내 인생의 모든 역경과 시련들까지 모두모두 봉헌합시다. 나의 상처도, 나로 인한 너의 상처도 모두모두 봉헌합시다.

성모님께서는 우리 삶의 매듭들을 기꺼이 풀어 주실 것입니다. 그리하여 우리가 보다 자유롭고 편한 마음으로 하느님께 나아가도록 이끌어 주실 것입니다.

12. 내 인생의 매듭들을 부끄러워해서는 안 되겠습니다. 왜냐하면 하느님께서는 인생이 꼬일 대로 꼬인 사람들, 그 마음 안에 매듭이 많은 사람들을 더 애처롭게 보시며 자비를 베풀어 주시는 분이시기 때문입니다.

아담이 지은 원죄 때문에 예수님께서 이 세상에 오셨듯이 우리 인생의 수많은 매듭들 때문에 하느님의 자비가 우리에게 내려오시는 것입니다. 우리가 꼬인 사람일수록, 지치고 힘든 사람일수록 우리를 더 사랑하시는 하느님의 자비가 우리에게 내려오시는 것을 믿을 수 있어야 하겠습니다. 하느님께서는 나를 미워해서 내 인생의 십자가를 허락하시는 것이 아니라 나를 사랑하시기에 내 인생의 십자가를 허락하시는 것입니다.

13. 우리 모두가 하느님의 사랑 안에서 인생의 꽃을 피우는 사람들이 되어야 하겠습니다. 우리가 그분께 우리의 삶을 맡겨 드리기만 해도 그분께서는 우리 안에 있는 진귀한 꽃들을 피워 내실 수 있는 분이십니다. 자신의 삶에 대해 실망하거나 좌절하지 말고, 하느님께서 정말 사랑하시고 축복하시는 삶임을 굳게 믿도록 하십시다.

14. 오늘 군인주일을 맞아 누군가가 짊어져야 하는 이 나라의 십자가를 짊어지고 있는 군인들과 그들을 위해 젊음을 불사르는 군종신부님들을 위해서도 기도할 수 있어야 하겠습니다.

"이와 같이 너희도 너희 삶에 분부를 받은 대로 다 하고 나서 '저희는 쓸모없는 종입니다. 해야 할 일을 하였을 뿐입니다.' 하고 말하여라." 아멘.

연중 제31주일(2106. 10. 30.)

"당신께서는 모든 것을 하실 수 있기에 모든 사람에게
자비하시고, 사람들이 회개하도록
그들의 죄를 보아 넘겨 주십니다."

1. 온 나라가 시끄럽습니다. 대한민국의 국격이 한없이 추락하는
모습이 가슴 아픕니다. 참으로 2016년의 가을은 가슴 아픈 가을입
니다.

2. 우리는 언제쯤 모든 국민에게 존경받는 대통령을 가져 볼 수 있
을까요? 우리는 언제쯤 국민이 정치를 걱정하지 않고 살아 볼 수 있
을까요? 국가를 이끌어 가는 사람들이 모든 사심을 버리고 그야말
로 진짜로 국가와 국민을 위하는 모습을 언제쯤 볼 수 있을까요?
모든 당리당략을 버리고 오로지 국민의 행복을 위하는 정치인들을
언제쯤 볼 수 있을까요?

3. 정치만 안정되고 제 갈 길을 충실히 간다면 대한민국은 그야말
로 세계에서 가장 으뜸가는 훌륭한 나라, 모든 이가 어려움 가운데
에서도 행복한 나라가 될 수 있는 자질이 충분합니다.

4. 왜 이런 일이 벌어지고, 왜 이 혼란 속에 힘들어해야 하는 것일까
요?

5. 국민의 아픔을 무시하고, 왜곡하고, 호도할 때 그 하늘에 쌓인 아픔

은 절대로 없어지지 않고 반드시 되돌아오게 됨을 발견하게 됩니다.

6. 근래 하늘에 쌓인 아픔이 새삼 크게 다가옵니다. 어린 생명들이 바다에서 숨 막혀 익사하는 그 아픔들 속에서 우리는 새로운 나라, 새로운 질서를 만들 수 있는 절호의 기회, 하늘이 주신 기회를 놓치고 말았습니다. 그때는 정말 국민 한 사람, 한 사람이 이래서는 안 되겠다는 다짐이 있었습니다. 그 아픔들을 통해 새롭게 변화할 수 있는 기회가 충분히 있었는데도 무슨 이유에서인지 그 기회들을 살리지 못했습니다. 아니, 무시하고 왜곡하고 말았습니다.

7. 저는 그때의 대통령의 눈물을 잊지 못합니다. 그 눈물이 아픔에 동참하는 진정한 마음인 줄 알았습니다. 그러나 시간이 가면서 그 눈물이 얼마나 위선적이고 가증스러운 거짓 눈물인지 알 수 있었습니다.
그 어린 학생들과 가족들의 아픔을 못내 외면해야 하는 이유가 있었나요? 그 아픔에 왜 진정 함께하지 않았나요? 호소할 데가 없는 그분들은 교황님께 자신들의 아픔을 전달하였음에도 불구하고 그들은 그 아픔을 진정성을 갖고 대하지 않았습니다. 그들은 사고는 언제나 있는 것이고, 그런 사고들은 어쩔 수 없는 것이라고 항변하면서 그 아픔들을 무시하고 말았습니다.

8. 이 대한민국은 정말 힘없고 가난한 사람들에게는 힘든 나라입니다. 인맥과 돈과 권력이 있는 사람들에게 이 대한민국은 정말 살기 좋은 나라입니다. 반대가 되어야 함에도 불구하고 여전히 대한민국은 불쌍한 사람들에게는 정말 힘든 나라입니다.

그래서 얼마나 많은 아픔들이 울부짖고 있는지 모릅니다. 그 아픔들이 쌓이고 쌓여서 그 아픔을 무시한 사람들에게 징벌이 내리고 있는 것이 아닌가 합니다. 돈과 권력이 있는 사람들끼리 서로 죽일 듯이 치고받고 싸우고 있는 것입니다. 상대를 죽여야 내가 살 수 있으니까 어떻게 해서든지 수단과 방법을 가리지 않고 싸우고 있는 것입니다.

9. 그때 그 아픔들을 무시하지 않았다면 이리도 큰 아픔이 우리에게 되돌아오지 않았을 것입니다. 그 아픔에 조금이라도 동정심과 자비심을 갖고 있었다면 이 험난한 꼴을 당하지는 않았을 것입니다.

10. 지금 마치 승자가 된 듯 뒤에서 음흉하게 웃고 있는 자들도 이 국민의 아픔을 진정으로 이해하고 받아들이고 함께하지 않는다면 그들 역시 이보다 더한 처참한 봉변을 당할 수밖에 없을 것입니다.

11. 왜 우리 지도자들은 국민의 아픔에 함께하지 못하는 것일까요? 대통령 역시 이 질곡 같은 현대사에서 참으로 처참한 고통을 당해 보신 분입니다. 그 고통 속에서 누구를 만났습니까? 그렇습니다. 한 사기꾼 같은, 교주 같은 사람을 만났습니다. 만남이 인간의 운명을 바꿀 수 있는 것인데 변질될 수밖에 없고, 배신할 수밖에 없는 그런 사람을 만나고 말았습니다.

그 고통 속에서 하느님을 만날 수 있었다면 정말 우리가 존경하는 대통령이 될 수도 있었을 것입니다. 영원히 변하지 않고, 언제나 진리이신 하느님을 만났다면 이 어려운 시대에 진정 국민의 아픔에 함께하는 참다운 지도자, 이 나라의 기초가 되는 진정한 지도자가 될 수 있었을 것입니다.

참으로 안타깝습니다. 리더십이 무너지고 불신과 투쟁이 확산되는 이 나라의 모습이 참으로 우리 모두에게 아픔으로 다가오고 있습니다. 국민의 눈물을 씻어 주어야 할 사람이 국민의 눈물이 되고 있는 이 현실이 참으로 갑갑합니다.

12. 사람은 누구나 자기가 지고 태어나는 십자가가 있게 마련입니다. 예수님께서 광야에서 세 가지 유혹을 받으십니다. 물욕, 명예욕, 권력욕입니다. 인간이 갖고 태어날 수밖에 없는 한계를 보여 주는 것입니다.

사람은 다 저마다 더 많이 갖고 싶고, 더 멋있어 보이고 싶고, 더 높은 자리에 오르고 싶은 욕망이 있게 마련입니다. 예수님께서는 하느님의 말씀으로, 하느님의 능력으로 그 유혹들을 이겨 나가십니다. 그 욕심들을 갖고 살아가는 인간은 그 욕심들이 점점 커져 탐욕이 되고, 집착이 되고 맙니다. 그 유혹들을 이기지 못하면 인간은 결국 그 욕심들의 노예가 될 수밖에 없습니다. 그 욕심과 탐욕 속에 묶여 있는 사람은 절대 행복할 수 없고, 다른 사람도 힘들게 하고, 불행하게 합니다.

13. 인간이 태생적으로 갖고 태어나는 이 엄청난 한계들을 예수님께서는 하느님의 힘으로 극복해야 함을 보여 주고 있습니다. 그 욕심과 탐욕들은 어둠의 세력에서 오는 것이기 때문에 인간의 자연적인 힘과 능력으로는 극복할 수 없습니다. 영적인 악함은 영적인 선함으로 이겨 나가야 합니다. 하느님의 힘이 없으면 우리는 자연히

어둠에 속할 수밖에 없고, 그 어둠에 속한 사람들끼리 엄청난 싸움과 투쟁을 함으로써 우리 인생은 피폐해져 갈 수밖에 없는 것입니다.

14. 오늘 복음에서는 자캐오의 이야기가 나옵니다. 키가 작은 자캐오는 모멸감과 멸시 속에 살아오지 않았나 싶습니다. 그에게 원초적으로 마음 깊이 존재하는 열등감 때문에 그는 무슨 수를 써서라도 다른 사람보다 우월한 사람이 되고자 하는 욕심이 있었습니다. 그래서 그는 무지무지하게 노력했을 것입니다.

그 당시 세관장이라는 자리를 차지하기 위해서 위로는 한없는 아부를 했을 것이고, 아래로는 엄청난 착취를 자행했을 것입니다. 그는 위로 올라가기 위해서 수단, 방법을 가리지 않고 살았을 것입니다. 민족의 배신자, 로마의 앞잡이, 동족의 피를 빨아먹는 흡혈귀 등 그에 대한 분노는 엄청났을 것입니다.

그러나 위로 올라갈수록, 갖고 싶은 것을 가질수록 그의 마음은 더더욱 공허해졌을 것입니다. 가지면 가질수록 그는 더더욱 힘들어지는 자신의 마음을 보았을 것입니다.

15. 그는 '이렇게 살아서는 안 되겠다.'는 마음을 가졌을 것입니다. 어느 날 그의 동네에 예수님께서 오십니다. 키가 작은 자캐오는 나무 위를 오르는 기발한 생각을 합니다. 자신이 성취하고자 하는 목적을 위해서는 머리가 잘 돌아가는 사람입니다.

16. 예수님께서는 한눈에 자캐오의 삶과 그의 마음을 꿰뚫어 보십니다.

"오늘은 내가 너의 집에 머물러야겠다."

이 한 말씀은 당시 모든 사람에게 거의 충격이었을 것입니다. 아니, 위대하신 예수님께서 저 나쁘고 사악한 자캐오의 집에 머무신다니, 도저히 이해가 가지 않았을 것입니다. 그러나 예수님께서는 사람들의 반응을 개의치 않으시고 기쁘게 그의 집에 드십니다.

17. 자캐오에게 그야말로 놀라운 변화가 일어납니다. 그의 마음속에 있는 상처가 치유되고, 그는 자신이 살아온 삶을 깨닫게 되고 새로운 사람으로 변화됩니다.

"주님, 제 재산의 반을 가난한 이들에게 주겠습니다. 제가 다른 사람 것을 횡령하였다면 네 곱절로 갚겠습니다."

그는 자신이 그토록 집착하며 모아 온 재산을 다 나누어 주겠다는 말을 하고 있는 것입니다. 그 재산이 자신의 생명이요, 삶의 모든 것이었고, 목표였는데 그는 자신이 갖고 있는 것으로부터의 자유를 선포하고 있는 것입니다. 그만을 믿고 있던 가족과 친지들에게는 얼마나 청천벽력 같은 선언이었을까요?

그러나 그는 개의치 않았습니다. 자신의 마음속에 내리신 하느님의 평화와 행복이 더 중요했던 것입니다. 예수님께서는 그윽한 눈길로 바라보시며 그에게 완전한 치유와 해방을 선언하십니다.

"오늘 이 집에 구원이 내렸다. 이 사람도 아브라함의 후손이다."

예수님의 마음도 흐뭇하셨을 것입니다. 하느님의 능력이 도저히 변화될 것 같지 않은 사람을 완전히 180도로 변화시키다니, 그것은 참으로 기적이었습니다.

18. 가장 큰 기적은 사람의 마음이 바뀌는 것입니다. 올바른 길로

변화되는 것입니다. 사람은 잘 변화되지 않는다고들 하죠. 사람의 본성은 바뀌지 않는다고 하죠? 그러나 단 한 가지 방법, 하느님께서 만은 사람을 바꿀 수 있으시고, 사람의 본성을 변화시킬 수 있으십니다.

19. 자캐오는 가장 힘들고 어렵고 고통스러운 때에 예수님을 만났고, 그 만남은 자캐오를 완전히 변화시켰습니다. 비록 옛날처럼 호사스럽게 누리고 부리면서 살지는 못해도 이제 자캐오에게는 그 모든 인간의 욕심이 아무런 의미가 없어졌습니다. 갖고, 누리고, 부리고, 뽐내며 사는 것이 절대로 행복이 아님을 깨달았기 때문입니다. 참으로 크신 하느님의 능력이요, 은총이었습니다. 자캐오는 자신이 태생적으로 갖고 태어난 모든 한계에서 벗어나 진정한 자유와 치유를 얻은 사람이었습니다.

20. 우리 대통령도 그러했으면 좋겠습니다. 그저 말뿐인 신앙인, 세례만 받은 신앙인이 아니라 진정으로 자신의 고통 속에서 하느님을 만나는 변화된 삶이었으면 좋겠습니다. 많이 가진 사람이 변화되면 이 땅에 얼마나 많은 축복이 내리겠습니까?

인간은 고통스럽지 않으면 절대 변화되지 않습니다. 자신이라는 틀과 감옥에서 헤어 나올 수 없습니다. 그러나 그 고통 속에서 하느님을 만날 수 있다면 자신에게도, 그를 믿고 따르는 우리 모두에게도 엄청난 축복이 될 수 있을 것입니다.

아마도 이번이 마지막 기회일지도 모릅니다. 진정한 대통령, 국민의 아픔을 자신의 아픔으로 받아들일 수 있는 대통령, 국민의 한과 눈물을 닦아 줄 수 있는 진정한 지도자로 변신할 수 있는 기회가 되길 진심으로 빌어 봅니다.

"주님, 온 세상도 당신 앞에서는 천칭의 조그마한 추 같고, 이른 아침 땅에 떨어지는 이슬방울 같습니다. 그러나 당신께서는 모든 것을 하실 수 있기에 모든 사람에게 자비하시고, 사람들이 회개하도록 그들의 죄를 보아 넘겨 주십니다." 아멘.

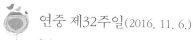

연중 제32주일(2016. 11. 6.)

"하느님은 죽은 이들의 하느님이 아니라
산 이들의 하느님이다."

1. 낙엽은 한 잎, 두 잎 떨어져 가고, 11월의 스산한 날씨만큼 마음들이 복잡한 요즘입니다. 가을은 남자의 계절이라 했던가요! 왠지 마음이 우울해집니다.

2. 대한민국 전체가 우울합니다. 자존심이 상하고, 배신감에 모두 분노를 느끼고 있습니다. 원망스럽고 걱정이 많습니다. 왜 이렇게까지 되어야 했을까요? 앞날이 참으로 걱정스럽습니다.

3. 나라가 불안해지면 우리 모두도 불안해지고 걱정이 많아집니다. 가뜩이나 살기 어려운데 위로는커녕 절망과 좌절의 아픔이 우리 마음속을 헤집고 들어옵니다.

4. 젊은이들은 대통령이 하야해야 한다고 주장하고, 나이 드신 분들은 그래도 하야까지 해서야 되겠냐 하면서도 특별한 묘수가 없어 보이니 답답해하십니다.

5. 답답하고 절망적이고 가슴 아픈 이 시기에 우리 신앙인들은 어떤 마음을 가져야 할까요? 이 배신감과 상처받은 자존심에서 우러나오는 분노와 미움을 어떻게 극복해야 할까요? 우리 사회의 분노

와 미움과 원망이 사회 전체의 분위기가 되어서는 아니 될 것입니다. 부정적인 마음은 인간을 더더욱 파멸시키고, 사회 전체를 혼란에 빠뜨릴 수 있기 때문입니다.

6. 생각해 보면 우리가 그동안 잘살아 보자는 기치 아래 과거보다는 확실히 더 잘살고 있는데 우리의 정신세계는 참으로 많이 무너져 있습니다. 우리가 살고 있는 사회는 과거 어느 때보다 풍족하지만 과거 어느 때보다 살벌하고, 어둡고, 죽음이 충만한 사회입니다. 상식이 무너지고, 공권력도 무시당하기 일쑤이고, 생명에 대한 존중심이 사라지고, 우리 민족의 고유한 정신세계도 다 무너져 버렸습니다. 윤리, 도덕도 간 곳 없고, 정치인들은 나라와 민족을 생각하기보다는 자신의 출세와 기득권 유지에 혈안이 되어 있습니다.
물질적, 경제적으로는 잘살게 되었는데 우리가 잃어버린 것들에 대해 생각해 보면 참으로 걱정스럽고 우울합니다. 우리 모두가 어느덧 적자생존, 강자생존, 약육강식의 세계인 정글에서의 동물들처럼 살아가고 있습니다. 나눔과 배려와 희생과 양보의 가치는 어느샌가 사라져 버렸습니다.

7. 그래서 약한 이들, 가난한 이들의 억울함과 한과 상처가 하늘을 찌르고 있습니다. 그들의 한숨과 아픔이 우리 사회 곳곳에 가득 차 있습니다. 가진 사람들은 가진 사람들끼리 머리가 터져라 싸우고 있습니다. 고래싸움에 새우등 터진다고, 가진 이들의 싸움이 터질 때마다 우리 서민들의 걱정과 한숨은 더더욱 늘어만 갑니다. 그래서 한민족의 역사상 가장 풍요로운 세상에 살면서도 우리는 그 어

느 때보다도 살벌하고 힘든 세상에서 살고 있습니다.

8. 그래도 대통령만은 믿었는데, 믿고 싶었는데 우리의 믿음은 그 뿌리에서부터 송두리째 흔들리고 있습니다. 그래서 우리는 화가 납니다. 배신감과 함께 사교에 물든 이의 조종을 받았다는 점에서 자존심에 엄청난 상처를 입고 있습니다.

9. 정말 엄청난 미움과 분노의 물길이 전국을 휩쓸고 있습니다. 사실 미움과 분노는 인간의 이성적인 능력을 마비시키고, 동물적인 판단을 하게끔 하는 근본 원인입니다. 어떻게 하면 이 불신의 시대를 지혜롭게, 현명하게 이겨 나갈 수 있을까요?

10. 기대가 크면 실망도 큰 법입니다. 사실 이 세상은 그리 기대할 곳이 되지 못합니다. 또 이 세상 사람들에게도 그리 큰 기대를 안 하고 사는 것이 현명할지도 모릅니다. 지금 큰 목소리를 내는 사람들도 가만히 살펴보면 자신의 눈에 있는 들보는 깨닫지 못하는 경우가 많습니다.

11. 이 혼란스러운 세상에서 어떻게 하면 마음의 평화와 질서를 유지할 수 있을까요? 진정 우리나라를 위해서 기도해야 할 때가 아닌가 합니다. 우리 민족을 사랑하시는 하느님께서 이 난국을 통해서 진정 우리에게 큰 선물을 준비하고 계실지 그 누가 알겠습니까? 하느님의 뜻이 어디에 있는지는 알 수 없지만 그 뜻을 깨달을 수 있도록 기도해야 하겠습니다.

12. 이스라엘 백성의 아픔을 들으시고 그들을 구해 주시는 야훼 하

느님께서 우리 민족에게도 자비를 베풀어 주시도록 기도해야 합니다. 하느님의 자비로 이 시대를 살아가는 사람들이 좀 더 인간성을 회복하도록, 사랑으로 거듭나도록 기도해야 할 것입니다. 우리의 부족한 기도를 통해 하느님께서 그야말로 통 큰 자비와 용서와 치유를 베풀어 주시도록 기도해야 할 것입니다.

13. 이 혼란스러운 시국에 오늘 복음에서는 어렴풋하게나마 그 답을 주고 있습니다.
"하느님은 아브라함의 하느님, 이삭의 하느님, 야곱의 하느님이시다. 즉 그분은 죽은 이들의 하느님이 아니고 산 이들의 하느님이시다. 하느님 앞에서는 모든 이가 살아 있는 것이다."

14. 즉 '하느님 앞에 있으면 살아 있는 것이다.'라는 뜻입니다. 반대로 이야기하면 하느님이 없으면 살아 있어도 죽은 목숨이라는 뜻입니다. 하느님은 생명의 하느님이시며, 우리 존재의 근원이시기에 그분 앞에 서면, 그분과 함께 살아가면 우리는 살아 있는 목숨이 됩니다.
우리는 살아 있는 사람이 되어야 합니다. 우리 안에 하느님이 살아 계셔야만 우리는 살아 있는 것입니다. 그래야만 미움과 분노의 노예 상태에서 해방될 수 있습니다. 우리가 살아 있어야만 그 생명을 이 죽어 있는 사회에 조금이나마 불어넣어 줄 수 있게 됩니다. 우리가 죽어 있으면 이 사회의 어둠에 일조하는 것이 되고 맙니다. 살아 있어야, 즉 하느님 앞에 있어야만 이 어둠의 사회를 밝힐 수 있게 되는 것입니다.

15. 특별히 이 11월은 죽음을 묵상해야 하는 위령성월입니다. 우리보다 앞서가신 그분들이 오늘의 우리에게 이렇게 말씀하시는 것 같습니다.

"인생은 그리 긴 것이 아니란다. 잠깐 사이의 인생길에서 무슨 미움이 그리도 많으냐? 원한이 있으면 얼마나 있겠느냐? 죽고 나면 그 모든 어둠의 시간들이 한스럽게 느껴질 뿐이란다. 짧디짧은 인생 속에서 어둠으로 시간을 낭비하지 말고, 밝고 기쁘게 하느님 안에서 살다 오려무나. 영원히 변치 않는 분은 하느님밖에 없으니 지상에서 하느님을 모신 시간만이 진실한 시간이요, 살아 있는 시간이며, 영원으로 이어지는 시간이니라."

16. 인생의 행복과 불행은 하느님과 함께 살아가느냐, 그렇지 않으냐에 달려 있다고 말씀하시는 것입니다.

17. 썩어 없어질 돈이나 명예나 권력에 매달리지 말고, 영원히 변치 않을 하느님 안에서 살아가는 행복을 찾으라고 말씀하시는 것입니다. 그것이 참다운 행복의 조건입니다. 작금의 사태에서 영원한 권력은 없음을 우리는 바로 눈앞에서 보고 있습니다. 어제의 권력자가 오늘 수치스러운 모습으로 우리 앞에 있습니다. 얼마나 인생무상이요, 권력무상인지 배워야 하겠습니다. 그 구름과 같은 권력을 얻겠다고 인생의 온갖 수고를 아끼지 않은 그 시간과 노력들이 얼마나 아까운지요? 하느님과 함께하지 않는 권력은 사람들의 마음에서 피를 빨아내는 흡혈귀와 같습니다.

18. 아프고 걱정되는 현실이지만 이 모든 사태를 보면서 '인간의 진

정한 행복이 무엇인지, 어떻게 살아야 행복한 삶인지' 생각해 보는
귀중한 반면교사로 삼을 수 있어야 하겠습니다.

"하느님은 죽은 이들의 하느님이 아니라 산 이들의 하느님이다."

아멘.

그리스도 왕 대축일(2016. 11. 20.)

"하느님께서는 그분 십자가의 피를 통하여 평화를
이룩하시어, 모든 것을 그분을 통하여 기꺼이
화해시키셨습니다."

1. 참으로 스산한 가을입니다. 가을의 정취도, 이쁜 단풍도 눈에 들어오지 않습니다. 이 나라가 어찌 이렇게 되었는지 한숨만 푹푹 나옵니다. 대통령이 리더십과 신뢰를 잃어버렸는데도 어찌 저리도 해법을 내놓지 못하는지 황당한 심경입니다. 그 자리를 노리는 사람들도, 어떻게 하면 이 기회를 살릴 수 있을까 하며 여론에 편승하는 기회주의적인 모습에 실망이 큽니다.

정말 나라와 국민을 사랑한다면 뭔가 고심하는 모습을 보여야 하지 않겠습니까? 이 어려운 시국에 어떤 길로 나아가야 할지 이정표를 보여 주는 어른이 없음에도 깊은 한숨이 나옵니다.

2. 저도 한때 일부 신자들에게 신뢰를 잃어버린 참담한 경험을 한 적이 있습니다. 정말 몇 명 안 되는 신자들이 자신들의 기득권을 이용하여 본당 전체에 불신감을 조장하며 본당신부에 대한 온갖 음해와 오해를 퍼뜨렸고, 젊은 신부인 저는 정말 적잖은 당혹감과 좌절감을 뼈저리게 느꼈던 시간이었습니다.

3. 정말 사제직을 포기하고 싶은 절망감이 제 안에 가득 찼습니다. 자신의 기득권을 지키기 위해 젊은 본당신부를 쫓아내려고만 하는

그들의 어둠에 질식해 버릴 것만 같았습니다. 그러나 선의의 신자들이 밤새워 기도해 주었고, 또 많은 의로운 이들이 위로와 격려를 아끼지 않았습니다. 그러나 또 많은 신자들은 혹시 저를 반대하는 사람들의 말이 옳지 않을까, 추정하고 의심하기도 하였습니다.

4. 어떻게 하면 그 어둠에서 벗어날 수 있을까 하며 수많은 밤을 하얗게 지새웠던 기억이 아직도 머리와 마음에 생생합니다.

분명한 것은 어둠을 어둠으로 이겨 나가서는 안 된다는 생각이었습니다. 그 어둠을 이겨 내기 위해서는 저 자신이 더 어두워져야 했기 때문입니다. 그들을 이겨 먹으려면 저 자신이 더 포악해지고, 고집스러워지고, 그들의 어둠을 능가하는 더 큰 어둠을 가져야만 했기 때문입니다.

비록 제가 뺨을 맞고 온갖 오해와 음해에 시달려도 그들과 똑같은 방법으로 그들을 비난할 수는 없었습니다. 그 당시 제가 할 수 있는 일은 기도와 인내뿐이었습니다.

5. 세상이 까맣게 보였습니다. 어떤 진심어린 위로도 귀에 들어오지 않았습니다. 마음이 절벽 낭떠러지에서 그야말로 간당간당 매달려 있었습니다. 억울함을 호소할 데도 없었고, 친한 동창 신부들이 '네가 뭔가 문제가 있어서 그렇지!' 하며 저를 차갑게 보던 시선은 아직도 마음 깊은 곳에 응어리진 채 남아 있습니다.

6. 견디다, 견디다 못해 제주도 이시돌 목장 근처에 있는 글라라 수녀원으로 피정 아닌 피신을 하였습니다. 이시돌 목장의 삼뫼소라는 곳에서 매일 십자가의 길을 하였습니다.

그러던 어느 날 묵주를 숙소에 놔두고 나왔습니다. '어, 묵주가 없네. 어쩌지?' 하면서 삼뫼소 정문을 통과하는데 그 정문에 누가 잃어버렸는지 묵주가 걸려 있는 것이었습니다. 사람들 발길에 짓밟힌 형편없는 묵주였습니다. 순간 제 마음이 울컥해졌습니다. 그 묵주의 신세가 제 신세와 같다고 느껴졌기 때문입니다.

그 상처투성이 묵주로 제 인생 중에 가장 진하고 간절한 기도를 하였습니다. 십자가의 길을 하는데 예수님의 십자가의 길이 그 어느 때보다도 마음 깊이 와닿기 시작하였습니다. 황송하긴 하지만 십자가의 길에 있는 예수님의 마음이 깊이 이해되고 동감되기 시작했습니다. 매처마다 십자가의 길에서 고통받으시는 예수님의 마음이 이해되기 시작하였고, 그 예수님의 상처가 저의 상처를 위로하는 참으로 귀중한 상처가 되기 시작하였습니다. 정말 펑펑 울면서 그 십자가의 길을 하였습니다.

삼뫼소 정상에 오르니 제 마음속에 빛이 스며들기 시작합니다. 아! 예수님은 나보다 더 큰 오해와 음해에 시달리시고, 당신의 몸으로 처절한 고통을 겪으셨음을 비로소 깨달을 수 있었습니다. 그분의 뒤를 따르는 사람은 그 길을 필연적으로 갈 수밖에 없음을 깨달을 수 있었습니다. 하느님의 일을 하다가 받게 되는 상처는 하느님께서 치유해 주심을 깨달을 수 있었습니다. 내 안에 하느님께 향한 마음만 있다면 어떤 상황에서도 나를 이끌어 주시고 함께해 주시는 예수님을 깨달을 수 있었습니다.

7. 그때가 본당신부 임기 1년이 남은 시점이었습니다. 예수님의 위로로 상처가 진정되고 새로운 용기가 생겼지만 그래도 그 성당에

다시 돌아가는 것이 지옥문에 들어가는 것처럼 싫었습니다. 일부 사람들은 여전히 저를 쫓아내기 위해 그야말로 수단, 방법을 가리지 않고 있었습니다.

8. 그때 주교님으로부터 전화가 왔습니다.

"조 신부, 그곳 상황이 어때?"

"주교님, 제가 이곳을 떠나면 많은 선의의 신자들이 상처를 받습니다. 그러나 끝까지 있으면 제가 상처를 받습니다."

그랬더니 주교님은 아주 간단하고 단호하게 말씀하였습니다.

"그럼 자네가 끝까지 있게."

"그럼 제 상처받은 마음은 어찌합니까?"

"그 문제는 자네가 알아서 하게."

정말 섭섭했습니다. 주교님께서는 사제가 중요한 게 아니라 본당 공동체가 더 중요함을 알 수 있었습니다.

9. 1년이라는 시간을 정말 지옥에 있는 심정으로 인내와 기도로 버틸 수밖에 없었습니다. 물론 제가 못 견디겠다고 했으면 다른 곳으로 보내 주셨을 것입니다. 그러나 저는 버텨 내고 싶었습니다. 그들의 어둠에 굴복당하고 싶지 않았습니다.

온갖 갈등과 내면의 혼란 속에 견뎌 내야 했던 그 1년의 시간은 제 삶에서 가장 죽음과 같은 광야의 시간이었습니다. 결국 그 지겹디지겨운 시간이 흘렀고, 저는 임기를 마칠 수 있었습니다.

지금 다시 그때를 생각해 보게 됩니다. 정말 부족한 제가 어떻게 그 지옥과 같은 시간을 이겨 낼 수 있었을까? 어둠을 어둠으로 갚지 않고, 미움을 미움으로 갚지 않고, 분노를 분노로 갚지 않고, 악을 악으로 갚지 않으려고 이를 악물고 노력한 대가로 하느님께서 주신 선물이었음을 새삼 깨닫게 됩니다.

앞에서는 성체 분배를 하면서도 뒤에서는 온갖 음해를 일삼는 그들의 위선을 참아 낸다는 것이 참으로 굴욕적으로 느껴지기도 했지만 저는 그들의 모든 어둠을 견뎌 내야 했습니다. 그 모든 것은 다 하느님의 이끄심이었고, 사랑이었고, 은총이었습니다. 결코 제 힘이 아니었습니다.

10. 저는 어제 참으로 위대한 대한민국 국민을 볼 수 있었습니다. 대통령에 대한 배신감과 좌절감을 미움으로 갚지 않고 축제로, 유머로, 풍자로 승화시키며 견뎌 내는 위대한 국민을 볼 수 있었습니다. 대통령은 여전히 우리 마음속에 미움의 분노를 자극하고, 야당 정치인들은 여전히 우리 마음속에 원한의 분노를 자극하고 있지만 대한민국 국민들은 이제 그런 얄팍한 술수에 넘어가지 않습니다. 참으로 미워하지 않는 정의로운 분노였습니다. 자신의 분노를 정당하게 표출하면서도 결코 미움이나 원한에 사무치지 않았습니다. 이제 대한민국 국민은 세계 어느 곳에 내놔도 부족하지 않은 일류 국민이 되었습니다. 물론 일부 사람은 충돌을 야기하고 싶었겠지만 대부분의 국민의 선한 힘이 그들의 악한 힘을 누르고 있었습니다.

11. 대통령도 제발 오기와 고집과 미워하는 악한 마음을 버리고, 진실한 자신의 모습을 깨닫고, 자신에게 권력을 주신 국민과 하느님을 만났으면 합니다. 하느님은 인간의 고통 속에서 만날 수 있는 분

이기 때문입니다.

하느님의 뜻이 어디에 있는지, 국민을 통해 드러나는 하느님의 뜻이 어디에 있는지 깨달았으면 좋겠습니다. 옆에서 아첨하고, 자신의 자리를 지키기 위해 아부하는 이들을 물리치고, 이 시대에 그래도 마지막 명예를 지킬 수 있는 용기 있는 결단을 내렸으면 합니다. 인간의 생각으로만, 또 미움과 분노와 억울함으로 이 난국을 타개하려 하지 말고, 정말 국가와 국민을 사랑하는 마음으로 지혜롭게 이 어려움을 이겨 나가길 진심으로 기도하고 싶습니다. 대통령의 명예는 우리 국민의 명예이기 때문입니다.

진솔한 모습이 아닌 인간의 얄팍한 계산으로만 이 난국을 이겨 나가려 하면 더 크고 엄청난 고통이 본인에게도, 우리 모두에게도 닥쳐온다는 사실을 직시했으면 좋겠습니다. 리더력과 신뢰를 잃어버린 지금 이 상황에서, 국민의 엄청난 분노이지만 절제된 분노에 담긴 뜻을 무시하지 않았으면 합니다.

지금 국민은 진실과 솔직함의 용기를 바라고 있습니다. 진정 국가와 국민을 사랑한다면 지금까지의 모든 잘못을 인정하고, 참회하고, 국민에게 마음을 다해서 사죄해야만 할 것입니다.

12. 오늘은 그리스도 왕 대축일입니다. 오늘 우리는 나자렛의 예수님께서 우리의 구세주이시며, 우리 마음의 진정한 왕이심을 고백합니다. 이 세상의 통치자들도 왕이신 예수님께서 어떻게 불쌍한 백성을 이끄시고 사랑하셨는지 배웠으면 좋겠습니다. 국민의 아픔에 함께 아파하고, 국민의 눈물에 함께 눈물을 흘릴 줄 아는 진정한 지도자를 만났으면 좋겠습니다.

예수님은 절대 악을 악으로 갚지 않으시고, 어둠을 어둠으로 갚지 않으십니다. 인내로, 하느님께 모든 것을 맡기시는 신뢰의 마음으로, 진정 사랑하는 마음으로 그 모든 악과 어둠을 이겨 내십니다. 자신의 뺨을 때리는 사람에게 똑같이 뺨을 때리지 않으시고, 다른 뺨마저 때리라고 내어주시는 분이십니다. 악을 악으로 갚으면, 어둠을 어둠으로 갚으면, 미움을 미움으로 갚으면 이 세상의 악과 어둠은 점점 더 기승을 부리고 그 세력을 확장해 나가는 법입니다.

이 세상의 악과 어둠을 없애는 방법은, 억울하지만 마치 도살장의 양처럼 자신의 희생으로써 그 악과 어둠을 이겨 내는 방법밖에 없습니다. 유약하고 실패자처럼 보여도 우리 인생 안에 계시는 하느님께서 우리에게 진정한 승리를 보장하여 주십니다. 그것이 바로 부활의 신앙입니다.

예수님도 인간적인 눈으로만 보면 어떤 면에서 실패자의 인생이십니다. 그분의 말씀과 행적과 사랑은 전혀 결실을 맺지 못한 것처럼 보입니다. 그러나 그분의 모든 것은 진정 우리의 마음 안에서 왕으로 임하시고 계십니다.

13. 저도 그 어려운 시기에 사람들의 미움에 미움으로 대하고, 사람들의 어둠에 어둠으로 대했다면 그 시간들을 이겨 내지 못했을 것입니다. 제 안에 하느님께 대한 깨달음과 신뢰심이 없었다면 그 어둠을 이겨 나가지 못했을 것입니다.

14. 예수님의 삶과 그 사랑이 오늘의 지도자들에게 큰 영감을 주는 리더십이 되기를 바랍니다. 그뿐만 아니라 오늘의 이 어두운 시대

에 우리가 어떻게 살아야 하는지 삶의 방향과 지표가 되기를 바랍니다.

15. 우리의 삶 안에도 끝없는 어둠과 악이 존재하기 때문입니다. 그 어둠과 악을 이겨 나가는 것이 우리 삶의 과제일 수도 있습니다. 때로는 억울해도, 분통이 터질 정도로 악의 세력이 우리를 괴롭혀도 그것을 이겨 나가는 방법은 오로지 예수님께서 가르쳐 주시는 용서와 화해밖에 없음을 생각해야 하겠습니다. 하느님께서 부족한 나를 이토록 사랑해 주심을 깨닫고, 우리도 부족하지만 그 하느님의 사랑을 실천해야 함을 생각해야 하겠습니다.

16. 이 세상은 어둠과 악함과 대항해서 싸우는 전쟁터와 같은 곳입니다. 내 안에 있는 선함을 더 넓혀 나가야 내 안에 있는 어둠을 이겨 나갈 수 있습니다. 내가 부족한 사람이지만 동시에 나는 하느님의 사랑 안에 태어나고 보호받는 사람입니다. 부족함도 생각해야 하겠지만 그보다는 하느님께서 나에게 주신 좋은 점을 더 많이 생각해야 하겠습니다.

내 삶 안에 있는 어둠과 그늘들은 태양이 비치면 저절로 사라집니다. 내 인생 안에 주님이시며 왕이신 예수님이라는 태양이 더 밝게 빛날 수 있도록 노력해야 하겠습니다. 나에게 주어진 인생에 주눅들지 말고, 나에게 주신 하느님의 고귀한 은총과 나의 삶에 주신 하느님의 귀중한 사랑의 결실인 좋은 점들을 더더욱 발견할 수 있어야 하겠습니다. 물론 반성하는 삶을 살아야 하지만 동시에, 아니 더 많이 감사하는 삶을 살아야 하겠습니다.

17. 이 사회의 어둠을 하느님께서 주신 내 안에 있는 선함으로 이겨 나가야 하는 삶의 숙제가 있음을 깊이 생각해 보십시다.

"하느님께서는 그분 십자가의 피를 통하여 평화를 이룩하시어, 모든 것을 그분을 통하여 기꺼이 화해시키셨습니다." 아멘.

대림 제1주일(2016. 11. 27.)

"그러니 너희도 준비하고 있어라.
너희가 생각하지도 않은 때에
사람의 아들이 올 것이기 때문이다."

1. 정말 온 국민이 하나가 되었습니다. 언제 우리가 이렇게 한마음 한뜻이 된 적이 있었나 할 정도입니다. 진보도, 보수도, 그토록 지겹던 지역 색깔도 없습니다. 남녀노소 가리지 않고 한목소리를 내고 있습니다. 가진 자도, 못 가진 자도 역시 이래서는 안 된다고 외치고 있습니다. 서로 다른 종교를 가진 사람들도 마찬가지입니다.

2. 어떤 면에서 보면 지금의 대통령은 그토록 바라던 국민 대통합을 이루신 분이십니다. 그런데 온 국민이 그토록 외쳐도 그분만은 밀실에 앉아 이 외침과 분노를 들으려 하지 않는 것 같습니다. 자신의 고집과 억울함에 빠져 이 엄청난 목소리가 들리지 않는 것 같습니다. 자신의 부족함을 인정하기보다 자기를 이 지경까지 몰아낸 사람들에게 섭섭해하고, 미움과 분노가 있는 듯이 보입니다.

3. 자기 자신을 제대로 보지 못하고 깨닫지 못하는 사람들은 많은 경우에 다른 사람에게 책임을 전가하고 핑계를 대기 마련입니다. 자기 자신에게서 빠져나오지 못하고 있는 것입니다. 어떤 면에서는 평생토록 공주로 살아온 삶의 한계가 아닌가 합니다.

4. 창세기에서는 '인간이 무엇인가?'라는 질문에 대해 인간의 본능과 속성에 대해 아주 잘 설명해 주고 있습니다.

① 창세기의 에와는 여인의 숙명적인 운명인 교만함과 허영심을 잘 보여 주고 있습니다.

뱀이 어느 날 묻습니다.

"하느님께서 이 동산의 선악과를 따 먹지 말라고 하셨다는데, 사실이냐?"

에와는 "아니다. 따 먹지도 말고 건드리지도 말라고 하셨다."고 대답합니다.

이 대목에서 에와의 잘난 척하는 마음, 허영심을 발견할 수 있습니다. 하느님께서는 따 먹지 말라고 하셨지, 건들지도 말라고 하신 적은 없었습니다. 그러나 에와는 뱀에게 잘난 척하는 교만한 마음으로 건들지도 말라는 자신의 생각을 보탭니다.

교활한 뱀이 그 틈새를 놓칠 리가 없습니다.

"하느님께서는 이 열매를 따 먹으면 너희 눈이 밝아질까 봐 그리 말씀하신 거다."

에와는 눈을 들어 선악과의 열매를 바라봅니다. 교만이 싹튼 마음은 이내 곧 허영심의 마음으로 바뀝니다. 열매를 보자 과연 그 열매가 먹음직하고 정말 눈이 밝아질 것처럼 느껴집니다.

여인의 교만함과 허영심은 자기 통제력을 잃게 만듭니다. 즉시 그 열매를 따서 먹고, 뭔지 불안한 마음에 함께 있는 아담에게도 그 열매를 먹으라고 내줍니다. 좀 멍청한 남자인 아담은 함께 사는 여인, 사랑하는 여인이 주니까 하느님 말씀은 까맣게 잊어버리고 아무 생각 없이 그 열매를 받아먹습니다.

② 열매를 먹자 정말 뱀의 말처럼 눈이 밝아졌습니다. 그리고 벗은 몸에 대한 부끄러움을 느낍니다. 여태까지는 아무 생각 없이 살았는데 남녀가 서로 다름을 알게 되고, 부끄러움과 수치심을 느낍니다. 더욱이 비로소 하느님의 말씀을 어긴 것을 깨닫게 됩니다. 부끄러움, 수치심과 죄책감으로 숲속에 숨어듭니다.

③ 하느님께서 묻습니다.
"아담아, 너 어디에 있느냐?"
"벗은 몸이 부끄러워 숨었습니다."
"네가 나의 명령을 어겼구나. 왜 그리하였느냐?"
아담은 인류 최초의 핑계를 댑니다.
"당신께서 나와 함께 살라고 주신 저 여인이 주기에 먹었습니다."
아담은 두 가지 핑계를 댑니다. 하느님 때문이고, 저 여인 때문이라는 것입니다.
"여인아, 너는 왜 그리하였느냐?"
여인은 뱀의 핑계를 댑니다.
"뱀에게 속아서 따 먹었습니다."

아담은 자신의 잘못을 인정하지 않고 하느님과 여인 핑계를 댔고, 여인은 말도 못 하는 뱀의 핑계를 댔습니다. 말을 못 하는 뱀은 핑계도 대지 못합니다. 그 후 뱀은 모든 인간이 가장 싫어하는 동물, 특히 여인들이 질색팔색하는 가장 징그러운 동물이 되고 맙니다.

5. 창세기는 인류 최초의 인간에 대한 역사적인 서적이 아니라, 인간은 어떤 존재인가에 대한 계시적인 답변서입니다.

즉 인간은 본래부터 핑계와 책임 전가를 하는 존재라는 뜻입니다. 아담과 에와의 죄를 원죄라 하는데, 이 핑계와 책임 전가가 바로 원죄의 근본임을 알려 주고 있는 것입니다.

어린아이들도 누가 가르쳐 주지 않았는데 아주 어렸을 때부터 본능적으로 핑계와 책임 전가를 잘합니다. 형이 야단을 맞으면 꼭 동생의 핑계를 대고, 동생도 마찬가지입니다. 어디서 배웠을까요? 배운게 아니고, 인간 내면에 있는 근본적인 기질이 자신도 모르는 사이에 나오는 것이죠.

6. 인간은 원래 그런 존재입니다. 핑계와 책임 전가는 인간이 타고난 죄의 원천입니다. 누구나 다 그런 죄의 기질을 갖고 태어납니다. 원죄란 태어나면서부터 죄인이라는 뜻이 아니라, 죄에 쉽게 빠질수 있는 핑계와 책임 전가의 기질을 갖고 태어났다는 것을 의미합니다.

7. 아담과 에와의 핑계와 책임 전가로 인간은 하느님과 함께 살아가는 복된 은총의 상태를 상실하였고, 이 세상에서 피땀 흘리는 노동과 출산의 고통을 받게 됩니다. 즉 인간 고통의 가장 깊은 원인은 바로 핑계와 책임 전가임을 설명하는 것입니다.

이 핑계와 책임 전가는 자식들에게까지 이어지고, 더 큰 죄로 발전합니다. 아담과 에와는 카인과 아벨을 낳았습니다.

아벨은 부모와 하느님께 인정받는데 카인은 그렇지 못했습니다. 자신의 부족함보다는 아벨의 핑계를 대고, 아벨에게 책임 전가를 한 것이죠. 그 마음은 질투와 미움, 분노의 마음으로 바뀝니다. 자신을 깨닫지 못하고, 자신의 부족함을 인정하지 못하였기에 카인은 아벨의 핑계를 댔고, 아벨에게 책임 전가를 했으며, 급기야 질투와 미움, 분노로 아벨을 죽이는 죄에 빠지고 맙니다.

하느님께서는 아담에게 물었듯이 카인에게도 묻습니다.

"네 아우 아벨이 어디 있느냐?"

아담은 "알몸이 부끄러워 숨었습니다."라고 대답했는데, 카인의 대답은 분노에 차 있습니다.

"제가 아우를 지키는 사람입니까?"

자기가 죽여 놓고도 인정하지 않는 자세이며, 분노하고 대드는 자세입니다.

그 후 인간의 죄는 더 큰 죄로 발전되어 나갔고, 더 넓어지고, 세력이 더 강해집니다. 급기야 하느님께서 이래서는 도저히 안 되겠다 하시며 노아의 홍수를 통해 그 모든 죄를 일거에 다 쓸어버리십니다.

8. 창세기는 인간에 대해 설명하면서 특히 인간의 죄의 원천과 그 발전상에 대해서 그 당시의 언어와 문화로 설명하고 있습니다. 인간은 원래 부족한 존재로 태어나며, 부족함이 메워지지 않으면 그 부족함이 점점 더 크게 그 사람을 집어삼키는 엄청난 힘이 됨을 이야기하고 있는 것입니다.

창세기가 이야기하는 인간의 타고난 부족함은 바로 자기 자신을 깨닫지 못한다는 것, 즉 부족한 자신의 모습을 보지 못한다는 것입니다. 그래서 핑계와 책임 전가를 하게 되는 것이고, 그것이 모든 죄의 근원이요, 원천이 된다는 것입니다.

위대한 철학자 소크라테스도 일찍이 '너 자신을 알라!'는 한마디에 자신의 모든 사상을 함축했습니다.

9. 자기 자신을 안다는 것, 자신의 모습을 깨닫는다는 것은 쉬운 일이 아닙니다. 우리는 어떤 면에서는 평생 동안 자신이 누구인지, 자신의 모습이 어떠한지 깨달아 가는 삶의 여정 속에 있는 사람들입니다. 평생을 살아도 자신의 모습을 깨닫지 못하고 죽는 경우도 참으로 많습니다.

자신의 진짜 모습, 불교 용어로 하면 '진아(眞我)'를 깨닫는다는 것이 우리 인생에 주어진 처음이자 마지막 숙제가 아닌가 합니다. 모든 불행과 고통은 바로 자신의 모습을 깨닫지 못하는 데서 출발하는 것이 아닌가 합니다.

10. 우리 대통령도 온 국민은 다 알고 있는데 혹시 그 스스로만 자신의 모습에 대해서 깨닫지 못하고 인정하지 못하는 것은 아닐까 심히 염려스럽습니다. 자신의 모습을 깨달아야만 온갖 핑계와 책임 전가로부터 비로소 자유로워질 수 있습니다. 자신의 부족함을 인정하는 것, 그것이 진정한 자유와 해방의 출발점인 것입니다.

11. 오늘은 대림 제1주일입니다. 오늘 복음에서 예수님께서는 "그러니 깨어 있어라."라고 말씀해 주십니다. 깨어 있지 못하면, 잠들어 있으면 결코 자신의 모습을 깨달을 수 없기 때문입니다. 그러면 자신도 모르는 사이에 핑계와 책임 전가가 시작됩니다.

바오로 사도도 제2독서에서 말씀하고 계십니다.

"여러분은 지금이 어떤 때인지 알고 있습니다. 여러분이 잠에서 깨어날 시간이 이미 되었습니다. 밤이 물러가고 낮이 가까이 왔습니다. 그러니 어둠의 행실을 벗어 버리고 빛의 갑옷을 입읍시다."

12. 깨어 있는 방법, 자신의 모습을 깨달을 수 있는 방법, 핑계와 책임 전가로부터 자유로울 수 있는 방법은 바로 기도와 감사입니다. 이 하느님의 힘이 없으면 우리는 자동적으로 핑계 대는 인간, 책임 전가하는 비겁한 인간이 될 수밖에 없으며, 그것은 결국 교만심과 허영심, 미움과 질투, 그리고 분노로 발전될 수밖에 없습니다.
인간은 살면서 끊임없이 기도하고 감사해야만 인간의 타고난 부족함, 그 원죄에서 해방될 수 있습니다. 그 해방과 자유는 하느님의 힘이 없으면 절대로 불가능한 일입니다.

13. 이 대림 시기는 바로 우리의 타고난 부족함을 이겨 내기 위해서 끊임없이 기도하고 감사해야 하는 시기이며, 그럼으로써 자신의 참다운 모습을 깨달아 가야 하는 시기입니다. 그래야만 구유에서 탄생하신 그분의 해방과 자유를 비로소 체험할 수 있게 됩니다.
"그러니 너희도 준비하고 있어라. 너희가 생각하지도 않은 때에 사람의 아들이 올 것이기 때문이다." 아멘.

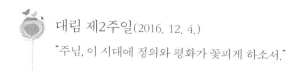

1. 우리 금호동 성당이 시작된 지는 50년이 넘었지만 이 성전이 지금의 모습으로 신축된 것은 24년이 다 돼 갑니다.

2. 당시 이 성전을 짓기 위해 많은 이들이 애썼지만 특히 천보묘원 덕을 많이 봤다고 할 수 있습니다. 1973년부터 조성된 천보묘원은 우리 본당의 역사에 있어 매우 중요한 역할을 담당하고 있습니다. 1960년대 이 지역 초기의 신자들은 정말 먹고사는 것이 어려운 상황이었지만 신앙으로 하나로 뭉칠 수 있었고, 정말 맨손으로 성당을 지어 하느님께 봉헌하기도 하였습니다. 그들에게 있어 이 언덕 위의 성당은 정말 마음의 고향이었고, 천보묘원은 천상의 고향과 같은 것이기도 하였습니다. 그들은 살아서는 맨손으로 성당을 지어 하느님께 봉헌하였고, 죽어서는 천보묘원을 통해 이 성당을 하느님께 봉헌하였던 것입니다.

3. 1993년에 완공된 이 성전에서 우리는 그분들의 덕분에 나름대로 편한 신앙생활을 해 오고 있습니다.
이번 대림 시기에 20여 년 동안 한 번도 시행하지 않았던 성전 대청소, 정밀 청소를 하였습니다. 큰 기계가 들어와 손이 닿지 않는 곳까지 먼지와 묵은 때를 벗겨 냈고, 도색을 다시 하였습니다. 공사 관계자의 말에 따르면 정말 먼지와 때에 전 시커먼 물이 많이 나왔다고 합니다. 20여 년 동안 보이지 않게 쌓인 먼지들이 엉겨 붙었고, 우리는 그 속에서 아무 생각 없이 살아왔던 것입니다.

4. 정말 뭔가 환해진 것 같지 않으세요?

5. 정말 마음이 개운합니다. 저는 요즘 제 방을 제가 청소합니다. 작은 방이지만 청소를 하고 커피 한잔 마시면 마음이 정말 개운해집니다. 우리 모든 신자들의 마음이 개운해졌으면 합니다. 살기 힘든 세상이지만 성당에서라도 깨끗하고 정갈한 환경에서 마음 편히 하느님을 만나고, 형제자매들을 사랑으로 만났으면 합니다.

6. 오늘은 대림 제2주일입니다. 복음에서 세례자 요한이 광야에서 외칩니다.
"너희는 주님의 길을 내어라. 그분의 길을 곧게 하여라."
세례자 요한은 겸손한 사람이었습니다. 자신은 그분의 신발 끈을 맬 자격도 없는 사람이고, 자기가 주는 세례는 그저 물로 주는 세례일 뿐이며, 자신은 그저 메시아를 준비하는 사람일 뿐이고, 그저 광야에서 외치는 이의 소리일 뿐이라고 했습니다. 자신의 처지와 위치를 분명하게 인식한 정말 겸손한 사람이었습니다. 진정한 겸손은 자신의 모습을 깨닫는 데에서부터 시작하기 때문입니다.
또한 그는 진정으로 용감한 사람이었습니다. 어떤 권력이라 하더라도 불의 앞에서는 타협하지 않고 정도를 걸어가는 사람이었습니다. 당시 권력자인 헤롯 앞에서 누구도 하지 못한 그의 부정을 고발합니다. 그 때문에 권력에 붙어 살아가는 사람들에게 죽임을 당하지만 그는 자신에게 주어진 올바른 길, 정도를 포기하지 않았습니다.

7. 진정한 겸손과 용기의 사람인 세례자 요한의 말은 힘이 있었습니다. "회개하여라. 하느님의 나라가 가까이 왔다." 하고 외치자 수많은 사람들이 정말 회개하고 세례를 받기 위하여 그를 찾아옵니다. 그를 시험하기 위해 찾아온 사람들에게 회개에 합당한 열매를 맺으라 하면서 일침을 가하기도 합니다.

8. 세례자 요한은 오늘을 살아가는 우리에게도 외치고 있습니다. "회개하여라. 그리하면 하느님께서 함께 계시는 하느님의 나라가 너희에게 다가올 것이다. 너희 마음의 묵은 때를 다 털어 내어라. 깨끗하고 정갈한 마음의 길을 준비하여라. 온갖 욕심과 탐욕의 때를 깨끗이 벗겨 내어라. 너희 마음속에 너희를 해치는 온갖 미움을 없애고, 원한과 분노를 삭여라. 그리하면 하느님께서 너희 앞날을 지켜 주시고, 모든 상처를 치유하여 주실 것이며, 너희 마음속에 진정한 성령의 불을 내려 주실 것이며, 그 성령은 우리에게 진정한 겸손과 용기, 자유와 해방을 허락해 주실 것이다. 너희가 이 험한 세상에서도 진정으로 행복하게 살 수 있는 길을 발견할 수 있을 것이다."

9. 그렇습니다. 오랜 세월 살아오면서 우리 마음속에 겹겹이 쌓인 묵은 때를 씻어 내야 하겠습니다. 살다 보면 누구나 그 마음속에 자신도 모르는 수없는 묵은 때가 존재하게 마련입니다. 우리가 주변을 정리하고 청소하고 우리의 몸을 깨끗이 하면 마음도 개운해지는 것처럼, 우리 마음의 때를 벗겨 내면 우리 영혼이 너무 기뻐서 춤을

출 것입니다. 개운한 마음, 기쁜 영혼만이 하느님을 만날 수 있게 되는 것입니다. 아니, 이미 함께 계신 그분을 찾을 수 있게 되는 것입니다.

10. 지난 주간 우리는 정말 실망스러운 대통령의 담화를 들었습니다. 단 한순간도 사심을 가진 적이 없다는 그의 말을 듣고 정말 저는 충격을 받았습니다.

지도자가 사심과 사리사욕이 없었다면 자기 주변의 사람들이 감히 그런 추잡하고 나라를 휘어잡는 사리사욕을 부리지는 못했을 것입니다. 정말 사심이 없었다면 사심을 갖고 있는 주변 사람을 못 볼 리가 없습니다. 정보가 제일 많은, 제일 높은 자리에 앉아서 몰랐다는 것은 그 자체가 새빨간 거짓말이거나, 아무것도 보지 못하는 무능력자일 수밖에 없는 것입니다.

11. 저도 본당신부를 하면서 항상 느낍니다. 제가 사심을 가지면 함께하는 사람들도 그 사심의 유혹에서 벗어날 수 없다는 것을, 내가 사심이 없어야 주변 사람들도 긴장하고 올바른 길에서 벗어나지 않는다는 것을 항상 느끼고 생각합니다. 지도자 주변이 깨끗하지 않다는 것은 그 지도자가 깨끗하지 않기 때문입니다.

권력이란 국민을 위해 봉사하는 수단이어야지, 자신의 욕심을 만족시키기 위한 것이어서는 안 됩니다. 권력자 주변 사람들의 사심을 알면서도 가만히 있고, 심지어 부추기면서도 자신은 사심이 없다고 말하는 것은 어불성설입니다.

12. 지도자가 또 권력자가 사심을 갖고 있으면 그 본당, 그 나라는

속에서부터 썩기 마련입니다. 어느 곳에선가는 썩고 있으며, 악취가 나게 마련입니다. 불화와 분열이 생기고, 싸움과 미움이 생겨나게 마련입니다. 편 가르기와 비밀이 많아질 수밖에 없는 것입니다. 아프고 힘든 이들의 하소연이 그저 하늘을 맴돌 뿐입니다.

결과를 보면 원인을 알 수 있는 것입니다.

13. 우리나라는 겹겹이 쌓인 묵은 때가 정말 많습니다. 정치인들, 법조인들, 언론인들, 재벌들의 모습 속에서 역겨운 악취가 풍겨 나오고 있습니다. 심지어 부끄럽지만 종교인들 안에서도 그와 같은 악취가 나고 있습니다. 또 우리 각자 안에도 겹겹이 쌓인 묵은 때가 정말 많습니다.

14. 이제 우리들과 우리 종교와 우리나라는 이 묵은 때를 벗겨 내야 합니다. 방법은 세례자 요한처럼 자신의 모습을 깨닫는 것입니다. 우리가 얼마나 추한 사람이고, 얼마나 추한 사회인지를 깨닫고 인정해야 합니다. 그리고 죄인을 용서하시는 하느님의 자비를 간절히 바라야 합니다. 그리고 새로움을 향해 힘차게, 용기 있게 한걸음을 내디뎌야 합니다.

15. 자신의 모습을 깨닫는 데서 겸손이 시작되고, 진정한 용기가 시작되는 것입니다. 자신의 모습을 깨닫지 못하고 받아들이지 못하면 우리에게는 하느님의 자비가 내려오지 않습니다. 끝까지 부인하고, 핑계를 대고, 책임 전가를 하면 용서받을 수 있는 길이 막히고 마는 것입니다.

그러나 자신의 모습을 있는 그대로 받아들이고, 이 불쌍한 처지를 하느님께서 가련하게 보아 주시도록 마음과 행동으로 간절히 청하면 자비로우신 하느님께서는 진정한 용서와 해방과 치유를 허락해 주십니다. 그 하느님의 자비를 체험하면 진정으로 용기 있는 사람이 될 수 있습니다.

16. 우리는 작금의 사태를 보면서 그저 손가락질만 하는 사람이 되어서는 안 될 것입니다. 이 사태 안에 숨어 있는 하느님의 뜻과 사랑, 그리고 우리 각자에게 하시고자 하는 말씀을 들을 수 있어야 합니다. 이 사태는 대한민국과 대한민국 국민을 사랑하시는 하느님의 표징인 것입니다.

17. 이 대림 시기에 우리가 어떻게 살아가야 하는지 가르쳐 주고 있는 것입니다.

18. 오늘 입교하시는 분들도 하느님을 알게 되는 과정에서 자신의 삶 속에 있어 온 수많은 마음의 묵은 때를 잘 벗겨 내시고 진정으로 새로운 사람, 하느님의 진정한 새 창조물이 되시길 기도합니다.

19. 오늘 생명주일을 맞아 우리 모두의 마음 안에 새로이 창조된 하느님의 생명이 충만하시길 바랍니다.
"주님, 이 시대에 정의와 평화가 꽃피게 하소서." 아멘.

대림 제4주일(2016. 12. 18.)

"주님, 천사의 아룀으로 성자께서 사람이 되심을 알았으니,
성자의 수난과 십자가로 부활의 영광에 이르는 은총을
저희에게 내려주소서."

1. 교우 여러분들의 염려와 기도 덕분에 연수 및 피정 지도를 잘 마
치고 돌아왔습니다.

2. 이번에는 호주의 한 한인 성당에서 지내게 되었습니다.

3. 저는 오래전에 안식년을 할 기회가 있었는데 그때 인도네시아
수라바야의 작은 공소에 기거하였습니다. 한인 신자가 50여 명 되
는 곳이었는데 저는 그때 외국에 나가 사는 한인들의 모습과, 특히
한인 신자들의 실태를 체험할 수 있었습니다.

4. 사계절이 거의 똑같고, 단순히 건기와 우기로 구분되는 날씨 속
에서 한인들의 삶은 참 단순하기 이를 데 없었습니다. 그곳은 이슬
람 국가인데 새벽 4시경 동네 이슬람 사원 확성기에서 코란이 울려
퍼집니다. 12시에도, 저녁 6시에도 코란이라는 경전을 읽는 소리가
온 동네에 퍼집니다. 마치 종교가 모든 삶은 지배하는 듯한 분위기
였습니다.

날씨도 변화가 없고, 문화적인 혜택도 거의 없는 상황에서 얼마 안
되는 한인들은 좁디좁은 사회에서 답답함을 호소하며 살아갑니다.

아주 싼 임금 덕분에 사업 하시는 분들은 나름대로 큰 집에서 일하는 사람을 거느리고 살고 있긴 하지만 뭔가 불편하면서도 아주 단순한 삶의 굴렁쇠 속에서 살아가는 듯한 느낌이었습니다.

아주 작은 한인 사회에서는 인간관계가 매우 중요합니다. 모여서 하는 이야기는 대부분 누가 어떻더라는 이야기입니다. 많은 경우 서로 이해하지 못하고, 또 이해받지 못하고 살아갑니다. 때로는 밉지만 그 감정도 표현 못 하고 그저 참으며 살아갑니다. 어디 가서 스트레스를 해소할 데도 마땅치 않습니다. 누구와 속을 터놓고 맘껏 이야기를 할 수도 없습니다. 워낙 바닥이 좁다 보니 자기가 한 이야기가 큰 폭탄이 되어 자기에게 다시 돌아오기 때문입니다.

5. 외국인들은 대부분 가족 중심의 문화이기에 친구 중심의 문화인 우리와는 많이 다릅니다.

6. 따라서 한인들은 서로 갈등이 많습니다. 마음속에 미움과 상처가 많습니다. 문화와 언어가 전혀 다른 곳에서 살아가는 사람들에게 삶은 그리 만만한 것이 아닙니다. 때로는 서로에게 무관심하고, 때로는 서로를 미워하면서도 티를 내지 못하고, 자신의 상처 속에서 이웃을 판단하고 비판하는 일이 허다합니다. 그래서 파벌을 만들게 됩니다. 무엇이 옳은가, 그른가를 따지기 전에 누가 내 편인가를 먼저 따지기 마련입니다.

7. 성당과 교회는 한인들이 서로 만나고 서로의 삶을 나누는 중요한 통로입니다. 그런데 성당 다니는 일도 그리 쉬운 일이 아닙니다.

8. 제가 그곳에 있을 때의 일입니다. 아주 친한 대부와 대자가 있었습니다. 대부가 먼저 그곳에 와 터전을 잡았고, 형제처럼 지내던 대자를 그곳에 부르게 되었습니다. 그런데 시간이 갈수록 대부의 사업은 망해 가고, 대자의 사업은 아주 잘돼 가고 있었습니다. 형제와 같던 두 사람은 서로 마음속에 앙금이 생기기 시작합니다.

'나를 좀 도와주면 좋겠는데.'

'그 정도 도와줬으면 된 거 아닌가?'

자신의 마음을 이해하는 사람들에게 각자 불평을 털어놓습니다. 그런데 그 말이 떠돌고 떠돌아 상대에게 칼과 상처가 되고 있었습니다. 만나면 친숙하게 지내려 애쓰지만 마음속에는 뭔지 모를 원망과 미움이 있었습니다. 결국 두 사람은 각자의 편을 만들게 되었고, 이 두 사람의 불화는 성당에도 분열의 결과를 초래하고 말았습니다. 무엇이 옳고 그르냐는 문제가 되지 않았습니다. 누가 내 편이고, 내 이익에 도움이 되느냐가 더 중요한 판단 기준이었습니다.

9. 그럴 때 사제는 참 괴롭습니다. 누구의 편도 들 수 없기 때문입니다. 그러면 양쪽에서 다 사제를 공격합니다. 자기들 편을 들어주지 않았기에 섭섭하기 때문입니다. 그럴 때 어느 한쪽 편을 들면 인정받지 못한 다른 쪽에서의 공격은 거의 치명적이기도 합니다.

10. 사제는 신자들이 불화 속에 서로를 미워하고 싸울 때 제일 괴롭습니다. 다행히 저는 그곳에서 책임을 맡은 상태가 아니었기에 약속된 기한만 채우고 빠져나올 수 있었지만 그때를 생각하면 참으로 아프고, 애련하고, 측은한 마음이 생생하게 떠오릅니다.

11. 한마음이 되어 서로를 이해하고, 배려하고, 참아 주면서 살면 얼마나 좋을까요? 더군다나 하나의 신앙으로 모인 우리가 그리 산다면 하느님께서 얼마나 기뻐하시고, 우리의 삶이 얼마나 축복된 삶일까요?

그러나 불행히도 화합과 일치보다는 분열과 미움과 무관심으로 갈라져 있는 경우가 더 많은 것 같습니다.

12. 우리가 신앙을 갖고 성당에 다니는 이유는 우리 모든 이의 삶이 보다 더 행복하고 아름답기 위해서입니다. 어떻게 하면 우리 안에 있는 어둠을 물리치고, 우리 안에 있는 선과 아름다움을 더더욱 증진시킬 수 있을까요?

13. 신앙의 신비를 이해해야 합니다. 신앙이란, 공동체란 선한 이들의 모임이 아닙니다. 교회는 부족한 사람들의 모임입니다. 완벽한 사람은 성당에 나올 필요가 없습니다. 성당은 부족한 사람들이 모여 우리의 부족함을 통해 활동하시는 하느님을 찾는 곳입니다. 하느님은 묘하시게도 인간의 죄와 어둠, 그리고 부족함을 통해서 당신의 일을 하시는 분이십니다.

우리 신앙의 기준인 예수님의 부활은 인간의 부족함과 배신, 어둠을 통해 이루어지십니다. 예수님이 짊어지신 십자가는 바로 인간 안에 있는 어둠 그 자체입니다. 하느님께서는 바로 그 십자가를 통해 예수님을 우리의 구세주로 보내 주시는 것입니다.

14. 우리는 바리사이들의 교만에 자주 빠지곤 합니다. '나는 깨끗한데 너는?, 나는 열심인데 너는?, 나는 올바른데 너는?' 하면서 너무

나 자주 이웃을 비방하고, 판단하고, 단죄합니다. 이웃의 부족함과 그 이면에 있는 상처를 읽어 주지 않고, 단순히 현상만 보고 너무 쉽게 판단합니다.

15. 그러나 하느님은 우리의 내면을, 우리의 이면을 읽어 주시고, 측은해하시며, 용서해 주시고, 자비를 베풀어 주시는 분이십니다.

16. 우리의 인생은 선한 것으로만, 올바른 것으로만, 아름다운 것으로만 이루어지는 것이 아닙니다. 빛과 어둠이, 아름다움과 추함이, 올바른 것과 부정이 함께 어우러져 인생이 짜여 가는 것입니다. 선하고, 올바르고, 아름답기만 하면 얼마나 좋겠습니까? 그러나 누구의 인생도 그리 완벽할 수는 없습니다. 우리는 우리의 삶 속에 있는 어둠을 통해서, 추함을 통해서, 부정을 통해서 인생을 깨닫고, 하느님의 신비와 자비를 깨닫게 되는 것입니다.
아담이 지은 죄를 통해서 이 세상에 구세주께서 탄생하셨듯이, 우리 삶의 어둠을 통해서 하느님의 자비와 구원이 내 안에 새롭게 탄생하실 수 있는 것입니다.

17. 예수님께서는 가장 어둠이 치열할 때, 그 어둠이 극에 달했을 때 이 세상에 태어나십니다. 어둠의 끝은 새로운 빛의 시작입니다. 하느님께서는 정말 묘하게도 인간의 어둠과 죄를 통해서 당신의 일을 하시는 분이십니다. 어둠 속에 있는 인간의 죄를 통절하게 뉘우치고 깨달을 때 비로소 그분이 내 안에 새로운 삶을 시작하시는 것입니다.

18. 따라서 내 안에 있는 어둠에 좌절해서는 안 되겠습니다. 내 이웃의 어둠에 실망하거나 포기하거나 판단해서는 안 되겠습니다. 우리가 하느님만 따라나서기로 결심한다면 하느님께서는 그 어둠을 통해서도 당신의 일을 충만하게 해내시는 승리의 하느님이시기 때문입니다.

19. 우리의 부족함 앞에서도 하느님을 믿을 수 있는 용기를 가질 수 있어야 하겠습니다. 하느님의 자비는 우리의 부족함을 훨씬 뛰어넘는 위대하신 자비이기 때문입니다.

20. 나의 부족함을 용서하고 사랑할 수 있을 때, 내 이웃의 부족함을 용서하고 사랑할 수 있을 때 비로소 하느님의 그 위대하신 자비가 내 안에 아기 예수님의 모습으로 탄생하시게 됩니다.
그럴 때 우리의 신앙은 우리를 행복하게 하는 절대적인 신앙이 될 수 있을 것이며, 그런 사람이 주류를 이룰 때 우리의 성당은 정말 하느님께서 살아 계시는, 하느님의 은총이 충만한 성당, 기쁨과 감사의 성당이 될 수 있을 것입니다. 이 지역에 빛과 희망이 될 수 있을 것입니다.

21. 오늘 복음에서 요셉은 정말로 받아들일 수 없고, 이해할 수 없는 하느님의 일을 그저 온전한 신앙으로 받아들입니다. 하느님을 믿고 신뢰하였기에 인간적으로는 도저히 이해되지 않는 일도 침묵과 기도 속에 받아들일 수 있었던 것입니다. 하느님의 일은 시간이 흘러가야 그 뜻을 이해할 수 있는 것입니다.

22. 우리 인생에서의 오늘, 이 시간 하느님께서 우리에게 하시는 일들의 뜻을 언젠가는 깊이 있게 깨달을 수 있게 될 것입니다.

성탄을 잘 준비하십시다.

"주님, 천사의 아룀으로 성자께서 사람이 되심을 알았으니, 성자의 수난과 십자가로 부활의 영광에 이르는 은총을 저희에게 내려주소서." 아멘.

예수 성탄 대축일(2016. 12. 24.)

"보아라, 동정녀가 잉태하여 아들을 낳으리니 그 이름을
임마누엘이라 하리라. 임마누엘은 하느님께서 우리와 함께
계신다는 뜻이다."

1. 세상이 참 어둡습니다. 특히 이번 성탄은 더더욱 빛을 갈망하게
됩니다. 우리는 법과 질서를 지키겠다는 우리 지도자들에게 배신당
하고, 그들을 벌하겠다는 사람들의 위선도 또한 함께 보고 있습니다.
희망을 갖고 있긴 하지만 여전히 우리의 마음은 앞날에 대해 두렵
기만 합니다. 또 얼마나 큰 혼란을 겪어야 할지, 그로 인해 우리의
삶은 얼마나 더 피폐해져야 할지 암담하기만 합니다. 우리가 올바
르게 살아온 삶의 가치가 무너지고, 정직하고 성실하게 살아야 하
는가에 대한 근본적인 회의가 밀려옵니다.

2. 우리의 마음도 어둡습니다. 마음속에 여전히 미움과 분노가 자
리 잡고 있으며, 치유되지 않은 수많은 상처들이 우리의 삶을 괴롭
힙니다. 왜 그리도 미워하는 마음이 사라지지 않는 것일까요? 왜 용
서와 자비를 베푸는 것이 그토록 어려운 일일까요?

3. 우리의 가정도 어렵고 힘듭니다. 왜 하느님께서는 나의 가정에
이토록 큰 십자가를 허락하시는 것일까요? 왜 나의 가정에는 남들
에게 말 못 할 걱정과 한숨이 가득한 것일까요?

4. 나는 행복하게 살아야 할 권리와 의무가 있건만 따뜻함과 만족감, 행복감을 언제 느껴 보았나 할 정도로 아득하기만 합니다.

5. 이 어둡고 힘든 세상 속에, 또 나의 번잡하고 고통스러운 마음속에, 쉽게 해결될 것 같지 않은 내 가정의 고통과 십자가 속에 오늘 예수님께서 태어나십니다. 도저히 내 힘으로는 해결 불가능한 우리들의 문제 그 한가운데에 아기 예수님께서 탄생하십니다.

6. 그런데 그분은 아주 연약하기만 한 아기의 모습으로 태어나십니다. 힘과 권능을 지니신 모습이 아니라 너무나도 약한 모습으로, 너무나도 가난한 모습으로 이 세상에 태어나십니다. 겉으로만 보아서는 도무지 나의 삶에 도움이 될 것 같지 않습니다. 아무것도 하실 수 없는 듯한 모습이십니다.

7. 지난 연수 중에 우리 일행을 위해서 운전을 해 주던 한 자매님이 있었습니다. 호주에 온 지 4년이나 됐다는데 아무것도 아는 것이 없었습니다. "신부님, 저에게 묻지 마세요. 저는 아무것도 몰라요. 제가 할 줄 아는 것은 기도밖에 없어요."라고 입버릇처럼 이야기하는 것이었습니다.
정말 그 자매님은 아는 것이 별로 없었습니다. 운전을 하면서 길도 잘 모르고, 내비게이션을 제대로 보지도 못합니다. 궁금한 것을 물어볼 수도 없었습니다.
그런데 신기한 것은 이루어지지 않는 일이 없다는 점이었습니다. 어떻게 해서든 목표 지점을 찾아가고, 말을 잘 못 하지만 소통이 다 이루어지는 것이었습니다. 함께 있는 동료들은 다 불편함을 호소하였지만 저는 그 자매님 안에서 함께하시는 하느님의 능력을 발견할 수 있었습니다. 아무것도 모르기에, 아무것도 할 수 없었기에 그 자매님은 오로지 하느님께만 의지할 수밖에 없었고, 하느님께서 모든 일을 다 이루어 주시는 모습을 볼 수 있었습니다.

8. 내가 부족하기에, 내가 아는 것이 별로 없기에, 내가 약하디약하기에 하느님께서 나와 함께 계시는 것입니다. 내 마음이 어둠으로 가득하기에, 내 마음이 분노로 휩싸여 있기에, 내 마음이 상처로 가득 차 있기에 하느님께서 나와 함께 계시는 것입니다. 이 나라가 갈 길을 잃고 혼란 속에 있기에 하느님께서 함께 계시는 것입니다. 나의 가정이 온갖 걱정거리와 십자가로 골칫거리를 갖고 있기에 하느님께서 함께 계시는 것입니다.

9. 예수님의 이름은 임마누엘이십니다. 하느님께서 우리와 함께 계신다는 뜻입니다. 우리의 어둠 속에, 미움 속에, 부족함 속에, 연약함 속에, 무지함 속에, 상처와 십자가 속에, 혼란과 갈등 속에 그분께서 함께 계시는 것입니다. 그분은 우리의 잘나고 멋진 모습 속에 함께 계시는 것이 아니라 우리의 못나고 흉한 모습 속에 함께 계시는 분이십니다.

10. 제가 아는 분 중에 사성장군 출신이 계십니다. 그분은 육사 출신도 아니고, 3사관학교 출신입니다. 3사관학교 출신으로서 별 4개를 단다는 것은 참 기적적인 일입니다. 그분이 어떻게 별을 4개까지 달 수 있었을까 생각해 보게 됩니다.

제가 전곡 백의리에 있는 성당에서 군종신부로 있었는데 비가 엄청오는 날 누군가 제 방문을 두드리는 것이었습니다. 나가 보니 당시 중령이었던 그분이 비를 쫄딱 맞고 서 있었습니다.

"아니, 이 빗속에 웬일이냐?" 하면서 제 방에서 샤워를 하게 해 드렸고, 제 속옷까지 내주었습니다. 병사들이 행군을 하는데 같이 걷고 있다는 것이었습니다. "아니, 지휘관이면 지프차를 타고 행군을 지휘해야 하는 것 아니냐?" 했더니 자기는 병사들과 함께하는 것이 좋다고 합니다.

별 3개였을 때 제가 있던 본당에 그분을 초대하였습니다. 그런데 발목에 깁스를 하고 목발을 짚고 나타납니다. "아니, 어찌된 일이냐?" 하였더니 병사들과 축구를 하다가 그리 되었다 하십니다.

11. 그분은 정치를 할 줄도, 아부를 할 줄도 모르는 분이었습니다. 그저 자기에게 맡겨진 병사들과 함께하는 분이었습니다. 함께할 줄 안다는 것은 오늘날 모든 지도자에게도 요구되는 최고의 덕목입니다. 그 최고의 덕목을 몸으로 실천할 줄 아는 분이었기에 출신과는 상관없이 그 높은 자리까지 올라간 것이 아닌가 합니다.

12. 함께하는 모습, 바로 예수님이 원조이십니다. 우리와 함께하기 위해서 이 더럽고 힘든 세상에 인간의 육신을 취하셔서 탄생하십니다. 우리와 함께하시기 위해서 당신의 모든 것을 다 내려놓으시고 우리의 어둠 속에, 미움 속에, 분노 속에, 상처 속에 함께하시는 것입니다. 우리의 아픔에 함께하시고, 우리의 상처에 함께하시며, 우리가 어쩌지 못하는 우리의 어둠에 함께하십니다.

13. 우리와 함께하시지만 그분은 우리의 문제를 해결해 주시는 분은

아니십니다. 그저 우리와 함께, 우리의 고통을 겪어 주실 뿐입니다. 아무런 대가를 바라지 않으시면서 그저 묵묵히 나와 함께, 내 인생의 아픔에 함께하시는 것입니다. 내 인생에 주어진 상처와 십자가와 함께하시는 것입니다.

14. 그것은 참다운 사랑입니다. 사랑이 없이는 아무것도 아닌 나의 삶에 이토록 함께하실 수는 없습니다. 이 세상을 창조하신 전능하신 하느님께서 우리와 함께하심을 예수님께서는 당신의 몸을 통하여 우리에게 보여 주시고 실천하고 계시는 것입니다.
창조주께서, 전능하신 하느님께서 이 가련하고, 먼지만도 못한 나의 삶에 당신의 모든 것을 버리시고, 비워 내시고 함께하시는 것입니다.

15. 하느님께서 아래로 내려오신다는 것, 자신의 것을 다 내려놓고, 벌레만도 못한 나의 삶에 당신의 모든 것을 거신다는 것은 도저히 이해가 가지 않는 어리석고 불합리한 사랑입니다. 그 사랑은 미치지 않고는 제 정신으로 할 수 없는 사랑입니다.

16. 인간을 미치도록 사랑하시기에, 나를 미치도록 사랑하시기에 나의 아둔한 머리를 일깨우시고자 인간의 모습으로, 아기의 모습으로 내 앞에 나타나시는 것입니다. 오로지 내 안에 새로운 구원이 샘솟기를 바라는 그 한마음으로 사심 없이, 욕심 없이 오로지 나만을 위해 이 초라하고 추운 구유에 아기의 모습으로 누워 계시는 것입니다.
내가 너를 사랑하는 것이 결코 거짓이 아님을 보여 주시는 것입니다. 그 사랑이 당신의 모든 것을 바친 진정한 사랑임을 보여 주시는 것입니다. 나를 위해서 하느님께서 아기로 태어나시고, 나를 위해서 십자가에서 죄인으로 죽으시는 사랑인 것입니다.

17. 가슴 저리게 슬픈 사랑입니다. 사랑받는 사람이 사랑하는 이의 마음을 모를 때 그 사랑은 얼마나 아프고 슬프겠습니까? 가슴 저리게 고통스러운 사랑입니다. 모든 것을 다 내어놓았음에도 불구하고 그 진심이 전달되지 않기 때문입니다. 모든 것을 다 주었음에도 아무것도 받은 것이 없다고 우겨대는 어리석음 앞에 하느님께서는 그저 침묵과 인내로 버티실 수밖에 없습니다.

우리 인생에 주먹질을 하고 싶으셔도 혹시 그러면 더 삐치고 엇나갈까봐 참으시는 분이십니다. 언제나 함께 있었음에도 불구하고, 당신께서는 어디 계시냐고 불평과 불만을 쏟아내는 우리에게 하느님께서는 그저 조용히 당신의 아픈 가슴만 쓸어내리고 계실 것입니다.

18. 우리가 그토록 어리석고 매몰차도 아기 예수님께서는 이 성탄에 다시금 태어나십니다. 내가 너희 삶에 함께 있겠노라고 다짐하면서, 온갖 배신의 아픔 속에서도 당신의 그 약속을 지켜 내시겠다고 결심하면서 오늘도 이 초라한 구유에 탄생하십니다. 이 구유가 내 마음이 되길 바라면서, 내 마음 안에 탄생하시길 원하십니다.

19. 조용히 구유를 바라보십시다.
아름답게 꾸며졌지만 이 구유는 이 세상의 어둠 속에, 비참함 속에, 우리의 미움 속에, 상처와 십자가 속에 있는 구유입니다. 그 더럽디 더러운 우리의 마음과 같은 외양간에서 아기 예수님께서 탄생하십니다.

우리와 함께 계시는 임마누엘 예수님 위로 천상의 합창이 울리고, 천상의 빛이 비추어져 옵니다. 우리의 마음을 빛으로 채우시고 위로와 용기를 주시기 위해서, 치유와 자유로움을 주시기 위해서, 하느님 나라의 진정한 행복을 주시기 위해서 아기 예수님께서 오늘 탄생하십니다.

어둠을 어둡다 하지 않으시고, 더러움을 더럽다 하지 않으시면서 우리에게 용기를 주십니다. 내가 너와 함께 있을 것이니 두려워하지 말라 하시며 위로를 주십니다. 모든 것이 어둡지만, 아프고 힘들지만 이제는 결코 우리가 고아와 같은 혼자만의 인생이 아님을 가르쳐 주고 계십니다.

"보아라, 동정녀가 잉태하여 아들을 낳으리니 그 이름을 임마누엘이라 하리라. 임마누엘은 하느님께서 우리와 함께 계신다는 뜻이다." 아멘.

2017년
강론

새해 아침에(2017. 1. 1.)

"하느님은 자비를 베푸시고,
저희에게 감사의 복을 허락하소서."

1. 새해 아침에 이 강론을 씁니다. 새해 첫날 첫 새벽에 하는 일이 강론을 준비하는 일이어서 좋습니다.

2. 어제 송신년 미사에 많은 분들이 참여해 주셨습니다. 예년에는 그리 많이 오시지 않았는데 어제는 성당을 꽉 채워 주셨습니다.

3. 묵은해를 보내며 주님께 감사드리고, 새로운 한 해를 주님과 함께 맞으려는 아름다운 모습들이었습니다.
제가 이 본당에 처음 왔을 때 성당 모습을 바라보면서 드린 기도가 있습니다.
"주님, 저를 왜 이 본당에 보내셨는지 모르겠습니다. 가슴이 아파 옵니다. 도대체 무엇을 어떻게 해야 할지 모르겠습니다. 환하고 역동적이어야 할 성당이 깜깜하고 답답합니다. 제가 할 수 있는 일이 무엇인지 모르겠습니다. 이제부터는 주님, 당신께서 본당신부입니다. 당신께서 사목해 주십시오. 저는 정말 능력이 없습니다."
이 기도는 지금까지도 바치는 기도입니다.
3년이 지난 지금 정말 주님께서 당신이 직접 사목해 주셨음을 깨닫게 됩니다. 저는 정말 별로 한 일도 없는데 주님께서 힘들고 아픈 사람들의 마음을 위로해 주시고, 치유해 주시고, 밝게 만들어 주시고, 웃게 해 주시고, 그 얼어붙고 상처받은 마음들을 부드럽게 녹여 주셨습니다.

카페에서 밝게 웃고 수다하는 신자들의 모습을 보면 정말 마음이 좋습니다. 보이지 않는 가운데 아무런 칭찬과 인정이 없어도 묵묵히 봉사하시는 분들을 보면 정말 감사의 마음이 솟구칩니다. 아프고 힘들었던 사람들이 위안을 받고, 희망을 가지며, 그 마음속에 치유가 일어나는 것을 보면 하느님께 찬미와 영광을 드리지 않을 수 없습니다. 얼어붙었던 마음들, 그래서 칼날처럼 날카로웠던 마음들이 따뜻해지고, 이웃을 향해 마음이 열리는 모습을 보면 하느님의 놀라우신 사목 역량에 감복하지 않을 수 없습니다.

이제는 무슨 일이나 협조하고 함께하는 모습을 보면 참으로 큰 보람과 기쁨을, 그리고 하느님께서 살아 계심을 체험하게 됩니다.

4. 어제 어떤 분이 이런 카톡을 보냈습니다.

"순백의 제의를 걸치신 세 분 신부님이 자리하신 제대는 신비로운 빛으로 둘러싸인 듯 그 어느 때보다도 경건하고 거룩하게 느껴져 미사 내내 가슴 가득 기쁨이 넘쳐 나왔습니다.

열두 제자를 상징하는 12개의 묵주반지는 조마조마 당첨을 기대하는 기쁨도 컸고, 당첨된 분들은 일생 잊지 못할 감사와 축복의 선물이 될 것입니다.

멋진 이벤트로 전 신자들을 기쁨으로 초대해 주시고, 영성 깊은 신부님의 진심 담긴 은혜로운 말씀으로 진실로 착하게 살아야겠다는 새로운 각오로 한 해를 맞이하게 되니 신부님께 감사드립니다.

양들을 정성을 다해 보살피시는 가슴 따뜻한 신부님을 저희 본당에 보내 주신 우리 주님, 찬미와 영광 넘치도록 받으소서."

5. 이 편지의 주인공은 제가 아니라 바로 우리의 주님이신 하느님이십니다. 제가 잘나서가 아니라 못나고 부족하기에 하느님께서 함께하시고 다 이끌어 주시는 것입니다. 우리가 부족할 때, 못나고 아프고 힘들 때, 인생길이 막막할 때, 낭떠러지와 같은 절망감이 가득할 때 그때마다 하느님께서 함께 계시는 것입니다.

6. 특히 저는 어제 대림초와 묵주반지를 뽑는 복 나눔 경품 시에 정말 많은 감동을 느낄 수 있었습니다.

하느님께서는 어쩜 그리도 이곳 금호동의 모든 삶의 모습을 꿰뚫고 계시고, 한 사람, 한 사람 아끼시고, 또한 함께 모여 있는 이 공동체를 얼마나 지혜롭고 오묘하게 사랑하시는지 체험할 수 있는 시간이었습니다.

할머니께 묵주반지를 해 드리겠다는 초등학생의 멘트는 우리 가슴에 잔잔한 감동을 불러일으켰고, 정신·신체발달 장애아들과 함께 사시는 수녀님께 대림초가 전달되었을 때는 '어려운 이웃을 위해 헌신적으로 봉사하는 그 마음과 삶을 하느님께서 잊지 않고 보아 주시는구나.' 느낄 수 있었으며, 본당의 온갖 궂은일을 마다하지 않으시는 형제님의 부인이 당첨되었을 때는 '정말 지혜롭게 당신의 복을 나누어 주시는구나.' 하여 전율이 돋기도 하였습니다.

예비자 청년이 당첨되었을 때는 정말 묘한 기분이었습니다. 청년들이 없어 고민하는 보좌 신부님에게 새로운 길을 보여 주시는 것이 아닌가 하였습니다. 아프고 힘든 사람들이 그 아픔을 가슴 깊이 묻고 참으며 사는 모습에 주님께서는 당신의 복을 나누어 주셨고, 본당 어르신들을 진솔한 마음으로 모시는 안나회 회장님이 당첨되었을 때는 어르신들을 사랑하시는 하느님의 마음을 느낄 수 있었습니다.

사목회도 뽑아 주셨고, 성체분배회와도 함께하셨고, 특히 올 한 해하이리버 구역이 좀 더 활성화되라는 뜻인지 하이리버 구역에서도 많은 당첨자가 나왔습니다. 또한 본당에서 제일 먼 구역인, 그래서 항상 옥수동 성당으로의 유혹이 있는 대우 구역에서도 당첨자가 나왔습니다. 신설 구역인 금호자이에서도 나왔습니다. 주님께서는 당신이 이뻐하시는 복사단 가족들에게도 많은 선물을 주셨습니다.

본당의 모든 계층, 모든 구역, 모든 단체를 아우르는 결과였습니다. 제가 직접 뽑는다 해도 이처럼 지혜롭고, 묘하고, 모든 이를 아우르는 결과를 이루어 내지 못했을 것입니다. 정말로 지혜로우신 하느님은 찬미와 영광 받으소서!

7. 삶의 모든 애환과 고통을 묵묵히 견디며 바치는 우리 한 사람, 한 사람의 삶과 기도를 기억하시고, 우리가 결코 혼자가 아니라 당신께서 직접 우리와 함께하시는 하느님이심을 보여 주고 계시는 것입니다. 우리가 이루는 공동체에 강복하시며, 이 공동체를 위해, 특히 보이지 않는 가운데 애쓰는 이들의 노고에 축복을 내리시는 것입니다.

8. 우리는 참으로 하느님께 사랑받는 존재들입니다. 세상의 어떤 힘이 우리 마음을 바꿀 수 있겠습니까? 오로지 우리의 마음을 지어 내신 하느님만이 우리 마음을 바꾸어 주실 수 있는 것이며, 오직 하

느님만이 우리 삶의 모습을 바꾸어 주실 수 있는 것입니다.

9. 이제 새해이고, 오늘은 특히 세계 평화의 날이며, 천주의 어머니이신 성모님께 바쳐지는 새해 첫날입니다.

10. 이 새로운 한 해, 우리가 좀 더 감사하며 살아가야 하겠습니다. 어제도 말씀드렸지만 하느님께서는 우리에게 8가지의 좋은 복을 이미 주셨지만 우리가 힘들어하는 삶의 노고 2가지도 허락해 주십니다. 그런데 우리는 우리가 이미 받은 것은 까맣게 잊어버리고, 아니 당연하게 생각하고 우리에게 닥치는 어렵고 힘든 일들 속에서 힘들어하고, 불평하고, 원망합니다.

사실 우리가 힘들어하는 그 2가지도 우리 인생에 꼭 필요한 것입니다. 사람은 고생을 통해서, 십자가를 통해서만 부활의 영광에 이를 수 있기 때문입니다. 어쨌든 이미 우리에게 주어진 그 8가지의 축복을 찾아냅시다. 찾아내고, 감사하면 더더욱 감사할 일이 생겨납니다. 감사하면 우리의 마음이 부드러워지고, 우리의 모든 일이 잘 풀려 나갈 것입니다. 감사하지 못하고 불평하면 풀릴 일도 다시 꼬일 수밖에 없는 것입니다.

하느님께는 불가능한 일이 없습니다. 감사하는 마음으로 살아갈 때, 끊임없이 감사할 거리를 찾아낼 때 우리에게 불가능하게만 보이는 모든 일이 다 잘 풀려 나갈 것입니다. 우리의 삶은 바로 신앙을 체험하는 삶이어야 합니다. 우리의 삶 속에 함께하시는 하느님을 체험해야 하는 것입니다.

11. 감사하면 우리가 올바르게 살아갈 수 있게 됩니다. 불의, 부정

과 타협하지 않고, 우리의 삶을 이끄시는 하느님을 믿고 올바른 길로 우리 인생이 들어설 수 있게 됩니다. 올바른 삶의 모습, 그것이 바로 정의로운 모습입니다. 우리 안에 올바른 삶의 모습이 자리 잡을 때 비로소 우리 삶에 평화가 선물로 주어지는 것입니다. 평화는 정의의 결과이기 때문입니다.

12. 불평하면 더 힘들어집니다. 하느님께서 우리 삶에 숨겨 주신 보물들을 찾을 수 없게 됩니다.
불평하면 자꾸 불의와 타협하게 되고, 우리의 삶은 걷잡을 수 없게 악의 순환 고리에 떨어질 수밖에 없습니다. 화를 내게 되고, 격정에 휘말리면 지성 능력이 떨어지고, 그러면 될 일도 안 됩니다. 얼굴은 험악해지고, 유유상종이라 그런 사람들이 또 주위에 꼬일 수밖에 없습니다. 그러면 하느님의 은총에서 멀어지게 되고, 마음은 지옥과 같은 불신, 미움, 분노의 포로가 될 수밖에 없습니다.

13. 이 새해의 사목 목표는 '감사하는 사람이 되자.'는 것입니다. '미사'란 말도 '감사'라는 뜻입니다. 감사하면 천국이 찾아옵니다. 나를 적대시하던 세상이 아름다워집니다. 내 주변이 아름다워지고, 내 주변 사람들도 아름다워집니다. 감사하면 내 주변의 모든 악의 세력을 물리칠 수 있게 됩니다.

14. 성모님이 그 어렵고 힘든 삶의 고통 속에서도 언제나 침묵 가운데 감사하는 마음으로 사셨듯이, 우리도 그리 살 수 있다면 성모님의 평화가 우리 마음 중심에 자리 잡을 수 있게 됩니다.

15. 이제 오늘부터 매일매일, 순간순간 감사 노트를 쓰셨으면 좋겠습니다. 감사는 하느님의 은총을 받는 첫 관문이기 때문입니다.

"하느님은 자비를 베푸시고, 저희에게 감사의 복을 허락하소서."

아멘.

주님 공현 대축일(2017. 1. 8.)

"동방에서 본 별이 그들을 앞서가다가 아기가 있는 곳 위에
이르러 멈추었다. 그들은 그 집에 들어가 아기를 보고 땅에
엎드려 경배하였다."

1. 언젠가 본당의 구역장들과 함께 이스라엘 성지순례를 다녀왔습
니다. 이집트를 거쳐 시나이산, 그리고 요르단을 통과하여 이스라
엘로 들어가는 여정이었습니다.

2. 그중에서도 모세가 십계명을 받은 시나이산 여정은 결코 쉽지
않았습니다. 새벽 3시에 기상하여 등산을 시작합니다. 일행 중에는
동네 뒷산 한 번 가 보지 않은 분도 계셨고, 지병이 있는 분도 있었
고, 체력이 아주 약한 분들도 있었습니다. 나이도 60대에서 40대까
지 골고루 있었습니다.

출발하기 전 여기저기서 이런 핑계, 저런 핑계가 나옵니다. 그때만
해도 제가 젊었을 때라 제 귀에는 그런 변명들이 들어오지 않았습
니다. "무슨 소리야! 무조건 전부 올라갑니다." 하고는 출발 전 스트
레칭을 시킵니다. 여기저기서 보이지 않는 볼멘소리가 들리지만 저
는 무조건 강행할 것을 결심합니다.

가이드도 한걱정합니다.

"신부님, 여기서는 사고가 많이 납니다. 자신 없는 분들은 그냥 쉬
시게 하는 게 좋겠습니다."

"자, 우리는 모두 한배를 탔으니 이젠 어쩔 수 없습니다. 모든 걱정 하느님께 맡기고 올라갑니다."

저는 작은 지팡이 하나를 만들어 뒤에서 몰아내기 시작합니다. 작은 랜턴 하나에 의지해서 산길을 오릅니다. 아주 좁은 산길이었습니다. 얼마 오르지 않았는데 벌써 여기저기서 죽겠다고 아우성입니다. 간신히 낙타 타는 곳까지 이르렀습니다. 힘이 달리는 사람들은 낙타에 태우고, 젊은 사람들은 나이 든 사람들을 부축해서 한 발, 한 발 올라갑니다.

문득 하늘을 바라보았습니다. 아니, 세상에! 하늘 전체에 별이 떠 있었습니다. 숨어 있는 별이 하나도 없었습니다. 하늘이 아니라 별밭이었습니다. 보석 같은 별들, 다이아몬드처럼 빛나는 별들이 하늘에 가득하였습니다. 얼마나 아름다운 별밤이었는지 숨이 막힐 정도였습니다.

모두들 말을 잊은 채 땅바닥을 한 번 보고, 하늘을 한 번 보면서 산길을 오르고 또 오릅니다. 낙타 타신 분들은 나중에 목이 아팠다고 합니다. 밑을 보면 무서우니 하늘만 바라보았다고 합니다. 그 아름다운 별이 있었기에 두려움도, 걱정도, 힘든 마음도, 지친 몸도 다 잊을 수 있었습니다.

아름다움에 취해 하느님을 찬미하는 노래가 절로 흘러나옵니다. 오, 아름다워라, 주님이 지으신 세상, 하늘과 별들이 주님을 찬미합니다. 별들이 저마다 노래를 합니다. 자, 야훼 하느님께서 계시는 거룩한 산, 시나이산, 야훼 하느님을 뵙는 산으로 어서 오라고 나지막하게 마음속에서 울려옵니다. 너무나 큰 아름다움에 모두 말을 잊은 채 올라갑니다.

3. 출발 전의 걱정도, 두려움도 다 사라지고 마음속에는 환희와 기쁨이 넘치고, 그 힘으로 낙타를 탈 수 없는 곳부터 시작되는 그 지긋지긋한 돌계단 길을 서로 부축하면서 격려하고, 고마워하면서 올라갑니다. 평소 같으면 불가능한 일이었습니다. 마음속에 기쁨과 환희가 있었기에 어느샌가 정상이었습니다.

베두인족이 운영하는 정말 더러운 곳에서의 미사는 잊을 수 없는 감동이었습니다. 모두가 울먹이면서 나의 이 길을 이끌어 주시는 하느님, 나의 인생길을 이끌어 주시는 하느님께 감사와 찬미를 드리고 있었습니다. 그 춥고, 더럽고, 복잡한 움막에서의 미사를 저는 아직도 생생하게 기억합니다. 또 컵라면의 위력도 느낄 수 있었습니다. 사시나무 떨듯 떨리는 몸에 컵라면 국물이 들어가니 어느샌가 안정되고 포근해지는 것이었습니다.

4. 이젠 걱정이 없었습니다. 야훼 하느님이 함께 계심을 체험한 일행은 아주 쉽게 그 산을 내려옵니다.

5. 우리가 체험한 그 별, 그 하느님의 이끄심, 함께하는 이들의 아름다운 마음들은 인간의 한계를 넘어서게끔 하는 힘이었습니다.

6. 오늘 우리는 동방의 박사들이 별을 보고 아기 예수님께 경배드리러 온 것을 기념하는 주님의 공현 대축일 미사를 봉헌하고 있습니다.

7. 성탄 전 본당에서 상영되었던 〈위대한 탄생〉이라는 영화를 본 분

들은 그 장면들이 생생하게 떠오르실 것입니다. 그들도 걱정과 두려움이 많았습니다. 정말 그 별이 구세주의 별인지 의심과 의혹도 많았습니다. 그러나 그들은 과감하게 신념을 갖고 떠납니다. 아무것도 보장되지 않았지만 그들 마음속에 있는 희망만을 믿고 떠납니다.

8. 별이란 무엇입니까? 그것은 꿈이며, 희망입니다. 미래에 대한 확신입니다. 자신이 걸어 나갈 방향입니다. 미래에 대한 의지이고, 용기이고, 도전입니다. 그리고 그것은 하느님의 뜻을 전해 주는 표징이고, 하느님의 이끄심에 대한 신뢰입니다.

9. 자신의 꿈을 갖고 산다는 것, 자신의 희망을 포기하지 않고 산다는 것은 참으로 어려운 일입니다. 많은 사람들이 자신의 꿈과 희망을 포기하고 현실과 타협하면서, 안주하면서 편하게 살아갑니다.

10. 어제 졸린 눈을 부릅뜨고 SBS의 〈그것이 알고 싶다〉를 보았습니다. 이 나라를 이 지경까지 몰아간 사람들의 근본적인 문제를 다루고 있었기 때문입니다. 그중에서도 우병우 씨의 이야기가 가슴에 꽂힙니다.

그는 경북 성주 출신입니다. 성주는 외진 곳입니다. 그곳에서 그는 고등학교 때 한 번도 1등을 놓친 적이 없었습니다. 그의 선생들에 따르면 그는 줄곧 검사가 되겠다고 했습니다. "왜 그러냐?" 했더니 "이 부패한 나라를 고치고 싶어서."라고 합니다. 머리가 출중한 그는 성주의 자랑이었고, 정말 자신의 꿈대로 20대에 사법고시에 패스합니다. 그리고 검사가 됩니다.

그에 대한 평가는 인간적으로 매몰찰 정도로 법과 원칙에 철저했다고 합니다. 많은 어려운 사건들도 잘 해결했고, 위로부터도 인정받았습니다. 그러나 지방으로 좌천되었고, 그곳에서 향토 기업가와 대립이 있었는데 그 기업가가 큰 인맥이 있어서인지 그는 다시 한 번 지방으로 좌천됩니다. 그의 꿈과 희망은 좌절되고 맙니다.

검사들의 꽃이라는 검사장에도 탈락하면서 아무리 열심히 해도 인맥이 없으면, 자신을 끌어 주는 사람이 없으면 아무 소용이 없다는 것을 깨닫게 됩니다. 원칙과 법을 지키는 성실성보다 윗사람에게 잘하고, 인맥을 잘 관리하는 것이 성공의 열쇠임을 깨닫게 됩니다. 이 대목에서 그의 고등학교 때부터의 꿈이 깨집니다. 부패한 나라를 고치겠다는 그의 생각은 어느샌가 저 멀리 사라지고 맙니다.

11. 참 슬펐습니다. 정말 똑똑하고 열심인 사람이 자신의 꿈과 희망을 포기하는 순간, 아니 자신 안에 있는 명예와 권력이라는 탐욕에 매이는 순간 나라를 살릴 수 있는 사람이 나라를 망치는 사람이 되었기 때문입니다.

12. 두 종류의 사람이 있습니다. 자신의 꿈과 희망, 그 별을 포기하지 않는 사람은 가난한 구유의 아기 예수님을 뵙는 일생일대의 체험을 하지만 자신의 꿈과 희망을 포기한 사람은 권력자인 헤롯과 함께 그곳의 아기들을 학살하는 역할을 하기도 합니다.

13. 자신의 꿈을 포기하고 권력과 명예, 이 세상을 선택하는 사람은 겉으로 보기에는 화려하고 힘이 있고, 존경과 흠모를 받을 수 있습니다. 그러나 속으로는 그 자리를 지키기 위해서 수많은 계략과 노림수가 난무하는 전쟁터 속에서 살아야 합니다. 자존심은 필요 없

습니다. 위로는 지문이 없어질 정도로 아부하고, 아래로는 매몰차게 다부져야 합니다. 그 속에서 살고 싶어 하는 사람들끼리 정말 치열한 전쟁을 하며 살아가야 합니다.

14. 그러나 자신의 꿈과 희망을 포기하지 않는 사람은 눈물 젖은 빵을 먹을 각오를 해야 합니다. 수많은 오해와 모함을 견뎌 내야 합니다. 수많은 세월을 상처와 아픔 속에서 살아야 합니다. 앞이 보이지 않는 절망적인 상황에서도 기도와 인내로 견뎌 내야 합니다. 자신의 내면의 유혹을 이겨 내야 하고, 끊임없이 하느님만을 바라보며, 그 별의 희망과 꿈을 바라보며 살아 내야 합니다.

15. 결과는 천양지차입니다.
어려워도 꿈과 희망을 갖고 사는 사람은 그의 고난이 그의 마음을 넓혀 줍니다. 그에게는 정의와 자비가 공존합니다. 그에게는 참다운 미소와 유머가 있습니다. 그 자신이 별을 좇아서 살아왔듯이 그가 다른 사람의 별이 됩니다.
그에게는 여유가 있습니다. 모든 것을 볼 수 있고, 그 이면도 볼 수 있게 됩니다. 온갖 불화 속에서도 화목을 이끌어 내고, 불모지 속에서도 아름다운 꽃을 피워 냅니다. 자신을 사랑하고, 이웃을 진정으로 사랑하게 됩니다. 그에게는 구유의 아기 예수님께서 함께 계시기에 그곳에 있는 거룩함과 평화로움과 기쁨이 있습니다. 진정 하느님께 드리는 희열에 가득 찬 찬미가 있습니다. 그의 삶은 긍정과 감사로 가득 차게 됩니다.
그러나 꿈과 희망을 포기한 사람에게는 이 세상이 전부입니다. 마치 죽지 않는 사람처럼 살아갑니다. 그에게는 정의도 없고, 자비도 없습니다. 그저 자기 자신만이 존재할 뿐입니다. 홀로 평화롭지 못하고, 힘으로 사람을 부리고, 많은 것을 이미 갖고 있음에도 불구하고 그는 늘 불평하고 힘들어합니다.

자신이 세상의 중심이 되고자 합니다. 고집스럽고 편협합니다. 그의 마음속에는 항상 불안이 자리 잡고 있으며, 모든 사람을 자신을 해치는 적으로 바라봅니다. 그에게 하느님은 존재하지 않습니다. 설령 하느님을 믿는다 해도 그는 하느님과 관계없는 종교인일 뿐입니다.

16. 자, 이제 우리는 어떤 삶의 길을 택해야 하겠습니까? 하느님께서 함께 계시는 가난한 구유의 아기 예수님을 뵙는 인생길입니까, 아니면 권력자인 헤롯에게 붙어서 죄 없는 아기들을 학살하는 인생길입니까?

우리 안에 꿈과 희망이 있는 한 우리는 언젠가 우리를 이끄는 별에 따라서 아기 예수님을 만나 뵙게 될 것입니다. 아니, 이미 그분을 뵈었음을 깨닫게 될 것입니다. 아기 예수님은 우리의 삶에 아무것도 해 주는 것이 없는 듯이 보여도 그분께서는 우리가 이 험한 세상을 하느님과 함께 살아갈 수 있는 인생 최고의 선물을 베풀어 주십니다. 어려워도, 힘들어도 우리 안에 깊이 숨겨져 있는 하느님의 고귀한 선물인 꿈과 희망을 잃어버리지 말아야 하겠습니다.

우리는 하느님의 꿈이며, 희망입니다. 하느님의 꿈과 희망이 우리의 인생길 안에서 이루어질 수 있도록 오늘도 열심히 살아가십시다.

"동방에서 본 별이 그들을 앞서가다가 아기가 있는 곳 위에 이르러

멈추었다. 그들은 그 집에 들어가 아기를 보고 땅에 엎드려 경배하
였다." 아멘.

연중 제3주일(2017. 1. 22.)

"어둠 속에 앉아 있는 백성이 큰 빛을 보았다.
죽음의 그림자가 드리운 고장에 앉아 있는 이들에게
빛이 떠올랐다."

1. 날씨가 춥습니다. 경기도 안 좋은데 날씨마저 이리 추우니 걱정
입니다. 말씀들은 잘 안 하시지만 우리 동네에는 참 어렵게 사는 분
들이 많습니다. 경제적으로도 어렵고, 갖가지 집안 사정으로 마음
이 어렵고, 각종 사고 등으로 신체적으로 어렵고, 정리되지 않은 마
음속에 분노와 미움이 가득 차 어렵고 힘들게 살아가는 분들이 많
습니다.

2. 각 개인의 삶을 들여다보면 다 나름대로 소설책 몇 권이 나올 정
도입니다. 마음속에 다 하지 못한 이야기들, 다 할 수 없는 이야기들
이 가득합니다. 아마도 하느님께서는 우리가 조금 부족해도 우리
삶의 이면과 그 이야기들을 보시면서 우리를 다 측은히 보아 주시
며, 다 이해해 주시고, 또 잘못한 일이 있더라도 다 용서해 주실 것
입니다. 하느님께서 이해해 주시고, 용서해 주시지 않으면 우리가
어떻게 살 수 있겠습니까?

3. 우리가 잘나지 못했다는 것, 경제적으로 성공하지 못했다는 것,
가정적으로 많은 문제가 있다는 것 등은 결코 단죄의 대상이 아닙
니다. 오히려 하느님의 자비를 이끌어 내고, 하느님의 측은지심을

불러일으키는 요인이 될 수 있습니다. 죄가 있는 곳에 하느님의 은총이 충만하듯이, 우리 삶의 많은 문제 속에 하느님의 자비가 또한 충만한 것입니다.

오히려 자기 잘난 맛에 사는 사람들, 이 세상에 아쉬울 게 없는 사람들에게는 하느님의 자비가 감추어져 있습니다. 우리가 어렵고 힘들고 고통스럽게 살기에 우리는 하느님의 사랑과 자비를 받을 자격이 있는 사람이 될 수 있는 것입니다.

4. 하느님께서 우리의 부족함을 용서해 주시고 측은하게 여겨 자비를 베풀어 주시는 것은, 우리도 우리 주위의 못나고 부족한 사람들에게 측은지심과 자비를 베풀어야 함을 가르쳐 주고 있는 것입니다. 못나고 부족한 사람들, 많은 정신적, 신체적 문제가 있는 사람들에게 하느님의 자비가 함께하고 있으며, 하느님께서 그들과 함께하고 있기 때문입니다.

5. 오늘 우리는 10명의 새로운 하느님의 자녀를 받아들이게 됩니다. 예비자 면담을 해 보면 각 반마다 고유한 특징이 있음을 발견합니다. 참 희한합니다. 어쩌면 그렇게 살아온 세월이 비슷한 사람들끼리 모아 주시는지 매번 놀라고 감탄하게 됩니다.

이번에 세례를 받으시는 분들의 특징은 한 사람도 예외 없이 그 살아온 세월이 정말 소설처럼 아프고, 힘들고, 고통스러웠다는 것입니다. 그래서 오늘이 참으로 아름답습니다. 그 아프고 힘든 시간들 속에 하느님께서 함께 계시며 함께 아파하시고 힘들어하신 것이 아닌가 합니다. 그리고 끊임없이 부르신 것이 아닌가 합니다.

오늘 우리는 함께 기뻐합니다. 아마 하느님께서도 너무너무 기뻐하실 것입니다. 이제 이분들을 당신의 자녀로 맺어 주시고, 또 이분들의 삶을, 그 세월을 '그래, 수고했다. 내가 너와 함께 있었다.'며 위로해 주시고 이해해 주심을 보여 주시는 것이 아닌가 합니다. '이제라도 와 줘서 너무 고맙다. 내가 더더욱 너와 함께하리라.' 하며 하느님께서 약속해 주시는 시간입니다.

6. 6·25 때 학도병으로 참전하여 신체장애까지 입으셨지만 군번이 없었다는 이유로 유공자 혜택을 받지 못하신 분이지만 그 마음속의 원망을 다 이겨 내시고 긍정적인 생각으로 하느님의 말씀을 받아들이시는 분, 이놈의 국가가 정당하게 대우해 주지 못한 부분, 이제 하느님께서 함께하실 것입니다.

어려서 아버님이 돌아가셔서 집안에서 남자처럼 힘들게 일하며 열심히 살아왔지만 갑작스러운 배우자의 죽음이라는 고통을 겪으신 분, 그 삶을 하느님께서 위로해 주시고 축복해 주실 것입니다.

연세가 드셔서 팔과 다리가 많이 아프시지만 함께 사시는 따님이 있기에 열심히, 정성껏 성당에 나오시는 분, 따님을 통해 그 힘들고 어려운 세월을 하느님께서 보상해 주고 계십니다.

최고가 되기 위해 앞만 보고 달려오셨지만 친한 친구의 죽음, 그 유언을 통해 하느님을 찾으시고, 또 그 친구 따님의 도움을 받아 노령의 연세에도 불구하고 교리에 열심히 참석하신 분, 이제는 이 세상에서의 1등이 아니라 하느님 나라에서의 1등을 위해 새로운 삶을 살기 시작하셨습니다. 이제사 시작된 새로운 인생, 하느님께서 함께하실 것입니다.

남편이 10년 이상 병석에 있으면서 가산을 탕진하고 세상을 떠났지만 남편을 원망하지 않고, 자녀들에게도 병상에 계신 아버지의 소중함을 일깨워 주시고 화목하게 살도록 온몸으로 가르쳤고, 그 아들마저 척수염 판정을 받았지만 고비를 잘 넘겨 이제는 직장 생활까지 가능하게 된 것에 감사하며 일생을 가족의 병마와 싸워 오신 삶의 모습, 그 무너지지 않은 마음에 하느님께서 함께하셨고, 또 앞으로도 함께하실 것입니다.

아들의 첫 영성체를 계기로 성당에 나왔지만 이제는 자신이 기쁘고 감사해서 매순간 기도하며, 성지순례 다니시고, 회사의 스트레스 속에서도 그 모든 어려움을 신앙으로 이겨 내시는 분, 그 아들을 통해 하느님께서 부르시고 이끌어 주고 계십니다. 그 성실한 마음을 아들을 통해 축복해 주고 계십니다.

사랑하는 아내에게 혼인성사의 선물을 주고 싶어서 교리반에 나오신 분, 참으로 이쁘고 대견한 사랑의 모습입니다. 진정으로 아내를 사랑하시는 모습에 하느님께서도 기뻐하시고 두 분을 진정으로 축복하실 것입니다.

남편의 잦은 음주 주사로 가족의 생계를 책임지기 위해 생활 전선에 뛰어들었고, 지금도 과음으로 쓰러진 남편을 뒷바라지하며 힘들게 살지만 그 남편이 대세를 받고 회복되는 모습을 통해 하느님의 존재를 느끼고 성당에 나오게 되신 분…….

하느님은 참으로 묘하십니다. 우리 인생의 십자가를 통해 오히려 우리를 이끄시는 분이심을 깨닫게 됩니다. 그 마음, 그 어려운 삶의 역경들을 하느님께서 보아 주시고, 들어 주셨고, 이제 새로운 삶으로 이끌어 주실 것입니다.

가정의 영향으로 성공회도 다니셨고, 남편의 영향으로 개신교회도 다니셨지만 이제 그 남편을 잃은 허망함으로 다시 다니시게 된 천주교회의 하느님께서 온전한 진리를 깨우쳐 주실 것이고, 새로운 세상으로 이끌어 주실 것입니다.

이 사회의 미래를 이끌어 갈 엘리트 청년으로서 할머니의 죽음을 계기로 자신의 젊은 삶을 하느님의 사랑으로 가득 채우시니, 그 젊은 열정을 통해 하느님께서는 이 사회를 보다 정의롭고 아름다운 사회로 만들어 가실 것입니다. 이 사회를 살아가는 힘들고 아픈 마음들, 하느님께서 함께하시고, 또한 그 삶을 이끌어 주실 것입니다. 캐나다 이민으로 미리 세례를 받으시고 지금쯤은 두 자녀와 함께 새로운 세상, 새로운 문화에 적응하기 위해 정신없을 자매님, 아마도 그 다른 세상에서 하느님께서는 자매님의 삶을 이끌어 주시고 도와주실 것입니다. 부디 두 자녀와 함께 캐나다에서 하느님과 함께 모든 역경을 이겨 내시고, 오늘의 이 세례가 자신의 삶에 가장 큰 전환점이 되도록 기도하시기 바랍니다.

7. 오늘 우리는 이처럼 아름다운 날을 맞이하고 있습니다. 어떤 면에서는 개인적인 이야기들이라 밝히기를 꺼리시는 분들도 있으시겠지만 저의 입장에서는 하느님께서 이끄시는 섭리를 발견하기에 용기 있게 이 내용들을 말씀드리는 것입니다.

8. 참으로 슬프지만 아름다운 이야기들입니다. 우리 인생은 슬픔 속에 아름다움이 있습니다. 그 슬픔이 우리 인생을 집어삼켜 버렸

더라면 이토록 아름답고 감동스럽지는 않을 것입니다. 그러나 그 슬픔 속에서도 우리의 아름다운 마음들을 잘 지켜 왔기에 역시 인간의 삶은 위대한 것이고, 그 슬픔들 속에 이미 하느님께서 함께하셨기에 인간의 삶은 축복받은 것입니다.

세상이 우리를 아무리 힘들게 하고 짓눌러도 우리는 그 모든 세상을 이겨 나갈 수 있는 것입니다. 그 순간순간은 숨이 턱에 닿을 정도로 힘들고 괴로웠어도 함께 계신 하느님 덕분에 그 순간들을 넘어갈 수 있었고, 그 모든 것이 모여 아프지만 아름다운 인생 이야기가 될 수 있는 것입니다.

9. 오늘 복음에서 "어둠 속에 앉아 있는 백성이 큰 빛을 보았다. 죽음의 그림자가 드리운 고장에 앉아 있는 이들에게 빛이 떠올랐다." 는 이사야 예언자의 말씀이 나옵니다.

그 예언자가 말하는 큰 빛은 곧 예수님을 뜻합니다. 멀리 하늘 위에 계시던 하느님께서 이제는 예수님을 통하여 이 세상에 직접적으로 존재하시며 사랑과 자비를 베풀어 주심을 뜻하고 있는 것입니다. 예수님을 통하여 하느님의 그 크신 자비와 은총이 이제는 눈에 보이고 귀에 들리는, 살아 있으며 구체적으로 느낄 수 있는 인생의 큰 빛임을 보여 주고 있는 것입니다.

10. 어둠 속에 앉아 있는 백성, 죽음의 그림자가 드리운 고장, 이 말씀들은 오늘을 살아가는 우리에게도 큰 공감을 불러일으키고 있습니다. 우리는 어두운 세상, 죽음의 그림자가 드리운 세상 속에 살아가고 있습니다.

빛이 없다면 우리의 목숨은 죽은 목숨입니다. 그러나 빛이 있기에 어둠을 물리칠 수 있고, 우리를 둘러싸고 있는 죽음의 그림자를 이겨 나갈 수 있는 것입니다.

11. 오늘 세례를 받으시는 분들은 자신의 삶에 있는 어둠과 죽음의 그림자를 큰 빛으로 이겨 나가시는 분들이십니다.

우리 모두 그렇습니다. 이 세상의 어둠과 죽음의 그림자에 굴복당하지 말고, 우리의 아름다운 마음들과 꿈을 지켜 나가면서 큰 빛이신 예수님만을 바라보고, 또 힘들고 무거운 건 사실이지만 희망과 감사의 마음, 기쁨의 마음으로 인생의 한 걸음씩을 걸어 나가십시다. 하느님께서 우리와 함께하시며, 그 하느님의 능력과 사랑을 예수님께서 보여 주시는 것임을 굳게 믿도록 하십시다.

"어둠 속에 앉아 있는 백성이 큰 빛을 보았다. 죽음의 그림자가 드리운 고장에 앉아 있는 이들에게 빛이 떠올랐다." 아멘.

연중 제4주일(2017. 1. 29.)
"행복하여라, 마음이 가난한 사람들,
하늘나라가 그들의 것이다."

1. 짧은 설 연휴도 끝나 갑니다. 잘 지내고 계신가요? 오늘 저녁부터는 다시 눈비 오고 추워진다고 합니다. 부디 가족, 친지들과 명절을 화목하게 보내시기 바랍니다.

2. 제가 어렸을 때는 겨울이 되면 빈 논에 물을 댄 스케이트장이 열렸습니다. 스케이트는 잘사는 집 아이들이 타는 거였고, 대부분은 썰매나 포대자루를 타고 놀곤 하였습니다.
어느 날 성당의 형이 스케이트 빌려줄 테니 스케이트장에 가자고 하였습니다. 저는 그때까지 한 번도 스케이트를 타 본 적이 없었습니다. 신나서 따라갔습니다. 스케이트를 처음 신어 보니 장난이 아니었습니다. 이리 넘어지고, 저리 넘어지고 정신이 없었습니다. 제가 안돼 보였는지 그 형이 자기에게 업히라는 것이었습니다. 아무 생각 없이 그 형 등에 업혔습니다.
잠시 가더니 아니나 다를까 균형을 잃고는 얼음판에 꽈당 넘어지고 말았습니다. 그 순간 저는 아주 예리한 칼날이 제 손 위로 스쳐 가는 것을 느낄 수 있었습니다. 넘어지는 순간 지나가던 사람의 스케이트 날에 제 오른손 새끼손가락이 베이고 말았습니다. 피가 뚝뚝 흐르기 시작하였습니다. 누가 그랬는지 알 수는 없었습니다.

스케이트를 빌려주는 천막에 가니 주인아저씨가 약간의 치료를 해주면서 병원에 가 보라 하였습니다. 붕대를 감고 잠깐 있으니 출혈이 멈췄습니다. 병원에 갈까 생각하였지만 엄마의 꾸지람과 걱정이 무서웠습니다. 그래서 말도 못 하고 그대로 시간이 흐르고 말았습니다. 크게 다친 것 같지는 않았고, 손가락도 잘 움직였기에 저도 그냥 무심히 넘겨 버렸습니다.

그런데 나이가 먹어 가면서 제 새끼손가락이 이상함을 느끼게 됩니다. 아물긴 아물었는데 손가락이 펴지지 않는 것이었습니다. 약간 기형적으로 굽어 있는 것이었습니다. 어른이 되어서 후회하였습니다. 그때 병원에 가서 두세 바늘만 꿰맸어도 이리 기형이 되지는 않았을 텐데 말입니다.

3. 이 이야기는 제 생전처음 하는 것입니다. 지금까지 친분이 있는 그 형에게도 이야기하지 못했고, 부모님께도 이야기하지 못했습니다. 미안해서 하지 못했고, 두려워서 하지 못했습니다.

4. 생각해 보게 됩니다. '아, 병원에 가야 할 때는 가야 하는데 그때 가질 않아서 평생 이 불편함을 안고 살아가는구나.'

5. 그렇습니다. 마음도 마찬가지입니다. 누구나 살면서 다 마음의 상처가 있게 마련입니다. 태어나면서부터, 자라면서, 어른이 되어서, 죽기까지 상처가 없는 사람은 없습니다. 그런데 그 마음의 상처도 그냥 두면 낫기는 하지만 기형으로 낫게 됩니다. 마음의 의사를 찾으면 원래의 정상적인 모습을 회복할 수 있을 뿐 아니라 더 강한

모습으로 기능을 회복하기도 합니다.

6. 그런데 우리는 많은 경우, 몸의 상처는 눈에 보이기 때문에 바로 병원에 가지만 마음의 상처는 낫겠지, 시간이 약이겠지 하면서 그냥 방치해 두는 경향이 많습니다. 사실 몸의 상처보다 마음의 상처가 더 위험한 경우가 많습니다. 낫기는 하겠지만 기형으로, 제 기능을 못 하면서 낫게 되면 너무나 많은 문제를 야기합니다.

7. 사실 돈과 도박, 술, 또 폭력에 중독되는 사람들을 가만히 살펴보면 뭔가 그 마음 깊숙이 숨어 있는 상처에 기인하는 경우가 많습니다. 채워지지 않는 욕구를 비정상적인 방법으로 채우고자 하는 것입니다. 어떤 면에서는 참 측은합니다. 마음속에 깊이 숨어 있는 상처의 결과이기 때문입니다. 우리는 결과를 보고 욕하고 흉을 볼 것이 아니라 그 내면에 있는, 그 자신도 어쩔 수 없는 상처를 보아 주면서 측은히 여기고, 이해해 주도록 노력해야 합니다.

8. 몸의 상처가 그러하듯 마음의 상처도 치료와 치유를 받지 않으면 기형이 될 수밖에 없으며, 그 본래의 기능을 상실하게 마련입니다. 몸의 상처를 치료받지 않으면 그 한 부분 때문에 평생 후회하게 되고, 다른 부분에까지 나쁜 영향이 미칠 수밖에 없습니다. 몸은 각지체가 다 연결되어 있기 때문입니다. 한 부분이 무너지면 점차 다른 부분들까지도 서서히 무너질 수밖에 없습니다.

마음도 마찬가지입니다. 아니, 어떤 면에서는 몸보다 더 심각할 수 있습니다. 마음도 다 연결되어 있기에 변형되고 기형화된 마음이 되면 걷잡을 수 없고, 통제되지 않는 분노, 미움, 적대감 속에서 용서하지 못하는 인간, 이해하지 못하는 인간, 부정적인 인간이 될 수밖에 없습니다. 또 마음이 무너지면 몸도 따라서 무너질 수밖에 없습니다.

9. 어떻게 하면 건강한 몸과 마음을 가질 수 있을까요? 건강한 몸과 마음은 인간이 행복해질 수 있기 위해서 절대적으로 필요한 부분입니다. 아무리 돈과 권력과 명예가 있어도 건강한 몸과 마음이 없으면 아무 소용이 없습니다. 병든 마음을 가진 사람이 가진 돈과 권력과 명예는 다른 사람에게 치명적인 상처를 남기기도 합니다.

10. 몸에 상처가 나면 병원에 가면 되는데, 마음에 상처가 생기면 어찌해야 할까요? 정답은 하나입니다. 마음을 만들어 주신 분께 가는 수밖에 없습니다.

이 역사 안에 내 마음은 단 하나밖에 없는 귀하디귀한 마음입니다. 하느님께서는 온갖 정성과 심혈을 기울여 역사를 통하여 내 마음을 지어 내셨습니다. 따라서 내 마음에 문제가 생기면, 상처가 생기면 다른 해결 방법이 없습니다. 오로지 하느님만이 내 마음의 문제, 내 마음의 상처를 해결해 주실 뿐입니다. 점쟁이도 해결할 수 없고, 유능한 심리치료사도 해결할 수 없고, 정신치료 전문의도 해결할 수 없습니다.

11. 예수님께서는 복음을 통하여 치유자이신 하느님의 능력을 보여 주십니다. 그분께 대한 믿음을 갖고 내 마음을 보여 드린다면 내 마음의 전문가이신 그분께서는 내 마음을 치유해 주실 뿐만 아니라 더 건강하고 아름다운 마음으로 새롭게 창조해 주실 수 있습니다.

"당신께서는 하고자만 하시면 하실 수 있으시니 저를 도와주십시오."라고 간절히, 인내심을 갖고 구해야 합니다. 하느님께서는 내 마음을 통하여 아름다운 세상, 올바른 세상을 건설하기를 원하시니 우리가 구하는 마음의 치유는 하느님 뜻에 맞는 것이며, 따라서 구하기만 하면 얻을 수 있는 것입니다. 말을 못 해도, 기도를 못 해도 그저 주님 앞에 나아가 자신의 마음만 보여 주어도 됩니다.

몸을 고치는 의사는 환자가 자신의 증상을 이야기하지 않으면 그 치료가 어렵고 더딥니다. 그러나 마음의 치유자이신 하느님께는 보여 드리기만 하여도, 굳이 증상을 설명하지 않아도 보여 드리는 것만으로도 충분합니다. 사실 우리는 몸이 아프면 즉각 증상이 나타나지만 마음은 깊숙이 숨어 있어서 때로는 그 증상조차 모를 수 있습니다.

12. 치유된 아름다운 마음을 정호승 시인은 〈내가 사랑하는 사람〉이라는 시를 통하여 다음과 같이 표현합니다.

"나는 한 방울 눈물이 된 사람을 사랑한다.

기쁨도 눈물이 없으면 기쁨이 아니다.

사랑도 눈물 없는 사랑이 어디 있는가?"

13. 우리 인생에 있어 상처는 당연한 것입니다. 그 상처를 통하여 성숙될 수 있고, 인생의 신비를 이해할 수 있게 되며, 우리의 신앙을 비로소 이해할 수 있게 되고, 부활의 신비에 동참할 수 있게 됩니다. 상처는 부끄러운 것도 아니고, 숨길 것도 아닙니다. 그저 더 나은 사람, 더 나은 마음, 더 나은 창조물이 되기 위한 하느님의 오묘한 신

비입니다.

14. 이러한 관점에서 오늘의 복음 말씀이 더 깊이 마음속에 들어옵니다.

"인생에 슬픔이 많은 사람들, 온유하기에 이 험한 세상 속에서 숱한 상처를 받을 수밖에 없는 사람들, 의로움, 즉 정의로움을 갈구하기에 따돌림과 박해와 배척을 받는 사람들, 자비를 베풀지만 그 등에 칼을 맞는 사람들, 마음이 깨끗하여 이 어두운 세상을 살기 힘든 사람들, 평화라는 꿈을 꾸지만 그 꿈이 여전히 깨질 수밖에 없는 아픔을 가진 사람들, 모두모두가 행복하다."고 말씀하십니다.

15. 더 아름답고, 더 올바르고, 더 진실하게 살아 보려 하지만 그럴수록, 그런 사람일수록 아픔이 많고, 상처가 많을 수밖에 없습니다. 더 큰 희망과 꿈을 갖고 살지만 현실은 냉랭하고, 오해하고, 오히려 중상모략을 합니다.

16. 그럼에도 불구하고 우리의 아름다움을, 올바름을, 진실함을 포기해서는 안 되겠습니다. 거짓된 목소리가 큰 사람들 앞에서 우리의 꿈과 희망이 산산조각 나는 현실을 항상 체험하면서도 포기해서는 안 되겠습니다.

17. 우리를 알아주시는 하느님께서 계시기 때문입니다.

"너희가 나 때문에, 즉 너희에게 주어진 아름답고, 올바르고, 진실된 삶을 살려고 노력하기 때문에 너희를 모욕하고, 박해하며, 거짓으로 온갖 사악한 말을 듣더라도 실망하거나 좌절하거나 포기하지 말라."고 하십니다. 왜냐하면 하느님이 인정해 주시기에, 하늘에서 받을 상이 많기에, 그래서 우리는 행복한 사람들이기 때문입니다.

우리의 아픔과 고통이라는 상처를 통해서 오히려 우리는 하느님의 현존하심을 깨달을 수 있고, 더 건강한 마음으로 거듭날 수 있고, 부활이라는 그 영광된 자리에 이를 수 있기 때문입니다.

우리의 상처를 통해서 더더욱 그분이 우리 삶에 절실히 필요할 수밖에 없으며, 우리는 그 과정을 통해 세상의 사람에서 하느님의 사람으로 변화될 수 있기 때문입니다.

"행복하여라, 마음이 가난한 사람들, 하늘나라가 그들의 것이다."

아멘.

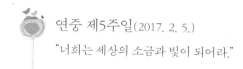

연중 제5주일(2017. 2. 5.)

"너희는 세상의 소금과 빛이 되어라."

1. 어느덧 입춘이 지나고 있습니다. 우리는 잘 느끼지 못하지만 벌써 봄의 문턱에 서 있는 것입니다. 겨우내 얼어붙었던 땅이 풀리고, 땅 깊은 곳에서는 얼음이 풀리고 물이 흐르기 시작합니다.

죽어 있는 것만 같았던 나무들도 서서히 새로운 생명을 준비하고 있습니다. 우리도 깊이 잠들어 있는 우리의 영혼을 깨우고, 우리 마음 안에 새로운 생명이 움터 나올 수 있도록 준비해야 하겠습니다.

2. 미사를 시작할 때 교우들의 목소리만 들어봐도 지난 한 주간 어찌들 살았는지 느껴질 때가 있습니다. 한번 테스트해 보겠습니다. "주님께서 여러분과 함께!" "또한 사제와 함께!"

3. 지난 한 주간 잘 사셨네요. 우리가 모인 공동체의 선과 아름다움이 더 크면 그만큼 목소리도 크고, 밝고, 우렁찹니다. 그런데 한 주간 동안 어둠과 추함이 더 크면 목소리는 기어들어 가고, 성가 소리도 작고, 아무리 좋은 강론 음식도 잘 섭취되지 않습니다.

4. 마음에 하느님의 힘과 은총이 충만하면 자신도 모르는 사이에 목소리가 커지고, 감사하는 마음이 기쁨으로 터져 나오고, 하느님

을 찬미, 찬양하게 됩니다. 그런데 마음이 어둠으로 가득 차 있으면 왠지 미사가 귀찮고, 공허하게 느껴지며, 지루하고, 어서 빨리 끝났으면 하는 마음뿐입니다. 그야말로 의무적으로, 습관적으로, 형식적으로 하는 미사에 지나지 않습니다.

5. 또 한 주간 어렵고, 힘들고, 어둠에 싸여 살았어도 그 미사에 참석한 다른 많은 사람들의 빛이 크면 자신도 모르는 사이에 은총의 대열에 참여할 수 있게 되며, 반대로 자신은 빛 속에 살았어도 그 미사에 참여한 사람들의 어둠이 크면 미사가 힘들어집니다.

즉 이 미사에 참석한 사람의 빛의 총량이 크면 그만큼 우리의 마음이 기뻐지고, 반대로 어둠이 크면 그만큼 우리의 마음이 우울해집니다.

그것은 공동체이기 때문입니다. 나의 빛이 이웃에게 전파되며, 동시에 나의 어둠도 이웃에게 전염되는 것입니다.

6. 그러나 우리의 어둠이 크다 하여도 예수님의 희생 제사로 이루어지는 이 미사의 힘은 우리의 어둠을 뛰어넘습니다. 미사는 우리의 어둠을 이겨 내는 하느님의 힘이며, 은총인 것입니다. 그래서 우리는 어둠이라는 절망 속에서도 하느님의 빛이라는 희망을 이 미사에서 발견하는 것이며, 그것은 우리가 또다시 한 주간을 살아갈 수 있는 너무나 귀중한 하느님의 은총인 것입니다.

7. 다시 한 번 외쳐 보겠습니다. 마음의 빛을 다 모아서, 감사와 찬미의 마음으로 "주님께서 여러분과 함께!" "또한 사제와 함께!"
참 잘하셨습니다.

8. 마음이 왜 어두워지고 힘들어지는 것일까요? 잘 먹고 잘 사는 사람들도 그 마음은 지옥과 같이 칠흑 같은 어둠에 휩싸여 있을 때가 많습니다. 비록 가진 것이 없어도 그 마음속에는 기쁨과 감사가 있을 수 있습니다. 많이 가졌다고 마음이 행복한 것은 아니죠. 또 가진 것이 없다고 마음이 불행한 것도 아닙니다.

9. 경제적으로 잘살든 못살든 상관없이 우리의 마음이 빛으로 가득 차고, 기쁨과 감사로 충만하고, 그래서 하느님께 찬미와 영광을 진정한 마음으로 바칠 수 있다면 얼마나 좋을까요?

10. 두 가지의 비밀을 알려 드리겠습니다.

11. 첫째는 자신의 감정에 속지 말라는 것입니다.

저도 젊었을 때는 제 감정에 많이 좌우되었습니다. 왜 제 열정에 함께하지 않는지 그들을 이해할 수 없었고, 따라서 미웠고, 그래서 서로 간에 많은 상처를 주고받았습니다. 그 당시 제가 생각하지 못한 결정적인 실수가 하나 있었습니다. 그것은 바로 제 감정은 저의 한 부분이지, 저 자신이 아니라는 점을 깨닫지 못했던 것입니다.

우리 안에는 많은 것이 복합적으로 존재하고, 또 서로 긴밀히 연결되어 있습니다. 감정도 있고, 의지도 있고, 지성도 있습니다. 감정이라는 것은 나의 모든 것이 아니고 일부일 뿐입니다. 그런데 이 감정이라는 놈은 참 격정적입니다. 때로는 내 마음 전체를 휘감아 버리고, 흔들어 버리고, 요동치게 합니다.

고요한 호수 같을 때도 있지만 때로는 격한 풍랑이 몰아치는 바다와 같을 때도 있습니다. 아침에 뜨는 해와 같이 엄청난 에너지를 갖고 있으면서도 저녁에 지는 해처럼 고요하기도 합니다. 사랑이라는 감정이 뒤집어지면 미움이라는 감정으로 탈바꿈되기도 합니다.

우리의 감정은 두 가지 얼굴을 갖고 있습니다. 고요함과 격정의 모습입니다. 사랑과 무관심의 모습입니다. 분노와 차분함의 모습이기도 합니다. 용서와 미움의 모습이기도 합니다.

그런데 중요한 점은 이 감정은 내가 아니라는 점입니다. 그저 나의 한 부분일 뿐입니다. 그런데 나의 한 부분이 나 자신 전체에 몰아쳐 그것이 바로 나인 양 착각하게 만듭니다. 감정이란 그런 것입니다. 밀려오는 파도처럼 모든 것을 휩쓸어 버립니다. 밀려가는 파도처럼 모든 것을 휩쓸고 지나갑니다.

나에게는 지성도 있고, 의지도 있는데 이 감정이라는 동물과 같은 놈 앞에서는 맥을 못 추는 경우가 많습니다.

부정적인 감정을 통해 어둠이 내 마음 안에 들어옵니다. 미움, 질투, 분노 등을 통해 내 마음이 어두워집니다. 하느님의 빛과 힘을 잃어버립니다. 그러고 싶지 않은데 어느샌가 어둠의 인간, 부정적인 인간이 되어 버립니다.

인간의 감정은 그저 한 부분일 뿐입니다. 좋은 감정이든 나쁜 감정이든 객관적으로 볼 필요가 있겠습니다. 사랑하는 나 자신을 객관적으로 보는 것입니다. 미워하는 나 자신을 객관적으로 보는 것입니다. 즉 사랑하는 나를 보아야 하고, 또 미워하는 나를 보아야 하는 것입니다. 한 걸음 더 나아가 감정을 바라보는 나 자신을 또 바라보아야 하겠습니다. 그리 훈련이 되면 조금이나마 감정에 휘둘리지 않을 수 있습니다. 자신의 감정을 객관적으로 볼 수 있으면 그 감정의 노예상태에서 해방될 수 있습니다.

12. 두 번째의 비밀은 인간의 이중성을 이해해야 한다는 것입니다. 인간에게는 8 대 2의 법칙이 존재한다고 합니다. 즉 아무리 좋고 훌륭한 사람도 그 안에 8개의 좋은 점이 있다면 2개의 나쁜 점도 공존한다는 것입니다. 반대로 아무리 나쁘고 추악한 사람이라도 그 안에 8개의 나쁜 점이 있다면 2개의 좋은 점이 함께한다는 것입니다. 아무리 웬수 같은 남편도 자세히 들여다보면 좋은 점이 2개는 있는 것입니다. 눈에 넣어도 아프지 않을 이쁜 자식도 들여다보면 나쁜 점이 2개는 있게 마련입니다.

모든 이에게 존경받는 훌륭한 사람에게도 2가지의 부족함은 있게 마련이고, 모든 이에게 비난받는 사람에게도 2가지의 좋은 점은 있게 마련입니다.

아마 하느님께서도 그리 보시지 않을까 합니다. 아무리 극악한 사람도 하느님께서는 그 안에 있는 2가지의 좋은 점을 바라보시기에 측은히 여기시고, 용서해 주시고, 자비를 베풀어 주시는 것이 아닌가 합니다. 아무리 훌륭한 사람일지라도 그 안에 있는 2가지의 부족함을 깨치지 못하면 채찍질을 하실 수밖에 없는 것이 아닌가 합니다.

공동체도 마찬가지입니다. 어떤 사람은 성당에 나오면서 '성당이 왜 이 모양이야. 세상보다 더 심하네.' 하고 불평하면서 힘들어합니다. 하느님께 향하는 성당도, 그 신자들도 2가지의 부족함과 인간의 흠집이 있을 수밖에 없습니다.

이 8 대 2의 법칙을 잘 이해할 수 있다면 우리의 좋고, 나쁜 감정에서 훨씬 더 쉽게 해방될 수 있을 것입니다.

13. 자신을 바라보는 눈, 세상과 사람들을 바라보는 눈이 감정에 치우치지 않고 좀 더 객관적으로 바라볼 수 있다면 우리의 마음이 쓸모없는 소모전을 치러야 하는 그 어둠의 세력에서 쉽게 빠져나올 수 있을 것입니다. 아니, 우리 안에 하느님의 빛이 비춰 오기 시작할 것입니다.

빛이 비춰 오면 어둠은 사라집니다. 어둠은 그 자체로 존재하는 것이 아니라 빛의 부족함입니다. 악함은 그 자체로 존재하는 것이 아니라 선의 부족함입니다. 추함은 그 자체로 존재하는 것이 아니라 아름다움의 부족함입니다. 하느님께서 악함과 추함을 창조하실 분이 아니시기 때문입니다.

14. 자기 자신을 깨닫는다는 것은 엄청난 하느님의 은총의 결과입니다. 자신을 올바로 바라보고, 세상과 사람들을 올바로 바라볼 수 있다면 그만큼 우리는 행복한 사람, 자유로운 사람으로의 첫걸음을 내딛는 것이라 할 수 있을 것입니다. 자신에 대한 올바른 깨달음은 하느님 앞에 서 있을 때 가능한 것이며, 그때 진정 자신의 허상으로부터 해방될 수 있게 되며, 진정한 자신으로서 살아가게 됩니다.

15. 우리 마음과 인생의 소금과 빛은 거저 얻어지는 것이 아니라 하느님의 도우심으로 자신의 모습을 깨닫는 데서 시작합니다.

자신의 모습을 깨닫는 데서 우리의 마음이 빛으로 가득 차고, 기쁨과 감사로 충만하고, 그래야 진정한 마음으로 하느님께 찬미와 영광을 바칠 수 있게 됩니다.

"너희는 세상의 소금과 빛이 되어라." 아멘.

"너희는 왜 걱정을 하느냐? 너희는 먼저 하느님의 나라와
그분의 의로움을 찾아라. 그러면 너희에게 필요한 것들도
곁들여 받게 될 것이다."

1. 어느샌가 봄이 다가오고 있습니다. 이제 죽음과 같았던 자연만
물도 새봄, 새 생명을 준비하고 있습니다. 얼었던 땅이 풀리고, 땅속
에는 물이 흐르고 있습니다.

2. 우리의 마음도 모든 걱정과 두려움의 언 땅을 주님의 따스한 온
기로 풀어내야 하겠습니다. 주님께서 여태까지 지켜 주셨듯이 오늘
도, 내일도 지켜 주실 것이라는 신뢰를 갖고 더더욱 기쁨과 감사의
삶을 회복할 수 있어야 하겠습니다.

3. 저는 본당신부 생활을 하면서 한 번도 신자들에게 돈 이야기를
해 본 적이 없었던 것 같습니다. 왜냐하면 단 한 번도 돈이 부족한
때가 없었기 때문입니다. 하고 싶은 사목을 재정문제 때문에 못 해
본 적이 없었습니다. 그때그때 필요한 만큼 항상 충분히 채워 주셨
기 때문입니다.

4. 돈 걱정을 하지 않고 사는 삶, 참으로 행복하고 감사한 삶이었음
을 새삼 깨닫고 감사드리게 됩니다.

5. 우리가 하느님의 일을 하고자 하는데 돈 때문에 못 한다면 그처

럼 비극적인 일이 어디 있겠습니까? 하느님께서는 하느님 앞에 올바로 서려고 노력하고, 당신의 뜻을 이루려 할 때는 적어도 돈 때문에 걱정하는 일은 없게 하시는 분이 아닌가 합니다. 충분하지는 않지만 부족하지도 않은 삶을 살게끔 해 주시는 하느님께 감사를 드릴 뿐입니다.

6. 우리 금호동 본당에 부임하고 얼마 지나지 않아 빈첸시오 회원들에게 한 달에 90만 원 이상을 가난한 이들에게 지출하자고 제안했을 때 회원들은 걱정하였습니다.

"아니, 신부님! 잔고도 없는데 어떻게 한 달에 90만 원씩이나 지출합니까?"

"걱정하지 마십시오. 우리가 하느님의 뜻에 맞는 일을 하면 그분께서 다 채워 주실 것입니다."

그런데 정말 희한하게도 여태까지 단 한 번도 부족하지 않았습니다. 하느님께서는 교우들의 마음을 움직여 주셔서 그 모든 것을 다 채워 주시는 것을 체험합니다.

지난 연말에는 주일학교 간식비 통장이 간당간당하였습니다. 자모회에서 걱정을 하며 큰 행사가 있을 때만 지출하기로 내부 지침이 서 있는 카페 통장에서 보조해 주었으면 하는 눈치였습니다. 그러나 걱정할 필요가 없어졌습니다. 초등부 어린이들의 성탄 잔치에 참여한 어느 학부모가 거금을 기부해 주었기 때문입니다. 참으로 필요한 때에, 필요한 만큼 기부해 주셨습니다.

제가 이 본당에 처음 왔을 때는 주일헌금이 330만 원 이내였지만 지금은 아시다시피 거의 매주 400만 원이 넘고 있습니다. 제가 떠날 때는 500만 원을 넘지 않을까 우스갯소리도 해 봅니다.

교무금 등도 따로 비교해 보지는 않았지만 이 어려운 경제 상황에서도 신자 여러분들이 정말 십시일반으로 함께하고 있고, 아마도 더 많이 상승되었으리라 느끼고 있습니다. 감사헌금, 기부금도 많이 늘어나고 있습니다. 묘지에서도 해마다 1억 7천 정도 순이익으로 적립되고 있습니다.

7. 얼마 전 본당에서 〈딜쿠샤〉라는 영화를 상영했을 때 주일날 하기에 점심 식사가 걱정되었습니다. 처음에는 외부에서 김밥을 사 주는 것으로 결정되었지만 이번 기회에 우리 구반장님들이 손수 수제 김밥을 만들면 좋지 않으냐는 저의 제안에 구역장님들이 흔쾌히 함께해 주셨고, 그 결과 교우들이 아주 정성스러운 김밥을 드실 수 있었습니다.

영화도 보여 주고, 김밥도 제공해 주는 모습을 보면서 보좌 신부님은 이런 본당은 없다고 감탄하시기도 하였습니다. 물론 김밥만 먹고, 영화는 안 보고 그냥 간 먹튀들도 있었긴 합니다.

8. 때만 되면 신앙에 도움이 되는 것들을 베푸는 모습을 보면서 어떤 신자들은 '돈이 없을 텐데.' 하면서 걱정해 주시기도 합니다.

9. 그러나 저는 걱정하지 않습니다. 우리를 사랑하시는 하느님을 믿고, 또 우리 본당을 애틋하게 여기시는 교우 여러분들의 사랑을 믿고 있기 때문입니다. 필요한 때에 필요한 만큼 써도 절대 부족하지 않습니다. 하느님께서 다 채워 주시기 때문입니다.

10. 제일 중요한 문제는 '우리가 과연 하느님께서 원하시는 일을 하는가? 또 올바로, 제대로 쓰고 있는가?'입니다. 우리가 하느님께서 원하시는 일을 하고, 사심 없이 정의롭게, 올바로 쓰기만 한다면 하느님께서 충분하지는 않지만 부족하지도 않게 채워 주십니다.

11. 오늘 복음에서 예수님께서는 너희가 먼저 하느님의 나라와 그분의 의로움을 찾으면 너희에게 필요한 것을 하느님께서 다 채워 주실 것이라 말씀하십니다. "왜 걱정하느냐? 왜 두려워하느냐?" 말씀하십니다. "아궁이에 던져질 들풀까지도 하느님께서는 아름답게 입히시거늘 그 들풀보다 몇백 배 귀한 너희들을 하느님께서 외면하시겠느냐?"고 하십니다. 제1독서에서는 여인이 자기 젖먹이를 잊는다 해도 하느님께서는 우리를 절대 잊지 않으신다 하십니다.

12. 우리에게 중요한 삶의 자세는 얼마나 많은 것을 갖느냐 하는 것이 아니라 우리 삶에 얼마나 하느님을 모시며 사느냐 하는 것입니다. 하느님을 체험하는 삶, 하느님께서 살아 계심을 체험하는 삶이 중요한 것입니다. 우리가 먹어야 하는 존재이고, 입어야 하며, 잠을 자야 함을 하느님께서 너무나 잘 알고 계시니 그것보다는 그 모든 것을 주관하시는 하느님을 느끼고 체험해야 함을 말씀하시는 것입니다.

13. 이것은 하느님께 대한 신뢰의 문제입니다. 하느님을 믿는다는 것은 하느님을 얼마나 신뢰하느냐 하는 것입니다. 그분께서 나를 사랑으로 지어 내셨고, 나의 삶을 오늘까지 이끌어 오셨으니 앞으로도 당신의 사랑으로 나를 이끌어 주시고, 함께하시고, 보호하여

주실 것임을 신뢰하고 믿어야 합니다. 그분께서 나의 구체적인 삶 안에서 함께하시고, 나의 구체적인 삶 안에서 나를 지극히 사랑하심을 신뢰하고 믿어야 합니다.

오늘 내가 만나는 사람 안에서, 내 가정 안에서, 또 내가 하는 일 속에서, 나의 기쁨과 슬픔 속에서 그분께서 존재하고 계심을 믿어야 하는 것입니다. 때로는 나의 고통 속에서 나와 함께 고통스러워하시며 나와 함께하시는 분이심을 신뢰하고 믿어야 하는 것입니다. 그리고 그분께서 나와 함께하시듯이 나도 부족하지만 그분과 함께하려고 노력해야 하는 것입니다.

14. 내가 걱정해야 하는 것은 내가 과연 나와 함께 계시는 하느님과 함께 있는가 하는 점입니다. 내가 그분과 함께 있을 수 있다면 우리는 아무런 걱정을 할 필요가 없습니다. 나에게 먹고, 입고, 잘 곳이 필요함을 그분께서 이미 다 알고 계시기 때문입니다. 충분하지는 않겠지만 필요한 만큼은 다 채워 주실 것입니다. 그분은 우리를 사랑하시는 분이고, 젖먹이처럼 애지중지하시는 분이기 때문입니다.

15. 진정한 행복은 많이 갖고, 뽐내고, 힘을 갖는 데서 오는 것이 아니고 그분과 함께 있는 행복을 아는 데서 시작하는 것입니다. 진정한 행복은 필요 이상을 욕심내고, 탐욕을 부리는 데 있는 것이 아니고 오늘 나에게 주어진 것에 감사하고, 모든 세상사 안에 존재하시는 그분을 만나는 데에 참다운 행복이 있는 것입니다.

16. 저도 사제 생활을 하면서 때로는 있는 사람들과 좋은 음식을 먹기도 하고, 없는 사람들과 가난한 음식을 먹기도 합니다. 그러나 좋

은 음식 속에 행복이 있는 것도 아니고, 가난한 음식 속에 불행이 있는 것도 아니라는 사실을 압니다. 누구와 어떤 대화 속에서 자리를 함께하느냐가 더 중요한 것입니다. 음식은 아무런 상관이 없습니다. 하느님께서 그 자리에 계시느냐, 그분을 과연 그 자리에 초대할 수 있느냐가 훨씬 더 중요한 것입니다. 때로는 있는 사람들과의 자리가 훨씬 더 불편할 수도 있고, 없는 사람들과의 자리가 훨씬 더 소탈하고 행복할 수도 있습니다.

17. 내가 하느님과 함께 있으려 노력하고, 모든 것 안에서 그분을 발견하도록 노력하기만 하면 그분께서는 반드시 우리 편이 되어 주시고, 우리에게 필요한 것들을 아낌없이 베푸심을 굳게 믿도록 하십시다. 그러면 우리 마음이 행복해지고, 모든 헛된 야망과 욕심과 탐욕에서 벗어날 수 있게 되며, 그러면 얼굴도 자연히 밝아지고, 우리가 이 세상에서 하는 모든 일이 다 잘될 것입니다.
마음이 밝고, 얼굴이 맑은 사람은 당연히 일이 잘 풀릴 수밖에 없습니다. 우중충하고, 인상 쓰고, 마음과 얼굴에서 미소를 발견할 수 없으면 당연히 될 일도 안 되는 것이 삶의 이치이고, 세상의 이치입니다.

18. 어렵고 힘들어도, 때로는 나의 삶이 시궁창처럼 더럽고 냄새가 나더라도 그 속에서 아름다운 꽃들을 피워 냅시다. 어려움 속에서 피어나는 꽃들이 진정 아름다운 것이며, 그것이 삶의 승리이고, 하느님 사랑의 결과입니다.
삶이 고통스럽고 원망스러워도 그 안에 함께 계시는 하느님을 굳게 믿고, 그분에 대한 신뢰를 갖고 아름다운 꽃들을 피워 내도록 노력하십시다. 하느님이 없다면 결코 아름다운 꽃을 피워 낼 수 없습니다. 하느님께서 계신다면 아름다운 인생의 꽃들을 피워 낼 수 있습니다. 우리의 삶 안에 진정 살아 계시는 하느님께서 계시는가 물어보아야 하겠습니다.

"너희는 왜 걱정을 하느냐? 너희는 먼저 하느님의 나라와 그분의 의로움을 찾아라. 그러면 너희에게 필요한 것들도 곁들여 받게 될 것이다." 아멘.

1. 어느 시인인지는 잘 모르겠지만 〈만남〉이라는 시가 눈에 들어왔습니다.

"겨울이 떠나야 봄이 오려나 봄이 돌아와야 겨울이 떠날 건가
그게 아니지 봄이랑 겨울이 서로 만나 둘이서 예쁘게 풀꽃 피워서
겨울에게 꽃신을 드리고, 봄에게 봄바람 드리고
그처럼 예쁘게 꽃신을 봄바람을 주고받으며 떠나고 머무는 거지"

2. 겨울이 끝나 가는 이 시점, 봄을 맞이하는 시점에 새로운 깨달음을 줍니다.

3. 겨울과 봄은 서로 다른 것이 아니라 서로에 대한 선물이며, 감사라는 것입니다. 겨울이라는 인고의 세월은 봄의 새 생명을 위한 준비이며, 봄이라는 찬란한 세월은 겨울에 대한 진정한 감사라는 것입니다. 이쁜 풀꽃을 피워 내는 봄은 혼자서 그리하는 것이 아니라 겨울이 있었기에, 겨울과 함께 피워 내는 아름다움이라는 것입니다. 겨울에게는 감사의 마음으로 꽃신을 신겨 주고, 봄에게는 따뜻한 봄바람을 선물로 준다는 것입니다.

서로 다른 계절이지만 서로를 위해 존재하고 있음을 표현한 것이 아닌가 합니다. 우리도 서로 다르지만 서로를 위해 존재할 수 있다면 서로가 서로에게 아름다운 선물, 아름다운 감사가 될 수 있을 것입니다.

4. 이 사순절에 신자들에게 무엇을 선물할까 고민하다가 엔도 슈사쿠라는 일본 작가의 유명한 소설 〈침묵〉을 모노드라마로 표현하는 연극을 선택하게 되었습니다. 며칠 후 묘하게도 그 소설이 〈사일런스〉라는 영화로 개봉함을 알게 되었습니다. '참 묘한 일이다.' 생각하면서 어제 보좌 신부님, 수녀님들과 함께 그 영화를 보았습니다.

5. 일본 박해 시대 때의 이야기입니다. 로드리게스라는 예수회 신부는 어느 날 자신이 존경하던 스승이 일본에서 배교했다는 이야기를 듣고는 큰 충격을 받습니다. 직접 자신의 눈으로 그 거짓말과 같은 풍문을 확인하고자 일본 선교를 자원합니다. 그가 눈으로 본 일본의 박해는 참으로 처참했습니다.

운젠이라는 뜨거운 온천물을 얼굴과 몸에 부으며 고문했고, 조수간만의 차가 심한 바닷가에서 서서히 익사시키기도 했으며, 사람을 거꾸로 매달아 상처를 낸 뒤 피가 한 방울씩 떨어지게 함으로써 죽음의 고통을 맛보게 하는 고문들이었습니다.

한편 예수님이나 성모님의 성화를 밟기만 하면, 즉 간단하게 배교한다는 표시만 하면 석방하였습니다. 많은 사람들이 끝까지 신앙을 지키기도 하였지만 또 많은 사람들이 두려움 때문에, 가족들의 생사 때문에 배교의 길을 선택하기도 하였습니다.

어느 날 이 로드리게스 신부가 체포되었는데 수많은 유혹과 회유, 특히 신자들의 죽음 앞에서 큰 마음의 갈등을 겪게 됩니다. 권력자들은 온갖 감언이설로 아주 간단하게 성화를 밟기만 하면 신자들을 모두 석방해 주겠다고 약속합니다. 그러나 그는 엄청난 고통을 감수하면서도 자신의 신앙을 끝까지 지켜 나갑니다.

그러던 어느 날 자신이 존경하던 사부 신부님을 만나게 됩니다. 그는 풍문대로 배교하여 권력자의 일을 돕고 있었을 뿐만 아니라 그리스도 교회가 사교임을 증명하는 책을 쓰고 있었습니다. 정부당국자들과 그 배교한 사부 신부가 끊임없이 회유하고 유혹합니다. '하느님은 왜 침묵하고 계시는가?' 하면서 엄청난 갈등 속에 빠져 있던 로드리게스는 결국 성화를 밟고 배교하게 됩니다.

목숨을 구했지만 그는 신자들을 잡아들이는 일에 앞장서야 했고, 부와 아내까지 얻었지만 그는 결국 권력자의 앞잡이가 되어야 했고, 그들이 원하는 일을 할 수밖에 없었습니다.

한번 배교한 삶의 길은 참으로 처참했습니다. '이게 내가 원한 삶인가?'라는 회의와 좌절 속에 그는 결코 행복할 수 없었습니다. 한 번의 배교는 나머지 삶 전체를 배교의 삶으로 밀어 넣을 수밖에 없었습니다.

6. 그에게 가장 크게 다가온 유혹은 '왜 하느님은 이 고통 앞에서 침묵을 지키시는가?'라는 것이었습니다. 배교의 순간, 그는 내적인 목소리를 듣습니다.

"나는 너의 고통을 이해한다. 밟아라, 괜찮다."

그는 그 목소리를 하느님의 메시지로 생각했습니다. 그러나 그것은 인간의 나약함에서 우러나오는 합리화였고, 핑계였고, 책임 전가였습니다. 그는 배교의 삶을 살면서 진정 하느님께로부터 오는 메시지를 듣게 됩니다.

"내가 침묵을 지키고 있었다고? 아니다. 나는 너와 함께 그 고통의 현장에 있었고, 너와 함께 그 고통을 받고 있었다."

7. 배교의 그 처절한 삶, 죽음보다 못한 치욕의 삶을 살면서 그는 자신 안에 있는 유혹과 진정한 하느님의 목소리를 구분할 수 있었지만 이미 때는 늦었습니다. 한번 택한 배교의 삶은 바꿀 수 없었던 것입니다. 그는 죽는 순간까지도 권력자의 노리개였고, 이용 수단일 수밖에 없었습니다.

8. 오늘 우리는 사순 제1주일을 봉헌하고 있습니다. 제1독서 창세기에서는 인간이 최초로 느낀 유혹에 대해 설명하고 있습니다. 그 유혹은 뱀의 유혹으로 표현되고 있지만 사실은 인간 내면에 있는 유혹입니다. 실제로 뱀이 유혹한 것이 아니라 하느님의 빛이 닿지 않는 우리 마음속의 어둠을 뱀이라는 말로 표현하고 있는 것입니다. 따라서 뱀을 인간을 타락시킨 철천지원수처럼 여기는 것은 하느님께서 창조하신 생명을 모욕하고 오해하게 만드는 처사이기도 합니다.

9. 하느님께서는 인간을 아름답고 귀한 존재로, 당신 마음에 드는 존재로 만들어 주셨지만 완벽한 인간으로 만들어 주시지는 않았습니다. 다만 인간에게만 자유의지라는 커다란 선물을 주서서 그 자유의지로 인간에게 주어진 그 부족함을 극복하도록 섭리하셨습니

다. 그러나 인간은 그 부족함을 극복하지 못하고 자신에게 주어진 자유의지로 적극적으로, 의지적으로 하느님의 뜻을 거스릅니다.

10. 부족함이 유혹의 목소리로 다가옵니다.

"여자가 쳐다보니 그 나무 열매는 먹음직하고 소담스러워 보였다. 그뿐만 아니라 그것은 슬기롭게 해 줄 것처럼 탐스러웠다."

"그래서 그 여자가 열매 하나를 따서 먹고 자기와 함께 있는 남편에게도 주자, 그도 그것을 먹었다."

11. 인간은 태생적으로 부족한 존재입니다. 사람마다 색깔은 다르지만 모든 인간은 다 나름대로 부족함이 있을 수밖에 없습니다. 그 부족함이 평생의 상처와 십자가로 존재합니다. 많은 사람들이 그 부족함과 상처와 십자가를 보상받기 위해서 물질에 눈이 멀고, 권력과 야망에 자신의 삶을 바칩니다.

또 자신을 확장하고 크게 보이기 위해서 노력합니다. 온갖 허영심과 교만함이 마음속에 가득하고, 욕심과 탐욕이 마음속에 가득 찹니다. 또 때로는 부족한 자신을 잊어버리기 위해서 온갖 중독에 빠지기도 합니다.

12. 인간을 자세히 들여다보면 다 그렇습니다. 아무리 훌륭한 사람이라 하더라도 그의 내면에는 다 타고난 부족함이 있고, 그 부족함을 메우기 위해서 처절하게 노력하는 면이 있게 마련입니다.

13. 오늘 복음에서 이처럼 인생의 딜레마에 빠진 인간에게 예수님께서는 새로운 삶의 해법을, 삶의 길을 보여 주십니다.

14. 자신의 내면에서 오는 유혹들, 태생적인 부족함에서 올 수밖에 없는 유혹들을 어떻게 극복해야 하는가? 예수님도 우리와 똑같은 인간으로서 우리와 똑같은 유혹을 겪으신 분이십니다. 그러나 그분은 물질에 대한 탐욕으로, 명예와 권력에 대한 추구로, 즉 자신을 확대하는 방법으로 그 유혹을 이겨 나가신 것이 아니고, 오로지 하느님의 말씀으로, 하느님의 힘으로, 하느님의 은총으로, 은총의 선물인 자유의지로 그 유혹들을 이겨 나가십니다.

"사람이 빵으로만 살지 않고, 하느님의 말씀으로 산다."

"주 너의 하느님을 시험하지 말라."

"사탄아, 물러가라. 주 너의 하느님을 경배하고 그분만을 섬겨라."

15. 요즘 우리는 현실에서 하느님이 함께하지 않는 물질과 권력과 명예와 야망이 얼마나 허무하며 가소로운 것인지, 얼마나 뜬구름과 같이 헛된 것인지 잘 보고 있습니다. 하느님과 함께하지 못하는 물질, 권력, 명예가 얼마나 많은 사람의 가슴을 후벼 파고, 그들의 인생을 무너뜨리고 고통스럽게 하는지 잘 보고 있습니다.

물질, 권력, 명예 등은 하느님께서 주신 것이니 정말 겸허하게 하느님과 함께 있도록 노력해야 하는 것입니다. 그리고 진정으로 하느님께서 원하시는 방법으로, 즉 사람들을 사랑하는 도구로 써야 하는 것입니다. 그것들은 하늘이 주신 것입니다. 그러니 하늘의 뜻대로 써야 하는 것이지, 자신을 위해서 쓰면 그 예리한 칼날이 자신의 삶을 꿰뚫고 말 것입니다.

16. 우리의 인생은 하느님께서 허락해 주신 것이니 하느님의 뜻 안

에서 살아야 합니다. 우리 인생 가운데 주어진 모든 것도 하느님께서 선물로 주신 것이니 감사하면서 겸허하게 살 수 있어야 합니다. 우리 안에 하느님의 힘이 있어야 가능합니다. 우리 안에 하느님의 말씀이 살아 있어야 가능합니다. 우리 안에 하느님의 은총이 살아 있어야 가능합니다. 우리 안에 성령께서 함께하셔야만 가능합니다. 우리 안에 하느님께서 선물로 주신 자유의지로 그 부족함을 극복하고자 하는 결심이 있어야만 가능합니다.

17. 아무리 삶이 우리를 괴롭혀도 우리는 자신을 합리화하거나, 핑계를 대거나, 책임 전가를 해서는 안 됩니다. 좀 더 자신을 바라보면서 인정할 수 있다면, 자신에게 주어진 인생에 좀 더 책임을 다하는 삶을 살아갈 수 있다면 우리의 삶은 성숙한 삶인 것입니다.

어떤 사람은 끊임없이 핑계를 댑니다. 자신을 합리화합니다. 책임 전가를 해댑니다. 자신을 제대로 보지 못하고 인정하지 못하기에, 그 안에 하느님께서 형식적으로 존재하시기에 습관처럼 원죄의 모습을 되풀이하고 있는 것입니다.

18. 우리 안에 하느님께서 살아 계신다면, 하느님의 뜻대로 살고자 하는 자유의지가 살아 있다면 그 살아 계신 하느님의 목소리를 들을 수 있을 것이며, 핑계와 책임 전가와 합리화 속에서 나오는 온갖 오류와 유혹에서 벗어날 수 있을 것입니다.

"그러자 악마는 그분을 떠나가고, 천사들이 다가와 그분의 시중을 들었다." 아멘.

사순 제2주일 (2017. 3. 12.)

"예수님께서는 다가오시어 그들에게 손을 대시며
'일어나라. 그리고 두려워하지 마라.' 하고 이르셨다."

1. 참으로 안타까운 역사의 현장에 우리는 서 있습니다. 우리 손으로 뽑은 대통령을 우리 손으로 끌어내려야 하는 좌절과 아픔 속에 우리는 서 있습니다. 어쩌다 이 지경까지 되었나요? 가슴이 무너지고 아픕니다.

2. 탄핵을 찬성하는 사람도, 반대하는 사람도 다 나름대로 우리가 살고 있는 이 대한민국을 위해서 서로 생각을 달리하는 것이라 여겨집니다.

이날은 기쁨의 날도 아니고, 슬픔의 날도 아닙니다. 우리 모두가 새로운 대한민국을 위해서 아파해야 하는 날이고, 우리 모두가 깊이 있게 자신을 되돌아봐야 하는 날입니다. 특히 우리 사회 지도층 인사들이 자기만 잘났다고 떠들 것이 아니고, 우리 국민 모두가 서로가 다른 이유로 아파하는 이 현실에 깊은 책임감을 갖고 더더욱 반성해야 하는 날이 아닌가 합니다.

3. 이제 우리 사회의 뿌리 깊은 병폐들을 이번에만큼은 뿌리째 뽑아내고 새로운 대한민국, 옳고 그름이 분명한 나라, 모두에게 평등한 기회가 주어지는 나라, 국민을 진정으로 사랑하는 나라로 새롭

게 변화시킬 수 있어야 하겠습니다. 올바른 정치, 올바른 기업경영, 안전한 사회, 억울함이 없는 사회가 되어야 하겠습니다.

오로지 경제만 치중하는 경제동물에서 벗어나 문화국민, 철학이 있는 나라, 전통이 있고 가치관이 올바로 서 있는 나라가 될 수 있도록 함께 노력해야 하겠습니다. 유전무죄, 무전유죄의 이 기형적인 모습에서 탈피할 수 있어야 하겠습니다.

4. 이 시대의 아픔을 잘 헤아려야 하겠습니다. 이 시대의 아픔은 어린 학생들의 죽음의 아픔을 헤아리지 못한 데서 시작했습니다. 그 어린 학생들의 죽음은 결코 헛되지 않았습니다. 그 뼈저린 아픔을 깊이 있게 헤아리지 못했기에 결국은 그 모든 아픔이 국민의 아픔이 되었고, 당사자들의 일생이 무너지는 아픔이 되고 말았습니다.

5. 절대권력을 갖고 있는 대통령이라 하더라도 모든 일을 다 잘할 수는 없을 것입니다. 그러나 단 한 가지, 아파하는 이들, 억울한 이들을 잘 헤아리는 사람이 다음 대통령이 되었으면 좋겠습니다. 백성들의 아픔과 억울함을 헤아리지 못하는 사람이 권력을 잡게 되면 또 어떤 희생과 아픔을 겪을지 참으로 걱정됩니다.

권력은 하늘이 주시는 것입니다. 참으로 겸허한 마음으로 주어진 권력으로 백성을 헤아리고 사랑할 줄 아는 사람이 우리의 지도자가 되었으면 좋겠습니다. 그리하면 다른 일은 좀 못 해도, 실수가 있어도 다 용서받을 수 있을 것이고, 존경받는 대통령이 될 수 있을 것입니다.

6. 우리는 아프지만 이 아픔이 결코 우리를 해치는 것은 아닙니다.

이 아픔은 새로운 대한민국을 만들어 가는 귀중한 디딤돌이 될 수 있을 것입니다.

7. 오늘 복음에서 예수님께서는 세 제자만 데리고 높은 산에 오르십니다. 그곳에서 제자들은 정말 일생 동안 잊지 못할 체험을 하게 됩니다. 예수님의 얼굴이 해처럼 빛나고, 옷은 빛처럼 하얗게 변합니다.

제자들은 예수님의 인성 안에 숨겨져 있던 신성을 보게 된 것입니다. 예수님의 말씀과 행적을 통해 하느님의 힘을 느껴 왔지만 이제는 진짜로 자신들의 눈으로 예수님 안에 있는 하느님의 모습을 직접 뵙게 됩니다. 그뿐만 아니라 머릿속으로만 알고 있던 전설적인 인물인 모세와 엘리야를 직접 보게 됩니다.

8. 제자들은 까무러칠 정도로 놀랐을 것입니다. 한 인간으로서 신적인 영역에 서 있었던 것입니다. 단 한 번도 경험해 보지 못한 세계, 하느님의 세계에 그들은 초대된 것이었습니다. 시간과 공간을 초월하여 구약의 그 엄청난 인물인 모세와 엘리야가 예수님과 이야기하는 모습을 보았던 것입니다.

9. 그것은 말로 표현할 수 없을 정도로 경이로운 모습이었고, 완전한 아름다움, 완전한 진리, 완전한 선함의 모습이었습니다. 베드로는 너무 좋아서 자기가 무슨 소리를 하는지도 모르고 말합니다.
"주님, 저희가 여기에서 지내면 좋겠습니다. 원하시면 제가 초막 셋을 지어 세 분께 드리겠습니다."

10. 베드로의 말이 끝나기도 전에 빛나는 구름이 예수님, 모세, 엘리야를 덮더니 천상의 목소리가 들립니다.

"이는 내가 사랑하는 아들, 내 마음에 드는 아들이니 너희는 그의 말을 들어라."

11. 제자들은 그제야 인간의 차원을 넘어서는 하느님의 차원에 자신들이 있음을 깨닫게 되고, 머리를 땅에 박고 엎드려서 두려워합니다.

13. 세 제자들은 무엇을 느꼈을까요?

해와 같이 빛나는 예수님 얼굴과 빛과 같은 예수님의 옷을 보고 그들은 완전한 아름다움을 느꼈을 것입니다. 모세와 엘리야를 보고는 시간과 공간을 뛰어넘는 경이로움을 느꼈을 것입니다. 빛나는 구름 속에서 울려 나오는 하느님의 목소리를 듣고는 인간의 차원을 넘어서는 세계에 대한 두려움을 느꼈을 것입니다.

14. 저는 이 대목에서 강론을 계속 쓰기가 어려워졌습니다. 제가 한 번도 느껴 보지 못한 하느님에 대한 이야기를 쓴다는 것이 참으로 어려웠습니다. 강론 준비를 중단하고 기도를 해 보았지만 여전히 어려웠습니다. 가끔 강론한다는 것이 얼마나 어려운 일인지 실감하곤 합니다. 그러나 하느님의 자비에 의지하면서, 저를 통해 당신의 일을 하시는 하느님의 능력에 저를 맡겨 드리고자 합니다.

15. 예수님께서는 모세, 엘리야와 무슨 이야기를 나누었을까요? 아마도 당신의 수난과 죽음에 대한 이야기를 나누었을 것이라고 감히

상상해 봅니다.

모세는 자신의 삶을 통해 얻은 하느님의 이끄심에 대해 이야기하였을 것이고, 엘리야는 이방인들의 신에 맞서 싸울 때 하느님께 대한 신뢰에 대해 이야기를 나누었을 것입니다. 그러면서 예수님의 수난과 죽음을 통해 이루시고자 하시는 하느님의 크신 뜻에 대해 서로 이야기를 나누지 않았을까 상상해 봅니다.

16. 예수님의 수난과 죽음, 그것을 이해한다는 것은 말처럼 쉬운 일은 아니었을 것입니다. 왜 하느님께서는 고통을 통해서 당신의 일을 이루시는 것일까? 당신 마음에 드는 아들, 당신이 사랑하시는 아들에게 왜 그토록 끔찍한 고통과 죽음을 허락하시는 것일까? 그 방법이 아닌 다른 방법은 없었을까? 당신이 사랑하시는 아들의 그 고통과 죽음에 아버지이신 하느님의 마음은 얼마나 찢어지는 고통 속에 계서야 했을까?

17. 가끔 희한한 체험을 하곤 합니다. 제 마음이 힘들고 괴로울 때, 마음속에 온갖 회의와 실망과 절망이 가득할 때 사람들은 제 얼굴을 보고는 밝다고 합니다. 참 이상한 일입니다. 마음이 얼굴에 나타나는 법인데 제 마음속의 고통이 왜 사람들에게는 밝음으로 느껴지는 것일까요?

그러면서 한 가지 깨달음을 얻습니다. 하느님의 뜻에 의한 고통은 사람들에게 밝음으로 느껴진다는 사실이었습니다. 저 자신의 부족함으로 인한 고통은 무겁게 느껴지지만 하느님의 섭리와 뜻과 사랑에 의한 고통은 기쁨과 맑음, 밝음으로 사람들에게 느껴짐을 깨닫게 됩니다.

18. 하느님의 뜻이 이루어지기 위한 고통 속에는 하느님께서 함께 계시는 것입니다. 하느님은 우리를 그저 고통 속으로 밀어 놓고 가만히 계시는 분이 아니라 우리와 함께 그 고통을 겪어 주고 계시는 것입니다. 즉 하느님의 뜻이 이뤄지기 위한 고통은 하느님께서 함께 계시는 은총인 것입니다.

19. 예수님의 고통, 그 수난과 죽음에는 하느님께서 함께 계셨습니다. 그 단말마의 고통 가운데에서도 예수님께서는 하느님께 대한 신뢰로 그 모든 순간을 이겨 나가십니다.

20. 예수님의 시신을 받아 안으신 성모님의 모습이 어떠했을까요? 어떤 화가들은 극도의 고통을 받으시는 모습을 그리기도 하지만 어떤 화가들은 그야말로 이제야 모든 것을 다 이루었다 하시는 성모님의 평화와 기쁨을 그리기도 합니다. 저는 그 순간 성모님의 극도의 고통 속에 함께 있는 하느님의 평화와 기쁨, 감사를 그리고 싶습니다.

21. 우리 신앙인들은 삶의 고통 속에서도 함께 계시는 하느님의 사랑과 이끄심을 발견하는 사람이 되어야 합니다. 죽음의 고통 가운데에서도 그 끝에서 새롭게 시작되는 하느님의 사랑과 평화를 발견하고 감사를 드릴 수 있어야 합니다.

22. 예수님도 완벽하게 죽음의 고통을 맛보신 분이셨습니다. 모든 권능을 다 받으신 그분, 해와 같이 빛나는 하느님의 아들이신 그분,

하느님께서 사랑하시고 마음에 드는 그분이셨지만 우리에게 삶의 길을 가르치시기 위해서 그 모든 것을 감수·인내하시고, 그 고통의 끝에서 새롭게 시작되는 하느님의 능력을 우리에게 보여 주고 계시는 것입니다.

23. 이제 우리는 우리 자신의 부족함으로 인한 고통들에 대해서는 반성과 회개를 해야 하겠지만 하느님의 뜻에 의한 고통들에 대해서는 보다 깊은 하느님의 섭리에 대한 이해를 해야 하는 것이며, 기쁨 속에 감사를 드려야 하는 것임을 생각해 봐야 하겠습니다.

24. 우리나라도 오늘의 이 아픔과 고통을 통해 좀 더 아름답고 평화로운 나라, 정의로운 나라, 공평한 나라, 어려운 이들을 헤아리는 나라가 될 수 있을 것입니다.
"예수님께서는 다가오시어 그들에게 손을 대시며 '일어나라. 그리고 두려워하지 마라.' 하고 이르셨다." 아멘.

사순 제3주일(2017. 3. 19.)
"주님, 당신은 참으로 세상의 구원자이시오니
저희에게 영원히 목마르지 않은 생명의 물을 주소서."

1. 어제, 그제 1박 2일로 수원 말씀의 집이라는 예수회 수련원에서 본당 구역장님들의 1박 2일 침묵 피정이 있었습니다. 그 말씀의 집은 지금부터 31년 전 제가 사제 서품을 받을 때 한 달간 침묵 피정을 했던 곳이기도 합니다.

구역장님들을 위한 피정 장소를 알아보라는 제 주문에 수녀님께서 그 말씀의 집이 어떠냐 했을 때 저는 좀 묘한 느낌을 받았습니다. 31년 동안 한 번도 가 보지 못한 추억의 장소였기에 흔쾌히 수락하였습니다.

2. 막상 가 보니 많은 변화가 있었습니다. 조용하던 수도원 앞에 고속화도로가 나 있었고, 아담하던 수도원 동산도 많이 변했습니다. 그러나 건물은 그대로였고, 침실과 식당, 성당도 그대였습니다.

3. 기도실에 조용히 들어갔습니다. 구역장님들이 피정 강사 신부님에게 받은 관상기도 입문 숙제를 하고 있었죠. 뒷자리에서 조용히 눈을 감고 관상기도에 들어갔습니다. 사실 관상기도란 주님 앞에 앉아 아무 생각도 하지 않고 그저 주님께서 이끌어 주시는 대로 몸과 마음을 맡기는 기도입니다.

그런데 관상기도가 잘 되지 않습니다. 31년 전의 생각들, 추억들이 머릿속에서 떠나지 않습니다. 생각을 바꾸어 그때의 추억 속으로 빠져들기로 하였습니다. 일종의 감회 기도라고나 할까요? 제 삶 중에 가장 거룩한 시간 중 한 부분이었던 그 시간으로 빠져들어, 참으로 잊고 있었던 소중한 기억들을 되살려 낼 수 있었습니다.

4. 그 당시 이냐시오 성인의 영신 수련을 주제로 피정을 하였는데 그 영신 수련은 복음서를 읽고 그 복음 내용에 자신이 한 부분으로서 묵상하는 것이었습니다.

예를 들면 예수님 수난 복음에서 바로 그 현장으로 들어가는 것이죠. 예수님을 심판하는 빌라도도 돼 보고, 예수님을 채찍질하는 병사도 돼 보고, 예수님을 보고 우는 부인도 돼 보고, 예수님의 시신을 안고 계시는 성모님도 돼 보는 수련 방법이었습니다. 복음서의 중요 부분에 바로 자기 자신을 등장시키는 방법이었습니다.

5. 그때 김수환 추기경님도 오셔서 강의를 해 주셨습니다. 얼마나 재미있고 실감나게 들었는지 모릅니다. 지금도 기억 속에 또렷합니다. 바로 오늘 복음에 나오는 사마리아 여인에 대한 이야기였습니다.

6. 복음서에서 가끔 몇 시쯤이었다는 시간 표현이 나오는데 아주 중요한 복음적인 사건일 때 시간 표현을 합니다. '때는 정오 무렵이었다.'

당시에는 마을마다 식수로 사용되는 우물이 있었습니다.

보통 아낙네들은 아침이나 저녁나절에 물을 길러 나옵니다. 그런데 이 사마리아 여인은 정오쯤에 나왔습니다. 그때는 우물가에 아무도 없는 시간입니다. 이 여인의 상태를 짐작해 볼 수 있습니다. 동네 사람들과는 담을 쌓고 사는 사람, 전혀 교류가 없는 사람, 사람들 눈을 피하고 싶어 하는 사람, 사람들 만나는 것이 괴롭고 귀찮은 사람임을 알 수 있습니다.

목이 말라 우물가에 앉아 계시던 예수님께서는 한눈에 그 여인의 상태를 알아보십니다. 그 내면과 영혼, 그의 삶을 한눈에 꿰뚫어보십니다. 아주 자연스럽게 이야기를 나누십니다.

"나에게 마실 물을 좀 다오."

"선생님은 유대인이신데 어찌 사마리아인인 저에게 물을 달라 하십니까?"

"네가 나를 안다면 오히려 나에게 영원히 목마르지 않는 물을 청했을 것이다."

"선생님, 그 물을 저에게 주십시오."

예수님께서는 그 여인의 마음을 시험해 보십니다.

"네 남편을 데려오너라."

"저는 남편이 없습니다."

"너는 남편이 다섯이나 있었지만 지금 사는 남자도 남편이 아니니 남편이 없다는 말은 맞는 말이다."

그 당시 사회에서 남편이 다섯이나 있었고 지금은 여섯 번째 남자와 산다는 것, 그것 자체로 그 여자는 이미 사회적으로, 종교적으로 매장된 삶을 산다는 것을 보여 줍니다. 동네 사람들은 행실이 나쁜 그 여자를 분노를 갖고 싫어하고 미워했을 것입니다. 동네 망신이라면서 그 여자를 깔보고, 사람 취급도 하지 않고, 얼마나 창피하게 생각했을까요?

그 여인도 그저 죽지 못해 살고 있었을 것입니다. '내 인생은 왜 이 모양 이 꼬라지지?' 하고 한탄하면서, 좌절하면서 미움과 분노에 가득 찬 채 살았을 것입니다. 자기도 밉고, 남편들도 하나같이 원망스럽고, 동네 사람들도 꼴 보기 싫었을 것입니다. 그야말로 어둠과 분노에 가득 싸인 채 자포자기로 살았을 것입니다. 아마 죽고 싶다는 생각도 여러 번 했을 것입니다. 그러나 그나마 마음 깊이 있는 야훼 하느님께 대한 신앙 때문에 차마 시도는 하지 못했을 것입니다.

7. 예수님께서는 편견이나 판단을 하지 않으십니다. 그저 그녀의 이야기를 차분하게 들어 주시고, 야훼 하느님에 대한 이야기를 조곤조곤 해 주십니다. 어떤 감정이나 선입견도 갖지 않으십니다. 그저 그녀의 일생을 측은하게 여기시며 애잔한 마음으로 대화를 나누십니다. 옳지 못하게 사는 그녀에게 어떤 단죄도 내리시지 않습니다. 급기야는 엄청난 비밀이었던, 당신이 메시아이심을 알려 주십니다.

8. 아마도 그녀는 자기를 인정해 주시고, 자기 이야기를 들어 주시고, 판단하지 않으시는 예수님을 보면서, 또 그분의 이야기를 들으면서 평생 단 한 번도 경험해 보지 못한 평화를 느꼈을 것입니다. 또한 자신의 모든 죄를 용서받고 있다는 느낌, 그 모든 인생의 상처가 치유되고 있다는 기쁨을 느끼기 시작했을 것입니다. 예수님의 말씀은 그 자체가 현실로 이루어지는 하느님의 능력이며, 용서이고, 치유이기 때문입니다.

그녀는 그 짧은 순간에 이미 변화되고 있었습니다. 그토록 오랫동안 가슴을 눌러 왔던 그 모든 악몽에서 서서히 해방되고 있었습니다. 난생처음 사람으로 인정받고, 또한 하느님의 자녀로 인정받는 기쁨과 희열이 그녀의 마음 깊은 곳에서 흘러나왔을 것입니다.

9. 먹을 것을 구하러 갔다가 돌아온 제자들이 사마리아 여인과 진지한 대화를 나누시는 예수님을 보고는 깜짝 놀랍니다. 두 사람의 진지함이 그들에게는 놀람이었을 것입니다. 한 인간이 변화되는 그 현장에서 그들은 아무 말도 할 수 없었을 것입니다.

10. 짧은 순간이었지만 그 순간은 영원으로 이어지는 순간이었습니다. 사회적으로, 종교적으로 버림받은 한 여인이 이제 다시 하느님의 자녀로, 사회적으로 건강한 사람으로 새롭게 탄생되고 있었습니다.
가끔 영원으로 이어지는 순간들을 체험하곤 합니다. 하느님 안에 있을 때가 그 순간이며, 하느님의 은총과 사랑이 내 삶 안에 구체적으로 체험될 때가 바로 영원으로 이어지는 시간입니다.

11. 변화된 여인, 분노와 미움으로 쪼그라든 여인에서 하느님의 사랑 안에서 용서와 치유, 자유를 얻은 그 여인은 이제 당당하게 하느님의 자녀로서 용감한 여인으로 변신합니다. 그토록 보기 싫고 밉게만 생각하던 동네 사람들에게 그 귀한 물동이도 버려둔 채 달려가서 예수님에 대한 증언을 하기 시작합니다.
동네 사람들은 깜짝 놀랐을 것입니다. 그토록 죽을상을 하고 죽지 못해 살던 여인이 갑자기 얼굴에 기쁨이 가득하고 환희와 기쁨에 가득 차서 이야기하는 모습을 보고는 '아니, 그 여인 맞아? 도대체 이게 어찌된 일인가?' 하였을 것입니다.

그 여인의 변화된 모습을 눈으로 보게 된 많은 사마리아 사람들이 예수님께 자기 동네에서 머무를 것을 청하자 거기에서 이틀을 더 묵으십니다. 많은 사람들이 예수님의 말씀을 듣고 그 말씀들이 자신의 마음 안에서 이루어지는 것을 보고는 예수님을 구세주로 받아들이게 됩니다. 그 동네 전체에 기쁨과 평화의 잔치가 벌어집니다. 외적인 기쁨이 아니라 진정 깊은 마음에서 흘러나오는 희열이었고, 희망이었고, 자유로움이었습니다.

눈앞에서 구원을 체험한 동네 사람들은 그 여인에게 말합니다. "당신이 한 말 때문에 믿는 것이 아니고, 우리가 직접 이분이 구세주이심을 알게 되었기 때문이오."

미움과 불신, 분노와 단죄로 가득 찼던 어두운 마을이 용서와 치유, 평화와 기쁨, 희망과 자유가 가득한 빛의 마을로 변화됩니다.

12. 예수님께서는 제자들에게 말씀하십니다. "나에게는 너희가 모르는 양식이 있다. 내 양식은 나를 보내신 분의 뜻을 실천하고, 그분의 일을 완수하는 것이다."

하느님의 뜻과 하느님의 일은 바로 어둠과 미움으로 가득 찬 사람들을 기쁨과 감사의 사람으로 변화시키는 것입니다. 진정 노예에서 자유인으로 해방시키는 것입니다. 단죄에서 용서와 화해의 사람으로 변화시키는 것입니다. 불평불만에서 긍정과 자비의 사람으로 변화시키는 것입니다.

13. 예수님께서는 절대로 단 한 번도, 단 한 치도 그 여인을 단죄하지 않으셨습니다. 그 여인의 부족함과 죄를 묻지 않으셨습니다. 그 여인의 상태를 있는 그대로 인정해 주셨습니다. 그리고 측은하고 자비로운 마음으로 그녀에게 하느님의 힘과 사랑을 주셨습니다. 그 여인과 동네 사람들은 어둠에서 빛으로 변화되었습니다.

14. 그렇습니다. 오늘 우리가 믿는 하느님도 우리를 절대로 단죄하지 않으십니다. 우리의 죄를 묻지 않으십니다. 오히려 우리의 부족함과 어둠과 죄악을 이용해서 당신의 일을 하시는 분이십니다.

15. 우리는 우리의 부족함과 어둠에 갇혀 있지 말아야 합니다. '내가 부족한데, 내가 죄인인데' 하면서 원망하거나 한탄하지 말아야 합니다. 하느님의 사랑은 내 부족함과, 내 어둠과, 내 죄악을 뛰어넘으시는 사랑입니다. 나 자신의 부족함에 연연하지 말고 있는 그대로 인정하면서 하느님의 치유와 자비를 간절히 구해야 하겠습니다. 내가 나를 사랑하는 것보다 하느님께서 나를 더 사랑하십니다. 내가 나를 알고 있는 것보다 하느님께서 나를 더 잘 알고 계십니다.

16. 이틀에 이어진 김수환 추기경님의 강의는 여전히 그 우물가에서 이야기하시는 예수님에게서 끝났습니다. 식사 때 여쭤보았습니다.
"추기경님, 그 여인은 지금 뭘 하고 있나요?"
"글쎄, 아직도 예수님과 이야기하고 있지 않을까?"
우리는 추기경님의 그 고유한 유머 감각에 환호하였습니다. 예수님과의 대화가 얼마나 달콤한데 그 시간이 쉽게 끝나겠느냐는 의미였습니다. 문득 김수환 추기경님이 그리워집니다. 또 여쭙고 싶습니다.

"추기경님, 벌써 31년이 지났습니다. 그 우물가의 여인은 지금 뭘 하고 있을까요?"

"이 바보야, 그 여인은 아직도 예수님의 말씀을 듣고 있을 거야." 하시는 듯합니다. 추기경님의 강의가 아직 끝나지 않았기 때문입니다.

"주님, 당신은 참으로 세상의 구원자이시오니 저희에게 영원히 목마르지 않은 생명의 물을 주소서." 아멘.

한식 천보묘원 위령미사(2017. 4. 1.)

"자비로우신 하느님, 앞서가신 모든 영령들에게 당신의
자비를 베풀어 주소서. 또한 아무도 기억하지 않는
영령들에게도 당신의 자비를 베풀어 주소서."

1. 우리는 오늘 2017년 한식 위령미사를 봉헌하고 있습니다.

2. 한식날이 무슨 의미일까 찾아보았습니다.

3. 한식날은 동지(冬至) 후 105일째 되는 날로 양력으로 4월 5일 무렵이며, 설날, 단오, 추석과 함께 4대 명절 중 하나입니다. 일정 기간 불의 사용을 금하며 찬 음식을 먹는 고대 중국의 풍습에서 시작되었다고 합니다. 그래서 금연일(禁烟日), 냉절(冷節)이라고도 합니다.

4. 이 한식날의 유래에 대해서는 두 가지 설이 있는데 근거 있는 설은 다음과 같습니다.
원시사회에서는 모든 사물이 생명을 가지며, 생명이란 오래되면 소멸하기 때문에 주기적 갱생이 필요하다고 여겼습니다. 불의 경우도 마찬가지여서 오래된 불은 생명력이 없을 뿐만 아니라 인간에게 나쁜 영향을 미친다고 합니다. 그러므로 오래 사용한 불을 끄고 새로 불을 만들어서 사용하는 개화 의례를 주기적으로 거행했는데, 한식이란 구화(舊火)의 소멸과 신화(新火) 점화까지의 과도기라는 설명입니다.

또 '손 없는 날' 또는 '귀신이 꼼짝 못 하는 날'로 여겨 산소에 손을 대도 탈이 없는 날이라고 합니다. 그래서 산소에 개사초(改莎草: 잔디를 새로 입힘.)를 하거나 비석 또는 상석을 세우거나 이장을 합니다. 이렇듯 성묘와 산소 돌보기 풍속이 유지되는 데에는 한식이 식목일과 겹치며, 식목일이 공휴일인 점이 크게 이바지했습니다.

한편 한식은 농사를 준비하는 시점이기도 합니다. 그래서 소의 상태를 점검하기 위해 소를 부려 보기도 합니다. 또 한식 무렵이면 볍씨를 담그는데 씨를 뿌리면 말라 죽거나 새가 파먹는 고초일(苦草日)이라 하여 씨를 뿌리지는 않는다고 합니다. 또 강원도 지역에서는 과일나무의 벌어진 가지 사이로 돌을 끼워 넣는 과일나무 장가보내기를 하는데, 열매가 잘 열리게 하기 위해서입니다.

또 한식의 날씨를 살펴서 그해 시절의 좋고 나쁨이나 풍흉을 점치기도 하는데 한식에 날씨가 좋고 바람이 잔잔하면 시절이 좋거나 풍년이 든다고 하며, 어촌에서는 고기가 많이 잡힌다고 합니다. 그러나 폭풍이 불고 큰비가 내리면 그 반대라고 합니다. 그뿐만 아니라 한식날 새벽에 천둥이 치면 서리가 일찍 오고, 저녁에 천둥이 치면 늦게 온다는 믿음도 있습니다.

5. '오래된 묵은 불을 사용하지 않기 위해 한식, 즉 찬 음식을 먹는다. 또 새로운 불을 기다린다.'는 뜻의 한식날은 뭔가 우리 신앙인들에게도 의미하는 바가 큽니다.

우리도 부활 성야 때에 새로운 불을 축성하여 부활초에 불을 붙이고, 신자들에게 그 불을 나누어 줍니다. 그때 축성된 부활초는 1년 내내 중요한 일이 있을 때마다 켜게 됩니다. 세례 때, 견진 때, 장례 때, 혼인 때 등등입니다. 그 부활초는 바로 부활하신 그리스도의 빛과 생명을 상징합니다. 따라서 그 부활초의 불은 우리 신앙에서도 매우 중요한 의미를 갖고 있습니다.

새로운 불을 기다리는 한식날의 의미는 어떤 면에서는 새로운 부활의 빛을 기다리는 우리의 사순절과도 그 의미가 통한다고 할 수 있을 것입니다. 불은 모든 것을 태워 버립니다. 그러나 그것은 끝이 아니라 새로운 시작인 것입니다. 옛것을 태워 버리고, 새로운 것을 창조하는 것입니다.

예수님께서도 이 세상에 불을 지르러 오셨다고 하셨습니다. 과거의 잘못된 습관들, 관행들, 율법들, 의식들을 모두 태워 버리고 새로운 질서, 새로운 생명력, 새로운 부활의 삶을 주시겠다는 것입니다.

지금의 우리나라도 어떤 면에서는 이 한식 또는 사순절과 같은 시기를 보내는 것이 아닌가 합니다. 잘못된 옛것을 청산하기 위해서 우리에게는 그 어린 학생들의 희생이 필요했고, 잘못된 정치인들과 기업가들을 호되게 질책하고 있는 것이 아닌가 합니다. 아마 이제 이 어려운 시간이 흐르고 나면 우리나라에도 새로운 빛, 새로운 부활의 질서가 마련될 것이라고 생각됩니다.

우리 개인들도 마찬가지입니다. 하느님께서는 때로 우리의 삶에 호된 매질을 하시기도 하고, 참기 어려운 고통을 허락하시기도 합니다. 때로는 그 매질과 고통이 야속하기도 하지만 시간이 흘러서 뒤를 돌아보면 그 매질과 고통이 있었기에 내가 예전의 나가 아닌 새로운 나의 삶으로 변모했음을 깨닫게 됩니다.

사순절 기간 동안 맞는 이 한식 미사도 바로 그런 것이 아닌가 합니다. 내 삶에 기운이 다한 헌 불을 청산하고 새로운 생명의 불을 받아들이기 위해서 준비하는 시간이라 여겨집니다. 예전의 내가 아닌 새로운 내가 창조되기 위해서 준비하는 시간입니다. 지금 감옥에 가 있는 어떤 사람처럼 끝까지 부인하고 부정할 것이 아니라 진심으로 자신의 헌 모습을 깨닫고, 인정하고, 받아들일 수 있다면 고통 속에서도 순조롭게 새로운 자기 자신으로 태어날 수 있게 될 것입니다.

6. 우리의 인생에는 각자 나름대로 다 중요한 삶의 전환점이 있게 마련입니다. 자신의 삶과 내면을 진실되게 바라볼 수 있는 전환점, 그것은 바로 죽음을 바라보는 시간일 것입니다. 부모님의 죽음 앞에서, 자식의 죽음 앞에서, 친한 지인의 죽음 앞에서 우리는 '과연 인생이란 무엇인가?'라는 진지한 질문을 던져 보지 않을 수 없습니다. 또한 그 죽음 앞에서 나의 삶은 무엇이고, 과연 나는 그 망자의 삶에 어떤 존재였는지 돌이켜 보지 않을 수 없습니다.

7. 죽음이란 고통이고 아픔이지만 그것은 동시에 나를 성장시키는 계기이기도 합니다. 나의 욕심을 내려놓고, 허망한 세상을 향해 브레이크 없는 자동차처럼 질주하는 나의 삶을 돌이켜 보는 정말 중요한 삶의 계기요, 전환점이요, 어떤 면에서는 앞서가신 분들이 살아 있는 나에게 주는 마지막 선물이며, 하늘의 선물이기도 한 것입니다. 하늘에까지 닿는 바벨탑을 쌓고 있는 자신의 교만과 오만함을 바라볼 수 있는 기회인 것입니다.

8. 우리는 주위의 죽음을 통해서 인생 교육, 심성 교육, 신앙 교육을

받고 있는 것입니다. 무조건 아프다고, 힘들다고 외칠 것이 아니고, 그 죽음들을 통해서 우리가 무엇을 배워야 하고, 느껴야 하고, 변해야 하는지 다시 한 번 생각해 보는 귀중한 한식 위령미사가 되었으면 합니다.

9. 특히 부모님의 죽음, 자식의 죽음은 우리 마음속에서 영원히 지워지지 않는 기억입니다. 때로는 그 기억이 아프고 흉측하여 생각할 때마다 마음이 후벼 파지는 고통이 있을 수 있지만, 이제 우리는 그 기억들도 감사의 기억으로 바꿀 수 있어야 하겠습니다. 그래도 그분들이 계셨기에 내가 존재할 수 있는 것이며, 그래도 그 자식들이 있었기에 내 마음속에 영원히 살아 있는 사랑이 남아 있는 것입니다.

10. 죽음을 기억하는 우리에게는 아쉬움과 아픔, 또 애잔한 그리움, 감사, 못다 한 사랑에 대한 죄책감 등 여러 가지 감정이 혼재해 있겠지만 그 모든 기억들을 감사의 기억으로 변화시킬 수 있어야 하겠습니다.
아픔만 기억하면 그 안에 있었던 기쁨과 감사는 사라지게 마련입니다. 감사를 기억하면 내 안에 있던 상처도 치유되고, 그동안 보지 못했고 깨닫지 못했던 더 큰 감사를 발견할 수 있게 됩니다. 우리가 기억하는 고인들은 내 삶에 주어진 크나큰 선물이었음을 발견할 수 있게 됩니다.

11. 우리가 바치는 감사의 마음과 추억과 기도는 모든 귀신들을 꼼짝 못 하게 할 것입니다. 우리의 마음도 죄책감과 미안함과 두려움

에서 해방될 수 있을 것입니다. 오늘 우리가 바치는 모든 기도와 정성은 우리를 둘러싸고 있는 악의 세력으로부터 우리를 보호할 것이며, 하느님께서 당신의 천사들을 보내시어 우리를 이끌어 주실 것입니다.

12. 이제 우리는 우리 인생의 새로운 농사를 준비해야 하겠습니다. 새 불을 마련하여 우리의 잘못된 마음을 청산하고, 볍씨들을 살펴야 할 것이며, 온갖 삶의 농기구와 소들을 준비해야 할 것입니다. 또한 모든 것을 이루시는 하느님의 손길에 이 모든 것을 맡길 줄 아는 신앙의 정통성을 회복할 수 있어야 하겠습니다.

모든 것은 우리가 하지만, 동시에 그 모든 것은 하느님께서 하시는 일이기 때문입니다. 우리의 삶을 통해 하느님께서 당신의 꿈을 이루실 수 있도록 우리의 마음과 우리의 삶을 잘 살펴보고 준비해야 하겠습니다.

"자비로우신 하느님, 앞서가신 모든 영령들에게 당신의 자비를 베풀어 주소서. 또한 아무도 기억하지 않는 영령들에게도 당신의 자비를 베풀어 주소서. 그들을 기억하는 우리의 정성이 당신께 드리는 소중한 예물이 되게 하여 주소서." 아멘.

주님 수난 성지주일(2017. 4. 9.)

"그분은 하느님이셨지만 당신 자신을 비우시고 낮추시어
십자가의 죽음에 이르기까지 순종하셨기에 하느님께서는
그분을 드높이 올리시었습니다."

1. 오늘 우리는 주님 수난 주일에 수난기 복음을 들었습니다.

2. 하느님의 아들이신 분이 이 세상의 온갖 죄에 찔리십니다.

3. 예수님의 신뢰를 받았던 유다는 예수님을 단돈 은전 서른 닢에
팔아넘깁니다. 유다는 예수님의 사랑을 배신합니다.

4. 제자들은 예수님의 고통을 이해하지 못하고, 그저 몸의 피곤함
을 이유로 그 땀이 피가 되어 흐르는 고통의 시간들을 함께하지 못
합니다.

5. 칼을 휘두르던 용기는 어디 갔는지, 예수님이 잡히시자 제자들
은 순식간에 다 도망가 버립니다. 심지어는 겉옷이 벗겨지면서까지
도망을 갑니다.

6. 율법학자들과 원로들은 자신들의 어둠과 위선이 드러나는 것을
두려워한 나머지 예수님에게 하느님을 모독하였다는 죄명을 뒤집
어씌웁니다.

7. 그들을 따르던 이들은 그들에게 배척받는 것이 두려워 큰 소리

로 예수님을 모독하며 그분의 얼굴에 침을 뱉고, 주먹으로 치고, 손찌검을 하면서 조롱합니다.

8. 주님을 위해서는 목숨까지 바치겠다던 베드로는 너무나 어이없게도 무려 세 번씩이나 예수님을 모른다고 부인합니다. 천벌이라도 받겠다고 하면서 모른다고 맹세까지 합니다.

9. 유다는 뒤늦게 자신의 잘못을 뉘우치지만 이미 엎질러진 물을 다시 주워 담을 수는 없었습니다. 모든 것을 포기한 그는 자살을 하고 맙니다.

10. 빌라도는 예수님이 죄가 없음을 알고 있었음에도 불구하고, 자신의 정치적 입지를 위해 예수님을 십자가형에 처하는 판결을 내리고 교묘히 책임을 회피합니다.

11. 군사들은 밤새워 예수님을 때리고, 모욕하며, 조롱합니다.

12. 예수님으로부터 하느님의 사랑과 기적과 삶의 새로운 감동을 얻었던 이름 모를 군중까지도 어둠의 세력에 휩싸여 예수님을 모독합니다.

13. 죽을죄를 지어 십자가형을 받았던 극악한 죄인들까지도 예수님을 비아냥거립니다.

14. 제자들은 겁에 질려 그저 멀찍이 서서 "이게 어찌된 일일까?" 하며 소심함과 의혹에 휩싸이고 맙니다.

15. 하늘은 어둡고, 마치 어둠이 지배하는 듯한 세상이 되어 버리고 말았으며, 일말의 하느님의 자비도 없는 듯한 그야말로 죄악으로 뒤덮인 세상이 되고 말았습니다.

16. 형제자매 여러분, 이 수난기에는 인간의 온갖 죄가 다 표현되고 있습니다. 인간의 마음속에 있는 어둠과 죄악의 끝을 다 보여 주고 있습니다.

17. 왜 예수님께서는 이런 고통과 어둠과 죄악을 경험하신 것일까요?

18. 그것은 인간을 사랑하시는 하느님의 방법이었고, 그 안에 우리가 살아가야 할 인생의 진리가 숨어 있는 듯합니다.

19. 우리는 이 세상의 죄를 없애시는 하느님의 어린양의 모습을 봅니다. 이 세상의 죄를 없애기 위해서는 누군가가 그 죄의 대가를 뒤집어써야만 했던 것입니다. 자신의 목숨을 바쳐 그 죄가 드러나게 하고, 그럼으로써 세상의 죄를 없애시는 하느님의 영광스러운 능력을 보여 주시는 것입니다.

20. 마음이 깊어질수록 마치 산속에 있는 호수처럼 그 큰 산들을 품을 수 있게 되는 것입니다. 예수님께서는 당신의 고통을 통해 그 크신 마음으로 우리 이 불쌍한 인생길을 품고 계시는 것입니다. 당신의 고통과 죽음을 통해 비로소 우리를 부활시켜 주시는 것입니다. "그분은 하느님이셨지만 당신 자신을 비우시고 낮추시어 십자가의 죽음에 이르기까지 순종하셨기에 하느님께서는 그분을 드높이 올리시었습니다." 아멘.

주님 만찬 성목요일(2017. 4. 13.)

"주님, 그리스도의 희생을 기념하여 이 제사를 드릴 때마다
저희에게 구원이 이루어지오니, 저희가 이 신비로운 제사를
정성껏 거행하게 하소서."

1. 꽃비가 내리는 아름다운 계절입니다. 온 동네가 꽃잎에 젖어 있
습니다.

2. 오늘 오전 명동성당에서는 성유축성미사가 있었습니다. 서울대
교구는 사제 수가 900명에 이릅니다. 그중에서 제 서열은 150번입
니다. 미사 전 모든 신부님들이 행렬에 참여하는데 부제들이 제일
앞에 서고, 새 신부, 1년차 신부 등의 순서로 신부님들의 행렬이 시
작됩니다. 산술적으로는 제 앞에 750명이 서고, 제 뒤로 150명이 서
는 장대한 행렬입니다.

3. 새파랗게 젊은 부제를 필두로 서품순으로 행렬하는 모습을 보면
마치 인생의 파노라마를 보는 듯합니다. 저도 맨 앞에 섰던 적이 있
는데 어느샌가 제 뒤의 선배보다 앞의 후배가 몇 배로 많아졌습니
다. '어느새 세월이 이토록 흘렀나!' 하는 생각과 함께 그 세월 동안
의 수많은 일들이 주마등처럼 스쳐 지나갑니다.

앞의 후배 사제들을 보면 안쓰러워지기도 합니다. 어떤 면에서는
저희 세대보다 더 힘들고 고된 사제의 길을 걸어야 하는데 어쩌나!
그들의 젊음을 보면서 활기찬 힘도 느껴지지만 그들이 거쳐 가야

하는 수많은 세월들의 아픔을 생각하면 참 안됐다는 생각도 스쳐 갑니다.

4. 매년 이 행렬을 바라보는 느낌이 다릅니다. 오늘은 특별히 사제 서품 50주년을 맞는 여덟 분의 금경축 축하 행사도 있었습니다. 옛 날 같으면 50주년을 맞는 신부님도 별로 없었고, 설사 있더라도 다 들 몸이 안 좋으셔서 참석을 못 하셨는데 오늘은 한 분만 제외하고 모두 건강이 넘치시는 모습이었습니다.

5. 교회 안에서 사제로 50년을 살아오셨다는 것, 그 자체만으로도 감동이 아닐 수 없습니다. 그 세월 동안 숨어 있는 삶 속에 얼마나 많은 기쁨과 슬픔, 환희와 상처가 가득했을까 생각해 보면 그 감동 이 더 커져 갑니다. 아마 하느님만 헤아리시는 그분들만의 삶의 역 사가 있으실 것입니다. 아마도 하느님께서는 그 삶의 역사 안에서 모든 것을 헤아리고 계실 것입니다.

6. 교회가 무엇인가 다시 생각해 보는 시간이었습니다. '교회와 사제 는 과연 무엇인가?'라는 질문이 제 머릿속에서 떠나지 않았습니다.

7. 교회는 어머니와 같다고들 합니다. 어머니의 사랑 속에서 생명 이 태어나고 자라듯이 우리 사제들도, 또 우리 신자들도 교회의 사 랑 속에 세례를 받고, 고해, 견진, 성체, 혼인, 병자의 축복 속에 살아 옵니다. 저희 사제들은 특히 사제 서품의 축복 속에 살아옵니다. 우 리가 의식하지 못하는 면이 많습니다. 내 삶은 나 혼자서 살아온 것 이 아니라 교회의 사랑 속에 살아온 것입니다.

그러나 교회는 사실 사랑만 있는 것은 아닙니다. 교회 안에도 인간의 온갖 문제가 사랑과 함께 공존해 있습니다. 그래서 우리는 보이지 않는 사랑 속에 살면서도 보이는 상처와 아픔 속에 살아가기도 합니다.

8. 우리의 부모님들이 아무리 사랑이 많아도 내 삶의 성장과정에는 부모님들도 어쩔 수 없는 상처가 있는 것입니다. 부모님들이 신이 아닌 이상, 인간인 이상 완벽한 사랑은 존재할 수 없기 때문입니다. 그런데 우리는 많은 경우 보이지 않는 사랑, 당연한 듯한 사랑에는 감사할 줄 모릅니다. 그뿐만 아니라 9개의 사랑 중에 단 하나의 아픔과 상처에는 아주 민감하게 반응하고, 때로는 분노를, 때로는 적개심을 갖곤 합니다. 보이지 않는 사랑은 당연한 것으로 여기고, 보이는 상처에 대해서는 얼마나 예민한지 모릅니다.

9. 우리를 키우시느라 세상의 온갖 세파에 맞서 싸우신 어머니의 얼굴은 사실 아름답지 않습니다. 주름져 있고, 그 주름 속에 인생의 굴곡이 다 들어 있습니다. 사실 그 얼굴의 굴곡은 자녀들을 위한 희생과 사랑의 표현이기도 한 것입니다.
그런데 우리는 많은 경우 그 주름 속에 숨어 있는 아름다움을 잘 깨닫지 못합니다. 오히려 나의 아픔만 생각합니다. 나이가 들어서 생긴 줄로만 여깁니다. 그러나 우리가 미처 알지 못하는 얼마나 아픈 세월들이, 기억들이 그 주름 안에 숨어 있겠습니까?

10. 교회도 마찬가지입니다. 우리는 이 세상의 어둠과 악의 세력과 싸우고, 이 험한 세상에서 우리를 지켜 내기 위한 교회의 사랑을 잊

고 지낼 때가 많습니다. 아니, 깨닫지 못하는 경우가 허다합니다. 많은 경우 아픔과 상처만 생각합니다. '교회가 왜 이래? 왜 이 모양이야?' 하면서 불평만 늘어놓을 때가 감사할 때보다 사실 더 많습니다. 소위 똑똑하다는 사람들, 힘 있다는 사람들이 더 심합니다.

11. 어머니처럼 교회도 모든 것을 다 주어도 원망과 한탄만 받을 때가 많습니다. 다른 어머니와 비교하고, 자기 머릿속의 이상적인 교회와 비교하기 일쑤입니다. 그러나 사랑은 아픈 것이기에, 고통스러운 것이기에 진정한 사랑이신 어머니와 교회는 그 모든 것을 감수, 인내합니다. 언젠가는 알아주겠지, 언젠가는 이 진정한 사랑을 깨달아 주겠지 하면서 침묵 속에 기다릴 뿐입니다.

12. 받은 사랑보다 자신의 상처만 기억하는 사람은 올바로 성숙될 수 없고, 그 상처도 치유받기 힘듭니다. 우리 인생에 있는 수많은 상처의 기억에서 탈피하여 우리가 이미 받은 수많은 사랑을 기억하는 데서 치유가 가능해지는 것입니다. 어머니에게 받은 상처보다 더 큰 어머니의 사랑을 기억하는 데서 그 어쩔 수 없는 상처들도 치유되는 것입니다. 교회에서 받은 상처보다 더 큰 숨어 있는 교회의 사랑을 기억하는 데서 그 어쩔 수 없는 상처들도 치유되는 것입니다.

13. 어머니의 얼굴이 더러우면 창피하다 하지 말고, 그 더러움을 닦아 내는 용기가 필요한 것입니다. 교회가 문제가 많다 하여 창피하게 생각하거나 피할 것이 아니고, 어떻게 하면 사랑의 교회가 될 수 있을까 고민하고 실천하는 것이 올바른 삶의 방법일 것입니다.

14. 어머니의 사랑이 그러하듯이 교회의 사랑도 그 속에는 우리가 헤아릴 수 없는 엄청난 사랑이 존재합니다.

15. 사랑을 위해, 망가진 인간을 구해 주시기 위해 하느님께서는 직접 아기의 모습으로 가난한 구유에서 태어나시고, 직접 하느님의 사랑을 전해 주시고, 그것도 모자라 인간의 그 못난 죄악들을 갚아 주시기 위해서 십자가에 못 박혀 돌아가시고, 그뿐만 아니라 오늘의 우리를 위해 제대 위에서 성체의 모습으로 우리에게 사랑을 보여 주고 계십니다.

16. 이 엄청난 사랑을 누가 할 수 있겠습니까? 사랑 자체이신 하느님만이 하실 수 있는 일이십니다.

17. 오늘 특별히 이 주님 만찬미사에서 그 엄청난 하느님의 사랑의 모습을 보여 주십니다. 먼지만도 못한 존재, 정말 아둔한 존재임에도 불구하고 예수님께서는 몸을 숙여 우리들의 발을 씻겨 주십니다. 옛날 하인들이나 노예들이 하던 굴복의 행동을 보여 주십니다.

18. 뭐가 아쉬워서 이 세상을 창조하시고 다스리시는 그 크신 하느님의 외아들 예수님께서 그리하시겠습니까? 우리에게도 그리하라 하십니다. 왜? 하느님께서 천지창조 때에 주신 그 사랑을 회복해야만 우리가 올바른 인간으로, 하느님께 상속받을 수 있는 자녀로 살아갈 수 있기 때문입니다.

인간의 발을 씻어 주시는 예수님의 모습은 인간에게 호소하시고, 애원하시는 하느님의 모습을 보여 줍니다. "제발, 제발 행복한 사람이 되어라. 그 마음속에 사랑의 능력을 회복하거라. 분노와 미움 속에 살지 말고, 밝음과 맑음 속에서 감사하며 살아라." 하고 애원하시는 하느님의 모습을 발견하게 됩니다.

19. 그 자리에 없던 우리들을 위해서 당신의 몸과 피를 성체와 성혈의 모습으로 우리에게 나누어 주십니다. 그야말로 당신의 모든 것을 아낌없이 적나라하게 주시는 모습입니다. 그냥 상징으로서가 아니라 실제로 당신의 몸을 바치심으로써 당신의 모든 것을 아낌없이 주시는 완전한 사랑의 모습이십니다.
"너희는 받아먹어라. 너희는 받아 마셔라. 이는 너희를 위한 내 몸이요, 내 피다. 내 몸을 먹는 사람은 그 마음 안에 사랑이 깃들게 될 것이며, 그 사랑의 힘으로 영원한 생명을 얻게 될 것이다." 말씀해 주십니다.

20. 이제 우리는 우리를 위한 진정한 사랑, 아낌없는 사랑, 조건 없는 사랑의 모습을 보여 주시는 그분을 깨달을 수 있어야 하겠습니다. 오로지 우리의 행복만을 위해 자신의 모든 것을 헌신짝처럼 내던지시는 그분의 깊은 속내를 깨달을 수 있어야 하겠습니다.
우리 눈에는 인생의 상처와 아픔만 보이겠지만, 사실 우리가 사는 이 인생은 우리가 미처 깨닫지 못한 엄청난 하느님의 사랑이 함께하는 너무나 고귀한 인생임을 깨달을 수 있어야 하겠습니다. 하느님께서 당신의 모든 것을 다 바쳐 구하시고자 하는 너무나 귀한 내 인생임을 깊이 생각하도록 해야겠습니다.
"주님, 그리스도의 희생을 기념하여 이 제사를 드릴 때마다 저희에

게 구원이 이루어지오니, 저희가 이 신비로운 제사를 정성껏 거행
하게 하소서." 아멘.

예수 부활 대축일 (2017. 4. 16.)

"오늘은 주님이 친히 마련하신 날,
이날을 기뻐하며 즐거워하세."

1. 온천지에 꽃이 피었습니다. 죽어 있는 것만 같았던 가지들에 형형색색의 꽃들이 달려 있습니다. 흰색, 노란색, 분홍색 등등, 또 말로 잘 표현 안 되는 아름다운 색깔들이 모두모두 조화롭게 달려 있습니다. '어디서 저 꽃들이 터져 나온 것인가? 어디에 숨어 있었나?' 할 정도로 신기하고 신비스럽습니다. 이미 져 버린 꽃, 피어 있는 꽃, 필 꽃들이 우리의 마음을 싱그럽게 만듭니다.

2. 또 새순들이 터져 나오고 있습니다. 겨울의 그 칙칙한 색깔을 벗어 버리고 아주 이쁘고 귀여운 연녹색 잎들이 터져 나오고 있습니다. 어두컴컴하던 산의 색깔이 밝아지고, 새로운 생명의 옷으로 갈아입고 있습니다.

3. 이해인 수녀님의 〈4월의 시〉입니다.

"꽃무더기 세상을 삽니다.

고개를 조금만 돌려도

세상은 오만 가지 색색의 고운 꽃들이

자기가 제일인 양

활짝들 피었답니다.

정말 아름다운 봄날입니다.

새삼스레 두 눈으로 볼 수 있어 감사한 마음이고

고운 향기 느낄 수 있어서 감격이며

꽃들 가득한 사월의 길목에 살고 있음이 감동입니다.

눈이 짓무르도록 이 봄을 느끼며

가슴이 터지도록 이 봄을 즐기며

두 발 부르트도록 꽃길 걸어 봅니다.

내일도 내 것이 아닌데

내년 봄은 너무 멀지요

오늘 이 봄을 사랑합니다.

오늘 곁에 있는 모두를 진심으로 사랑합니다.

4월이 문을 엽니다."

4. 참 아름다운 시죠?

어느 날 어떤 자매에게서 이상한 이야기를 들었습니다.

"신부님, 저는 봄만 되면 우울해 죽겠어요."

"아니, 왜요? 이 아름다운 봄에 왜 우울해지는 거죠?"

"봄이 되면 만물은 새로 태어나는데 왜 사람은 봄이 되어도 다시 돌아오지 않는 거죠?"

저는 뒤통수를 한 대 맞은 듯 멍하였습니다. 그 자매는 남편을 너무 사랑했는데 갑자기 사고로 세상을 떠난 것이었습니다. 저는 생각했습니다. '아! 누구에게나 봄이 아름다운 것만은 아니구나. 어떤 사람에게는 찬란한 봄만큼 깊은 아픔이 있는 것이로구나.' 사람마다 사물을 보는 눈이 다를 수 있음을 알았습니다.

5. 아름다운 봄을 아름답게 보지 못하는 사람들에게 그 아름다운 봄은 마음속에 느껴지는 고문일 수도 있는 것입니다. 마음속의 슬픔, 아픔, 상처가 이처럼 아름다운 봄을 탄식과 절망으로 바꿔 놓을 수 있음을 새삼 알 수 있었습니다.

6. 그러나 신앙인인 우리는 마음을 바꿀 수 있어야 합니다. 아니, 우리의 힘으로 바꾸는 것이 아니라 부활하신 주님의 힘으로 바꾸어야 하는 것입니다.

7. 돌무덤 안은 칙칙하고, 어둡고, 아픕니다. 돌로 꽉 막혀 있어 우리 자신의 힘으로는 어쩔 수가 없습니다. 우리가 아무리 용을 써 봐도 그 무겁고 육중한 돌은 꼼짝도 하지 않습니다. 제발 누가 이 무겁고 갑갑한 돌을 치워 주었으면 해도 그 돌은 언제나 그 자리에 자리 잡고 있습니다.

8. 이제 부활하신 주님께서 그 돌을 치워 주십니다. 안에서부터 박차고 나와 그 돌을 굴려 버리십니다. 그분은 아직도 생생하게 머리에는 가시관으로 인한 피가 흐르고, 두 손과 두 발은 못으로 인한 피가 흐르고, 창에 찔린 가슴에서는 여전히 피와 물이 쏟아지고 있습니다. 온몸은 채찍질과 구타로 성한 곳이 한 군데도 없습니다. 그러나 그 모습은 흉한 모습이 아니라 우리를 살리는 거룩한 모습이

십니다. 죄가 없으신 그분께서는 당신의 상처와 수난과 죽음으로써 우리 마음속에 꼼짝 않고 버티던 그 지겨운 돌을 굴려 버리십니다. 우리의 마음속에 새로운 빛을 비추어 주십니다. 우리 안에 죽어 있던 마음들이 새로운 생명으로 꿈틀거리고 있습니다. 우리 안에 있었던 상처받았던 마음들이 새롭게 치유되고 있습니다. 우리 마음 안에 새로운 움을 틔워 내시고, 아름다운 꽃을 피우십니다. 우리는 마음 저 깊은 곳에서부터 어둠과 죽음이 쫓겨나는 것을 봅니다. 죽음이 생명으로 바뀌고, 불신이 신뢰로 바뀌며, 절망이 희망으로 바뀌어 나갑니다. 겨울옷을 입고 힘들어하던 우리가 가벼운 봄옷으로 갈아입고 하느님 나라의 부활 잔치에 참여합니다.

여전히 우리에게 미움이 존재하지만 그 미움보다 더 큰 사랑의 힘이 있습니다. 여전히 우리에게 분노가 존재하지만 그 분노보다 더 큰 용서의 힘이 있습니다. 여전히 우리에게 고통이 존재하지만 그 고통보다 더 큰 평화가 있습니다.

이제 구태의연한 관습과 습관, 제도에서 벗어나 성령과 함께 부활하신 주님께 의지하고, 신뢰하며, 그분과 함께 살아갈 수 있는 새로운 영적인 힘이 우리에게 존재하는 것입니다. 이제는 내가 혼자 사는 것이 아니라 부활하신 주님과 함께 살아가는 것입니다.

9. 말로만 부활을 축하하는 것이 아닙니다. 부활은 우리의 죽음을 이겨 내는 하느님의 힘이며, 사랑이며, 은총입니다. 우리의 죽음을 극복하신다는 말은 우리 인간의 온갖 문제를 다 극복해 주심을 의미하는 것입니다.

10. 자녀들 때문에 마음이 힘듭니까? 걱정하지 마시고 부활하신 주님께 맡기십시오.

가정은 챙기지 않고 매일 술이나 먹고 자기 편한 대로만 사는 남편들 때문에 걱정이십니까? 걱정하지 마십시오. 부활하신 주님께서는 그 정도의 잘못된 습관과 마음쯤은 단 한 번에 바꾸어 주실 수 있습니다.

힘들게 돈을 벌어 오지만 허영과 사치가 심한 부인 때문에 걱정이십니까? 걱정하지 마십시오. 부활하신 주님께 부인을 맡겨 드리면 그 정도쯤이야 쉽게 해결해 주십니다.

어렸을 때의 상처, 성장한 뒤의 상처, 배신과 모욕 등 마음의 상처 때문에 걱정이십니까? 걱정하지 마십시오. 주님께서 우리 마음의 상처와 죽음을 이겨 내시기 위해서 부활하셨으니 우리 마음을 있는 그대로 그분께 맡기십시오.

남들처럼 부유하게 살지 못해서 마음이 혼란스럽습니까? 걱정하지 마십시오. 부활하신 그분과 함께 살면 돈 많은 사람들보다 얼마든지 더 기쁘고 행복하게 살 수 있습니다.

11. 다 함께 기쁜 마음으로, 환희에 가득 찬 마음으로, 행복한 마음으로 외쳐 보시겠습니다. 알렐루야, 알렐루야!

부활하신 주님께서 우리를 구하셨도다. 알렐루야, 알렐루야!

우리의 행복을 위해 주님께서 너무나 큰 값을 치르시고 우리를 구하셨도다. 알렐루야, 알렐루야!

주님의 부활을 통해 우리가 미처 다 알아들을 수 없는 하느님의 사랑을 보여 주셨도다. 알렐루야, 알렐루야!

이제 우리 마음을 막았던 무거운 돌은 저 멀리 굴러가고, 우리 마음 안에 빛과 희망과 감사가 가득하도다. 알렐루야, 알렐루야!

이제 우리는 죽을 것을 걱정하지 않고, 어떻게 하면 기쁨과 감사로 살 것인가만 남았도다. 알렐루야, 알렐루야!

"오늘은 주님이 친히 마련하신 날, 이날을 기뻐하며 즐거워하세." 아멘.

부활 제4주일(2017. 5. 7.)
"주님께서 말씀하신다. 나는 착한 목자다.
나는 내 양들을 알고, 내 양들은 나를 안다."

1. 교우 여러분들의 기도와 염려 덕분에 산티아고 순렛길 220킬로를 잘 다녀왔습니다. 하느님의 사랑과 교우 여러분들의 사랑 덕분에 쉽지 않은 여정을 잘 마칠 수 있었습니다.

얼굴이 많이 까매졌죠? 원래 밤에 태어나 얼굴이 까만 데다(?) 스페인의 그 강렬한 태양이 저를 너무 좋아해서(?) 속수무책이었습니다. 열흘 동안 220킬로를 걸었으니 내심 살이 좀 빠졌겠거니 기대하면서 체중을 달아 보았더니, 아니 이게 웬일입니까? 단 1킬로도 빠지지 않았습니다.

작년 히말라야 갔을 때도 그랬는데, 힘들다 보니 음식을 조절하지 않은 것이 주된 이유였습니다. 역시 체중 관리는 운동보다는 음식에 달려 있다는 것을 새삼 느끼게 됩니다. 그래도 지방이 근육으로 변했으리라 스스로 위안해 봅니다.

2. 원래 산티아고 순렛길은 1000여 년 전 산티아고라는 벌판에서 어느 날 별빛이 유난히 한 지점을 비추고 있어 그곳을 파 보았더니 스페인 지역에서 복음을 전하시던 야고보 사도의 무덤이 발견되어, 그때부터 이스라엘, 로마와 함께 3대 성지순렛길로 선포되었다고

합니다.

여러 순렛길이 있는데 일반적으로는 프랑스의 생장이라는 피레네산 맥 아랫동네에서 시작하는데 산티아고 콤보스텔라까지 800킬로를 걷고, 묵시아라는 곳까지 900킬로를 걷는 사람도 있다고 합니다.

3. 산티아고 순렛길은 스페인 북부의 산간 마을들을 이어 주는 길입니다. 야고보 사도는 세례를 주기 위한 조개껍데기와 호롱박과 긴 지팡이를 들고 이 마을에서 저 마을로 복음을 전하며 그 길을 걸었고, 후에 야고보 사도의 제자들이 그의 시신을 산티아고에 모셨다고 합니다.

4. 작년 사제 서품 30주년을 맞으면서 제 마음은 한편으로는 기쁘고 감사했지만 한편으로는 무겁고, 착잡했습니다. 30년이라는 짧지 않은 세월을 살아오면서 나는 무엇을 위해, 어떻게 살아왔는지 깊은 반성과 회의, 갈등을 겪어야만 했습니다. 그래서 뭔가 돌파구가 필요했고, 전부터 생각해 오던 산티아고 순렛길을 생각해 보기 시작했습니다. 작년에는 여차저차 해서 엄두를 못 냈는데 올해 초에 일단 비행기 표부터 예약하고 말았습니다.

여태까지 성지순례는 신자들과 함께 다녔는데, 이번에는 전혀 모르는 사람들과 함께하기로 생각하였습니다. 그래야 저 자신에 대해 더 집중할 수 있기 때문이었습니다. 함께하는 사람들에게 신경 쓰지 않고 오로지 저 자신에게만 신경 쓰고 싶었습니다. 또 시간과 체력, 경제력을 생각할 때 800킬로를 다 걸을 수는 없었고, 220킬로를 선택했습니다.

한편으로는 불안하기도 하였습니다. 저 자신의 신분에 대해서 밝히지 않고 전혀 모르는 사람들과 15일을 지낸다는 것이, 또 220킬로를 걸어야 한다는 것이 결코 쉬운 일은 아니었기 때문입니다.

5. 순례 일기를 읽어 드리겠습니다.

첫날.

① 루프트한자 독일 비행기를 타려는데 잠시 기다리란다. 업그레이드됐다고. 웬 업그레이드? 비즈니스석이란다. 아마 일반석 오버부킹으로 승급한 듯. 어쨌든 그분의 보호하심을 느낀다. 뭔지 모를 뿌듯함. 고행길이라기보다는 지난 세월들에 대한 보상, 선물이라는 느낌!

② 혼자라는 적적함도 있지만 참 자유롭다. 어떤 면에서는 편하다. 여유가 있다. 이리저리 둘러보고, 독일 사람들 구경도 하고, 대기하면서 새로 산 이어폰으로 고음질의 음악도 듣는다. 신자들과 함께 할 때는 의식하지 않아도 신경 쓰이고, 책임감이 발동하는데 나 하나만 신경 쓰면 되니 참 편하고 자유롭다.

③ 인천공항에서 뮌헨으로, 뮌헨에서 루르드 근처로 가는 비행기를 탄다. 아주 조그만 비행기다.

④ 첫날 뮌헨까지 오느라고 11시간 30분 걸리고 2시간 대기하고, 다시 한 시간 반 비행기를 탄다. 약 16시간 걸린다. 몸은 가라앉고, 졸린다. 그래도 음악 들으며 설레는 마음으로 피곤함을 달래 본다.

⑤ 올 때 공항에서 보조 배터리, 이어폰 좋은 걸 샀는데 잘 산 거 같다. 강력한 보조 배터리가 있어 걱정이 없다. 이어폰도 끝내준다.

⑥ 이렇게 호사스럽게 순례를 다녀도 되나 하는 의구심이 계속 들지만 왠지 고행보다는 선물, 보상이라는 느낌이 더 강하다. 모르는 사람들이니 오히려 덜 부담스럽다.

둘째 날.

① 밤에 잠이 안 온다. 한숨 깊이 잤다고 생각했는데 새벽 3시다. 잠깐 있다가 또다시 잠을 청했는데 시간이 안 간다. 에이, 일어나 샤워하고 짐 정리하니 그제야 모닝콜이 울린다. 유럽에 올 때마다 반복되는 현상, 시차다. 하긴 한국은 대낮이니 그럴 수밖에 없겠지.

② 여기는 아직 초겨울처럼 아침이 춥다. 영상 5도다. 겨울 파카를 몇 번씩 넣었다, 뺐다 반복했는데 마지막 순간 눈을 질끈 감고 짐에 구겨 넣었다. 얼마나 다행인지 모른다. 아침저녁에는 필요하니 말이다. 길거리 사람들도 다 두툼한 옷을 입고 다닌다.

③ 프랑스는 확실히 미적 감각이 뛰어나다. 옷장 하나도 밋밋하게 사각으로 하지 않고 미적인 면과 실용적인 면을 고려하였다. 탁자, 책상도 타원형으로 부담이 없다. 바닥 카펫도 나름 생각을 많이 한 흔적이 보인다.

같은 사물도 실용적이면서도 미적으로 꾸며 내는 이들의 창의성이 새삼 부럽게 느껴진다. 생존에서 벗어나 아름다움을 창조하는 것이 선진국의 문화가 아닌가 싶다.

④ 함께 한 사람들은 아직도 머쓱하기만 하다. 하긴 우리나라 사람들은 감정 표현을 잘 안 하는 습성이 있다. 특히 처음 보는 사람은 조심스러워하고 경계한다. 잘 모르는 사람들과 밥을 먹어야 하는 것도 조심스럽고 부담스럽다. 그러나 항상 겸손하고 상냥하고 친절한 모

습을 보여야겠다. 사람들로 인한 두려움에서 해방시켜 주소서!

⑤ 루르드에 도착했다. 이번이 세 번째다. 첫째 번, 둘째 번 다 침수를 했는데 이번에는 시간이 없어 하지 못했다. 성모 발현 동굴 벽을 쓰다듬는 기도도 하지 못했다. 선택을 해야 했다. 주어진 시간은 한 시간. 오기 전부터 진하게 성체조배를 해야겠다고 생각했기에 결정은 쉽게 내려졌다. 기적수 받고 성체 조배하기로.

⑥ 성모님 발현 성당 맨 앞자리에서의 조배는 사뭇 진지했다. 평소에는 무념무상으로 아무 생각도 하지 않으려 했는데 오늘은 뭔가 달랐다. 마치 성모님이 수많은 메시지를 주시는 듯한 느낌이었다.

⑦ 성모님 발현을 본 벨라뎃따라는 꼬마는 이 동네에서 가장 가난한 가정의 아이였다. 엄마는 일찍 돌아가시고, 아버지는 실패하시고, 잘 곳이 없어 감옥에 방 한 칸 빌려 간신히 기거했단다. 벨라뎃따는 어려서부터 천식이 심해 매우 고생을 했다. 어린 나이에 땔감을 해 와야 했다. 기침을 심하게 하면서도 가정에 보탬이 되기 위해 추운 겨울에 땔감을 하는 아이를 생각해 본다.

성모님께서는 그 동네에서 가장 가난한 불쌍한 아이를 선택해 주셨다.

⑧ 하느님이 일하시는 방법이다. 가장 불쌍하고 비천한 사람을 당신의 도구로 삼아 주신다. 사마리아 여인도 그러했고, 마리아 막달레나도 그러했다.

⑨ 문득 나의 경우를 생각해 본다. 정말 그렇다. 뭐 하나 내세울 만한 게 없었다. 그런데 탄생에서부터 지금까지 모든 것이 그분의 섭리요, 배려요, 이끄심이다. 한마디로 기적과 같다.

⑩ 성모님께서 말씀하신다. 애야! 정말 너를 많이 사랑한단다.

그 사랑은 나의 부족함, 어둠, 죄악을 끌어안아야만 하는 정말 아픈 사랑이시다. 그저 나의 마음 하나만 보시고 나머지는 다 눈감아 주시고, 참아 주시고, 기다려 주신다.

정말 그 사랑이 느껴지고, 눈물겨워진다.

왜 하느님께서는 효율적인 방법을 선택하시지 않고 이처럼 힘들고 고통스러운 방법을 선택하시는 것일까?

⑪ 정말 오랜만에 진지하고 깨달음이 많은 조배였다. 진심으로 제대에 엎드려 입을 맞추었다. 나오는 발걸음이 얼마나 가벼웠는지 모른다.

⑫ 본격적인 순례의 출발지인 생장이라는 동네로 오는 2시간 동안 버스에서 가이드가 쉴 새 없이 떠들어댄다.

⑬ 생장에서 순례자 여권을 발급받고, 윗동네 산책길에서 산보를 한다. 새로 피어나는 잎들이 꼭 내 마음과 같다는 느낌을 받는다. 새로운 생명의 잎들과 따사로운 햇살이 바람이라는 음악에 맞춰 춤을 추는 듯하다. 신비로운 느낌이다.

⑭ 아래로 내려와 보니, 올라갈 때 허름해 보였던 성당이 안에 들어가 보니 정말 마음에 딱 든다. 소박하고, 단순한 경건함이 있다. 순간 '산보하지 말고 여기서 기도할걸.' 하는 후회가 솟구친다.

6. 어느새 시간이! 다음 주에도 계속 이어지겠습니다.

오늘은 성소주일입니다. 하느님은 가장 나약하고, 불쌍하고, 어리석은 사람을 부르시어 당신의 일을 하신다는 점을 생각해 보도록 하십시다.

"주님께서 말씀하신다. 나는 착한 목자다. 나는 내 양들을 알고, 내 양들은 나를 안다." 아멘.

부활 제5주일(2017. 5. 14.)

"나는 길이요, 진리요, 생명이다.
나를 거치지 않고서는 아무도 아버지께 갈 수 없다."

1. 미세먼지가 전국을 뒤덮고 있습니다. 참으로 큰 걱정입니다. 우리가 보다 더 행복하게 살기 위해서는 우리가 살아가는 환경이 깨끗해야 하는데, 언제부터인가 눈에 보이지도 않는 수많은 미세입자가 뭉쳐 파란 하늘도 제대로 볼 수 없고, 숨 쉬기도 어렵고, 목은 칼칼하게 아파 옵니다.

왜 이리된 것일까요? 과연 극복할 수 있는 방법은 없을까요? 새로 출범한 새 정권이 이 지긋지긋한 먼지들을 싹 날려 주었으면 좋겠습니다.

2. 지난주에 이어 오늘 산티아고 두 번째 이야기를 일기 원문 그대로 들려 드리겠습니다.

3. 셋째 날.

① 새벽 5시다. 벌써 잠이 깬다. 한적한 시골 마을, 아름다운 동네다. 공기도 좋고, 그 지긋지긋한 미세먼지도 없다. 어제 저녁을 먹고 혼자 동네를 한 바퀴 걸었다. 누구에게도 억매이지 않고 혼자임을 즐길 수 있어 너무 좋고, 감사하다.

② 밤새 추웠다. 조그만 라디에이터가 미지근한 열을 낸다. 빨래는

다 말랐다. 그런데 침대 속은 따뜻하다. 내 체온으로 덥힌 침대 속, 따뜻함과 푸근함이 그 안에 있다.

③ 어제 루르드에서 수많은 환자들, 그들을 위해 봉사하는 더 많은 순례자들을 봤다. 봉사자들은 환한 은총의 얼굴들이다.

아직도 수많은 사람들이 치유의 은총을 체험한다고 한다. 그러나 항상 그렇듯이 인간의 상술과 계략과 권력이 그곳에도 존재한다. 그러나 그 모든 것을 성모님은 받아들이신다. 하느님의 사랑을 전하기 위해 인간의 어둠과 죄악을 뚫고 이겨 나가심을 느꼈다. 나의 경우도 마찬가지다. 나의 부족함과 어둠을 뚫고 이겨 나가시며, 당신의 뜻을 이루신다.

④ 이제 오늘부터 본격적인 순례가 시작된다. 성모님의 간구하심으로 정말 나에게 필요한 하느님의 은총이 내려오시길 간절히 빌어 본다.

⑤ 함께하는 멤버 중 반은 신자인 거 같다. 그중 한 사람은 모 본당 총회장까지 했단다. 또 한 사람은 항상 성당 조끼를 입고 다닌다. 식사 때 여기저기서 성호를 긋는다. 나는 티 내기 싫어 그냥 먹는다. 자연스레 성당에 관한 이야기, 신앙에 대한 이야기들이 나온다. 신분이 들통날 거 같은 예감이 든다. 될 수 있으면 말을 섞지 않으려 한다.

⑥ 나이들이 꽤 많다. 수컷들은 처음 만나면 서열부터 정하려 하지. 서로 몇 년생인지 주고받는다. 16명 중 남자가 아홉, 여자가 일곱이다. 모자가 온 사람, 부자가 온 사람, 시누이와 함께 온 사람, 부부 한 쌍, 남자 혼자 온 사람 다섯. 참 특이한 멤버다.

31년생 건강하신 할아버지부터 70대, 60대, 50대, 그리고 젊은 청년 한 사람이다.

⑦ 아침이 너무 상쾌하다. 오늘 피레네산맥을 통과한다. 눈 덮인 피레네의 물이 루르드로 흘러내린다.

몇 년 전에 중국 쓰규낭산에 다녀온 기억이 새롭다.

설산. 참 경이롭다. 산 위에서 구름과 하늘이 어울려 춤춘다. 구름은 설산이 되고, 눈은 아래로 흘러 온 자연을 적신다. 생명의 물은 대지의 생명을 일깨운다. 나무가 살고, 온갖 곤충과 새들, 동물들이 생명의 환희를 노래한다.

⑧ 피레네산맥 17킬로를 걸었다. 에스프레소 한잔 먹고, 스트레칭 후 출발. 걷기 시작하는데 이상하게 몸 상태가 안 좋다. 어제 자다가 종아리에 쥐가 났는데, 그래서인지 다리가 무겁다. 심지어 허벅지까지 굳는 느낌이다. 음악을 들으며 아름다운 경치 속에 빠져 즐겁게 걸으면 좋으련만, 마음만 그렇지 다리가 원활하지 않다.

눈앞에 평소에 보지 못하던 피레네산맥 초봄의 절경이 펼쳐지지만 아무 생각도 안 나고 정말 힘들다. '처음부터 이리 힘들면 어떡하지?' 하는 걱정이 앞선다. 죽을힘을 다해 간신히 점심 먹는 장소에 도착했다.

미리 준비된 도시락을 먹는데 별로 맛이 없다. 안 되겠다 싶어 육포를 꺼내 먹었다. 그 덕분인지 오후에는 잘 걸을 수 있었다. 일행 중 노부부의 상태가 좋지 않다. 육포를 나눠 주었다. 점심도 못 먹은 그들이 완주하였다. 끝부분에 아줌마들 몇에게 육포를 주었더니 너무 맛있어한다. 어머니가 해 주셨냐기에 대답하지 않았다. 사실 그 육포는 아는 신자가 정성껏 만들어 주신 것이다.

노부부는 한 시간 이상 늦게 왔고, 순례자 여권 받는다고 또 한 시간 이상 기다리게 한다. 근데 누구 하나 불평하지 않는다. 정말 괜찮은 건지, 참고 있는 건지 모르겠다.

⑨ 저녁 식사 후 몇몇 사람들이 남아 이런 얘기, 저런 얘기를 나눈다. 특히 후반에는 종교적인 이야기를 나눈다. 개신교 셋, 천주교 셋, 무신론자 하나가 논쟁을 벌인다. 확실히 개신교는 이분법적이고, 흑백논리적이다. 자기 종교가 최고고, 자기 교리에 고집스러울 정도로 확신을 갖고 있다. 천주교 신자는 나름 이야기는 하는데 그들의 '말빨'을 이겨 내지 못한다. 속으로 '어쩌나?' 한숨이 나온다.

4. 넷째 날.

① 여왕의 다리에서 에스떼야까지 23킬로를 걸었다. 약간의 고저 차가 있긴 하지만 무난한 코스였다. 전날과 달리 컨디션도 좋아서 선두 그룹을 놓치지 않았다.

② 멋진 평원, 밀과 보리밭, 유채 꽃밭이 끊임없이 이어진다. 눈이 시원하다. 끝없이 펼쳐지는 평원에 온갖 녹색이 가득하다. 녹색과 연녹색, 진녹색이 노란 유채와 잘 어울린다. 아름다운 광경을 카메라에 담느라 정신이 없다. 오늘 찍은 매수는 카메라만 300매이다.

③ 날씨가 기가 막히게 좋다. 우리의 아름다운 봄이다. 햇살은 따갑고 무지 타지만 그리 많이 덥지는 않다. 가뜩이나 잘 타는 얼굴인데 어쩌나! 하지만 아무 걱정이 없다. 햇살이 좋으니 녹색의 평원이 더 아름답다. 순렛길도 어제에 비해서 비교적 한산하고 한가롭다.

④ 아무 생각 없이 걷다 보니 마음 깊이 감사함이 넘친다. 이 좋은

날, 이 아름다운 길은 참으로 커다란 축복이었다. 또한 마음 깊이 숨어 있는, 미처 감사하지 못했던 일들도 떠오른다. 나는 얼마나 냉정하고, 하느님은 얼마나 자비로우신가 생각해 보니 인생의 많은 부분들에 회한이 스친다. 많이 용서받은 이가 작은 잘못에 대해 모질게 대하는 나쁜 종의 모습이 바로 내 모습이었다. 깊은 회개와 감사가 마음에 가득하다.

⑤ 육포가 대박이다. 짐이 많아 다 싸 오지 못한 것이 후회스럽다. 먹는 사람마다 다 맛있다 하고, 심지어 어떤 사람은 사업으로 전환시켜 보면 어떻겠냐고 한다. 내가 이름도 가르쳐 주지 않으니 나를 육포 선생님, 또 대박 선생님이라고 부른다. 정성스럽게 만들어 주신 신자를 위해 기도가 절로 나온다.

⑥ 한편으로는 신분을 감춘다는 게 어색하고 불편하지만 한편으로는 재미도 있다. 별의별 얘기를 다 듣게 된다. 교회나 사제, 수도자에 대한 이야기도 수시로 듣게 된다.

신자들이 세상에서 다른 사람들과 살아가는 모습들이 새롭게 다가온다.

5. 다섯째 날.

① 에스떼야에서 로스 아르꼬스까지 22킬로를 걸었다. 컨디션은 괜찮다. 얼마 가지 않아 이라체 수도원에 도착. 이 수도원은 오래전부터 포도주를 생산해 왔다고 한다. 특이하게 수도꼭지에서 와인이 펑펑 쏟아진다. 물론 공짜다. 와인을 특별히 좋아하는 지인을 위해 1964년생 한 병을 과감히 샀다.

② 주일이어서 미사를 했으면 했는데 오늘 일정이 너무 빡빡하다고

한다. 그래서 미사는 포기하고 기도하면서 걷는다. 그래도 미사에 대한 욕구가 강하다. 점심에 하르딘이란 곳에 도착했는데 성당이 보여 들어갔다. 잠깐의 조배 시간이 있었는데 어느 외국 순례팀이 성가를 부르는 것이었다. 썩 잘하지는 않았지만 성당의 공명 상태가 좋아 아름답게 들렸다.

그런데 어떤 사람이 미사 준비를 하는 듯 보였다. 1시부터 미사란다. 이게 웬 횡재냐 싶어 마음이 두근거렸다. 본당과 신자들을 위해 촛불을 봉헌하고 얼른 나와 신자 일행에게 이 기쁜 소식을 알렸다. 점심 후식도 생략하고 미사 참례하는데 참으로 기가 막힌 하느님의 섭리에 감사드리지 않을 수 없었다. 30대 초반의 중국계 신부였다. 혼자서 28개 성당을 다닌다고 하는데 스페인 교회의 현실을 보는 것 같았다.

③ 참으로 너무나 큰 선물이었다. 총회장을 했던 분은 눈물까지 글썽인다. 어떻게 그리 절묘하게 주일 미사를 맞춰 주시는지 살아 계신 하느님을 체험하는 기회였다.

④ 오후에 고독의 길이라고 불리는 순렛길을 걷는다. 말 그대로 고독의 길이다. 길은 길에 연하여 끝없이 이어진다. 그늘 하나 없고, 스페인의 태양은 강렬하게 내리쬔다. 덥고, 다리는 무겁고, 숨은 차오른다. 그러나 마음은 왠지 모르게 평화롭다. 아름다운 밀과 보리, 유채밭이 끝없이 이어진다.

⑤ 오늘 복음은 토마스 이야기였다. 강론을 알아들을 수 없었지만 오후 내내 걸으면서 부활하신 예수님을 묵상한다. 마리아에게 '마리아야!' 하며 나타나셨고, 길을 걷는 제자들과 동행하시며 식사 때

의 그 익숙한 모습으로 나타나셨고, 고기를 잡는 지친 제자들에게
그 새벽에 나타나셨다.

'나에게는 어떤 모습의 부활하신 예수님이셨을까?' 자문해 보게 된
다. 처음에는 내가 마음을 비우지 못해 나타나지 않으신 거 같았는
데 그분은 나의 삶에서 어둠과 죄악을 이기시는 부활의 모습이셨
다. 세상의 어둠, 신자들의 어둠 속에서도 나는 그들과 같아지지 않
으려 무지 노력했다. 한쪽 뺨을 맞으면서 다른 뺨을 돌려 대지는 못
했지만 같이 때리지는 않았다. 그들에게 복수하려 하지도 않았고,
앙갚음하려고도 하지 않았다. 그들을 이겨 먹으려 하지도 않았다.
그들을 이겨 먹기 위해서는 내가 더 어두워져야 함을 깨달았기 때
문이다.

생각해 보면 감히 고통받는 야훼의 종의 모습이 아니었을까 느껴진
다. 털을 깎는 자들에게 몸을 맡기고, 침 뱉고 모욕하는 자들 앞에서
그저 참을 수밖에 없었다. 나의 억울함을 하느님 앞에서만 호소할
수밖에 없었다. 많은 사람들에게 오해받고, 누명을 쓰고, 가슴에 칼
을 맞을 수밖에 없었다. 내가 할 수 있는 유일한 길은 그저 침묵과
인내와 어둠 속에서의 기도뿐이었다.

부활하신 그분은 내가 가장 어려운 죽음의 길에 있을 때 나와 함께
계셨음을 새삼 깨닫게 된다. 그분은 내 삶의 죽음 속에 부활하신 모
습으로 이미 존재해 계셨다.

⑥ 그러나 나는 그분의 모습을 깨닫지 못하고 살아온 거 같다. 토마
스처럼 부활하신 주님을 깨닫지 못하고 항상 걱정과 두려움 속에서
살아온 것이 아닌가 한다. 너는 나를 보고서야 믿느냐? 너의 삶 속

에 항상 함께 있었던 나를 왜 깨닫지 못하였냐고 내 가슴속에서 말씀하신다.

㉠ 목적지에 땀 흘리며 도착한다. 근데 갑자기 가이드 얼굴이 근심스럽다. 해외여행 처음인 일행 한 사람이 공중화장실에 들어갔다 못 나오는 상황이 발생한 것이다. 30분 만에 간신히 나왔다. 안에서 자물쇠를 어찌 여는지 몰랐던 것이다.

함께 다녀 교통, 식사, 숙소 등 많은 점이 편리하지만 함께해야 하는 불편함도 적지 않다.

6. 오늘 이야기는 좀 길었습니다. 오늘 복음에서 예수님께서는 나는 길이요, 진리요, 생명이라 말씀하십니다. 산티아고 순롓길은 갈랫길마다 노란색의 방향 표시가 있습니다. 때로 혼자 걷더라도 그 노란 표시가 있기에 걱정하지 않고 걸을 수 있습니다.

우리의 삶에서는 예수님께서 바로 그 순롓길의 표시이십니다. 그 길만 따라가면 우리는 목적지에 도착할 수 있습니다. 목적지에 도착해야만 먹을 것과 잘 곳이 해결되니 반드시 그 표지대로 걸어야 합니다. 우리가 어떤 삶의 길을 걸어야 하는지 오늘도 예수님께서는 우리 삶 곳곳에 당신의 표지를 마련하고 계십니다.

"나는 길이요, 진리요, 생명이다. 나를 거치지 않고서는 아무도 아버지께 갈 수 없다." 아멘.

부활 제6주일(2017. 5. 21.)

"나는 너희를 고아로 버려두지 않고
너희에게 오겠다."

1. 아름다운 5월, 성모님의 달입니다. 지난주에는 본당에서 〈파티마의 기적〉이라는 영화가 상영되었습니다. 많은 교우분들이 함께하여 주셨습니다. 특히 그날은 파티마 성모님 발현 100주년이 되는 매우 뜻깊은 날이기도 하였습니다. 파티마의 성모님은 특히 묵주기도를 통해 세계평화를 이룰 것을 말씀하여 주셨습니다.

이 파티마의 성모님은 남북으로 갈라져 많은 아픔을 안고 있는 우리나라에서 더더욱 큰 의미를 갖고 있습니다. 남과 북의 진정한 화해를 위해서, 진정한 평화통일을 위해서 우리가 묵주기도를 많이 바칠 수 있어야 하겠습니다.

2. 오늘 강론은 지난주에 이어 세 번째 산티아고 순례기를 말씀드리겠습니다.

3. **여섯째 날.**

① 오늘은 부르고스 대성당과 레온 대성당을 순례하였다. 전에 성지순례를 왔을 때는 대충 설명을 듣고, 사진을 찍는 게 다였는데 이번에는 예전과는 달리 성체조배를 할 수 있어 좋다.

② 부르고스 대성당 안에는 주민들을 위한 작은 성당이 있었는데

참 인상적이었다. 특히 십자가의 예수님이 너무 리얼하였다. 스페인 성물이 다 그렇기는 하다. 전례에 따라 속옷 색깔이 바뀐다고 하는데 오늘은 부활 시기라 흰색 속옷을 입으셨다. 온몸이 한 군데도 성한 곳이 없다. 채찍질, 구타, 더러움, 상처투성이었다.

③ 온 세상과 모든 사람을 품기 위한 그분의 고통이 깊이 마음에 와 닿았다. 한 시간의 조배는 매우 값졌다. 나는 조금만 상처받고 모욕받아도 난리인데 그분은 온몸이 부서져 있었다.

이 엄청나게 큰 성당도, 그 안에 있는 온갖 걸작들도 사실은 그분을 기리기 위한 신앙의 발로인데 오늘날의 사람들은 그 본질은 잊어버리고 건축의 위대함에 놀라고, 작품들에 감동한다. 온 세상을 품어내고, 새로운 생명을 주시고자 하는 위대한 사랑에 대한 경외심은 간 곳 없다. 하느님은 당시의 종교 권력에 묻히고 말았다. 본질은 사라지고, 형식만을 숭배한다.

그래서 오늘날 유럽 교회가 이 모양이 되었으리라. 본질을 잊어버리고, 세상의 권력과 야합하는 교회를 세상이 심판하고 있는 듯이 느껴진다. 그분은 밑이 보이지 않을 정도로 낮아지는데 교회는 위가 안 보일 정도로 높이 올라가려고만 한다.

④ '나 역시 사제의 삶이 그랬던 것은 아닐까? 위로부터 인정받길 원하고, 인정받은 만큼의 자리를 탐냈던 것은 아닐까? 아래로 내려가기는커녕 위로만 올라가고자 하는 허황된 생각에 얼마나 많은 세월을 허비했을까?' 하는 반성의 마음이다.

⑤ 위로만 향하고 아래로는 말로만, 형식으로만, 위선으로만 치달았던 유럽 교회의 현실이 남의 일만은 아닌 것 같다.

그분은 오늘도 내려가시는데 우리는 그분의 희생을 바탕으로 위로만 올라가려 한다. 결코 하느님께도, 사람들에게도 인정받을 수 없는 교회의 비참한 모습이다.

내려가야 하느님께서 올려주시는데, 오르려고만 하니 깊이를 알 수 없는 저 구렁으로 처박히는 것은 아닐까?

⑥ 일행 중 모자와 함께 점심을 먹었다. 그 여자는 엄마는 가톨릭인데 자기는 개신교라 한다. 뭔가 사이비 개신교 같은 느낌이 난다. 옆사람이 나에게 선생님은 자녀가 어찌 되냐고 물으니, 그 여자가 선생님은 자녀가 없을 거라 한다. 깜짝 놀라 쳐다보니 우리 일행 중에 신부가 하나 있다는데 아니냐고 되묻는다. 갑자기 기분이 상해진다. 아니, 얘기가 어떻게 돌고 있는 거야? 이게 뭔 소리지?

식사 후 가이드에게 "개인 신상 정보를 유출했느냐?" 했더니 둘 다 펄쩍 뛰면서 자기는 아니라고 한다. 추측컨대 그 현지 가이드가 나를 알던 가이드에게 정보를 듣고, 술 먹은 김에 자기도 모르는 사이에 말을 흘린 거 같다. 갑자기 자유로운 신분에서 구속되는 신분임을 느끼게 된다. 기분이 나빠진다.

⑦ 오후 레온으로 가는 2시간 동안 계속 찜찜했다.

⑧ 레온 성당, 역시 정신이 없을 정도로 큰 성당이었다. 웬일로 자유시간을 듬뿍 준다. 조용한 경당을 찾다가 못 찾고 대성당에서 조배를 하였다. 중앙 제대에 성모님이 계셨다.

⑨ 성모님은 사람들 앞에서 어떠셨을까? 오로지 하느님의 뜻만이 중요한 그분은 참으로 사람들로부터 자유로울 것 같았다. 나도 사람들로부터 자유로운 사람이 되도록 도와달라고 간절히 기도하였

다. 내가 하느님 안에 있으면 필요한 사람들을 알아서 보내 주신다. '왜 사람들에게 잘 보이기 위해서 그 많은 시간을 허비했을까?' 자못 반성이 마음 아프게 다가온다. 멋있게 보이기 위해서 얼마나 쓸데없는 노력을 기울여 왔나 돌이켜 보게 된다.

⑩ 순렛길의 그 노란 표지들 역할을 성모님께서 해 주시길 간절히 기도했다. 내가 오늘 가야 할 길은 내가 가야 하는 것이다. 그러나 수많은 갈림길에서 그 표지를 놓치면 개고생을 할 수밖에 없다. 돌아가는 길은 없었다. 다시 그 자리로 돌아와야 하는 것이다. 너무나 많은 시간을 헤매고 다닌 것은 아닐까?

⑪ 어제의 순렛길에서 수많은 포도나무를 보았다. 자세히 보니 포도나무 줄기는 마치 고목 같다. 웬만한 바람에는 끄덕도 하지 않을 것 같았다. 예수님의 포도나무 비유가 가슴에 와닿는다. 오로지 그분께만 붙어 있어야 그 튼실한 포도송이들이 열릴 텐데.

나는 여태까지 얼마나 열매를 맺었을까? 그분이 노하여 '쓸데없이 땅만 썩힐 필요가 어디 있느냐?'며 불호령을 내리시는 것은 아닐까? 포도원지기가 내년에는 열매를 맺을 것이니 기다려 달라고 애원해야 하는 상태는 아닐까?

⑫ 저녁 식사 뒤 남자들은 오늘도 한잔 더 한단다. 기분도 찜찜하고, 약간의 감기 기운도 있어 '약 먹고 자련다!' 하였다.

남자들의 수다도 참 대단하다.

4. 일곱 째 날.

① 오늘은 뭔가 무미건조하다. 오르비스에서 아스또라가까지 16.1 킬로를 걸었다. 들판도 아름답지 않다. 그저 황톳빛 길만 이어질 뿐

이다. 다행히 비는 오지 않고, 오전은 흐린 날씨, 오후는 바람 부는 날씨였다.

② 오늘은 무슨 생각을 했던가? 잘 떠오르지도 않는다. 그냥 아무 생각 없이 걸었나 보다. 자연이 평범해서인가? 어제 그 이상한 여자 때문인가? 하여튼 오늘은 무미건조 그 자체다. 그러나 걷는 것이 그리 힘들지는 않았다.

③ 목적지에 도착해서 아름다운 가우디의 건축물과 엄청나게 큰 까르디날 성당을 보았다. 그런데 두 군데 다 문이 잠겨 있었다. 왜 순례객을 위해 문을 열어 놓지 않는지 참 아쉽기 그지없다. '씨에스타'라고 낮잠 자는 시간, 성당 문 여는 시간들이 따로 정해져 있어 수시로 성당을 찾고 싶은 사람에게는 불편하기 이를 데 없다.

④ 숙소에 들어오니 서울 본사 과장에게 전화가 왔다. 옛날부터 알던 가이드였는데 과장으로 승진했단다. 개인 신상 정보가 유출되어 이유 여하를 불문하고 죄송하다고 한다. 이 찜찜함은 무엇일까? 오히려 사과 전화를 받고 나니 머리가 더 아프다. 몸은 피곤한데 잠은 오지 않는다. 기분이 영 별로다.

5. 여덟째 날: 등반 5일째.

① 벌써 여정이 반을 돌아가고 있다. 어제 감기약, 몸살 약을 먹어 정신없이 곯아떨어졌다.

② 아침에 방에서 나오는데 묘하게도 나의 신분에 대해 얘기한 여자가 뒤따라온다. 갑자기 일행 중에 신부가 있다는 얘길 어디서 들었냐고 묻고 싶어졌다. 그랬더니 자기가 착각한 거 같다고, 여정 중에 어떤 사람이 어떤 신부를 만났는데 그 이야기가 우리 일행 중에

신부가 있는 걸로 착각했다고 한다. 순간 다시 한 번 뒷골이 땅하였다. 어제 그 이야기로 이 사람, 저 사람 얼마나 난리쳤는데 착각이란다. 미치겠네.

③ 한편으로는 마음이 가벼워졌다. 아직까지 익명성이 지켜지고 있다는 점에 대해 안도되었다. 동시에 누명을 쓴 가이드한테 미안한 마음 금할 길이 없다.

④ 참 묘하다. 식당 가는 복도에서 단둘이 만나 오해를 풀게 되었으니 말이다. 절묘한 만남이었다. 주님께서 이끄심이다. 속 좁은 나의 오해를 단방에 풀어 주신다.

⑤ 출발점에서 '생각하는 성모님'을 우연히 보게 되었다. 무엇을 그리도 골똘히 생각하시는 걸까? 성모님은 참 생각하실 게 많으실 게다. 나를 어떻게 이끌까? 고민이 많으신 거 같다. 오늘 아침 그 여자를 우연히 만나 오해를 풀고 내 마음을 가볍게 해 준 것도 성모님의 고민 덕분이 아니었을까 생각해 보게 된다. 내 인생의 갈림길이 나올 때마다 표지판이 되어 달라고 부탁했으니 말이다.

⑥ 마음이 훨씬 가벼워진 나는 발걸음도 가볍다. 포세바돈이라는 곳에서 몰리나세까지 19.5킬로를 걸었다.

⑦ 날씨가 겨울처럼 춥다. 그러나 나에게는 파카가 있다. 속으로 따스함과 안도감을 느끼며 걷는다. 비가 올 거라는 예보와 달리 눈이 내린다. 가볍게 내리는 눈 속에 엄청난 꽃 잔치가 벌어져 있다. 해발 1430. 꽃들은 난쟁이 꽃들이다. 그 조그만 꽃들이 경연하듯 엄청나게 피어 있다. 그 꽃들은 하나하나 볼 때는 호화롭지 않았다. 그러나 그 높은 곳에서 비바람, 눈발이 날리는 험한 환경에서도 잘

버텨 내면서 꽃들을 피워 내고 있다. 순간 마음 깊은 곳에서 감동이 밀려온다.

그렇다! 이 꽃들이야말로 가장 아름답다. 좋은 환경 속에서의 탐스럽고 호사스러운 꽃들보다 그 생명이 얼마나 아름답고 감동적인가? 하나하나 볼 때는 키도 작고 꽃송이도 형편없지만 나의 눈에는 그 어떤 화사한 꽃보다도 아름다웠다. 그 험한 자기의 자리에서 묵묵히 생명을 지켜 내고 아름다움을 피워 낸다는 것이 가슴속 깊은 감동으로 다가온다.

⑧ 나의 사제직도 이 꽃들과 같지 않을까 생각해 본다. 맨날 어려운 곳에서 어려운 사람들과 인내를 갖고 살아왔다. 사실 생각해 보면 그 인내도 하느님이 주신 선물이요, 성품이 아닌가 한다.

때로는 불평불만 속에 살았지만 오늘 이 꽃들을 보면서 참으로 감사함이 마음에 가득해진다. 힘든 상황에서도 그분은 나의 삶을 통해 묵묵히 당신의 꽃을 피워 내신다.

⑨ 있는 자리가 어떠하든 그것은 중요치 않다. 그분은 어떤 상황에서도 꽃을 피워 내시는 분이시기 때문이다. 나의 지향만 있으면 그분은 모든 열악한 상황을 다 이겨 내신다.

이제 어느 곳에 있든지 감사해야지! 어떤 상황에 있든지 감사해야지! 그래야 그분께서 더더욱 함께 계시는 것이고, 그분께서 더더욱 사랑해 주시기 때문이다.

생각해 보면 나의 삶에서 사실 아쉬운 건 별로 없었다. 건강했고, 필요한 물질을 아낌없이 주셨고, 선의의 신자들을 통해 당신의 사랑을 충분히 주셨다. 따져 보면 아쉬울 게 없다. 좋은 자리, 힘 있는 자리보다 훨씬 더 자유롭고, 하고픈 일 다 하고, 사랑과 존경 속에 살아간다. 위를 쳐다볼 필요가 없으니 머리가 복잡하지도 않고, 신자들만 바라볼 수 있으니 이보다 더 큰 행복이 어디 있으랴!

겉으로는 하나도 안 주신 것 같지만 속으로는 엄청나게 주셨고, 또 주고 계신다.

6. 오늘도 조금 길었네요. 오늘 복음에서 예수님께서는 "나는 너희를 고아로 버려두지 않겠다."고 말씀하십니다. 예수님의 말씀처럼 우리는 절대로 고아가 아닙니다. 하느님께서 당신의 사랑으로 알뜰히 보살피시고 이끌어 주시는 귀한 존재들입니다. 하느님의 사랑 속에 살아가는 우리가 그 사실을 조금만 깊이 깨달을 수 있다면 우리의 삶은 훨씬 더 달라질 수 있을 것입니다.

"나는 너희를 고아로 버려두지 않고 너희에게 오겠다." 아멘.

주님 승천 대축일(2017. 5. 28.)

"보라, 내가 세상 끝날까지
언제나 너희와 함께 있겠다."

1. 며칠 동안 미세먼지도 없고, 청명하고 아름다운 봄 날씨가 이어지고 있습니다. 우리나라 봄이 이토록 아름다웠는데 온갖 공해와 먼지 속에서 살다가 원래의 그 아름다운 봄을 느끼게 되니 더더욱 아름답게 느껴집니다.

2. 참으로 아름다운 봄입니다. 어제는 특히 성모님의 아름다운 밤이 있었습니다. 우리의 마음속에 하느님의 특별하신 축복과 성모님의 간구하심으로 아름다운 마음들이 가득했으면 좋겠습니다.
산티아고 이야기 네 번째를 들려 드리겠습니다.

3. **아홉째 날: 도보순례 7일째.**
① 오늘 22.5킬로를 걸었다. 이상하게 마음이 무거웠다. 오해가 생겼기 때문이다.
② 오해라는 것이 얼마나 무서운가를 다시 한 번 생각해 보았다. 나의 오해가 내 마음을 흔들고, 힘들게 한다.
③ 순례 후 뽀르토마린 성당에서 뜻깊고 귀중한 조배 시간을 가졌다. 매일 순례 후 이처럼 기도할 수 있는 시간이 있기를 간절한 마음으로 빌어 본다.

④ 문득 수많은 오해 속에 사셨을 성모님의 생애가 떠오른다. 하느님의 뜻을 알 길이 없는 사람들은 하느님의 은총 속에 있는 성모님을 도저히 이해하기 힘들었을 것이다. 당연히 성모님은 사람들의 오해 속에 사실 수밖에 없었을 것이다. 그분이 하실 수 있는 기도는 그저 하느님의 뜻이 이뤄지길 바라는 기도일 수밖에 없었으리라. '수많은 오해 속에 사셨던 그분은 행복하셨을까?'라는 의문이 든다. 하느님의 은총은 그 모든 오해의 현실 속에서 모든 것을 하느님께 의지하는 삶으로 이끌어 주셨을 것이다.

⑤ 나의 삶에 있어 왔던 수많은 오해들을 성모님께 봉헌한다. 순수하고 열정적으로 일했음에도 불구하고 정치적이라는 둥, 돈 때문이라는 둥, 성격이 모질다는 둥, 사심이 있다는 둥의 오해이다.

신자들에게서 비롯되는 오해뿐 아니라 동창들, 선후배들, 주교들로부터도 수많은 오해가 있어 왔다. 특히 나와 함께 지냈던 보좌들과 수녀들은 그 오해의 숲에서 벗어나지 못하는 듯했다. 나의 열정을 이해하지 못하는 그들의 삶의 구조 속에서는 어쩔 수 없는 한계이기도 하다. 그 수많은 오해들로 인해 헛소문도 많이 돌고, 선입견도 사실 많이 존재한다.

버선발을 뒤집어 보여 줄 수도 없고, 어디서 어떤 오해들이 돌아다니는지도 알 수 없고, 나를 향한 때로 차가운 눈빛들을 볼 때마다 가슴 깊은 곳에서 아픔이 솟구치기도 한다.

'나도 좀 정치적으로, 잔머리로, 계산된 방식으로 살았어야 하지 않나?' 하는 생각도 든다.

⑥ 참으로 억울하기도 하고 속상하기도 하지만 세월이 지난 지금,

나는 지금의 내가 좋다. 수많은 상처와 배신의 아픔이 있긴 하지만 그분께서만은 나의 깊은 속마음을 이해하시고, 그래서 더 많은 용서와 사랑을 베풀어 주시는 것이 아닌가 한다.

⑦ 동시에 나의 오해들로 인해 얼마나 많은 사람들이 얼마나 많은 시간들을 힘들고 아파했을까 생각해 보게 된다. 때로 잘못된 정보에 의해 생긴 감정적인 오해들은 그들의 마음과 삶 속에 깊은 상처를 남겼으리라.

⑧ 오해로 인해 힘들게 살아가는 사람들을 성모님께서 감싸 주시고, 간구해 주시길 기도한다.

4. 열째 날: 도보순례 7일째.

오늘은 포르또마린에서 빨라스 데 레이까지 26킬로의 긴 걸이를 걸었다.

① 사람 마음속에 뭐가 있느냐에 따라 하루의 삶이 달라진다. 내 마음속에는 합리적인 이성도, 차가운 이성도 있고, 따뜻하기도 하고, 뜨겁기도 한 감성과 감정이 함께 존재한다.

② 사람 마음은 그릇과 같다는 느낌이다. 그 그릇 속에 차가움이 담기기도 하고, 뜨거움이 담기기도 한다. 사랑도 담기지만 미움도 담긴다. 이해와 배려가 담기기도 하지만 오해와 분노가 담기기도 한다.

③ 사람의 행동은 그 마음에 따라 좌지우지된다. 사랑이 담겨 있으면 따뜻하고 친절하고, 미움이 담겨 있으면 차갑고 냉정해진다.

④ 그동안 나의 마음속에는 무엇이 담겼었나 늘 묵상해 본다. 목적을 위한 차가운 이성, 차가운 감정이 주된 것이 아니었는지 반성해

본다. 나에게는 사람보다는 일이 먼저였던 것 같다. 때론 일 때문에 상처받는 사람이 있기도 했다. 그 상처는 나에게 되돌아오는 부메랑이 되기도 했다.

⑤ 마음의 그릇에 담긴 나쁜 것은 쏟아 버리면 되는데 그걸 몰랐다. 마치 그게 나인 양 착각했다. 나쁜 게 있는 만큼 아프고 괴로웠다. '바보같이 살아왔구나!' 후회가 된다. 마음속의 나쁜 건 버리고 그 자리에 좋은 걸 집어넣으면 되는데 왜 그리도 무식하게 살아온 것일까? 좋은 마음이 담겨 있으면 나도 편하고, 함께 살아가는 이들도 편했을 텐데……

⑥ 컨디션이 문제가 아니었다. 바로 마음에 무엇이 담겨 있느냐에 따라 컨디션이 달라지는 것이다. 어제와 달리 마음을 편하게 먹으니 발걸음이 즉시 가벼워진다. 불편했던 마음을 쏟아 버리고, 감사와 기쁨을 마음에 채우니 모든 것이 아름답기 그지없다. 풍광은 하늘 외에 그리 아름다운 것은 없었지만 걷는 내내 가볍고, 기쁘고, 감사하고, 즐겁다.

⑦ 어렵고 힘든 여정이었지만 빨리 도착할수록 기도할 수 있는 시간이 확보되는 관계로 발걸음을 재촉한다.

⑧ 도착지에 작은 성당이 있었다. 주임신부가 순례자들을 꽤나 배려하고 있었다. 나라마다 그 나라 말로 '말씀사탕' 같은 것도 준비해 놓고 있었다. 물론 한국어는 없었지만.

⑨ 정말 어느 때보다 편하고 가볍게 기도에 빠져든다. 신발도 벗고, 가장 편한 자세이다.

⑩ 내가 갖고 있는 모든 것은 다 그분이 주신 것이다. 무엇보다 사제

랍시고 가정과 자녀에 대한 의무를 면제시켜 주셨다. 이것이 얼마나 큰 배려이고 사랑인지 새삼 깨닫는다. 보통 한국 남자들은 가정과 자녀를 생각할 때 웬만해서 산티아고는 꿈도 못 꾼다. 근데 우리는 맘만 먹으면 존경과 신뢰를 받으면서도 쉽게 할 수 있다. 그 외에도 너무나 많은 것을 주신다.

근데 받은 99가지는 생각 않고 받지 못한 듯이 느끼는 단 한 가지에 불평불만이다.

⑪ 참으로 감사할 일이 너무 많다. 차고 넘친다. 받을 자격이 없음에도 불구하고 충분히 넘치도록 주신다. 당신의 일을 하고 있다는 단 하나의 이유만으로.

⑫ 감사해야지. 마음속에 좋은 것만 넣어야지. 설령 나쁜 것이 들어오더라도 바로바로 비워 내야지!

좋은 것으로 가득 채우는 마음의 훈련이 참으로 필요함을 깨닫게 된다.

⑬ 저녁 먹으면서 내 인상이, 느낌이 신부나 수사 같다고 한다. 가이드를 바라보면서 속으로 웃는다. 흠! 아직 모르고 있군. ㅎㅎㅎ.

5. 열한째 날: 도보순례 8일째.

① 오늘은 빨라스 데 레이에서 아루수아까지 29.5킬로를 걸었다. 마음을 비우고 걸으려 애쓰니 발걸음이 가벼웠다. 풍광은 이쁘지 않다. 다 그저 그렇다. 넓은 목초지는 그냥 널브러져 있는 상태였다. 가꾸지 않은 황폐함, 사람 손이 닿지 않은 스산함이 가득하였다. 북부 지역의 그 가꿔진 밀밭, 보리밭, 유채꽃이 그리웠다. 하다못해 레온산맥에 있었던 야생화 군락이 보고팠다.

마을도 이쁘지 않다. 젊은이들은 다 도시로 떠났다고 한다. 노인들만 남은 황량한 쓸쓸함이 전해진다. 생명력이 없는 마을, 활력이 떨어진, 마치 죽은 듯한 마을이다. 북부 지역 마을들은 전원주택 같은 풍요로움이 있었는데 중부 지역의 마을은 뭔지 가난에 찌든 느낌이다.

② 출발 전 가이드로부터 십자가에서 한 팔 내린 예수님이 모셔진 성당에 대한 이야기를 들었다. 문을 열었으면 좋겠다는 말에 나는 문이 꼭 열려 있을 것만 같았다. 간단한 유래는 다음과 같다.

그 지역의 어떤 신자가 매일 똑같은 죄를 고백하기에 그 진정성에 대해 의심을 품은 신부가 고해성사를 거부하자, 십자가의 예수님께서 팔을 내려 고해성사와 축복을 주셨다는 이야기다.

③ 그 십자가에서 팔을 내린 예수님을 정말 꼭 보고 싶었다. 조금이라도 기도 시간을 확보하기 위해 부지런히 걸었다. 그 마을에 도착했을 때 정말 그 성당 문이 열려 있었다. 오, 감사합니다!

④ 그 성당에서 꽤 긴 시간을 조배할 수 있었다.

이상하게 이번 순례 중의 기도는 내 의지와는 상관없이 내 마음속에 무수한 메시지들이 떠오른다는 점이 참 특이하다.

⑤ 내 느낌에는 고해성사를 거부한 그 사제를 예수님께서 똑같이 애처롭고 자비롭게 내려다보시는 듯한 눈길로 느껴졌다. 그 사제를 야단치시는 모습이 아니라 깊이 있게 바라보시는 눈길로 느껴진다. 배반한 베드로를 돌아보실 때와 같은 눈길, 그 눈빛이 아니었을까? 그때도 결코 혼내시는 눈빛은 아니었을 것이다. '내가 모든 걸 이해한단다. 용서한단다. 나는 너를 사랑한단다.'의 의미가 담긴 눈길,

눈빛이었으리라.

⑥ 내 마음속에 그 눈길과 그 눈빛이 새겨진다. 내가 사제로서 정말 부족하지만 그럼에도 불구하고 나를 안타깝고 애절하게 바라보시며 당신의 끝없는 용서와 사랑이 담긴 듯한 눈길, 그 눈빛이 내 마음에 꽂히고 새겨진다. 그 모습은 언제나 나의 편이신 듯한 느낌이다.

⑦ 한참 묵상한 뒤에 사진을 찍고 나오는데 뭔가 허전하다. 갑자기 그분이 내민 손을 잡고 싶어졌다. 다시 돌아갔다. 그때 마침 늦게 도착한 일행이 보였다. 한 사람, 한 사람 정성껏 사진을 찍어 주고, 나도 그분의 손을 잡고, 그분의 발을 잡고 사진을 찍었다. 정말 그분의 사랑이 내 손을 타고 내 가슴속에 따뜻이 전해진다.

⑧ 점심은 그 지역의 문어 요리와 익힌 갈비였다. 맛난 요리였다. 우리의 막걸리 같은 하얀 와인도 정말 맛있었다.

⑨ 점심 후 또다시 15킬로를 걷는다. 도중에 성당이 있다는 말을 듣고 또다시 부지런히 발걸음을 옮긴다. 도착해 보니 성당 문이 잠겨 있다. 가만히 살펴보니 2층으로 올라가는 계단이 있었다. 올라가니 조배가 가능했다. 아무 생각 없이 30분을 그냥 앉아 있는다.

⑩ 그 후 8킬로를 더 걸어야 했다. 이제는 저절로 걸어지는 느낌이다. 나도 모르게 내 마음속의 버려야 할 것들이 떠오른다. 어린 시절, 청소년 시절, 소신학교 때, 대신학교 때, 군대 시절, 보좌 때, 군종신부 때, 지나온 본당들, 지나온 세월들이 마음속에 떠오른다. 너무 많은 짐들, 버려야 할 것들이 너무 많았다. '이렇게 많았나?' 나도 놀랄 정도이다.

하나씩, 하나씩 버리기 시작했다. 희한하게 이름과 얼굴들, 사건들이 또렷하게 떠오른다.

⑪ 내가 너무 많은 마음의 짐들을 짊어지고 살아왔음을 새삼 깨닫는다. 이것도 버리고, 저 사람도 버리고, 그 시절도 버린다. 버려야 할 것들이 이토록 많은 줄 몰랐다.

⑫ 앞으로도 끊임없이 버리는 삶을 살아야겠다. 삶의 무거웠던 짐들을 메고 헉헉거리며 힘들게 살아온 나를 주님께서 그토록 애처롭고 간절하게 바라보셨나 보다.

6. 산티아고 이야기를 이처럼 일기 원문 그대로 솔직담백하게 하는 이유는 제가 받은 은총을 함께 나누고 싶어서입니다. 잘난 척도 아니고, 무용담도 아닙니다. 우리 모두 하느님의 수많은 은총 속에 있음에도 불구하고 너무나 그 엄연한 사실들을 모르고, 무시하고, 깨닫지 못하고 살아가는 것이 아닌가 합니다.

7. 오늘은 주님의 승천 대축일입니다. 주님의 승천은 바로 우리 삶의 희망을 이야기하고 있습니다. 주님의 뜻과 사랑 안에서 열심히 살아갈 때 주님의 부활과 승천이 바로 주님의 사랑이며, 우리에게 주시는 희망임을 깨달을 수 있게 될 것입니다.

"보라, 내가 세상 끝날까지 언제나 너희와 함께 있겠다." 아멘.

성령강림 대축일(2017. 6. 4.)

"주님, 당신 숨을 보내시어
저희 공동체의 얼굴을 새롭게 하소서."

1. 오늘은 우리 본당의 주보축일인 성령 강림 대축일입니다.
오늘 미사와 음악 피정을 통하여 성령께서 우리 모두에게 충만하게
내리시길 간절히 기도합니다. 정말 성령께서 이끌어 주시지 않으
면 우리는 아무것도 할 수 없습니다. 그분께서 계시지 않으면 우리
는 인간의 부족함으로 인해 어둠과 미움의 세계에 빠질 수밖에 없
습니다.

그분께서 우리를 이끌어 주시기에 우리는 우리의 부족함에도 불구
하고 하느님께 나아갈 수 있게 됩니다. 성령께서 우리 삶을, 우리 가
정을, 우리 자녀들을, 우리 공동체를 이끌어 주시도록 간절히 기도
해야 하겠습니다.

2. 오늘 산티아고 마지막 이야기를 들려 드리겠습니다.

3. **열두째 날: 도보순례 9일째.**

① 그동안 날씨가 너무 좋았는데 오늘은 변덕스럽기 그지없다. 아
침 식사 때 비가 줄줄 내리고 추워서 오늘 과연 순례가 가능할까 걱
정되었다. 일행 중 한 사람은 아예 포기하겠단다.

② 출발하려는데 언제 비가 왔냐 싶을 정도이다. 오전 내내 걷고 또

걸었다. 아루수아에서 점심 먹는 장소인 살쩨다까지 11킬로다. 이젠 걷는 데 이력이 났다. 한 시간에 5킬로에서, 빠르면 6킬로까지 걷는다. 몸에 열이 나기 시작하면 나도 모르게 걷는 게 빨라진다. 거의 선두 그룹을 놓치지 않는다. 선두와 후미는 거의 한 시간 반 차이다. 처음에는 늦게 걷는 사람들이 불편했지만 이제는 그런 시간 차이가 좋다. 그만큼 성당에서 기도할 수 있는 시간이 생기기 때문이다.

③ 이쁘지도 않고, 멋있는 길도 아니다. 그저 무미건조한 길이다. 산티아고가 가까워지자 걷는 사람이 제법 많아졌다. 도보로 사리아라는 지역에서 적어도 100킬로는 걸어야 순례증이 나온다고 한다. 우리는 220킬로를 걸었다. 전체 길 중에서 중요한 길만을 선택한 주최 측의 노고가 고맙다.

800킬로를 걷는 사람들. 그들의 초인적인 노고 앞에서 우리의 순례는 한없이 작아져만 간다.

그들은 12킬로 이상의 무거운 배낭을 메고, 알베르게라는 공동 숙소에서 불편한 잠을 자고, 먹는 것도 부실하기 이를 데 없다. 40일 가까이 연속해서 매일 20킬로 이상을 걷는다는 것은 생각보다 어려운 일이다. 중간에 포기하는 사람도 많다고 한다.

④ 우리 일행의 평균 연령은 70세다. 요즘에는 70이 넘어도 자기 관리만 잘하면 참 건강하다. 86세 노인도 아들과 함께 왔는데 하루 5-6킬로를 걷고, 나머지는 택시를 타고 이동한다.

새로운 버킷 리스트가 생겼다. 나이 70에 은퇴 기념으로 '800킬로 완주'라는 새로운 삶의 목표다. 체력 관리뿐만 아니라 영어 혹은 스페인어도 공부해야겠다.

⑤ 오전 중반쯤 좋았던 날씨가 이상해진다. 흐려지더니 갑자기 우박이 쏟아지는 것이다. 우박이 비처럼 내리는 모습은 처음 본다. 급박하게 우비를 챙겨 입었다. 추워지기 시작한다. 우박을 맞으며 걷기 시작한다. 조금 지나니 언제 그랬냐는 듯이 하늘이 말끔해지며 아름다운 무지개가 뜬다. 무지개는 새로운 희망을 상징한다는데 무지개를 보는 마음에 하느님께서 이끄시는 감동이 가득 찬다.

점심은 등갈비구이로 맛있게 먹었다. 에너지를 많이 쏟았는지 엄청 식욕이 당긴다. 스페인 고기는 참 맛있다. 그럴 수밖에 없는 것이 대초원에서 방목을 한다. 마음껏 먹이를 먹으며 자유롭게 자라는 소와 양들은 일단 골격부터 크다. 갇힌 우리에서 사료로 자라는 우리나라 소와는 비교도 안 된다. 방목과 사육의 차이를 생각해 보게 된다.

⑥ 점심을 먹는데 또 장대비가 쏟아지기 시작한다. 걱정이 되는 사람은 차를 타고 3킬로를 점프하기로 했다. 근데 막상 점프해야 할 사람은 악착같이 걷는단다. 아, 미치겠다! 그 한 사람 땜에 도착지 집결 시간이 한 시간 늦어졌다. 낼부터는 제발 버스 좀 타 주길. 그러나 그 덕분에 이 순례 일기를 미리 쓸 수 있는 여유를 얻긴 하였다.

⑦ 비바람이 몰아친다. 눈을 아래로 깔고 바닥만 보고 걸어가길 한 시간. 어느샌가 또 거짓말처럼 날씨가 맑아진다. 키 큰 나무 유칼립투스의 진한 향기가 코에 스민다. 발밑에는 물이 흥건하지만 상관없다. 발에 힘을 주어 요리조리 피해 다니며 걷는다.

⑧ 오늘은 중간에 성당도 없었고, 변덕스러운 날씨 땜에 묵상도 잘 안 되었다. 그런데 마지막 순간에 말씀이 마음에 스며든다.

⑨ "네가 부족하기에 내가 선택한 것이다. 나는 너의 부족함을 통해

아버지의 영광을 드러낼 것이다. 너의 부족함을 자책하지 마라. 너의 부족함은 너를 지키고 일으켜 세우는 나의 힘이 될 것이다.

내가 너를 선택하여 뽑아 내세운 것이다. 나의 죽음을 통하여 아버지의 영광이 드러났듯이 너의 부족함을 통하여 하느님께서 당신의 일을 하실 것이다."

바로 나의 서품 성구였다. 언제나 내 마음속에 깊이 간직되어 있는 말씀이다. 그 말씀이 놀라운 힘이 되어 내 마음속에 새겨진다.

맞다. 하느님께서는 인간의 부족함을 이용하여 당신의 일을 하시는 분이심을 알고 있었지만 바로 나의 부족함을 통해서도 당신의 일을 하신다는 마음속의 울림은 내 머리카락을 쭈뼛 세운다.

나의 부족함까지도 사랑하시는 하느님은 찬미 받으소서!

4. 열세째 날: 도보 10일 마지막 순례.

① 어제의 순례 마지막 일기는 너무 늦게 들어와 작성할 수 없었다. 산티아고 콤보스텔라에 입성하여 미사하고, 저녁 먹고 온 시간이 12시 가까이 되었기 때문이다.

② 기억을 되살려 마지막 순례 일기를 쓴다.

③ 220킬로의 장정 마지막 날이다. 오늘은 20여 킬로만 걸으면 된다. 날씨는 쾌청하다. 마지막 날이라 그런지 발걸음이 가볍다. 짙은 유칼립투스 향기가 코를 찌른다. 참 아름다운 숲길로 이어진다. 북부 지역의 광대한 아름다움은 없지만 숲을 통과하는 오솔길의 아름다움이 마음에 가득 다가온다.

④ 문득 남은 10년의 사제 현역 생활을 봉헌하고 싶어졌다. 여태까지 잘 이끌어 주셨듯이 이제 남은 10년도 잘 이끌어 주실 것을 간절

히 기도한다. 아니, 매순간 이끌어 주시는 그 손길과 사랑을 잘 느끼고 깨달을 수 있도록 기도한다.

내가 사는 것이 아니고, 내 안에 그분이 사시길 기도한다. 반성해 본다. 그동안 나의 삶을 그분께서 기뻐하셨을까?

⑤ 야고보 사도는 정말 기쁘게 이 멀고 험한 길을 걸어가셨을 것이다. 세례물을 붓기 위한 조개껍데기와 세례수를 조롱박에 담고 기쁘게 걸으셨으리라 생각된다. 이 마을에서 기쁜 소식을 전하고, 그 다음 마을에서 또 전하고, 하느님께서 이끌어 주시는 사람들에게 세례의 생명수를 부어 주고 걷고 또 걸었으리라.

산티아고의 길은 마을과 마을을 잇는 길이다. 복음이 전해지고 새로운 생명들이 새로운 인생을 시작하는 것을 보면서 얼마나 기쁘고 즐거웠을까? 이 길은 고통의 길이 아니고 살아 계신 하느님을 체험하는 기쁨과 축복의 길이다. 또 돌아오는 길에서 새 생명이 무럭무럭 자라는 것을 보면 그 기쁨은 이루 다 말할 수 없었을 것이다. 식어 가는 사람에게는 용기를 주고, 불타는 사람에게는 더 깊은 하느님의 길을 가르쳤으리라.

복음을 전하는 이의 발이 얼마나 아름다운가? 하느님의 사랑을 체험하는 이 길은 참으로 하느님께서 살아 계시고, 역사하는 길이 아닐 수 없다. 무려 1000년 동안 수많은 사람들이 수많은 사연들을 안고 걸어온 길이다. 참으로 하느님께서 살아 계시는 은총의 길이다.

⑥ 오늘 식사하면서 깜짝 놀랐다. 한 신자가 이미 지나왔던 철의 십자가를 보며 바벨탑이 느껴졌다고 한다. 아니, 그 수많은 사람들의 고통과 기도와 봉헌이 모인 십자가를 보면서 바벨탑이라니! 어이

가 없었다. 신자라 해도 정말 뭘 모른다. 아는 것도 없고, 제대로 보지도 못한다. 왜 왔는지 모르겠다.

⑦ 이번 순례에서는 나의 신분을 밝히지 않았다. 가방에 붙어 있는 명찰마저 떼어 버렸다. 요즘에는 이름만 검색해도 모든 것을 알 수 있는 세상이기 때문이다. 그런 이유는 내가 보다 더 자유롭고 싶어서이고, 또 내가 보다 더 내 안으로 들어가고 싶어서였으며, 신자들이 세상 사람들과 어떻게 사는지 보고 싶어서였다.

⑧ 끊임없는 수다와 술. 자신과 하느님을 느끼기 위해서라기보다 사람들을 사귀기 위해서 또는 자기 신체적 능력을 과시하기 위해서, 산티아고 순례 완수라는 자랑을 하기 위해서 등등인 거 같다. 많은 시간과 돈을 쓰면서 제대로 된 순례, 하느님과 자신을 만나야 하는 본래의 목적은 어디로 갔는지 모르겠다.

신자들을 비롯한 세상 사람들에게 해야 할 일이 참으로 많다.

⑨ 점심을 먹고, 기쁘고 들뜬 마음으로 남은 5킬로를 전력을 다해 걷는다. 산티아고 도심을 통과해야 하는 코스다. 하나도 힘들지 않다. 발에 힘이 더 붙는다. 1등으로 산티아고에 입성한다. 마음은 풍선처럼 부풀었다. 대성당 그 시끄러운 곳, 제대 중앙에 자리 잡고 앉았다. 마음이 너무 평화롭다. 그저 아무 생각 없이 40여 분 앉아 있었다. 주위의 시선이 신경 써지지도 않았다.

⑩ 다 모인 후 순례 인증을 받기 위해 사무소로 간다. 단체로 인증받겠다면서 옆에 딸린 작은 성당에서 기다리라 한다.

거기서 나는 깜짝 놀랄 성모상을 보았다. 성모님의 머리에 야고보 사도의 모자가 쓰여 있었고, 손에는 지팡이와 조롱박이 달려 있었다. 아, 성모님께서 이 길을 함께 걸어 주셨구나! 순간 숨이 턱 막히는 감동이 마음을 뚫고 지나간다. 그 생각은 구체적으로 못 했는데 마지막 순간에 성모님께서 함께 걸어 주셨음을 깨닫게 된다.

⑪ 순례자를 위한 미사가 매일 저녁에 있다. 그 미사 때 마지막 강복 및 축복으로 기부자가 있을 경우 대향로 축복을 한다고 한다.

월요일이고, 순례자도 그리 많은 것 같지 않아 큰 기대를 안 했는데 향로 축복이 있다고 한다. 숯과 향이 담긴 큰 향로가 큰 원을 그리며 회전을 한다. 그야말로 말로만 듣던 대향로 축복이었다.

향으로 축복한다는 것은 전례적으로 상당히 큰 의미가 있다. 향은 향기롭고, 어느 곳에든지 스며든다. 바로 하느님의 은총과 축복을 상징하는 것이다. 향기로운 향내가 그 큰 성당 곳곳에 가득하다. 아름다운 그레고리안 성가와 함께 울려 퍼지는 향내는 그동안 고행의 순렛길을, 또 그동안 애써 온 삶의 길들을 하느님께서 직접 축복해 주시는 듯한 느낌이었다. '그래, 애썼다. 내가 그 여정에 함께하였다. 이제 너의 새로운 삶의 여정에도 함께할 것이다.'라는 듯한 주님의 음성이 마음속에 울려온다.

하느님께서는 순례 내내, 곳곳에서 우리를 위한 축복을 준비하고 계셨다.

⑫ 미사 후 해산물로 산티아고 입성 기념 식사가 있었다. 모두 기분 좋을 수밖에 없었다. 크게 다친 사람 없고, 큰 불화 없이 긴 여정, 힘든 여정을 마칠 수 있었기 때문이다. 꽤 오랜 시간 즐거움과 기쁨을 나누었다.

식사 중에 도대체 육포 선생님은 누구시냐고 묻는다. 신부님, 아니면 수사님, 혹은 하느님을 공부하는 사람 같다고 한다. 아무 대답 없이 싱긋 웃어만 준다. 끝나고 나오는데 어떤 여자분이 내게 다가와 팔짱을 낀다. "신부님이시죠?" 자기는 첫날부터 신부님이심을 직감했다고 한다. 긍정도, 부정도 없이 그냥 웃어 주며, 기념으로 사진 한 장 찍어 준다.

5. 열네째 날: 포르투 관광.

① 오늘은 산티아고의 모든 순례를 끝내고 포르투갈의 포르투로 가서 관광을 하고 하루 자고 다음 날 포르투 공항에서 프랑크푸르트 공항을 거쳐 귀국하게 된다.

② 포르투갈의 인상은 잘살지 못하는 느낌이다. 스페인보다 경제가 많이 떨어진다. 옷도 그렇고, 인상도 그렇다. 한때는 전 세계를 호령하던 나라였는데 그 많던 식민지에서 그 못된 짓을 많이 한 결과인가? 마치 옛날의 영광을 먹고사는 듯한 느낌? 남미에서, 아프리카에서 자신들의 권력을 유지하기 위해 얼마나 잔악한 짓을 많이 하였나 생각해 보면 조금은 고소하기도 하다.

③ 참 아름다울 수 있는 도시이다. 도루우강을 유람하고, 케이블을 타고, 강변에서 저녁을 먹었다. 수많은 사람들이 있었지만 그렇게 아름다워 보이지 않았던 이유는 무엇일까?

④ 길고 지루한 식사가 끝났다. 아름다운 자연 속에서 의미를 갖고 걷던 길에 비하면 오늘 관광은 별로 재미가 없었다.

6. 귀국하고 일주일 후쯤 카톡을 하나 받았습니다.

"산티아고 육포 신부님, 잘 계시지요? 엊그제 몇몇이 모여 한잔했

습니다. 순례 중에 신부님일 수도 있겠다 생각했는데 찾아보니 금
호동 성당에 계시더군요. 아무튼 좀 놀랐습니다. 신분을 밝히시면
불편하셨겠지요? 아무튼 좋은 여행이었습니다. 불편하지 않으시면
일간 한번 찾아뵐까 합니다."

7. 오늘은 참으로 성령께서 함께 계시는 성령 강림 대축일입니다.
기쁨과 감사로 가득한 대축일, 본당주보 축일을 보내시길 다시 한
번 기도합니다.
"주님, 당신 숨을 보내시어 저희 공동체의 얼굴을 새롭게 하소서."
아멘.

첫 영성체(2017. 6. 11.)

"하느님께서 아들을 세상에 보내신 것은
세상을 심판하시려는 것이 아니라 세상이 아들을 통하여
구원을 받게 하시려는 것이다."

1. 오늘은 천사와 같은 어린이들의 첫 영성체가 있는 날입니다.

2. 이 아이들을 바라보노라면 어찌 이리도 이쁜지 참 신비롭기까지
합니다. 생명 그 자체는 참으로 아름다운 것입니다.

3. 좀 못나고 덜 이쁘게 생겼어도 잘나 보이고, 이뻐 보입니다.

4. 이 어린이들을 바라보는 여러분들도 마음이 뿌듯하시죠?

5. 우리 모두의 사랑을 오늘 이 어린이들에게 듬뿍 전해 줄 수 있어
야 하겠습니다.

6. 어린이들은 그 자체로 사랑을 받을 권리가 있고, 또 사랑을 받아
야 합니다. 이 어린이들이 받는 사랑은 그 마음속에 깊이 스며들
것이고, 일생을 통해 마음의 힘과 인생의 희망이 될 것이기 때문입
니다.

7. 언젠가 고아원을 방문한 적이 있습니다. 그곳에 있는 아이들은
자기에게 조금만 관심을 보이면 그저 매달립니다. 때로는 집착에
가까울 정도로 팔에 매달리고, 안아 달라 합니다.

그 아이들을 보면서 생각해 보게 됩니다. '얼마나 사랑과 정에 굶주렸으면 저럴까…….' 가슴이 아려 옵니다.

8. 인간은 사랑으로 태어나고, 사랑을 먹고 자라납니다. 하느님께서는 인간을 사랑으로 창조하셨기에 사랑은 인간의 가장 절대적인 조건입니다. 그렇기에 사랑을 받지 못한 아이들은 처절한 정도로 사랑을 갈구하고 탐닉하게 됩니다.

9. 오늘 이 어린이들이 우리의 사랑을 통해서 하느님의 사랑을 확인받는 날입니다. 처음으로 성체를 영하는 이들의 마음속에, 영혼 속에 이제 하느님께서 임하시는 것입니다. 하느님의 사랑이 본격적으로 시작되는 것입니다.

10. 미켈란젤로의 〈천지창조〉 그림을 보면 하느님께서 손가락을 펼쳐 아담의 손가락과 맞대는 모습을 볼 수 있습니다. 천지를 창조하신 하느님의 손길이 인간과 맞닿는 모습입니다.

11. 창세기에서는 하느님께서 나의 모습을 닮은 사람을 만들어 당신의 사랑과 행복을 주고자 하십니다. 정성과 혼을 다해 인간을 만들어 내십니다. 하느님의 외적인 모습을 닮았다는 것이 아니라 하느님의 마음속에 있는 사랑의 모습을 인간에게 주고 계시는 것입니다.

12. 즉 인간은 그 하느님의 사랑에 의해서 태어난 것이고, 부모를 통해 그 생명을 물려받았습니다.

13. 사랑을 통해 태어난 이 아이들이 그 사랑 자체이신 하느님을 만

나는 첫걸음을 오늘 시작하는 것입니다. 이제 하느님께서는 이 어린이들의 마음속에서 함께 계실 것이고, 이 어린이들의 인생에도 함께하실 것입니다.

14. 하느님의 위대하신 사랑은 바로 예수님을 통해서 이 세상에 우리가 볼 수 있는 사랑으로 드러나셨고, 급기야 성체를 통해 우리 마음속에 들어오시는 것입니다. 성체를 모신다는 것은 나를 위해서 죽으시는 하느님의 사랑을 모시는 것입니다. 세상 태초에 보여 주셨던 그 사랑이 우리 마음속에서 다시 시작되는 것입니다.

15. 이 어린이들의 영혼 속에 천지의 주인이신 하느님께서 당신의 낙인을 찍으시는 것입니다. "이제 너는 내 것이고, 나는 너의 하느님이 될 것이다. 네가 내 안에 있는 한 영원히 나도 너와 함께 있을 것"이라는 불멸의 계약을 맺으시는 것입니다. 이제 너의 인생은 너 혼자 고아처럼 외롭게 살아가는 불쌍한 삶이 아니라 내가 너와 함께 살아가겠다는 사랑의 약속이신 것입니다.

16. 이 어린이들을 하느님께 정성되이 봉헌해야 하겠습니다. 어렵고 힘든 인생길에 하느님께서 언제나 함께하시어 이 아이들을 보호해 주시고, 이끌어 주시도록 간절히 기도할 수 있어야 하겠습니다.

17. 부모님들이 아무리 큰 욕심과 의욕을 가졌다 할지라도 이 어린이들이 부모님께서 바라시는 사람으로 살아가는 것은 아닙니다. 이제 이 어린이들은 하느님께서 키워 주셔야 하는 것입니다.

하느님께서 그 인생에 함께 계셔서 이 어린이들이 이 우주 역사에

단 한 번밖에 없는 자신의 인생길을 잘 걸어갈 수 있도록 기도해야 할 것입니다. 부모의 욕심으로 갈등을 겪는 인생이 아니라, 이 어린이들이 스스로의 삶을 완성해 나가는 인생이 될 수 있도록 마음을 비울 수 있어야 할 것입니다.

18. 폴란드에 가면 '블랙 마돈나'라는 검은색 성모님이 계십니다. 이 블랙 마돈나는 폴란드의 수호성인이시기도 합니다. 첫 영성체 때가 되면 전국의 어린이들이 이 블랙 마돈나 앞에서 영성체 예식을 합니다. 어머니이신 성모님께 이 어린이들을 맡기는 것입니다. 예수님을 키우신 성모님께서는 누구보다도 부모님들의 애타는 심정을 잘 알고 계십니다. 성모님께 의지하면 성모님께서는 부모님들과 함께 애타는 마음과 간절한 마음으로 이 어린이들의 삶과 그 기도에 함께하여 주실 것입니다.

19. 어린이 여러분!
여러분 앞에는 여러분이 살아나가야 할 인생길이 이제 시작되고 있습니다. 공부도 해야 하고, 건강하게 자라야 하고, 또 무엇보다 기도도 할 수 있어야 합니다. 기도 가운데 공부할 수 있을 때 여러분은 학문을 통해 삶의 이치를 깨달을 수 있을 것이며, 또한 기도해야 여러분의 삶을 건강하게 지켜 나갈 수 있을 것입니다.
기도란 하느님과의 사랑의 대화입니다. 기도하지 않으면 하느님과의 사랑 관계가 막혀 버리게 되는 것입니다. 여러분들의 기도는 그 누구의 기도보다도 하느님께서 기쁘게 들어 주실 것이고, 그 기도를 이루어 주실 것입니다.

무엇보다도 여러분을 사랑하시는 그 하느님을 잊지 말아야 할 것입니다. 하느님께서는 여러분의 성장과정의 그 어려움들을 잘 알고 계시며, 때로는 그 어려움들을 통해 여러분이 자신의 삶을 살아 나갈 수 있도록 도와주실 것입니다.

부모님의 사랑과 하느님의 사랑을 통해 자신의 삶을 살아가도록 노력하시기 바랍니다.

20. 오늘 처음 모시는 성체는 여러분의 인생을 통해서 체험되는 하느님의 사랑이며, 여러분 인생의 크나큰 디딤돌이 될 수 있을 것입니다. 비록 인생길이 험하다 해도 그 마음속에 성체가 되시는 귀한 사랑을 품고 있다면 어떤 험한 길도 잘 걸어 나갈 수 있을 것입니다. 오늘 여러분의 마음속에 함께하시는 하느님의 사랑, 바로 그 성체가 여러분의 마음과 건강과 인생길을 지켜 주실 것입니다.

"하느님께서 아들을 세상에 보내신 것은 세상을 심판하시려는 것이 아니라 세상이 아들을 통하여 구원을 받게 하시려는 것이다." 아멘.

성체 성혈 대축일(2017. 6. 18.)

"내 살을 먹고 내 피를 마시는 사람은 내 안에 머무르고,
나도 그 사람 안에 머무른다."

1. 비가 오지 않아 걱정입니다. 논밭이 거북등처럼 쩍쩍 갈라지고
있어 논농사를 포기하는 농민도 많다고 합니다. 정말 비가 쫙쫙 내
렸으면 좋겠습니다.

2. 우리의 마음에도 은총의 비가 내렸으면 합니다. 하느님의 은총
이 없으면 우리의 마음도 메마른 논밭처럼 갈라지고, 먼지가 풀풀
날 수밖에 없습니다.

이 세상을 산다는 것은 사실 쉬운 일이 아닙니다. 이 어려운 세상살
이 속에서 하느님의 은총이 없이 산다는 것은 정말 어려운 일입니
다. 마음에 생명의 은총이 없으면 살벌하고 메마른 사막과 같을 수
밖에 없을 것입니다.

3. 오늘 제1독서에서 메마른 광야에서 고생하는 이스라엘 백성들
에게 만나를 내리신 이야기를 전해 줍니다.

광야는 생명이 없는 곳입니다. 그 자체가 인간에게는 죽음과 같은
곳입니다. 먹을 것도 없고, 마실 것도 없습니다. 편안하게 몸을 누일
쉼터도 없습니다. 낮에는 강렬한 햇볕으로, 밤에는 혹독한 추위로
사람이 살 수 없는 곳입니다.

이스라엘 백성은 가혹한 이집트의 노예 생활에서 탈출하여 가나안 복지로 들어가기 위해서 광야로의 여정을 선택할 수밖에 없었습니다. 그들에게 하느님께 의지하는 마음이 있었을 때는 모든 생존 문제가 해결되었습니다. 그러나 인간인지라 매순간 하느님께 의지할 수는 없었고, 때로는 불평불만 속에서 하느님께 의지하는 마음을 잃어버릴 수밖에 없었습니다.

광야는 하느님을 떠나서는 살 수 없는 곳이었습니다. 그러하기에 하느님께서는 목에 힘이 들어가 있는 백성들을 오로지 당신의 백성으로 만들기 위해서 때로는 불뱀도 보내시고, 때로는 굶주리게 하시고, 또 때로는 목마르게 하셨습니다.

오늘 독서의 말씀처럼 하느님께서는 이스라엘 백성이 낮아질 수 있도록 끊임없이 독려하시고 이끌어 주십니다. 그들의 마음이 부서지고 낮추어졌을 때 그들에게 만나와 메추라기를 내려 주십니다.

4. 그들에게 내려진 만나와 메추라기, 바위에서 솟아나는 물은 굶주린 그들에게 정말 영원히 잊을 수 없는 양식이었습니다. 그 양식은 다만 주린 배를 채우기 위한 양식이 아니었고, 하느님께서 주시는 영적인 양식이었습니다. 즉 생명의 양식이었던 것입니다. 몸과 마음이 굶주렸을 때의 그 양식은 얼마나 입에도 달고, 마음에도 감사와 찬미가 절로 나오는 귀중한 양식이었을까요?

5. 오래전에 제가 살을 뺀다고 효소 다이어트를 해 본 적이 있습니다. 매끼니 밥 때신 효소를 먹고 하루에 두세 시간씩 걸어야 하는 프로그램이었습니다. 사람이 밥을 못 먹는다는 것이 얼마나 고통스러

운 것인지 새삼 느낄 수 있었습니다.

열흘 동안 하니 정말 5킬로가 빠지는 것이었습니다. 다 끝나고 처음으로 대하는 식사 시간, 정말 밥알 한 톨, 한 톨이 입에서 녹는 것이었습니다. 그 한 톨, 한 톨이 얼마나 귀하고 감사했는지 모릅니다. 여태까지는 당연한 밥이었는데 단식 후에는 그 밥과 간의 맛이 얼마나 소중했는지 지금도 그 기억이 생생합니다.

그런데 첫 식사가 끝나자마자 몸무게를 달아 보니 이게 웬일입니까? 그새 2킬로가 늘어난 것이었습니다. 급실망, 급좌절이었습니다. 그 이후 인위적인 다이어트는 절대로 하지 않겠다고 결심할 수밖에 없었습니다.

6. 배고픔 속에서의 밥알 한 톨이 그토록 소중하고 감사했던 것처럼 죽음과 같은 광야 속의 이스라엘 백성에게 만나가 얼마나 달콤하고 감사했을까 생각해 보게 됩니다.

7. 요즘에는 물자가 너무 흔하고 풍요롭습니다. 음식 쓰레기가 나오는 것만 봐도 우리는 너무 풍요로운 세상에서 살고 있습니다. 물론 매끼니를 걱정하는 어렵고 힘든 이웃도 우리 주위에 있습니다만 너무 풍요로운 삶의 조건 속에서 살아가는 것은 분명한 사실입니다. 단군 이래로 한반도가 이처럼 풍족한 삶을 살아 본 적이 처음이라고까지 합니다.

풍요 속의 빈곤이라는 말도 있듯이 우리는 어떤 면에서 물질은 풍요하지만 우리의 내면은 점점 고갈되어 가고 있습니다. 감사할 줄 모르고, 풍요 속에서도 끊임없는 불평불만 속에 살아가며 행복해하지 않습니다. 정말 밥 한 톨의 귀중함을 잊어버리고 말았습니다. 물질이 풍요로우면 우리가 더 행복할 줄 알았는데 결과는 정반대입니다. 우리보다 잘사는 사람들, 잘나가는 사람들을 바라보면서 끊임없는 자기 비하와 열등감 속에 살아가는 경우가 참으로 많습니다.

8. 오늘날의 세상은 정신적인 광야와 같습니다. 정신적으로는 힘들고 지치고, 마음으로는 한없이 메말라 가고 있습니다. 어린아이 때부터 지나친 경쟁 구도 속에 살아야 하고, 요즘 청년들은 일자리를 구하기 위해 매일매일 피나는 고통 속에 살아가고 있습니다. 인간의 당연한 과정인 결혼조차 할 수 없는 극심한 심리 붕괴 상태 속에서 살아가고 있습니다.

결혼을 하고 가정을 가졌어도 남편은 여전히 살벌한 경쟁 속에 살아가야 하고, 아내 역시 육아 대신 살벌한 사회 속에 뛰어들어야 합니다. 그토록 고생을 하고 희생을 하지만 다 큰 아이들은 자기들 살 궁리만 합니다.

나이 들어 아이들만을 위해 산 자신의 삶에 큰 회의와 좌절을 느끼지만 이미 지나간 세월은 돌이킬 수 없습니다. 그저 멍하니 하늘만 바라보며 지나온 세월을 반추해 보지만 여전히 그들에게는 보장되지 않은 노후가 걱정과 두려움으로 눈앞에 다가옵니다. 잘나가는 사람들과 비교해 보면 참으로 한숨만 나오고, 그토록 성실하게 살아온 삶의 역사가 후회의 회한으로 가슴을 아프게 할 뿐입니다.

9. 정말 행복한 사람들이 별로 없습니다. 다만 행복해지기 위해서 몸부림을 칠 뿐입니다. 마음 깊은 곳에서 감사와 기쁨이 솟구치지

않습니다. 그래도 이 하루만이라도 버티기 위해서 감사하려고 노력할 뿐입니다. 그 정도도 하지 않으면 어둠의 나락으로, 절망의 늪으로 빠질 수밖에 없음을 알고 있기 때문입니다.

10. 정말 어찌하면 우리 마음 깊은 곳에서부터 기쁨과 감사가 샘솟는 행복한 삶을 살아갈 수 있을까요?

11. 광야에서의 이스라엘 백성은 하느님의 백성으로 새롭게 태어날 수 있었습니다. 그들은 그들의 경험을 바탕으로 하느님께 의지하지 않으면 죽음뿐이라는 사실을 너무 잘 알고 있었습니다. 약하디약한 민족이었지만 그들은 광야의 그 죽음과 같은 고통들을 통해서 강한 세력의 적대 민족을 이겨 나갈 수 있는 힘을 얻을 수 있게 되었습니다. 전에는 두려움의 대상이었던 광야의 힘센 부족들을 이겨 나갈 수 있게 됩니다.

그들은 하느님께 의지하기만 하면 생존의 모든 어려움을 이겨 나갈 수 있음을 깨닫게 되었고, 하느님께만 의지하는 진정으로 강한 민족으로, 하느님의 백성으로 새롭게 탄생될 수 있었습니다.

그 죽음과 같은 광야에서 태어난 아이들은 어릴 때부터 자신들이 살아남을 수 있는 길을 마음 깊이 터득할 수 있었습니다. 그 광야에서 태어난 후세들이 가나안 땅을 얻을 수 있게 된 것입니다.

12. 오늘날의 세상도 바로 그 광야와 다를 바가 없습니다. 하느님께 의지하지 않으면 우리의 마음은 메마른 사막화가 진행될 것이고, 생명과 기쁨과 환희가 없는, 그야말로 죽음과 같은 마음이 될 수밖에 없을 것입니다.

죽음의 땅에서는 결코 아름다운 꽃이 피어날 수 없습니다. 그 죽음과 같은 마음의 땅에 하느님의 도우심이, 그분의 은총이 절대적으로 필요한 것입니다. 그냥 가만히 내버려 두면 이 세상의 어둠의 세력이 우리 마음을 초토화시켜 버리고 말 것입니다. 우리의 어둠은 가족들과 이웃들에게 전염될 것이고, 우리 모두 힘들고 고통스러운 죽음과 같은 어둠 속에서 살아갈 수밖에 없을 것입니다.

13. 오늘은 성체 성혈 대축일입니다. 그 옛날 죽음과 같던 광야 생활을 하던 이스라엘 백성에게 만나는 하느님의 양식이었고, 은총이었고, 달디단 꿀맛과 같은 양식이었습니다. 그들에게 그 만나라는 은총의 양식이 있었기에 그 고통스럽고 어둡고 힘든 광야를 이겨 나갈 수 있었습니다.

오늘날 우리에게도 성체가 같은 맥락의 의미를 갖고 있습니다. 이 성체는 약하게 보이고 아무것도 아닌 것처럼 보여도 이 죽음과 같은 오늘날의 세상에서 우리가 살아 나갈 수 있는 하느님의 은총입니다. 메마른 우리 마음에 은총의 비를 내리고, 어둡고 습한 우리의 마음을 밝고 맑게 만들어 주는 하느님의 사랑인 것입니다.

아무리 기도를 많이 하여도 성체를 모시지 않으면 아무 소용이 없습니다. 성체는 바로 하느님 사랑의 결정판이기 때문입니다. 만나의 완성품인 성체, 그 하느님의 사랑만이 우리를 죽음에서 구하는 영원한 양식입니다.

14. 저는 성찬 거행 때 성체를 들어 올리며 한 알, 한 알의 밀로 이루어진 그 성체 안에 우리 신자 한 사람, 한 사람을 떠올립니다. 또 성

혈을 들어 올리며 한 알, 한 알의 포도로 이루어진 그 성혈 안에 우리 신자 한 사람, 한 사람을 떠올립니다. 하나의 성체 안에, 성작 안에 담긴 하나의 성혈 안에 우리 모두가 함께 하나로 존재하고 있습니다.

아직도 그 순간이 매번 떨리고, 감동이 밀려옵니다. 우리 모두의 성체와 성혈을 이루는 기도를 통해 우리 모두에게 하느님의 사랑이, 그 은총이, 그 성령이 전달되길 간절히 기도합니다. 특히 마음이 힘들고 어려운 이들에게 보다 많은 하느님의 사랑이 전달되기를 간절히 기도합니다.

"내 살을 먹고 내 피를 마시는 사람은 내 안에 머무르고, 나도 그 사람 안에 머무른다." 아멘.

1. 날씨가 덥습니다. 마른장마가 아니라 온 초목을 싱그럽게 해 주는 장맛비가 흠뻑 내렸으면 좋겠습니다. 성당의 화초도 수돗물만 주어서는 생기가 돋아나지 않습니다. 그저 생명만 유지할 뿐입니다. 하늘의 비가 내려야 온 초목이 생생하게 살아납니다.

2. 날씨도 더운데 노래 하나 들으시겠습니다. 'You raise me up'이라는 노래입니다. 직역하면 '당신은 나를 일으켜 주십니다'라는 뜻이죠.

3. 노래.

4. "당신이 일으켜 주시기에 나는 산 위에 우뚝 설 수 있고
당신이 일으켜 주시기에 나는 폭풍의 바다 위를 걸을 수 있어요.
당신의 어깨에 기댈 때에 나는 강해지며
당신은 나를 일으켜 나보다 더 큰 내가 되게 하지요."

5. 제가 제일 좋아하는 노래 중 하나입니다.
"내가 힘들 때 고요히 당신을 기다리면 당신께서는 내게 다가와 나를 일으켜 세워 주십니다. 그러면 나는 높은 산 위에 우뚝 설 수 있

고, 폭풍의 바다 위도 걸을 수 있지요. 당신의 어깨에 기댈 때에만 나는 강해지며, 당신은 나보다 더 큰 내가 되게 하지요."

6. 이 세상을 살아갈수록 세상이 점점 더 힘들어집니다. 젊었을 때는 내 힘으로 세상을 사는 것 같았는데 지금 보니 다 부질없는 짓이었습니다.

내가 사는 것이 아니라 나를 사랑하시는 하느님의 힘으로 사는 것임을 새삼 깨닫게 됩니다. 내가 잘나서, 똑똑해서 사는 것이 아니라 그분께서 함께하셨기에 살아왔음을 깨닫게 됩니다. 그분께서 나를 일으켜 주시고, 그분께서 당신의 일을 하도록 내 안에서 부추기셨음을 느끼게 됩니다. 내 힘으로 하는 것보다 그분께 의지하고, 의탁할 때 그분께서는 내 힘과 능력을 뛰어넘어 당신의 능력을 보여 주심을 느끼게 됩니다.

나를 높은 산으로 이끄시고, 폭풍의 바다로 이끄시지만 그 안에서도 버티고, 견디게 해 주십니다. 나를 더 크게 만드시고자, 나를 더 더욱 당신께 가까이 이끄시고자 그 큰 산의 고통도, 그 폭풍의 바다의 쓰라림도 겪게 해 주심을 느끼게 됩니다.

7. 오늘 우리는 한국 성직자들의 수호자이신 김대건 안드레아 신부님 대축일을 봉헌하고 있습니다.

8. 아마 그 옛날 김대건 신부님께 이 노래를 들려드릴 수 있다면 김대건 신부님은 고개를 연신 끄떡이며 '맞아! 맞아!'를 외치실 것 같습니다.

9. 열셋의 어린 나이에 천신만고 끝에 중국을 거쳐 마카오에 도착하십니다. 조선의 어린 꼬마가 낯설고 물선 외국 땅에서 철학, 신학, 지리, 역사, 라틴어, 프랑스어 등을 공부한다는 것은 쉬운 일이 아니었습니다. 마카오에서 민란이 일어나자 필리핀까지 가서 공부를 계속합니다.

고된 삶의 여정 끝에 1845년 8월 상하이에서 서품을 받고 간신히 귀국하게 됩니다. 그러나 1846년 6월에 체포되어 9월에 새남터에서 순교하시게 됩니다.

10. 사제품을 받고 사목 생활을 불과 1년도 채 못 하셨습니다. 그의 학식과 견문을 높이 산 조선 관리들이 어떻게 해서든 사제 김대건을 살려 보려 했지만 하느님께만 향해 있는 김대건 신부였기에 어쩔 수가 없었습니다.

11. 인간적인 머리로는 잘 이해가 되지 않는, 하느님께서 이끄시는 교회 초기의 역사였습니다. 그러나 김대건 신부님은 단 한 치의 협상도, 미련도 없이 당신에게 주어진 길을 걸어가십니다. 9년 동안의 노력, 조선 교회의 미래에 대한 유혹 등을 모두 물리치고 오로지 하느님께서 마련하신 길을 충실히 걸어가십니다.

12. "내가 힘들 때 고요히 당신을 기다리면 당신께서는 내게 다가와 나를 일으켜 세워 주십니다. 그러면 나는 높은 산 위에 우뚝 설 수 있고, 폭풍의 바다 위도 걸을 수 있지요. 당신의 어깨에 기댈 때에만 나는 강해지며, 당신은 나보다 더 큰 내가 되게 하지요."

13. 아마도 이 노랫말이 현대적으로 해석된 김대건 신부님의 마음이 아니었을까 상상해 보게 됩니다.

14. 오늘을 살아가는 우리도 이 김대건 신부님의 마음을 지녀야 하겠습니다. 힘들 때 그분 앞에 있으면 그분은 어느샌가 우리 마음에, 또 우리의 삶에 함께하십니다. 그러면 우리는 인생의 어떤 높은 산도 오를 수 있고, 폭풍우가 휘몰아치는 바다 한가운데에서도 버텨낼 수 있지요. 그분의 어깨에 기댈 때 우리는 강해질 수 있으며, 지금의 나보다 더 큰 내가 될 수 있는 것입니다.

15. 어렵다고 하는 것, 힘들다고, 고통스럽다고 하는 것은 내 인생을 내 힘으로만 살려고 하기 때문입니다. 그분을 마음에 모셔 들이고, 그분 어깨에 기댈 수 있다면 우리네 인생은 더 이상 어렵거나 힘들거나 고통스럽지 않습니다. 내 힘으로 사는 것이 아니라 그분의 힘으로 살 수 있기 때문입니다.

16. 어렵고, 힘들고, 고통스러운 것은 하느님께서 나에게 보내시는 초대장입니다.
"더 이상 너의 힘으로만 살려고 하지 마라. 나에게 오너라. 내가 너에게 가겠다. 내가 너를 일으켜 세워 주겠다. 너는 단지 내 어깨에 너의 무거운 머리를 대고 편하게 있어라. 나는 너를 높은 산에서도, 폭풍우의 바다에서도 보호해 줄 것이고, 너를 대신해서 세상과 싸워 주겠다. 그리고 내가 너를 큰 사람, 강한 사람으로 만들어 주리라."

17. 순교란 바로 이런 것입니다. 인간의 부족한 힘으로 순교를 하는 것이 아니라 바로 하느님의 힘으로 순교를 하는 것입니다. 우리가 평소에 하느님께 온전히 의탁하고, 하느님의 힘으로 살아가는 법을 터득한다면 우리에게도 그 엄청난 순교의 영광이 주어질 것입니다. "우리는 환난도 자랑으로 여깁니다." 아멘.

연중 제14주일(2017. 7. 9.)

"아버지 하늘과 땅의 주님, 지혜롭다는 자들과 슬기롭다는
자들에게는 이것을 감추시고 철부지들에게는 드러내 보여
주시니 아버지께 감사드립니다."

1. 메마른 가뭄이 계속될 때는 모든 이가 "비가 와야 될 텐데." 하고
걱정하였습니다. 이제 비가 오니까 가뭄은 해갈이 되었는데 습도가
높아지다 보니 찜통더위가 우리를 괴롭힙니다. 기온이 높고, 습도
까지 높다 보니 이 더위를 이겨 나가는 일이 보통일은 아닙니다.

2. 때로는 숨이 턱턱 막힐 정도로 무덥습니다. 기온은 높더라도 습
도만 낮으면 그래도 견딜 만한데 습도가 가득한 가운데의 이 무더
위는 참으로 힘듭니다.

3. 집에 에어컨이라도 있으면 그나마 다행이지만 이 무더운 여름에
에어컨도 없이 그저 선풍기 하나로만 살아가는 서민들이 우리 주위
에 의외로 많습니다.

4. 겨울은 겨울대로 힘들고, 여름은 여름대로 힘들고, 가뭄 때는 비
가 안 와서 힘들고, 홍수 때는 비가 너무 와서 힘듭니다.

5. 우리네 인생은 사실 힘들고 고통스러운 일들로 가득 차 있습니다.

6. 현모양처의 대명사이고 누구보다도 자녀 교육을 훌륭히 했던 인
물을 뽑으라고 한다면 아마 율곡 이이의 어머니인 '신사임당'이 아

닐까 싶습니다.

그런데 누가 이렇게 말씀하십니다.

"신사임당도 요즘 같은 세상에서는 율곡 이이를 못 키웠을걸요."
요즘에는 초등학교 입학 전부터 한 달에 100만 원 이상의 사교육비
가 들어간다고 합니다.

이를 시작으로 아이 한 명에게 들어가는 총교육비가 최소 1억이 넘
는다는 것입니다. 그렇다 보니 부모들은 노후 준비를 전혀 할 수 없
고, 그저 막연히 '어떻게 되겠지.' 하고 살아갑니다. 내가 이토록 고
생했으니 아이들이 자리를 잡으면 부모를 잘 봉양해 줄 것이라는
막연한 기대 속에 살아갑니다.

그러나 아이들이 커서 자리를 잡아도 자기네들 살 궁리만 합니다.
부모는 뒷전인 경우가 참 많습니다. 부모님들의 실망감과 배신감이
하늘을 찌를 듯해도 눈앞에 주어진 현실은 어쩔 수 없는 경우가 많
습니다.

7. 아이들도 어렵고 힘들기는 마찬가지입니다. 유치원 때부터 경쟁
이 시작됩니다. 어린 시절 뛰어놀지도 못하고 학업에 목숨을 걸어
야 합니다. 고등학교 때 공부하는 모습을 보면 참으로 한숨이 나옵
니다. 문득 지난번 만났던 한 고등학생이 떠오릅니다. 너무나도 의
욕이 없는 모습을 보고 "어디 아프니?" 물었더니, 곧바로 "피곤해
요." 하는 것입니다.

전날 밤늦게까지 학원에서 공부하고 오늘은 집에서 쉬려고 했는데,
미사에 가자고 해서 억지로 끌려왔다고 합니다. 누군가는 "학생이
공부만 하면 되는데 뭐가 피곤하냐?"고 말씀하실지도 모릅니다.

그런데 학생들이 한 주에 공부하는 시간이 얼마나 될까요? 스스로 좋아서 하는 공부라면 그럴 수 있다 싶어도 억지로, 또 마지못해 하는 공부는 중노동과 마찬가지일 것입니다.

그렇다고 경쟁사회에서 뒤처지는 것을 원치 않는 부모 입장에서는 자녀 마음대로 하라고 할 수도 없는 입장입니다. 그래서 매일 전쟁이라고 어떤 부모님께서 말씀하시는 것을 들은 적이 있습니다.

언젠가 '국제중-특목고-명문대-출세' 코스를 밟기 위해서는 아이의 체력과 실력, 엄마의 정보력, 할아버지의 재력이 있어야 한다고 어떤 어머니께서 말씀하시더군요. 씁쓸한 기분과 함께 과연 그 길이 진정으로 행복한 길인가 묻고 싶습니다.

8. 부모와 아이들이 기를 쓰고 대학에 가더라도 만만치 않습니다. 대학 등록금만 해도 허리가 휩니다. 아이들도 나름 아르바이트를 하지만 자기 용돈 쓰는 데 급급합니다. 군대도 가야 하고, 복학을 하면 취업 준비에 여념이 없습니다. 그야말로 취업 전쟁터입니다.

마음에 드는 직장을 구하는 일은 하늘의 별 따기처럼 어렵습니다. 간신히 취업을 해도 결혼이 어렵습니다. 늦게 결혼을 하니 아이를 낳는 것도 어렵습니다. 아이를 낳아서 키우고 가정을 이끌어 나가는 일도 보통일이 아닙니다.

미래가 보이지 않는 젊은 세대의 고통은 부모 세대가 느꼈던 생존의 고통만큼이나 어렵고 힘듭니다. 희망이 보이지 않는다는 것은 정신적으로 얼마나 힘들고 어려울 일일까요?

9. 사실 모든 것이 돈과 명예와 권력의 잣대로 판가름되고, 모든 것

이 소유 개념에 의해 평가되는 세상에서 우리는 부모, 처자, 형제자매, 심지어 자기 자신까지도 하나의 소유로 대할 때가 많아집니다. 남편 구실을 제대로 하려면 돈과 명예가 있어야 하고, 부모 구실을 제대로 하려면 자식들을 좋은 대학에 보내고 경제적으로 뒷바라지 할 수 있어야 한다고 합니다.

자식이 부모의 은덕에 보답하기 위해서는 공부를 잘해 부모의 위신을 세워 주어야 하며, 친지들에게 자식 자랑을 할 수 있게 해 주어야 한다고 합니다.

10. 과연 이런 인생이 행복하냐고 묻고 싶습니다. 하느님께서는 우리가 행복하기를 원하시고, 우리가 행복하기 위해서 우리 인생을 허락하셨는데 정말 행복하냐고 묻고 싶습니다.

11. 여기에 계신 여러분은 정말 행복하신가요?

12. 과연 행복의 기준은 무엇일까요? 부모가 재력이 있고, 그 덕분에 자녀가 좋은 대학 나오고, 안정된 직장 속에서 안정된 가정을 갖고 있다고 과연 행복한 것일까요?

13. 정승환이라는 젊은 가수의 〈사랑에 빠지고 싶다〉라는 노래의 가사가 생각납니다.

"난 너무 잘살고 있어 한데 왜
너무 외롭다 나 눈물이 난다
내 인생은 이토록 화려한데
고독이 온다 넌 나에게 묻는다

너는 이 순간 진짜 행복하니

난 대답한다 난 너무 외롭다

내가 존재하는 이유는 뭘까"

14. 이 가수는 우리들에게 묻고 있습니다. "너는 진짜 행복하니?" 대답하면서 되묻습니다. "난 너무 외롭다. 내 존재의 이유가 뭘까?"

15. 나를 행복하게 해 주는 내 존재의 이유를 어디서 찾아야 할까요?

16. 오늘 복음에서 그 답을 해 주고 있습니다.
"아버지 하늘과 땅의 주님, 지혜롭다는 자들과 슬기롭다는 자들에게는 이것을 감추시고 철부지들에게는 드러내 보여 주시니 아버지께 감사드립니다."

17. 나를 행복하게 해 주는 내 존재의 이유는 바로 하느님 앞에 철부지 어린아이처럼 되라는 것입니다. 하느님 앞에, 또 우리의 인생 앞에 나는 똑똑하다고, 멋있다고, 힘 있다고 헛폼 잡지 말고 겸손되이 자신의 모습, 자신의 삶과 인생을 돌이켜 보라는 것입니다.

18. 어린 철부지들은 자신의 힘으로는 아무것도 할 수 없습니다. 바로 그 사실을 알기에 전적으로 철저하게 부모에게 의존합니다. 자신의 생존과 행복이 부모에게 달려 있다는 것을 본능적으로 알고 있습니다.

19. 그렇게 우리도 전적으로 철저하게 하느님께 의존해야 합니다.

그래야만 우리의 생존이 보장되고, 우리가 진정 행복할 수 있는 인생의 길을 찾을 수 있게 됩니다. 그래야만 우리에게 주어진 인생의 이유, 존재의 이유를 깨달을 수 있게 됩니다. 우리 인생의 기준점을 찾을 수 있게 됩니다. 기본과 기준이 없으면 모든 것이 틀어질 수밖에 없습니다. 하느님은 우리 삶의 기본이요, 기준임을 잊지 않아야 하겠습니다.

"아버지 하늘과 땅의 주님, 지혜롭다는 자들과 슬기롭다는 자들에게는 이것을 감추시고 철부지들에게는 드러내 보여 주시니 아버지께 감사드립니다." 아멘.

"어떤 것들은 좋은 땅에 떨어져 열매를 맺었는데, 어떤 것은
백배, 어떤 것은 예순 배, 어떤 것은 서른 배가 되었다."

1. 지난 한 주간은 소신학교 동창들과 연수가 있었습니다. 베네딕
도라는 본명을 가진 친구가 있는데 그 친구는 해마다 이때쯤이면
특이하게도 자기 축일에 친구들과 여행이나 연수를 합니다. 이번에
도 그 친구의 일정에 함께하게 되었습니다.

왜 본당신부 축일에 밖에서 친구들과 지내느냐는 질문에 그 친구는
그렇게 하는 것이 자기 마음이 편하다고 합니다. 본당에서의 축하
와 각종 행사가 자기에게는 너무 불편하다고 합니다. 뭔가 한번 깊
이 생각해 볼 만한 좋은 시도라는 생각이 들었습니다.

2. 저에게는 동창들이 많습니다. 소신학교 때는 전국에서 모였으니
소신학교라는 전국의 동창들이 있고, 또 특이하게도 대학 생활을
광주 신학교에서 했으니 남쪽의 동창들이 있고, 또 대학원은 서울
에서 나왔으니 서울 동창들이 있습니다. 그 동창들하고 연결된 사
제들이 또한 많으니 사실 많이 바쁘기도 합니다.

3. 저의 사제 생활 25년의 은경축 때는 전국에서 동창, 선후배들이
40명 넘게 모이기도 하였습니다.

4. 사제에게 있어 사제란 매우 중요합니다. 사제는 사제를 필요로 하기 때문입니다. 사제는 선후배, 동창 사제를 통해 자신의 모습을 발견하고, 앞으로 나아갈 길을 찾기도 합니다.

5. 저희들이 모이면 어떤 모습일 것 같으세요?

그저 다들 나사 풀린 모습입니다. 무게 잡을 것도 없고, 폼 잡을 것도 없습니다. 어린 시절, 학생 시절부터 서로 잘 알던 사이인지라 정말 흉허물이 없습니다. 그야말로 동심의 세계, 옛날 그 어릴 때의 나이로 다시 돌아가곤 합니다. 생각해 보면 그게 사제로서 어쩔 수 없는 스트레스를 푸는 제일 좋은 방법이기도 합니다.

6. 저희 동창들의 은경축 때는 그야말로 전국을 다니며 축하해 주었습니다. 제주부터 전라도, 경상도, 충청도, 강원도, 경기도, 서울……. 헤아려 보니 동창들이 많다는 것은 그만큼 바쁘다는 것을 의미하기도 합니다. 나이가 들수록 서로 더 만나고 싶어 하기 때문입니다.

7. 학생 때의 친구들이 사제 생활 25주년의 은경축을 하는 모습을 보면 참 감회가 남다릅니다. 때로는 내가 아는 모습이 아니기도 합니다. 각자 다 나름대로 본당에서 또는 특수 사목에서 열심히 살아갑니다.

8. 그 살아가는 모습을 보면 하느님의 오묘한 신비를 느끼게 됩니다. 하느님께서는 어린 나이부터 당신께 대한 마음을 허락하시고, 그의 인생을 이끌어 오십니다. 다 각자에게 맞는 길, 이미 허락된

길, 정해진 길이 있는 게 아닌가 합니다. 나름대로의 성격, 개성을 갖고 나름대로의 사제 생활을 하는 것은 보면 참 다양합니다. 하느님께서 이끌어 주시는 모습을 발견하게 됩니다.

9. 하느님께서는 인간의 마음을 보시는 게 아닌가 합니다. 그가 갖고 있는 장점, 단점에 억매이시지 않고 그의 본래의 마음을 보시고, 그 마음의 땅에 당신 성소의 씨앗을 뿌리십니다. 하느님께 대한 순수한 마음, 열정적인 마음을 보시고 그 마음에 당신의 씨앗을 뿌리시고, 열심히 애정을 갖고 기르시고 가꾸십니다. 때로는 천둥과 번개가 치더라도, 때로는 홍수와 가뭄이 닥치더라도 하느님께서는 꾸준히 인내를 갖고 기다려 주시고, 지켜 주시며, 이끌어 주십니다. 우리의 단점에 지치지 않으시고, 우리 삶의 역경들을 오히려 우리를 위한 쓴 약으로 쓰시는 분이십니다. 따라서 우리가 그 마음만 변하지 않는다면 하느님께서는 어떠한 경우에도 포기하지 않으시고 기다려 주시는 분이 아닌가 합니다.

10. 오늘은 농민주일이기도 합니다. 농민들은 끊임없이 좋은 땅을 만들려 노력하고, 그 땅에 씨앗을 뿌리고 애정으로 가꿉니다. 하늘의 도움을 청하며 겸손되이 모든 자연의 섭리에 자신의 노력을 의탁합니다. 인간의 진지한 노력과 자연의 오묘한 조화에 의해 결실이 맺어집니다.

11. 하느님도 끊임없이 씨앗을 뿌리고, 노력을 하시고, 기다리시는 농부의 모습입니다. 우리의 인생도 마찬가지가 아닌가 합니다.
우리 인생에 좋은 마음을 만들어야 하고, 좋은 씨를 뿌리고, 온갖 가시덤불과 자갈과 굳은 흙을 치워 내야 합니다. 가정에서도, 직장에서도 그리해야 하고, 사회에서도 그런 농부의 마음이 필요합니다. 성당에서도 끊임없이 좋은 땅을 만들려 노력하고, 좋은 씨앗을 골라 사람들 마음에 심어야 하고, 애정을 갖고 기다리고 가꿔야 하며, 하느님의 도우심을 간절히 청해야 합니다.

12. 좋은 결실을 위한 첫 번째 단계, 어찌하면 좋은 마음을 만들 수 있을까요?

13-1. 첫 번째는 '마음속 쓰레기통 비우기'입니다.
집 안 구석구석을 깨끗하게 정리하듯이, 마음 안에 든 것도 그렇게 정리해야 합니다.
나를 즐겁게 하고, 행복하게 만드는 긍정적인 생각이나 느낌들을 잘 보관하고 더욱 잘 자라도록 키워 주고 보살펴 주어야 합니다.
그리고 나를 화나게 하고 외롭게 만드는 생각이나 판단은 버려야 합니다. 나만 잘났다는 자만도 버리고, 자기가 못났다는 패배 의식이나 열등감도 버려야 합니다.

13-2. 두 번째는 '마음에 좋은 것 담기'입니다.
병(瓶)에 물을 담으면 '물병'이 되고, 꽃을 담으면 '꽃병', 꿀을 담으면 '꿀병'이 됩니다.
통(桶)에 물을 담으면 '물통'이 되고, 변을 담으면 '변통', 쓰레기를 담으면 '쓰레기통'이 되지요.
우리 사람들의 '마음'도 이것들과 같아 그 안에 무엇을 담느냐에 따라서 좋은 그릇이 될 수도 있고, 천한 그릇이 될 수도 있습니다.

불만, 시기, 불평 등 좋지 않은 것들을 가득 담아 두면 욕심쟁이, 심술꾸러기가 되는 것이고, 감사, 사랑, 겸손 등 좋은 것들을 담아 두면 남들로부터 대접받는 좋은 그릇이 되는 것입니다.

무엇을 담느냐 하는 것은 그 어느 누구의 책임도 아니고, 오직 '자기 자신'이라는 것을 생각해야 할 것입니다.

13-3. 세 번째는 '우리 마음에 하느님 담기'입니다. 하느님은 인간의 모든 자연을 초월하시는 분이십니다. 그분께로부터 힘을 얻지 않으면 아무 소용이 없습니다. 농부가 아무리 애를 써도 한순간의 태풍이 모든 노력을 빼앗아 가 버립니다. 하늘이 도와주지 않으면 인간의 힘만으로 이룰 수 있는 일은 없습니다.

14. 하느님께서는 인간에게 특별히 영적인 힘을 주셨습니다. 이 힘은 동식물의 자연 세계에는 전혀 없는, 인간에게만 주신 고유한 하느님의 크나큰 선물입니다. 이 영적인 능력으로 인간은 인간세계를 넘어서는 초자연의 세계를 만날 수 있으며, 그곳에 계시는 하느님을 만날 수 있게 됩니다. 즉 인간은 하느님을 만날 때에만 비로소 진정한 인간이 될 수 있는 것입니다.

먹고 자는 것만으로는 인간이라 할 수 없습니다. 인간을 넘어서는 세계를 영적인 힘으로 만나야 인간이라 할 수 있는 것입니다.

15. 그 하느님은 단지 멀리 계시는 초자연적인 하느님일 뿐 아니라 우리의 삶과 함께하시는 지극히 내재하시는 하느님입니다. 우리와 같은 살과 피를 지니시고, 우리와 같은 삶을 사셨고, 또 우리의 삶 속에 깊이 함께하시는 분이십니다.

16. 우리가 우리의 마음을 좋은 땅으로 만들고자 끊임없이 노력한다면 그분은 우리의 마음속에 정말 좋은 씨앗을 뿌려 주십니다. 그 작디작은 씨앗이 우리의 노력과 하느님의 노력으로 얼마나 큰 나무가 되고, 기쁨이 되고, 행복이 되는지 상상해 보고, 즐거워해야 하겠습니다.

"어떤 것들은 좋은 땅에 떨어져 열매를 맺었는데, 어떤 것은 백배, 어떤 것은 예순 배, 어떤 것은 서른 배가 되었다." 아멘.

연중 제16주일(2017. 7. 23.)

"그대로 두어라.
그것들을 뽑다가 밀까지 뽑힐지 모른다."

1. 한여름이 되었습니다. 정말 덥습니다. 저는 개인적으로 여름이 좋기도 하고, 싫기도 합니다. 좋은 이유는 땀을 많이 흘릴 수 있기 때문입니다. 저의 체질은 땀을 많이 흘려야 순환이 잘된다고 합니다.
싫은 이유는 땀이 많기 때문에 땀띠가 자주 납니다. 특히 열대야가 있을 때는 아주 괴롭습니다. 밤새 에어컨을 틀 수도 없고, 자다 보면 베갯잇이 땀으로 흥건합니다. 그뿐 아니라 땀띠가 나면 정말 괴롭죠. 누가 긁어 줄 사람도 없고, 애꿎은 효자손으로 긁어 보지만 시원하지가 않습니다.

2. 우리의 인생은 항상 좋은 점과 싫은 점이 함께 존재하는 것이 아닌가 합니다.

3. 사람도 그렇습니다. 정말 마음에 드는 좋은 사람이 있는가 하면 왠지 기분 나쁘고 싫은 사람도 있게 마련입니다. 그런데 세월이 지나 보면 좋다고 생각되는 사람에게 더 많은 배신을 당하고, 상처를 받는 경우가 흔합니다. 또 기분 나쁘고 싫은 사람이 정말 좋은 사람이었음을 나중에 깨닫게 되는 경우도 많이 있습니다.

4. 그렇기에 항상 좋은 점 안에 있는 최악의 경우를 생각하고, 나쁜 점 안에 있는 최선의 것을 찾으려고 노력해야 하는 것이 아닌가 합니다. 좋다고 다 끝까지 좋은 것도 아니고, 나쁘다고 다 끝까지 나쁜 것도 아니기 때문입니다.

그래서 좋아도 큰 기대를 하지 않고, 나빠도 큰 실망을 하지 않는 삶의 자세가 올바른 것이 아닌가 합니다. 즉 성공 속에 교만하지 말고, 실패 속에 좌절하지 말아야 하는 것이죠. 다른 말로 하면 성공 속에 더 많은 겸손을 가져야 하고, 실패는 또 다른 성공의 씨앗임을 생각하며 희망을 가져야 하는 것이 아닌가 합니다.

5. 우리는 흔히 마음속으로 좋은 사람, 나쁜 사람을 분간하여 생각하는 경향이 있습니다. 자신의 느낌, 감정, 생각으로 그리 구분하는 것이죠.

6. 사실 객관적으로 볼 때, 즉 많은 사람들이 나쁘다고 이구동성으로 이야기하는 사람이 있습니다. '에이, 저 인간은 죽지도 않나! 귀신은 뭐 하나, 저런 사람 안 잡아가고!'라고 생각하는 사람이 있게 마련입니다. '벼락 맞을 인간 같으니! 왜 저런 인간은 오래 살지?'라는 느낌을 갖는 사람이 있게 마련입니다.

7. 오늘 복음에서 주님께서는 가라지들을 추수 때까지 내버려 두라고 말씀하십니다. 그 가라지들을 뽑다가 밀까지 함께 뽑힐지 모른다고 염려하십니다.

8. 사실 이 말씀은 우리의 상식으로는 잘 이해가 가지 않습니다. 농

부들은 열심히 키운 벼 가운데 피가 섞여 있으면 당연히 그 피를 뽑아냅니다. 그 피가 벼가 섭취해야 할 양분을 빼앗아 버리고, 또 순식간에 퍼져서 논을 망쳐 버리기 때문입니다.

9. 그러나 주님께서는 인간 사회에서는 그리해서는 안 된다고 말씀하십니다. 그 나쁜 가라지들이 밀에게 악영향을 끼치고 해치더라도 그대로 내버려 두라고 말씀하십니다.

우리의 생각으로는 참 난감한 숙제입니다. 나쁜 사람들, 악영향을 끼치는 사람들을 다 솎아 내면 보기에도 좋을 것 같고, 나쁜 영향을 방지할 수도 있을 것 같은데 그럼에도 불구하고 내버려 두라고 하십니다. 추수 때가 되면 당신이 직접 그 가라지들을 묶어 태워 버릴 것이라고 하십니다.

10. 저도 젊었을 때는 본당 안에 있는 가라지와 같다고 느껴지는 사람들이 도저히 용서가 안 되었습니다. 어느 날 굳게 결심을 하고 어떤 본당에서 가라지들을 청산하기로 마음먹었습니다. 저의 명분은 착한 신자들을 보호해야 한다는 어쭙잖은 사명감이었습니다.

그러나 결과는 참담했습니다. 가라지들은 절대로 자신이 가라지임을 인정하지 않기 때문입니다. 오히려 분장, 포장을 하여 자신들은 참된 밀임을 주장하기 때문입니다. 그들의 목소리가 거세지고, 그들에게 속아 넘어가고 동조하는 사람들이 생겨나기 시작하는 것이었습니다. 본당이 시끄러워지기 시작했고, 저는 깊은 고뇌에 빠지지 않을 수 없었습니다.

저는 그때 주님의 이 말씀을 깊이 깨달을 수 있었습니다. 가라지는 내 힘으로 어찌해 볼 수 있는 것이 아니구나. 사실 가라지로 생각되더라도 100퍼센트 가라지인 사람도 없음을 가슴을 치며 깨달을 수 있었습니다. 내 맘에 안 들어도, 공동체에 악영향을 미친다 해도 그저 주님께 맡기고, 주님의 판단을 기다려야 함을 깨달을 수 있었습니다.

11. 국회에서 청문회를 하는 것을 보면 가끔 실소가 나옵니다. '그래, 똥 묻은 개가 겨 묻은 개를 야단치는구나.' 똥이 많이 묻은 개일수록 자신의 똥을 감추기 위해서라도 더 큰 소리로 용을 쓰는 것을 보면 참 썩소, 즉 썩은 미소가 나옵니다.

12. 우리가 살아가는 이 세상은 자비가 없는 정의, 참회가 없는 정의가 횡행하고 있습니다. 도둑님들이 도둑놈들을 판단하고, 단죄하고 있습니다. 자신의 모습은 들여다보지 못하고 섣부른 정의감으로 판단하고, 단죄하고 있습니다. 사실 이 세상에서 가장 무서운 것은 자신을 정당화하기 위해서 다른 사람을 권력적으로 내리누르는 잘못된 정의인 것입니다.

13. 하느님의 방법, 하느님의 정의는 기다리는 것입니다. 침묵 가운데 인내심을 갖고 기다리는 것입니다. 잘못된 것을 훤히 알면서도, 그 잘못들이 나쁜 악영향을 미친다는 것을 알면서도, 그 피해를 감수하면서도 인내심을 갖고 기다린다는 것입니다.

14. 사실 어떤 면에서는 정말 나쁜 사람들이 오래 삽니다. '저 처 죽일 인간이 왜 저리 떵떵거리며 오래 사는 것일까? 하느님은 왜 저런

인간에게 벼락을 내리시지 않는 것일까? 왜 착한 사람들에게는 그리도 모진 고통과 시련이 떠나지 않는 것일까?'라는 의문들이 마음 속에 솟구칠 때가 많습니다.

하느님께서는 나쁜 사람들이 회개할 때까지 피눈물을 참고 기다리시는 것이죠. 그 사람들에게 벌을 내리면 더 나빠질 것이고, 더 나쁜 해악을 끼칠 것이 분명하기에 참고 기다리시는 것입니다. 이 세상의 어둠과 죄악은 그래도 선한 사람들이 감수할 수 있기에, 누군가는 짊어져야 할 세상의 어둠의 십자가들을 선한 사람들이 짊어질 수밖에 없는 것이죠. 그 선한 사람들은 억울하지만 자신의 시련과 고통 속에서도 나빠지지 않고 더 하느님을 찾을 수 있기 때문입니다.

15. 그러나 주님께서는 분명하게 말씀하십니다.

"수확 때 가라지들을 묶어 불에 태워 버릴 것이다. 남을 죄짓게 하는 모든 자들과 불의를 저지르는 자들을 거두어 불구덩이에 던져 버릴 것이다. 그들은 거기서 울며 이를 갈 것이다. 그때에 의인들은 아버지의 나라에서 해처럼 빛날 것이다."

16. 주님께서도 가라지들이 변할 것이라고는 생각지 않으시는 것 같습니다. 그 가라지들은 불구덩이에 던져져도 자신들의 잘못을 깨닫지 못하기에 울며 억울하다고 이를 갈 것임도 알고 계십니다. 그래도 끝까지 기다리시는 것이 하느님의 정의이며, 하느님의 자비인 것입니다.

17. 반면에 선한 이들은 수확 때에 자신의 성실하고 진실된 삶과 마음을 하느님께서 친히 보상해 주실 것입니다. 하느님의 칭찬과 인

정을 받은 그들은 해와 같이 환하게 빛날 것이며, 영원한 기쁨과 행복의 나라에서 살 것임을 약속해 주십니다.

18. 하느님께서는 악인들에게는 그들 마음속에 있는 조그마한 선의도 존중하십니다. 또한 선인들에게는 그들 마음속에 있는 조그마한 악의도 경계하라고 하십니다.

19. 우리는 이 세상에 살면서도 이 세상의 방식대로 사는 사람들이 아닙니다. 하느님의 방식으로 살아야 하는 사람들입니다. 하느님의 진정한 자비와 정의를 깊이 묵상하시는 뜻깊은 여름을 보내시길 기도합니다.

"가라지는 어디서 생겼습니까?"
"원수가 그랬구나."
"뽑아 버릴까요?"
"아니다. 그대로 두어라. 그것들을 뽑다가 밀까지 뽑힐지 모른다."
아멘.

연중 제17주일(2017. 7. 30.)
"하늘나라는 밭에 숨겨진 보물과 같다.
그 보물을 발견한 사람은 기뻐하며 가진 것을 다 팔아
그 밭을 산다."

1. 어제 저녁 서쪽 하늘을 보셨습니까? 참 아름다웠습니다. 넓은 하늘 위에 흰 구름과 검은 구름이 멋진 조화를 이루어 내고 있었습니다. 약간 덥긴 하였지만 정말 쾌청한 석양의 아름다움이었습니다.

2. 덥고, 힘들고, 습하고, 불쾌한 날씨가 이어지지만 간간히 아름다운 날씨들이 숨어 있습니다. 저는 비가 그친 뒤의 날씨를 매우 좋아합니다. 온갖 초목이 물기를 머금고 있고, 생기가 가득하기 때문입니다. 비가 온 뒤의 태양은 더 밝게 빛나고, 공기는 상쾌하고, 하늘의 구름들이 멋진 그림을 그려 내기 때문입니다.

3. 습기가 가득한 무더운 날씨는 정말 사람을 지치게 합니다. 오늘도 전국이 불쾌지수로 가득 차 있다고 합니다. 그러나 가끔은 이 무더위 속에서도 아름다운 날들이 우리의 마음을 기쁘게 합니다.

4. 제가 부제반 때 제주도로 수학여행을 갔습니다. 그때 비행기를 처음 타 보았습니다. 비가 오고 있었습니다. 비행기는 무사히 이륙하였고, 저는 깜짝 놀랐습니다. 하늘로 떠오르니 그곳은 비가 오는 지상과는 달리 해가 환히 비치고 있었기 때문입니다. 비가 오는 구

름대를 통과한 것입니다. 비가 오면 하늘도 비가 온다고 생각했는데 그곳을 지나고 보니 너무도 찬란한 태양이 빛나고 있었습니다.

5. 저는 사제 생활을 하면서 선배 신부님들이 다시 태어나도 사제의 길을 걷겠다는 말을 이해하기 힘들었습니다. '아니, 왜 이리 힘든 사제의 길을 또 걷겠다고 하는 것이지? 나는 싫어. 나는 다시 태어나면 이쁜 색시 만나서 알콩달콩 살 거야!'라는 생각이 들곤 하였습니다.

6. 그만큼 저는 사제 생활이 한편으로는 기쁘기도 하였지만 한편으로는 한없이 힘들기도 하였습니다. 저는 열정과 에너지가 많은 사람입니다. 그 열정으로 최선을 다해 살아왔지만 많은 경우 그 열정은 배신과 상처로 제 마음속을 헤집고 말았습니다. 열심히 최선을 다하여도 제 마음을 알아주는 사람이 별로 없었습니다. 그래도 가는 곳마다 그 공동체가 필요로 하는 일을 해내려고 노력하였습니다. 그러나 결과는 항상 아픔이 많았습니다.

7. 저는 제가 걸어온 인생길을 되뇌어 보곤 합니다. 왜 하느님께서는 저로 하여금 힘들고 고된 인생길을 걸어오게 하셨을까? 어떻게 그 길을 걸어왔지? 어떻게 그 험한 시간들을 견딜 수 있었지?

8. 하느님께서는 참으로 오묘하신 분이심을 새삼 깨닫게 됩니다. 제 젊음과 열정으로 그 시간들을 돌파할 수 있었고, 때로 선의의 신자들을 통하여 참으로 자비로우신 당신의 사랑을 주셨습니다. 9개의 아픔이 있었지만 한 개의 기쁨으로 그 시간들을 버텨 온 것이 아

닌가 합니다.

9. 그리고 또 한 가지, 제 삶이 고통과 시련의 시간들이었지만 저는 이제 그것을 아파하지 않고 감사하게 됩니다. 그 시간들을 통해 내 적인 힘을 얻게 되었고, 제 안에 살아 계신 하느님을 만날 수 있었기 때문입니다. 참으로 고통 속에 기도할 수 있게 되었고, 저 자신을 넘어서게끔 하시는 그분을 느낄 수 있기 때문입니다.

10. 사람마다 살아가는 길이 다 다릅니다.
어떤 사람들은 비단길을 걸으며 출세가도를 달립니다. 그런데 그 사람들을 만나 보면 참 답답합니다. 자기가 제일입니다. 얼마나 잘 난 척을 하는지 모릅니다. 겸손이라고는 찾아볼 수 없습니다. 그저 정치적이고, 사교적이고, 그 속마음이 무엇인지 분간하기 어렵습니다. 그 사람들은 사람들과 충돌하는 일도 없고, 상처도 별로 없이 살아갑니다.

11. 저도 한때는 그런 사람들이 부럽기도 했지만 이제는 아닙니다. 저는 지금의 저 자신이 무척 좋고, 자랑스럽기도 합니다. 그리고 저를 이런 인생길로 이끌어 주신 하느님께 감사드립니다.

12. 오늘 복음에서 주님께서는 하늘나라는 밭에 숨겨진 보물과 같다고 말씀하십니다. 하느님께서는 인생이라는 그 넓은 밭에 당신의 보물을 숨겨 두셨습니다. '내 인생의 그 넓은 밭에 하느님께서는 어디에 그 보물을 숨겨 두셨을까? 어떻게 하면 그 보물을 찾을 수 있을까?'

13. 내 인생에 숨겨진 하늘나라라는 보물을 찾아나서야 하겠습니다. 보물 지도가 있었으면 좋으련만, 지도는커녕 인생은 항상 안개 속에 뿌옇습니다. 도대체 어느 길로 가야 하는지 헷갈릴 때도 많습니다. 잘못된 길로 갔다가 다시 돌아와야 할 때도 많습니다. 화가 나고, 포기하고 싶고, 좌절과 절망의 밤을 지새워야 할 때도 많습니다.

14. 중요한 것은 내 마음의 지향입니다. 그 보물을 찾고자 하는 마음만 잃지 않는다면 하느님께서 내 인생의 발걸음을 인도하십니다. 앞이 보이지 않지만 뒤에 걸어온 길은 알 수 있습니다.
보물 지도는 바로 하느님께 향한 꾸준하고 성실한 마음입니다. 때로 돌부리에 걸려 넘어지기도 하고, 때로 늪에 빠지기도 하고, 때로 난데없이 날아온 돌멩이에 이마가 까져 아프기도 하겠지만 그래도 하느님께 향하겠다는 마음만 가지면 자기도 모르는 사이에 그 보물을 향해 나아가게 됩니다. 높은 산을 올라야 하는 걱정과 깊은 물을 건너야 하는 두려움이 있지만 그 걱정과 두려움조차도 그분께 맡겨야 합니다.

15. 우리 삶의 하루하루는 그 보물을 찾는 열쇠를 만들어 나가는 하루하루입니다. 어떤 면에서 우리는 인생을 통하여 그 황금 열쇠를 만들어 가는 것입니다. 내 인생의 넓은 밭에서 보물을 찾고, 그 보물함을 여는 열쇠를 갖고 있어야 그 보물을 얻을 수 있는 것입니다.

16. 인생이 괴롭더라도, 하루하루의 삶이 지겹고 힘들더라도 지치면 안 되겠습니다. 삶의 역경과 역풍이 가득하다 하더라고 포기해서는 안 되겠습니다. 내 안에 있는 걱정과 두려움에 져서는 안 되겠

습니다. '왜 내 인생만 이래!' 정말 짜증이 나더라도 구름 위에서 빛나는 태양을 생각하며 희망을 잃지 말아야 하겠습니다.

17. 우리 인생의 온갖 고통들은 바로 보물함을 여는 황금 열쇠를 만들어 내는 재료입니다. 그 재료가 없으면 열쇠를 만들 수 없습니다. 하루하루가 모여 인생이 되듯이 작은 아픔, 큰 아픔들이 모여 하늘 나라라는 보물을 여는 정말 귀중한 황금 열쇠가 될 수 있음을 생각해 보아야 하겠습니다.

18. 정말 중요한 것은 기뻐하는 것입니다. 마지못해서, 인상을 쓰면서 하는 것이 아니라 자발적으로, 적극적으로, 능동적으로 기뻐하면서 황금 열쇠를 만드는 하루하루를 사는 것입니다. 슬픔 속에서도, 고통 속에서도 기뻐하는 것이 하느님의 자비와 섭리를 믿는 아주 중요한 신앙의 자세이기 때문입니다. 기뻐하는 사람이 진정한 그리스도인 것입니다.

"하늘나라는 밭에 숨겨진 보물과 같다. 그 보물을 발견한 사람은 기뻐하며 가진 것을 다 팔아 그 밭을 산다." 아멘.

주님의 거룩한 변모축일 (2017. 8. 6.)

"이는 내가 사랑하는 아들, 내 마음에 드는 아들이니
너희는 그의 말을 들어라."

1. 날씨가 정말 덥습니다. 이 더운 여름을 지내시느라 고생이 많으십니다. 밤잠은 잘 주무시는지요? 그래도 견디다 보면 또 새로운 계절이 다가오겠지요.

2. 마음속에 인내를 키워야 되는 시기입니다. 사는 게 짜증이 나더라도 잘 참고, 서로에게 평화를 베풀어 주며 잘 지냈으면 합니다.

3. 우리는 미사 때마다 평화의 인사를 나눕니다. 지금 옆 사람과 평화의 인사를 나눕시다.
"주님의 평화가 항상 여러분과 함께, 또한 사제와 함께!"
평화의 인사를 나누십시오. 평화를 빕니다.

4. 우리가 미사 때마다 하는 평화의 인사는 사실 그저 형식적인 인사가 아닙니다. 그 평화는 바로 주님께서 당신의 목숨을 바쳐 얻으신 평화이기 때문입니다. 그 평화의 대가는 주님의 고통과 죽음이었습니다. 그 평화를 우리에게 주시기 위해서 주님께서는 당신의 모든 것을 바쳐 고통을 받으시고 죽임을 당하셨습니다.

5. 평화란 거저 얻어지는 것이 아닙니다. 진정한 평화는 대가를 치

러야 얻어지는 것입니다. 즉 평화는 고통의 산물이며, 고통의 결과로서 하느님께서 주시는 너무나 귀중한 선물입니다.

6. 주님께서는 어둠과 악의 세력과의 싸움에서 자신의 정체성을 잃지 않으시고 그 어둠과 악의 세력을 이겨 내십니다. 투쟁으로써, 싸움으로써 이겨 내신 것이 아니라 하느님의 힘으로 침묵과 인내로써 그 어둠과 악을 이겨 내시는 것입니다.

물론 당신의 목숨을 제물로 바치셔야 했습니다. 어쩔 수 없이 바치신 것이 아니라 하느님의 뜻 안에서 자발적으로, 능동적으로, 자유의지를 갖고 당신의 목숨을 바치십니다. 그 봉헌은 깊은 신앙과 신뢰를 전제로 하는 것입니다. 즉 모든 것은 하느님께서 이끄시는 것이고, 그 이끄심에 전적으로 자신을 기쁘게 맡길 때 하느님의 선이 승리할 것이라는 믿음과 신뢰인 것입니다. 아버지께 대한 신뢰에는 조금의 의심도 없으셨습니다.

7. 부활하신 주님께서는 제자들을 처음 만나셨을 때 당신께서 목숨 바쳐 얻으신 이 평화를 갖고 인사하십니다.

"평화가 너희와 함께!"

그 평화는 참으로 힘이 있는 평화였습니다. 당신의 몸값을 치르고 얻으신 평화이기 때문입니다. 그래서 부활하신 주님께서 하시는 평화의 인사는 사람들 마음속에 깊이 새겨지고 힘이 됩니다. 말로 다 할 수 없는 기쁨과 행복이 가득한 평화인 것입니다.

8. 저도 그런 평화를 내적으로 체험한 적이 있습니다. 언젠가도 말씀드린 적이 있지만 신부님들이 주어진 임기를 다 채우지 못하는

어려운 본당에 있었던 적이 있습니다. 그 본당은 윗동네와 아랫동네로 나누어져 있었는데, 윗동네에서 총회장이 임명되면 아랫동네에서 협조하지 않고, 아랫동네에서 총회장이 임명되면 윗동네에서 협조하지 않는 본당이었습니다.

역대 주임 신부님들의 임기가 평균 2년 정도였습니다. 단 한 사람도 5년 임기를 다 채우지 못하였습니다. 본당은 신자들끼리도 항상 시끌시끌하고, 또 본당신부에게도 항상 비협조적이고, 때로는 적대적이기까지 하였습니다. 사목이 제대로 이루어질 리 없었습니다. 더군다나 저는 전임 신부가 문제가 있어 본당이 비어 있는 상태에서 부임하게 되었습니다. 참 무슨 말을 어떻게 해야 할지, 첫 미사 때부터 막막하기 이를 데 없었습니다.

참으로 오랜 시간 어찌 지내야 하는지 고민하지 않을 수 없었습니다. 마음속으로 어떻게 해서든지 처음으로 5년 임기를 다 채워야 하겠다는 결심을 하게 되었습니다. 정말 있는 힘을 다해서, 죽을힘을 다해서 버텨 나갈 수밖에 없었습니다.

왜 역대 신부님들이 임기를 다 채우지 못했는지 몸으로 체험하면서도, 또 때로는 막막한 절벽, 혼자 버려져 있는 듯한 사막을 체험하면서도 하느님의 은총으로 그 어려운 시간들을 잘 버텨 낼 수 있었고, 그 본당의 숙원 사업이던 교육관까지 빚 없이 지어 낼 수 있었습니다.

9. 그 본당에서 임기 중 마지막 세례식 때 사진을 찍으시던 분이 제 사진을 한 장 찍겠다고 하는 것이었습니다. 송별 선물로 그 사진을 받았는데 저도 깜짝 놀랐습니다. '아, 정말 잘생겼네! 멋지게 나왔네!' 제 마음은 그리 평안한 상태가 아니었는데도 사진 속의 저는

정말 평화로운 모습이었습니다. 인자한 평화가 그 사진 안에 가득하였습니다.

10. 저는 그 사진을 보면서 참 많은 생각을 하였습니다. 그 힘들고 지긋지긋한 시간들 속에 하느님께서 함께 계셨고, 그 고통 속에서 하느님께서는 저를 키우셨고, 그 시간들을 버텨 낸 저에게 하느님께서는 너무나 큰 평화의 선물을 주셨음을 깨달을 수 있었습니다.

11. 그 본당을 떠날 때 많은 신자들이 아쉬워하고 눈물짓는 시간들이 있었지만, 떠나고 나서는 저에게 인정받지 못하던 본당의 오래된 신자들이 제가 교육관을 지을 때 돈을 떼먹었다는 등 험담과 오해를 신자들 사이에 퍼트리는 것이었습니다.

지금도 사실 그 본당에 대해서는 쓸쓸하기 이를 데 없습니다. 최선을 다하고, 본당의 유익을 위해 젊음을 아낌없이 바쳤건만 돌아오는 말은 "뭐 5년 채운 게 대수냐?" 하는 것이었습니다. 제가 떠난 뒤 정말 착한 신부님이 부임하셨는데 여러 가지 이유로 3년 만에 본당을 떠나시는 모습을 보면서 '참 어떻게 안 되는 본당이구나.' 하는 생각이 들기도 하였습니다.

12. 그래도 그 본당은 참 고마운 본당입니다. 어려웠기에, 분통 터지는 일이 한두 가지가 아니었기에 제 젊은 시절을 정신없이 보낼 수 있었습니다. 지날 때는 정말 시간이 고역이었는데 지나고 보니 시간이 금방 가 버린 것이었습니다.

또 저에게 고통의 시간 뒤에 찾아오는 평화를 체험할 수 있게 해 주었습니다. 마음속에 여유를 얻을 수 있게 해 주었고, 역경 속에서도 세찬 물살을 거슬러 올라갈 수 있는 내적인 힘과 하느님께 대한 굳은 신뢰를 가르쳐 준 곳이기도 하였습니다.

13. 오늘은 주님의 거룩한 변모축일입니다. 예수님께서는 사랑하시는 제자 세 사람만 데리고 산에 올라가 당신의 진정한 모습을 보여 주십니다. 그 산에서의 예수님의 모습은 해와 같이 찬란한 모습이셨고, 모든 시간과 공간의 제약을 뛰어넘어 모세와 엘리야와 함께 이야기하는 모습이었습니다. 그 광경이 얼마나 놀랍고, 경이롭고, 행복했는지 베드로는 얼떨결에 거기에 초막 셋을 지어 드리겠다고 이야기합니다.

14. 하느님은 천지를 창조하신 위대하신 분이시고, 동시에 아기의 모습으로 인간의 모든 고통과 어둠과 악의 세력을 체험하시는 분이십니다. 하늘 높이 계시면서도 가장 땅 밑 깊숙이 계시는 분이십니다.

15. 그분은 인생의 가장 밑바닥까지 내려오십니다. 그 맨 밑바닥에서 인생의 큰 산을 오르십니다. 우리 모두 인생을 살고 있지만 예수님처럼 인생의 가장 밑바닥에서 가장 높은 산까지 오르기는 어렵습니다. 그분은 우리의 손을 잡고 우리 인생의 높은 산으로 우리를 이끄십니다.

16. 예수님께서 말로만, 지혜로만, 기적으로만 하느님의 모습에 대해 이야기한다면 그분은 우리의 구세주가 아닙니다. 그분께서는 실제로 인생의 맨 밑바닥에서 가장 높은 곳, 하느님께서 계시는 그곳

까지 오르시는 분이십니다. 따라서 그분이 가르쳐 주시는 하느님은 진정한 하느님이시고, 그분이 가르쳐 주시는 사랑과 평화는 진실한 것입니다.

17. 예수님께서는 몸소 기쁘게, 적극적으로 우리 인생 한가운데로 내려오시고, 우리의 손을 잡으시고 그 높은 산으로 우리의 인생을 이끌고 계시는 분이십니다. 그 산에서 하느님을 모습을 보여 주시고, 또 진정한 기쁨과 행복과 평화를 보여 주십니다.

18. 이 뜨거운 여름에 우리는 위로와 희망을 얻을 수 있습니다. 내 인생은 나 혼자 사는 것이 아니라 그분께서 내 인생 안에서 나와 함께 사시는 것입니다. 내 삶의 고통을 나 혼자 겪는 것이 아니라 그분께서 내 인생 안에서 나와 함께 겪어 내시는 것입니다.

하루하루, 한 발자국, 한 발자국 진정한 하느님을 만날 수 있는 인생의 높은 산으로 나를 이끌어 가시는 분이십니다. 그분은 우리에게 진정한 삶의 평화를 주시기 위해 당신의 모든 것을 바쳐 가며 고통을 받으시는 우리의 진정한 구세주이십니다. 우리가 어둠과 악의 세력 가운데 살고 있지만 그분은 우리 안에서 그 모든 것을 이겨 나가시며 우리에게 진정한 평화를 주시는 분이십니다.

"이는 내가 사랑하는 아들, 내 마음에 드는 아들이니 너희는 그의 말을 들어라." 아멘.

연중 제19주일 (2017. 8. 13.)

"나다. 두려워하지 마라.
용기를 내어라."

1. 뜨거운 여름, 저는 지난 주간 호사스럽게도 강원도의 시원한 곳에서 휴가를 지낼 수 있었습니다.

2. 이 여름의 자연이 얼마나 아름다운지 느낄 수 있었습니다. 쾌적한 공기와 시원한 바람, 하늘의 멋진 그림들, 비 온 뒤의 상쾌함, 새들의 상큼한 노랫소리, 풀 향기, 나무 향기, 시야가 탁 트인 자연의 웅대함, 함께하는 이들의 웃음소리, 맛있는 음식들, 나무 그늘의 시원함, 모든 자연 안에 계시는 하느님 등이 저의 마음속에 감사와 찬미를 불러일으키는 참으로 좋은 휴식 시간이었습니다.
모처럼 모든 것을 잊고 그저 자연 속에 푹 빠져 쉴 수 있었습니다. 한편으로는 무더위에 고생하는 교우들에게 미안한 마음도 함께 있었습니다.

3. 저는 여행을 무척 좋아합니다. 아마도 길을 떠나야 하는 역마살이 있는 것 같습니다. 자신의 삶의 자리에서 떠나야 그 삶의 자리를 더 잘 느끼고 깨달을 수 있기 때문이 아닌가 합니다.

4. 하느님께서는 저에게 특별한 은총을 주십니다. 본당의 행사나

여행 시 날씨 때문에 방해받는 경우는 별로 없는 것 같습니다. 거의 항상 날씨가 좋습니다. 비가 오다가도 그치고, 바람이 불다가도 그칩니다. 친구들은 농담 삼아 비가 오면 얼른 하느님께 전화하라 합니다. 희한하게 마음속으로 날씨를 축복하면 그 날씨가 바뀝니다.

5. 그런데 저는 배 타는 것은 아주 싫어합니다. 배에 대한 트라우마가 있기 때문입니다. 이상하게 제가 배만 타면 그 배가 요동을 치는 경우가 많습니다.

언젠가 본당 신자들과 그리스, 터키 성지순례를 한 적이 있습니다. 터키에서 그리스로 배를 타고 넘어가는 코스가 있었는데 불과 한 시간 거리였습니다. 그런데 그 한 시간은 한 시간이 아니었습니다. 배가 떠난 지 얼마 안 돼 바람과 폭풍우가 휘몰아치기 시작합니다. 배가 나뭇잎처럼 이리저리 심하게 흔들립니다. 멀미가 올라오기 시작합니다. 함께한 신자들 역시 보통 고역이 아니었습니다.

여기저기서 비명 소리가 들리고, 토하는 소리, 그 냄새, 참 죽을 지경이었습니다. 아무리 진정하려고 해도 배가 뒤집어지니 내 배도 뒤집어지기 시작하였습니다. 속에서 메스꺼운 물이 올라오고, 답답하고, 어지럽고, 온몸에 힘이 빠지는 것이었습니다. 얼마나 멀미가 심했는지 목적지에 간신히 도착하니 모두가 기진맥진이었고, 심지어 한 사람은 앰뷸런스에 실려 가야만 했습니다.

하룻밤 자고 그다음 날 또 배를 타야 했습니다. 꽤 먼 거리라고 합니다. 전날 혹독한 멀미를 체험한 저와 일행은 겁을 먹고 이번에는 멀미약을 잔뜩 먹었습니다. 그런데 날씨가 잔잔했고, 항해도 순조로웠는데 이번에는 그 멀미약 때문에 정신을 차릴 수가 없었습니다.

어지럽고, 졸리고, 그 아름다운 바다를 제대로 보지도 못하고, 또 기진맥진해서 항구에 도착하게 되었습니다.

6. 오늘 복음에서 역풍을 만나 고생하는 제자들의 모습을 떠올려 봅니다. 그들은 갈릴리 바다에서 잔뼈가 굵은 사람들이었습니다. 갈릴리 바다는 어렸을 때부터 그들의 삶의 터전이었고, 놀이터였습니다. 그들은 그 바다에 대해 너무 잘 알고 있었습니다.

그런데 이날 새벽에 겪은 갈릴리 바다는 너무나 다른 모습이었습니다. 그들은 단 한 번도 이처럼 성난 바다를 본 적이 없었습니다. 아무리 노를 저어 앞으로 가려고 해도 갈 수가 없었습니다. 그들은 두려움에 빠져듭니다. 배에서의 두려움, 그것은 참으로 엄청난 두려움입니다. 목숨을 잃을지도 모른다는 두려움이기도 합니다.

7. 그 두려움의 바다, 그 폭풍우가 휘몰아치는 바다, 어디 한 군데 의지할 곳이 없는 바다, 죽음에 대한 공포가 가득한 바다, 정신도 없고, 사랑도 없고, 신념도 없고, 그저 죽느냐 사느냐의 문제가 달린 그 바다 한가운데에 예수님이 나타나십니다. 그 공포와 두려움이 가득한 바다를 유유히 걸으시는 예수님의 모습이었습니다.

제자들은 모두 혼이 나간 상태였습니다. 너무 겁이 납니다. "유령이다!" 소리를 질러댑니다. 온몸이 오싹하고, 등에 식은땀이 흐릅니다. 예수님께서는 혼비백산한 제자들에게 "나다. 두려워하지 마라. 용기를 내어라." 하고 말씀하십니다. 배를 삼킬 것 같은 파도 소리와 바람 소리에도 예수님의 말씀은 제자들의 귀에 정확하게 들립니다. 삶과 죽음이 왔다 갔다 하는 그 절체절명의 순간에 제자들은 예수님의 목소리를 듣습니다.

"나다. 두려워하지 마라. 용기를 내어라."

8. 우리 속담에 호랑이에게 잡혀가도 정신만 차리면 살 수 있다는 말이 있습니다. 사실 무서운 현실 속에서 그 현실을 감당 못 하는 것은 그 현실이 무서워서이기도 하지만 우리 내면에 있는 두려움 때문입니다.

9. 우리는 많은 경우 두려움 때문에 당당하지 못합니다. '잘못되면 어쩌나? 실수하면 어쩌나?' 우리 걱정의 대부분은 그 이면에 두려움이 자리 잡고 있습니다.

인생의 걱정 가운데 90퍼센트는 자신의 내면에 있는 두려움이 만들어 내고 있다고 합니다. 실제로 그 걱정이 현실로 나타나는 경우는 10퍼센트에 불과하다고 합니다.

그런데 우리는 많은 경우에 일어나지도 않을 일에 걱정하고 초조해합니다. 우리 마음속에 깊이 자리 잡고 있는 두려움 때문입니다. 그 두려운 마음 때문에 걱정이 많아지고, 잠도 제대로 못 자고, 건강한 생활도 하지 못하고, 웃음과 여유를 잃어버리고, 결국에는 건강을 잃어버리고, 마음도, 정신도, 영혼도 무너져 버리는 경우가 참 많습니다.

10. 그 두려움은 우리의 성장과정에서부터 형성됩니다. 어머니의 배 속에 있을 때 엄마의 두려움과 상처는 태아에게 그대로 전달됩니다. 성장과정에서의 호된 꾸지람과 억울함은 우리 마음속에 두려움의 원초적인 원인이 됩니다. 실수와 실패로 인한 아픔들 역시 두

려움의 단초가 됩니다.

11. 우리 안에 있는 두려움은 우리 인생에 가장 크나큰 적입니다. 그 두려움은 우리를 이중적인 사람, 위선적인 사람으로 만들고, 당당하지 못하고, 핑계와 책임 회피와 합리화의 인간으로 만듭니다. 자신의 모습을 깨닫지 못하게 하고, 자신과의 대면을 회피하게 만듭니다. 일, 알코올, 오락, 마약, 폭력, 섹스 중독 등에 빠지게 합니다. 우리가 겪는 우리 인생의 대부분의 문제는 바로 이 두려움에 그 원인이 있는 것입니다. 우리에게는 이 두려움이 우리 인생의 가장 큰 적이고, 또 극복해야 하는 삶의 숙제이기도 합니다.

12. 폭풍우가 무섭기는 해도 더 무서운 것은 바로 인간 내면에 있는 두려움입니다. 폭풍우 때문에 목숨을 잃기도 하겠지만 그보다는 바로 그 두려움 때문에 폭풍우를 이겨 나가지 못하는 것입니다.

13. 우리 인생은 잔잔한 바다, 아름다운 바다와 같을 때도 있지만 많은 경우 바람이 불고, 물결이 일렁입니다. 또 때로는 심한 바람과 파도가 칩니다. 어떤 때는 두려움이 느껴지는 폭풍우가 휘몰아칠 때도 있습니다.

14. 우리 인생의 그 두려움 한가운데로 예수님께서 나타나십니다. "나다. 두려워하지 마라. 용기를 내어라." 하고 말씀하십니다. 성서 학자들은 예수님께서 '걱정하지 마라. 두려워하지 마라.'라는 말씀을 365번 하셨다고 이야기합니다. 즉 하루에 한 번씩 우리에게 "걱정하지 마라. 두려워하지 마라." 하고 말씀하시는 것입니다. 예수님

께서는 우리의 걱정과 두려움이 우리 인생을 얼마나 망치는지 알고 계셨던 것입니다.

15. 베드로가 말합니다.

"주님이십니까? 그러면 저더러 물 위를 걸어오라고 명령하십시오."

"오너라."

베드로는 당당하게 겁 없이, 걱정과 두려움 없이 물 위를 걷습니다. 주님이심을 믿고 자기 내면의 걱정과 두려움을 극복했을 때는 베드로도 초인적인 힘을 발휘할 수 있었습니다. 그러나 베드로는 몇 걸음 가지 못해 휘몰아치는 바람을 보고 두려움에 빠져 물속에 빠져들게 됩니다.

다급해진 베드로, 목숨에 위협을 느낀 베드로는 "주님, 저를 구해 주십시오!"라고 황급하게 소리를 질러댑니다. 예수님께서는 손을 내밀어 베드로를 꺼내 주시며 베드로의 정곡을 찌르십니다.

"이 믿음이 약한 자야, 왜 의심하였느냐?"

16. 우리 인생은 당연히 파도가 있고, 때로는 거센 물결이 일고, 또 때로는 두려움이 느껴질 정도의 폭풍우가 불기도 합니다. 그런 것이 없다면 인생이 아닐 것입니다.

그 모진 시련 속에서 중요한 것은 의심을 버리고 신뢰를 갖는 것입니다. 내 인생을 책임지고 계시는 하느님을 신뢰한다면 우리는 우리 내면의 그 두려움, 그 지겹디지겨운 두려움을 극복할 수 있습니다. '하느님께서 나와 함께 계시는데, 나와 함께 내 인생을 살아 주시는데 뭐가 걱정이야? 누가 뭐래도 하느님은 내 편이야! 나를 정말 끔찍이 사랑하셔!'라는 당당함과 자신감을 가질 수 있어야 합니다.
걱정과 두려움에 빠지면 인생의 깊은 늪에 빠지는 것이고, 의심과
두려움을 버리고 신뢰하고 믿으면 인생의 파도 속에서도 유유히 즐
길 수 있게 되는 것입니다. 인생의 파도와 폭풍우를 즐길 줄 아는 사
람, 그 사람은 진정으로 하느님을 신뢰하는 사람이고, 자신 내면의
두려움을 극복한 사람입니다.
"나다. 두려워하지 마라. 용기를 내어라." 아멘.

연중 제20주일(2017. 8. 20.)

"주님, 저의 마음속에 있는 걱정과 두려움,
어둠과 악의 세력에서 저를 구하소서."

1. 이제 더위가 한풀 꺾였습니다. 아침저녁으로 시원하니 살 것 같습니다. 더위 때문에 밤잠을 설치면 정말 힘들죠.

2. 잠을 잘 잔다는 것은 정말 행복한 것이고, 또 은총일 수도 있습니다. 우리 온몸의 장기는 하루 종일 쉴 새 없이 움직입니다. 굳이 의식하지 않아도 머리는 머리대로, 심장은 심장대로, 내장은 내장대로 다 자신의 역할을 충실히 해냅니다.
하느님의 오묘한 걸작품이 바로 우리 몸입니다. 어찌 그리도 각자의 역할을 잘 해내고, 또 조화롭게 움직이는지 모르겠습니다. 가만히 생각해 보면 참 신비롭기 그지없습니다. 우리의 몸은 정신과 연결되어 있고, 마음을 통해서 영혼과 연결되어 있습니다. 육체적인 것도 신비스러운데 정신, 영혼적인 면을 생각해 보면 참으로 위대하신 하느님의 창조의 섭리를 느끼지 않을 수 없습니다.

3. 하루 종일 각자의 역할을 충실히 해내고, 밤이 되면 쉬게 됩니다. 정말 잘 쉬고, 잘 자야 우리의 몸과 영혼이 새로운 활기를 얻게 됩니다. 잘 때마다 "하느님! 저를 보호하여 주소서. 하루 종일 저와 함께 계셨으니 자는 동안도 지켜 주시고 보호하여 주소서." 하고 기도할

수 있다면 우리의 잠자는 시간은 정말 주님께서 함께하시는 행복한 시간이 될 수 있을 것입니다.

4. 우리의 몸이 정상적인 궤도에서 이탈하면 우리는 질병이라는 고통의 시간을 겪을 수밖에 없습니다. 몸은 끊임없이 원래의 정상적인 상태로 돌아가기 위해서 고통스러운 투쟁을 할 수밖에 없습니다.

5. 몸이 그러하다면 우리의 마음, 정신, 영혼도 마찬가지입니다. 정상적인 궤도에서 이탈하면 정말 많은 문제들이 생길 수밖에 없습니다.

6. 예비자들이 입교할 때 사제는 온갖 악의 세력과 잡신의 세계를 끊어 버릴 것을 요구합니다. 처음 성당에 발을 들여놓는 예비자들에게 왜 그런 요구를 하는 것일까요?

7. 하느님의 자녀가 된다는 것은 하느님을 마음의 중심으로 모신다는 것을 뜻합니다. 그런데 그 마음 안에 잡신이 들어온다면 그 마음은 그야말로 혼돈과 무질서 상태에 빠질 수밖에 없습니다. 즉 마음 안에서 하느님의 힘과 악의 세력이 충돌하는 것입니다. 따라서 성당에 나오면서도 과거의 습관에 따라 잡신을 섬기는 행동을 하면 혼란스러울 수밖에 없고, 하느님께 제대로 나아갈 수가 없습니다.

8. 마음은 하나여야 합니다. 마음이 둘로 갈라져서는 정상적인 삶이 불가능합니다.

9. 가끔 고해소에서 듣다 보면 특히 자녀들의 시험 때에 점집이나 철학관에 갔다는 이야기를 듣습니다. 점집이나 철학관은 우리가 믿

는 하느님이 아닌 잡신들이 역할을 하는 곳입니다. 잡신이나 악의 세력들은 인간의 약한 약점을 이용하여 사람들을 자신들의 수하로 만들어 버립니다. 그들도 영적인 존재들이라 사람들의 과거나 앞날을 기가 막히게 맞히기도 합니다.

그러나 그런 세력들에 한 번, 두 번 빠지다 보면 헤어 나올 길이 없습니다. 내적으로 엄청난 영혼의 분열 현상을 겪을 수밖에 없고, 그럼에도 불구하고 맹종을 한다면 결과적으로 그런 잡신을 섬길 수밖에 없습니다. 결국은 잡신들이 시키는 대로 할 수밖에 없는, 즉 인간의 자유의지를 잃어버리는 잡신들의 노예가 될 수밖에 없습니다.

10. 언젠가 계룡산에서 피정을 하고 있을 때였습니다. 저녁 식사 후 삼삼오오 산보를 하는데 바로 옆 마을에서 굿을 하는 것이었습니다. 호기심이 생겨 그 집 앞까지 가 보게 되었습니다. 그런데 희한하게도 저희가 가까이 가서 들여다보니 굿을 하는 무당이 갑자기 안색이 확 바뀌면서 저희에게 소리를 지르는 것이었습니다.

"아니, 도대체 뭐 하는 사람들이기에 굿이 안 되는 것이야. 얼른 나가슈!"

저희는 무섭기도 해서 얼른 도망치듯 나올 수밖에 없었습니다.

그 피정 집은 참 묘한 곳에 있었습니다. 계룡산 중에서도 신기가 출중하다는 지역의 중심에 있었기 때문입니다. 며칠 동안은 정말 이상하게도 밤마다 잠을 설치는 것이었습니다. 하느님의 힘과 잡신이 서로 충돌하는, 바로 그런 지역에 있는 피정 집이었습니다. 그곳에서의 피정은 잡신의 세력을 이겨 내야 하는 정말 묘한 피정이었습니다.

11. 우리 성당에서 아주 가까운 곳에 장충동 피정의 집이 있습니다. 사실 그 집은 그 동네에서 아주 유명한 흉가였다고 합니다. 그 피정 집이 들어올 때까지 그 집에 살던 사람들은 많은 문제가 있었다고 합니다. 이유 없이 큰 병에 걸리거나 죽었다고 합니다. 그래서 그 집을 싸게 살 수 있었죠. 지금은 시내 중심가에서 중요한 피정 집으로 자리 잡고 있습니다. 잡신과 악의 세력이 하느님의 힘에 쫓겨난 것입니다.

12. 또 한 가지 재미난 이야기가 있습니다. 우리 동창 중 한 사람이 보좌신부를 할 때 아이들을 데리고 캠프를 갔습니다. 그런데 한 아이가 갑자기 발작을 일으키더랍니다. 그래서 가 보니 그 아이가 이상한 어른 소리를 내면서 "야, 너 갖고는 안 돼! 너는 나를 쫓아낼 수 없어!" 하더라는 것이었습니다. 동창 신부는 자기도 신부인데 자존심이 상해서 "야, 나도 신부야!" 하고 소리를 빽 질렀답니다. 아이는 까무러진 채 몇 시간을 잠만 자더라는 것이었습니다.

13. 잡신과 악의 세력은 우리 주위에 확실히 존재합니다. 인간의 약점인 걱정과 두려움을 통해서 우리에게 접근합니다. '우리 아이가 대학에 붙을 수 있을까? 남편이 승진할 수 있을까? 어디로 이사 가야 집안의 운이 풀릴까? 나는 어떤 운명을 타고 태어났지? 국회의원이 될 수 있을까? 장관이 될 수 있을까?' 등등.

14. 또한 잡신과 악의 세력은 우리의 지나온 과거를 맞히기도 합니다. 동시에 미래에 대한 예견을 내놓기도 합니다.
'이리 살아왔으니 이리 해야 돼!'

'너는 이런 운명을 타고났으니 그리 살 수밖에 없는 거야!'

15. 마음이 약한 사람들은 그런 잡신과 악의 세력에 마음을 빼앗겨 버립니다. 마음을 뺏긴다는 것, 그것은 자신의 자유의지를 뺏긴다는 것을 의미합니다. 인간이 인간일 수 있는 것은 바로 자유의지인데 하느님의 가장 귀중한 선물인 자유의지를 빼앗겨 버리는 것입니다. 자기가 자신으로서 살지 못하고 잡신의 노예로 살 수밖에 없는 것입니다. 조금만 아파도, 이상한 일이 생겨도 자신의 힘으로 극복하지 못하고 또다시 그런 잡신들과 접촉하게 되는 것입니다.

16. 우리 마음 안에 잡신이 거주하면 우리 힘으로 할 수 있는 것이 하나도 없게 됩니다. 또한 하느님의 자리가 없어집니다. 하느님은 모든 것을 다 하실 수 있는 전능하신 분이심에도 불구하고 우리에게 주신 자유의지 때문에 우리를 있는 그대로 인정해 주십니다. 내가 나 자신이 될 수 있도록 기회를 주시고 도와주시는 것입니다. 그러나 잡신들은 우리에게서 그런 자유의지를 빼앗아 버리고, 우리 자신이 스스로 살아갈 수 있는 가능성과 자유를 빼앗아 버리고 맙니다.

17. 오늘 복음에서 가나안 여인의 마귀 들린 딸에 대한 이야기가 나옵니다. 자신의 힘으로는 어찌할 수 없는 악의 세력들에 대해 어머니는 온갖 냉소와 푸대접을 감수하면서도 예수님께 매달립니다. 악의 세력 앞에 서서 자비를 간청하는 위대한 어머니의 모습을 발견하게 됩니다.
당시 유대인은 엄청난 선민의식을 갖고 있었습니다. 유대인이 아닌

이방인은 개, 돼지만도 못한 인간들이라는 의식이었습니다. 그러나 그 어머니는 그런 비웃음에 끄떡도 하지 않았습니다. 오직 예수님만이 딸을 악의 세력에서 구해 줄 수 있을 것이라는 강한 믿음을 갖고 있었습니다. 참으로 위대한 모성이었습니다.

18. 예수님께서는 당시 사람들이 갖고 있던 선입견에서 벗어나 그 여인의 큰 믿음을 칭찬하시며 그녀의 딸을 해방시켜 주십니다.

19. 우리도 이 어려운 세상 속에 살아가면서 누구나 걱정과 두려움을 갖고 있게 마련입니다. 누구에게나 악의 세력이 침투할 가능성이 있게 마련입니다.

20. 하느님은 우리를 자유롭게 해 주시는 분이십니다. 당신의 크신 사랑을 우리도 가질 수 있도록 당신의 문을 활짝 열어 놓고 계시는 분이십니다. 우리의 걱정도, 두려움도 그분께 맡기고 그분께서 이끌어 주시는 삶의 길에 용감히 나아갈 수 있어야 하겠습니다. 그분께서 우리 마음 안에 확고히 계신다면 우리는 온갖 잡신과 악의 세력으로부터 벗어날 수 있게 됩니다. 그분은 우리 마음속의 걱정과 두려움, 어둠을 이겨 내시는 분이시기 때문입니다.
"주님, 저의 마음속에 있는 걱정과 두려움, 어둠과 악의 세력에서 저를 구하소서." 아멘.

연중 제21주일(2017. 8. 27.)

"너는 베드로이다. 내가 이 반석 위에 내 교회를 세우리니
저승의 세력도 교회를 이기지 못하리라."

1. 지난여름 그 힘겹던 무더위를 견디시느라 고생들 하셨습니다. 아직도 한낮의 햇볕이 따갑기는 해도 아침저녁으로는 선선합니다. 하늘은 점점 더 높아지고, 풀벌레 소리도 드높아져 갑니다. 뭔가 가을 냄새가 나기 시작합니다. 여름의 그 무수한 시련을 이겨 낸 나무들도 한결 여유로운 모습입니다.

2. 자연은 이제 그 힘든 폭염과 폭우의 시기를 견뎌 낸 뒤의 여유로움과 성숙함을 보여 주고 있는 것 같습니다. 견뎌 낸 이들만이 가질 수 있는 결실에 대한 희망과 기쁨을 보여 주는 것 같습니다.

3. 힘든 시기를 견뎌 낸 우리도 보다 더 여유로움과 성숙함을 가질 수 있어야 하겠습니다. 고통을 견뎌 낸다는 것, 그것은 우리의 삶을 한층 성숙하게 만들어 줍니다. 고통은 정말 괴로운 것이지만 그것은 우리 삶의 결실을 위해서 반드시 거쳐야 하는 과정입니다. 그 어떤 누구도 고통 없이 결실을 거둘 수는 없습니다.

4. 우리는 오늘 복음에서 사도 베드로의 이야기를 듣습니다.
"너는 베드로, 반석이다. 내가 이 반석 위에 내 교회를 세울 터인즉

저승의 세력도 그것을 이기지 못할 것이다. 나는 또 너에게 하늘나라의 열쇠를 주겠다. 네가 무엇이든지 땅에서 풀면 하늘에서도 풀릴 것이다."

5. 참으로 어마어마한 말씀이십니다. 한 인간으로서 예수님께 가장 인정을 받는다는 말씀입니다. 미약하기만 한 인간이 교회의 기초가 되고, 하늘나라의 열쇠를 받는다는 것은 놀라운 사실이 아닐 수 없습니다.

6. 베드로는 모두가 알다시피 제대로 교육도 받지 못한 시골, 갈릴리 호수의 어부였습니다. 그는 성격도 급했고, 욱하는 성질도 있었고, 때로는 제대로 사리분별도 못 하였습니다. 많은 인간적인 결점이 있었던 사람입니다. 그런데 그가 어떻게 사도들의 대표가 될 수 있었고, 교회의 기초가 되는 반석이 될 수 있었고, 천국의 열쇠까지 부여받는 자리에 이를 수 있었을까요?

7. 평범하기만 한 사람 베드로가 어느 날 동생 안드레아가 소개해 준 예수님을 만나게 됩니다. 그는 마음속으로 직감합니다.
'아, 이분은 보통분이 아니다!' 그는 예수님을 뵙자마자 몸에 전율이 흐릅니다. 그의 성격대로 이것저것 따지지 않고 그저 단순한 마음으로 그분을 따를 것을 결심합니다.

8. 베드로는 당시 결혼을 했던 것으로 보입니다. 어느 날 장모가 갑자기 열이 오르면서 아프기 시작합니다. 베드로는 예수님께 말씀드릴 수밖에 없었고, 예수님께서는 친히 베드로의 집을 방문하십니

다. 장모의 상태를 바라보시던 예수님께서 열이 떨어지라고 명령하시자 즉시 열이 떨어지더니 장모가 일어나 예수님 일행의 시중을 들게 됩니다.

9. 성격 급한 베드로는 마음속으로 큰 충격을 받았을 것입니다. 예수님의 한 말씀으로 치유가 되는 현장을 보면서 그는 더더욱 예수님을 따를 것을 결심하였을 것입니다.

10. 베드로는 예수님을 따라다니면서 가장 측근에서 예수님을 통해 일어나는 수많은 일들을 경험하였습니다. 중풍 병자, 손이 오그라든 사람, 죽었던 과부의 아들을 살려 주시고, 백인대장의 종을 고쳐 주시고, 예수님의 옷에 손을 대기만 해도 치유를 받는 사건을 목격하였으며, 회장당이던 야이로의 죽었던 딸을 살려 주시고, 마르타와 마리아의 오빠 나자로를 살려 주시고, 나병환자 열 사람을 낫게 하시며, 예리고의 소경을 고쳐 주시는 등 이루 헤아릴 수 없이 많은 환자들이 치유되는 모습을 직접 눈으로 보게 됩니다.
또 수많은 악령들이 쫓겨나는 모습을 보게 됩니다. 수많은 마귀 떼를 돼지 떼에게 몰아내는 모습을 보게 됩니다. 마귀 들린 사람을 한 말씀으로 고쳐 주시고, 악령에게 사로잡힌 아이를 고쳐 주십니다. 베드로는 악의 세계를 이겨 내시는 하느님의 힘을 예수님을 통해 체험하게 됩니다.
그뿐만 아니라 수많은 사람들이 예수님의 말씀에서 위로와 용기를 얻고 새로운 삶으로 나아가는 모습은 베드로의 마음속에 깊이 새겨지는 감동, 또 감동이었습니다.

행복한 사람과 불행한 사람에 대해 말씀하시고, "원수를 사랑하라. 남을 비판하지 마라." 말씀하시며 행실이 나쁜 여자를 사람들의 돌 팔매에서 직접 구해 내시며 그녀를 용서하십니다. 어머니와 형제들보다 하느님의 말씀을 따르는 이들이 더 중요하다 하시며, 착한 사마리아 사람의 이야기를 들려주십니다. 어리석은 부자가 어떻게 망하는지 보여 주시며, 잃었던 양 한 마리, 잃었던 아들, 탕자의 이야기를 해 주십니다. 자캐오를 불러 주시며, 과부의 헌금을 칭찬하십니다.

또 베드로는 인간의 힘으로는 어쩔 수 없는 자연의 힘을 극복해 나가시는 모습을 몸으로 체험할 수 있었습니다.

고기를 잡지 못해 힘겨워하는 제자들에게 배가 가라앉을 정도로 고기를 잡게 해 주시고, 풍랑 속에 빠진 제자들을 구해 내시고, 열매 맺지 못하는 무화과나무에게도 한 번 더 기회를 주십니다.

그뿐만 아니라 기득권을 가진 종교와 그 지도자들을 신랄하게 비판하시는 예수님의 모습을 보게 됩니다. 사람의 아들이 안식일의 주인임을 말씀하시며, 사람들을 율법의 노예로 전락시키는 당시 지도자들과 종교 권력을 강하게 비판하시는 모습을 보면서 베드로는 무엇이 옳고 그른지를 분명하게 인식하게 됩니다.

진정한 율법 정신이 무엇인지 가르쳐 주시며, 지도자들의 위선과 허울을 분명하게 보여 주시는 예수님을 보면서 베드로는 당시 사람들이 갖고 있던 마음속의 깊은 울분과 반감이 해소되고, 새롭게 승화되는 종교적인 기쁨을 체험했을 것입니다.

11. 베드로는 예수님 가장 가까이에서 예수님이 누구신지를 강하

게 체험한 복된 사람이었습니다.

그는 예수님의 거룩한 변모의 현장에도 있었고, 다른 제자들이 들을 수 없었던 하늘나라의 비밀을 듣기도 하였습니다. 그는 예수님을 통해 이루어지는 하느님의 능력과 그 나라를 눈으로 보고, 귀로 듣고, 감각으로 느끼고, 마음으로 깊이 감동하고, 정신적으로 옳고 그른 것을 분명하게 구분할 수 있는 분별력을 얻을 수 있었고, 영적으로 하느님의 세계와 악의 세계를 분명하게 볼 수 있었던 가장 복받은 사람, 은총의 사람이었습니다.

12. 누구보다도 예수님의 큰 사랑과 신뢰를 받던 그가, 누구보다도 하늘나라의 신비를 몸과 마음으로 체득한 그가, 누구보다도 마음속에 깊은 감동과 환희를 갖고 있던 그가, 누구보다도 예수님을 위해 죽을 각오가 되어 있다던 그가 그 무서운 밤에, 악의 세력이 판치는 그 공포와 무거움의 밤에 세 번이나 예수님을 모른다고 배신합니다.

참으로 아이로니컬합니다. 예수님이 가장 위로받고 싶어 하시고, 기도받고 싶어 하시고, 함께하여 주기를 간절히 바라던 그 암흑의 밤에 베드로는 그동안 받아 왔던 그 모든 신뢰와 사랑에 완벽하게 배반과 배신을 하고 맙니다.

13. 배반한 베드로를 바라보시던 예수님의 눈과 마음을 묵상해 보게 됩니다. 처절하게 무너진 베드로, 그 어둠만큼 큰 죄책감과 절망에 가득 싸인 베드로를 예수님께서는 어떤 마음으로 바라보셨을까요?
"너도 나와 함께 죽어야겠구나. 나의 죽음과 함께 너도 너의 죽음을 통하여 나와 함께 부활할 수 있으니 말이다."

예수님께서는 배신에 대한 인간적인 아픔과 고통보다 그 어둠과 악을 통해 이루시는 하느님의 오묘하신 섭리를 더 생각하고 계셨으리라 느껴집니다.

14. 부활하신 예수님께서는 베드로에게 묻습니다.

"너, 나를 사랑하느냐?"

무려 세 번이나 묻습니다. 세 번 배신한 베드로에게 속죄의 기회를 주시는 것입니다. 예수님께서는 베드로의 배신을 용서하시며 "내 양들을 잘 돌봐라." 하고 당부하십니다.

15. 인간은 참으로 연약하고 어리석은 존재입니다. 아무리 체험을 하고 사랑을 받아도 극한의 상태가 되면 그 모든 것을 깡그리 잊어버리고 자신이 살아날 길만을 찾게 됩니다. 인간은 그런 존재입니다. 그럼에도 불구하고 하느님께서는 여태까지 쏟으신 사랑과 정성이 아까워서라도 또다시 용서하시고 기회를 주십니다. 그뿐만 아니라 베드로에게는 천국의 열쇠까지 맡기십니다.

16. 우리도 하느님께 가는 여정에 있어 때로 부족함이 있더라도, 결함이 있더라도 우리를 향한 하느님의 사랑에 결코 실망과 좌절이 있어서는 안 될 것입니다. 우리의 부족함에 연연하지 말고, 끊임없이 용서하시고, 기회를 주시고, 힘과 용기를 주시는 그분의 위대하신 사랑을 잊지 말아야 하겠습니다.

"너는 베드로이다. 내가 이 반석 위에 내 교회를 세우리니 저승의 세력도 교회를 이기지 못하리라." 아멘.

연중 제22주일(2017. 9. 3.)

"사람이 온 세상을 얻고도 제 목숨을 잃으면
무슨 소용이 있겠느냐."

1. 날씨가 너무 좋습니다. 한낮에는 과일과 농작물이 잘 익어 갈 수 있도록 적당히 따갑기는 하지만 아침저녁으로 선선하고, 이보다 더 좋을 수는 없는 것 같습니다.

2. 이제 태풍과 같은 자연재해만 없었으면 좋겠습니다. 태풍은 인간에게 막대한 피해를 끼칩니다. 그러나 또 한편 태풍은 바닷물을 뒤집어서 순환을 시킴으로써 수온을 조절한다고 합니다.

3. 나쁜 것이라고 다 나쁜 것은 아니고, 좋은 것이라고 다 좋은 것만은 아닌 것 같습니다. 불행 가운데에도 좋은 점이 숨어 있는 것이고, 행복 가운데에도 나쁜 점이 숨어 있는 것이 우리의 인생사가 아닌가 합니다. 우리가 보다 더 행복하게 살아갈 수 있는 방법은 불행 가운데에서도 용기를 잃지 말고 그 안에 숨어 있는 좋은 점을 찾아내는 것이고, 행복 가운데에서도 겸손을 잃지 말고 그 안에 숨어 있는 나쁜 점을 찾아내는 것이 아닌가 합니다.

4. 우리가 불행 속에서도 용기와 희망을 잃지 않는다면, 또 행복 속에서도 겸손과 감사를 잃지 않는다면 우리는 불행 속에서도 행복할

수 있으며, 행복 속에서는 더더욱 축복받는 삶을 살아갈 수 있게 될 것입니다.

5. 한때 장래가 촉망받는 축구선수가 있었습니다. 그는 어린 나이부터 그 재능을 인정받았고, 우리나라 축구계를 새롭게 바꿀 수 있는 희망과 비전을 주었습니다. 어려운 가정환경에서 자란 그는 어린 나이부터 돈맛을 보기 시작하였고, 결국 그의 재능은 빛을 발휘하지 못하고 말았습니다. 그가 갖고 태어난 재능이 결국 돈과 인기 때문에 사그라지고 말았던 것입니다.

그가 자기에게 주어지는 돈과 인기에 좀 더 겸손하고 자신의 발전을 위해 더더욱 노력하였다면 그의 앞날은 완전히 달라질 수 있었을 것입니다. 그는 오히려 자기에게 주어진 재능 때문에 지금은 힘들게 살고 있습니다.

6. 반대로 제가 아는 한 사성장군은 육사가 아닌 삼사관학교를 나왔습니다. 군대의 정규 엘리트 코스를 받지는 못했지만 그는 자기에게 주어진 일과 사람들에게 최선의 노력을 다하였습니다. 언제나 함께 훈련도 하고, 아랫사람들의 마음도 깊이 있게 알아주고, 사병들과 행군도 함께하고, 축구도 함께하는 사람이었습니다.

그는 삼사관학교 출신으로서는 꿈도 꾸기 어려운 사성장군까지 되었습니다. 그에게 주어진 모든 악조건 속에서도 그는 언제나 하느님께 모든 것을 맡기며 자기에게 주어진 여건 속에서 최선을 다하였습니다. 그는 오늘날 이 혼탁해진 군 세계 안에서도 레전드, 즉 전설과 같은 인물이 될 수 있었습니다. 자신에게 주어진 모든 악조건 속에서도 언제나 기쁨과 감사를 잊지 않았습니다.

7. 불행한 여건 속에서도 용기와 희망을 찾아낼 수 있다면, 행복한 여건 속에서도 겸손과 감사를 찾아낼 수 있다면 우리 인생은 성공한 인생이라 할 수 있을 것입니다.

8. 참으로 우리를 감동시키는 것은 불행한 가운데에서도 언제나 웃음과 여유를 잃지 않고 자신의 삶 깊숙이에 숨어 있는 희망을 찾아내는 사람일 것입니다. 또 행복한 조건 속에서도 언제나 겸손과 감사를 잃지 않고 자신의 삶 깊숙이에 숨어 있는 하느님의 축복을 찾아내는 사람은 더더욱 존경을 받을 수 있습니다.

9. 그런데 우리는 반대로 불행 속에서 너무나 자주 실망하고, 포기하고, 원망과 저주로 많은 시간을 허비합니다. 또 행복 속에서도 더 많은 욕심과 탐욕으로 많은 시간을 허비합니다.

10. 이제 반대로 살아야 하겠습니다. 어렵지만 웃을 수 있다면, 감사할 수 있다면, 오히려 자비를 베풀고 인지상정의 마음으로 살아갈 수 있다면 우리는 고통 속에서도 행복한 사람이 될 수 있습니다. 우리에게 주어진 고통과 불행이 우리를 더 깊은 인간, 인간다운 인간, 다른 사람의 고통을 깊이 이해하는 따뜻한 사람으로 만들 수 있는 것입니다.
다른 사람이 모두 부러워하는 삶의 조건을 갖고 있지만 감사하지 못한다면, 겸손하지 못한다면, 함께 나누고 함께 살아가지 못한다면 그에게 주어진 모든 축복이 오히려 그를 망치는 악의 도구가 될 수밖에 없을 것이고, 그는 모든 이에게 차가운 사람, 냉정한 사람, 손가락질을 받는 사람, 어려움 속에서도 도움을 받을 수 없는 불행한 사람이 될 수밖에 없을 것입니다.

11. 예수님께서는 지난주에 베드로에게 교회의 기초가 되는 베드로라는 이름을 주시며 천국의 열쇠와 하늘나라의 모든 권한을 주셨는데, 오늘은 "사탄아, 물러가라. 너는 나에게 걸림돌이구나." 하는 최악의 꾸지람을 내리십니다. 그것도 베드로의 얼굴을 바로 보시면서 정면으로 화를 내십니다.

12. 베드로가 이 세상 사람들처럼 생각하고 있었기 때문입니다. 예수님의 고통과 십자가, 죽음에 대해서 펄쩍 뛰면서 "그런 일은 있을 수 없습니다."라고 이야기했기 때문입니다. 예수님께서 그토록 오랫동안 가르쳐 왔지만 베드로는 여전히 세상의 삶과 사고방식에서 벗어나지 못하고 있었기 때문입니다.

13. 유대교 지도자들은 예수님을 미워하고 있었지만 일반 사람들에게 예수님의 존재는 대단하였습니다. 말씀 한마디로 모든 병을 고쳐 주시고, 모든 악령들을 쫓아내 주십니다. 심지어 죽었던 사람까지 살려 내십니다.
그분의 말씀은 사람들의 마음속에 비수처럼 꽂혔고, 수많은 사람들이 그분의 말씀과 사랑으로 새로운 인생길을 살아가기 시작하였습니다. 그분께서 행하시는 기적들은 여태까지 들은 적도, 본 적도 없는 정말 대단한 기적들이었습니다. 연일 구름과 같은 사람들이 몰려들었고, 그분의 말씀 한마디를 듣기 위해 먼 길을 힘들지 않게 걸어왔습니다.

제자들은 마음이 들뜨기 시작합니다. 그 마음에 헛바람이 들어가기 시작합니다. 그런 예수님 측근에 있다는 것이 대단한 힘으로 느껴졌습니다. 어떤 제자들은 '아, 이런 능력의 예수님이라면 이제 로마인들을 내쫓고 유대인만의 신정국가를 이룰 수 있을 것'이라고 내심 기대하기도 하였습니다. 제자들은 이제 세상의 모든 힘을 가진 것처럼 착각합니다.

14. 예수님께서는 정색하시며 제자들의 잘못된 생각을 깨우쳐 주십니다. "너는 하느님의 일은 생각하지 않고, 사람의 일만 생각하는구나."

"사탄아, 물러가라."

"너는 나에게 걸림돌이구나."

15. 세상의 일, 세상의 방법은 예수님께서 수많은 이스라엘 백성을 결집시켜 로마인들을 내쫓고, 악을 악으로 갚고, 예수님께서 직접 다스리시는 하느님의 나라였습니다. 그러나 하느님의 일, 하느님의 방법은 그 어둠과 악의 세력 앞에 약하고 힘없는 자의 모습이었습니다. 오로지 하느님만을 신뢰하고, 모든 것을 하느님께 맡기는 모습이었습니다. 오로지 하느님의 뜻만이 이루어지기를 간절히 바라는 모습이었습니다.

16. 악을 악으로 갚고, 어둠을 어둠으로 갚으면 그 악과 어둠은 더더욱 기승을 부리게 마련입니다. 그 어둠과 악의 세력을 이겨 내기 위해서는 더 큰 악이 필요하고, 더 큰 어둠이 필요한 것입니다. 세상은

어둠과 악의 싸움에서 단 한 발자국도 헤어 나올 수 없을 것입니다.

17. 하느님의 일, 하느님의 방법은 악함과 어둠 속에서도 그 속에 간신히 숨어 있는 선함에 대한 희망을 찾아내는 것입니다. 수없이 당하고, 찢어지고, 심지어 죽음에 이르더라도 희망을 잃지 않는 것입니다. 하느님의 선과 정의가 승리하리라는 믿음이 있어야 하는 것입니다.

18. 예수님께서 선택하신 하느님의 일, 하느님의 방법은 결국 하느님께 대한 끊임없는 신뢰였습니다. 우리 눈에는 보이지 않지만 그분께서 우리 인생에 함께하시고, 무엇보다 우리에게 주신 인생을 너무나 사랑하시고, 그 사랑에 당신의 목숨을 거신다는 것을 믿는 신뢰였습니다.

19. 하느님께 향한 그 신뢰가 있다면 우리는 우리 인생의 고통과 어려움 속에서도 결코 실망하거나 좌절하지 않을 수 있습니다. 오히려 우리의 어려움과 고통 속에 숨겨 두신 하늘나라의 귀중한 보화를 찾아낼 수 있게 됩니다.

20. 언젠가 여행 중에 한 꼬마가 끊임없이 다이빙 연습을 하고 있는 것을 보았습니다. 옆에서 아빠가 흐뭇한 미소를 지으며 그 모습을 지켜보고 있었습니다. 그 꼬마는 아빠가 지켜보고 있기에 아무런 걱정도, 두려움도 없이 연신 다이빙을 했습니다. 아빠에 대한 신뢰 때문에 걱정과 두려움이 없었던 것입니다.

21. 우리도 우리가 어떤 상황에 있든지 상관없이 하느님께 대한 신

뢰의 마음을 좀 더 깊이 가질 수 있어야 하겠습니다. 고통 속에서도 신뢰할 수 있다면 하느님께서 우리를 얼마나 이뻐하시겠습니까? 행복 속에서 자기 잘난 맛에 취해 산다면 하느님께서 얼마나 마음이 아프시겠습니까? 모든 것은 다 하느님께서 주신 것인데 마치 자기 것인 양 착각하고 살아간다면 아마 하느님께서 그에게 주신 축복을 매우 후회하실 것입니다.

22. 세상 사람들처럼 더 많이 가지려 하지 말고 이미 가진 것에 감사하며, 또 설사 아프고 힘든 일이 있더라도 그 속에 숨어 있는 하느님의 오묘하신 섭리를 깊이 신뢰하며 기쁘고 감사하는 마음으로 살아갈 수 있어야 하겠습니다.
"사람이 온 세상을 얻고도 제 목숨을 잃으면 무슨 소용이 있겠느냐." 아멘.

한국 순교자 대축일(2017. 9. 17.)

"누구든지 내 뒤를 따라오려면 자신을 버리고
날마다 제 십자가를 지고 나를 따라야 한다.
그 사람은 자신의 목숨을 구할 것이다."

1. 교우 여러분들의 기도 덕분에 개인 피정을 잘 마치고 돌아왔습니다. 아름다운 가을, 정말 아름다운 가을 속에서 자연과 벗 삼아 주님을 깊이 만날 수 있는 뜻깊은 시간들이었습니다. 기억해 주시고, 기도해 주신 모든 교우분들께 감사드립니다.

2. 하늘은 드높고, 구름은 매순간 춤을 추고, 싱그러운 자연의 향내가 코끝을 찌릅니다. 바람은 상쾌하고, 기온은 쾌적하며, 멀리 보이는 산과 누렇게 익어 가는 가을 들녘이 눈을 즐겁게 합니다.
아름다운 자연, 아름다운 가을 속에서 몸과 마음이 즐거워합니다.

3. 매일 주님과 만나는 시간이 참으로 행복합니다. 아무도 없는 저만의 공간과 시간 속에서의 주님과의 만남은 어떤 만남과도 비교할 수 없는 행복하고 황홀한 순간순간이었습니다. 주님을 깨닫고, 저 자신을 깨닫게 됩니다. 저의 삶의 여정들을 통해서 주님께서 어떻게 함께하셨는지 보고 느끼게 됩니다.
앞으로의 삶의 여정에서 주님께서 말씀하십니다.
"보아라, 내가 너와 함께 있었으니 앞으로도 너와 함께할 것이다.
내가 지금까지 보호하여 주었듯이 앞으로도 보호하여 줄 것이다.

내가 지금까지 사랑하였듯이 앞으로도 사랑할 것이다. 그러니 걱정하거나 두려워하지 마라. 너의 삶을 통하여 드러나는 하느님의 자비를 모든 사람에게 기쁘게 전하여라."

4. 저는 대답합니다.

"예, 주님. 저의 부족함이 하늘을 찌를 듯하오나 당신의 사랑만을 믿고 이 길을 걸어가렵니다. 저의 삶에 부여된 십자가를 당신께 봉헌하며, 그 십자가를 통하여 당신께 나아가렵니다. 참으로 감사하고, 감사할 뿐입니다. 당신은 참으로 묘하시고 능력이 충만하신 분, 그 힘과 사랑으로 부족한 저를 이끌어 주시오니 감사와 찬미를 드릴 뿐이옵니다."

5. 참으로 저의 삶을 총체적으로 돌아볼 수 있는 시간들이었습니다. 제가 그동안 왜 그리도 힘들어했는지, 저의 삶에 부족함이 얼마나 컸는지, 왜 그리도 살아 계신 하느님을 제대로 만나 뵈올 수 없었는지 깨달을 수 있었습니다.

이제 조금이나마 빛을 보고, 자유로움을 느끼게 됩니다. 진리 자체이시고, 사랑 자체이신 그분을 조금이나마 느끼고 깨닫게 됩니다. 이제 부족하면 부족한 대로 제 안에 함께하시는 그분께 신뢰와 애정을 갖고 나아가고자 합니다.

주님은 참으로 저의 부족함을 통해서도 당신의 위대한 일을 하시는 분이심을 절실히 깨달을 수 있었습니다. 이제 저의 부족함에 연연하지 않으려 합니다. 저의 부족함을 탓하기보다는 저의 부족함을 통해서도 당신의 일을 하시는 하느님을 찬미하고자 합니다.

6. 오늘은 성 김대건 안드레아 사제, 성 정하상 바오로와 동료 순교자들의 대축일 미사입니다.

7. 순교자들을 생각할 때마다 약하디약한 인간이 어떻게 자신의 목숨과 가문과 재산과 명예와 가족까지도 아낌없이 봉헌하고 하느님을 위하여 목숨을 바칠 수 있었을까 의문을 갖고 있었습니다. 도대체 그들은 무슨 힘으로 그토록 위대한 죽음을 선택할 수 있었을까 궁금하였습니다.

8. 언젠가 일본 성지순례를 다녀온 적이 있습니다. 그때 그 본당의 여성 총구역장과 총무를 뽑아야 하는데 적지 않은 어려움이 있었습니다. 그 본당의 여성 봉사자들은 그야말로 자신의 모든 시간과 능력을 내놓아야만 하는 상황이었습니다. 반장 중에서 할 만하다고 생각되는 사람을 아무리 설득하여도 완강한 반대에 부딪히는 상황이었습니다.
일본의 한 순교자 성당, 정말 스테인드글라스에서 오묘한 빛이 가득히 퍼지는 성당에서 간절히 기도하였습니다. 그리고 강론을 하였습니다.
"순교는 절대로 저절로 이루어지는 것이 아니다. 평소에 하느님을 진심으로 사랑하고 감사할 때 이루어지는 것이다. 그분을 진심으로 사랑하고 감사드린다면 당연히 열심히 기도할 수밖에 없는 것이고, 그 기도는 이웃을 위한 사랑으로 연결되는 것이고, 그 사랑은 당연히 공동체가 필요로 하는 봉사로 이어지는 것이다. 그 기도와 봉사, 그리고 하느님께 대한 사랑이 바로 순교로 이어지는 것이다."라는 평범한 내용이었습니다.

그런데 그때의 그 미사는 뭔지 모를 신비한 힘이 가득하였고, 성령께서 함께 계시는 듯한 느낌이었습니다. 저에게 봉사를 권유받은 자매가 갑자기 눈물을 흘리는 것이었습니다. 그 눈물은 미사가 끝날 때까지 계속 이어졌습니다.

미사 후 그 자매는 "신부님 제가 부족하지만 정말 하느님을 믿고 열심히 해 볼게요. 죄송합니다."라고 말하는 것이었습니다.

그렇게 선임된 구역 간부들과 정말 혼신의 힘을 다해 공동체를 위한 봉사를 할 수 있었습니다. 훗날 모여 이야기해 보면 어떻게 그렇게 봉사할 수 있었는지 참 이해가 안 되고, 신기하다고 합니다.

9. 그렇습니다. 순교란 절대 그 죽음 당시에 저절로 이루어지는 것이 아닙니다. 순교는 순교의 삶을 살아야 비로소 가능해지는 것입니다.

10. 그렇다면 순교의 삶이란 과연 어떤 것일까요?

11. 오늘 복음에서 그 정답을 말씀해 주십니다.

"누구든지 내 뒤를 따라오려면 자신을 버리고 날마다 제 십자가를 지고 나를 따라야 한다."

12. 인간은 본능적으로 이기적인 동물입니다. 누구나 다 자신을 위한 삶을 살아가려 합니다. 그런데 그 자기 자신을 버리라는 것입니다. 자신을 버린다는 것이 무슨 뜻일까요?

저는 이번 피정 중에 이 말씀을 깊이 깨달을 수 있었습니다. 자신을 버린다는 것은 하느님께서 이끌어 주시는 대로 산다는 것입니다. 우리가 하느님의 자녀라면 누구나 다 하느님께서 이끌어 주십니다. 그런데 우리는 많은 경우에 자신의 생각으로, 자신의 뜻으로, 욕심으로, 욕망으로 살아갑니다.

우리에게 인생을 허락하신 분은 하느님이시고, 우리에게 주신 모든 것도 다 하느님께서 주신 것이고, 그래서 그분은 우리의 주님이시고, 우리의 삶도 그분께서 다 이끌어 주시는 것인데 우리는 그 사실을 잘 깨닫지 못하고 있습니다. 그분을 진정으로 사랑하고 신뢰한다면 그분께서 이끄시는 길을 깨달을 수 있을 터인데 우리는 아둔하기 짝이 없습니다. 사실 내 삶의 중심은 그분이신데 내가 내 삶의 중심이 되어 더 힘들고, 더 고통스럽게 살아가고 있습니다.

내가 나 자신을 버리고 그분께 좀 더 의지한다면 그분께서 당신의 뜻을 따르는 우리를 얼마나 더 사랑하시고 축복하시겠습니까? 그분이 주시는 축복은 이 세상이 주는 축복과는 비교도 되지 않습니다. 그분이 축복해 주셔야 우리는 진정 이 어려운 세상 속에서도 사랑의 마음을 잃지 않고 행복하게 살아갈 수 있는 것입니다.

뜬구름과 같은 이 세상이 주는 행복은 다 허상이고, 헛것입니다. 그것들은 일종의 마약과 같은 것이라 일시적으로는 행복해 보이고, 멋있어 보일지 몰라도 그 끝은 쓰디쓸 수밖에 없고, 후회와 회한만 가득 남습니다. 하느님의 축복은 우리 마음 깊은 곳에 언제나 기쁨과 감사로 터져 나오고, 어떤 상황에 있든지 그분을 신뢰하기에 온갖 걱정과 두려움에서 벗어날 수 있는 진정으로 영원한 행복이고 축복입니다.

13. 날마다 제 십자가를 지라는 말씀은 무슨 뜻일까요?

14. 사람은 태어나면서, 또 자라면서 다 나름대로의 십자가가 있게 마련입니다. 각자에게는 각자의 삶에서 형성될 수밖에 없는 십자가 들이 있게 마련입니다. 우리는 평생토록 그 십자가 때문에 괴로워 하고, 고통스러워합니다. 때로는 그 십자가를 내동댕이치고 잊어버리려 도피하기도 하고, 자기 합리화와 자신을 기만하는 거짓으로 그 십자가를 회피하기도 합니다. 각자에게 주어진 십자가는 자신이 평생 풀어야 할 숙제이기도 합니다.

그런데 하느님께서는 묘하시게도 그 숙명적인 십자가들을 통해 당신의 일을 하시는 분이십니다. 우리가 우리에게 주어진 십자가를 받아들이고, 그 십자가를 통해 당신의 일을 하시는 하느님을 발견하고 깨달을 수 있다면 그때 비로소 그 십자가를 받아들일 수 있게 되는 것이며, 비로소 그 십자가로부터 자유로울 수 있게 되는 것입니다.

우리에게 상처와 짐이 되는 사람도 그 사람이 갖고 있는 십자가를 이해하게 되면 훨씬 더 측은지심과 사랑의 마음, 이해의 마음이 가능해지는 것입니다. 하느님께서는 인간의 부족함, 어둠, 죄악을 통해서도 당신의 일을 하시는 분이심을 깨달을 수 있다면 우리가 얼마나 자유로운 영혼이 될까 생각해 보게 됩니다.

15. 우리가 하느님께 의지하고 신뢰하면 그분의 활동하심이 우리의 인생에서 보일 수 있을 것이고, 더더욱 자신을 버리고 하느님의 뜻을 따를 수 있을 것이고, 우리가 우리에게 주어진 십자가를 진심

으로 받아들이고 견뎌 낼 수 있다면 우리에게 얼마나 큰 하느님의 힘이 함께할지 생각해 보게 됩니다.

우리 인생에 함께하시는 하느님의 힘! 이보다 더 큰 은총은 있을 수 없습니다. 그 하느님의 힘이 우리에게 함께 있어야 우리는 결정적인 순간에 하느님께 우리 자신의 모든 것, 목숨까지도 바칠 수 있는 것입니다. 순교는 하느님의 은총이고, 하느님의 힘입니다. 평소에 하느님의 힘으로 산다면, 평소에 하느님의 은총이 가득한 삶을 산다면 우리에게도 순교가 불가능한 일만은 아닐 것입니다.

"누구든지 내 뒤를 따라오려면 자신을 버리고 날마다 제 십자가를 지고 나를 따라야 한다. 그 사람은 자신의 목숨을 구할 것이다." 아멘.

온 세상을 얻으려는 노력보다도 자기 목숨을 구하는 것이 훨씬 더 귀한 것임을 잊지 말아야 하겠습니다.

연중 제25주일(2017. 9. 24.)
"나는 맨 나중에 온 이 사람에게도
똑같은 품삯을 주고 싶소."

1. 참으로 아름다운 가을이 이어지고 있습니다. 이번 가을은 왜 이리도 아름답고, 감동적이고, 가슴이 뛰는지 모르겠습니다. 하늘에는 어쩜 그리도 예쁜 그림들이 그려져 있는지요. 들녘은 어쩜 그리도 아름다운 황금색 물결이 출렁거리는지요. 멀리서, 가까이서 보이는 산들은 어쩜 그리도 정겨운지요. 공기는 맑고 쾌청하고, 기온은 쾌적합니다. 아름다운 가을의 정취가 마음속으로 스며들고 있습니다.

2. 지난번 피정 때 야외 십자가의 길을 할 기회가 있었습니다. 마지막 기도를 하고 가만히 보니 나뭇가지에 작은 잠자리가 앉아 있었습니다. 마음이 움직입니다. 갑자기 잠자리와 대화가 하고 싶어졌습니다.
"잠자리야, 안녕?"
어! 희한하게도 잠자리가 고개를 까딱 움직였습니다. 잠자리는 제 마음을 알았는지 한참 동안 앉아 있었습니다. 잠시 날아올랐다가는 다시 그 자리에 돌아오는 것이었습니다.
약 30분 동안 잠자리와의 말 없는 마음의 대화가 이어졌습니다.

"잠자리야, 너는 어디에서 왔니? 지금 이 순간이 있기까지 얼마나 수고가 많았니? 어린 유충 시절은 어디서 지냈니? 허물을 벗고 하늘을 처음 날았을 때 기분은 어떠했니? 한여름의 무더위와 폭우는 어떻게 견뎠니? 지금 이 가을이 지나고 짝짓기가 끝나면 너는 사라질 텐데 지금 이 가을의 기분이 어떠하니?"

잠자리는 대답합니다.

"글쎄요, 어느 날 태어나 보니 어느 물속이었고, 그 물속은 깨끗했고 먹을 것도 많았지요. 어렸을 때의 나의 모습은 좀 징그럽게 생겨서 모두 나를 피하고 무서워했지요. 나는 타고난 강한 턱으로 올챙이, 어린 물고기를 먹고 자랐지요.

어느 날 밤 달빛이 어두운 날에 탈피를 하게 되었고, 젖어 있던 날개가 마르자 날개에 힘이 생겨 하늘을 향해 힘차게 날아오를 수 있었지요. 하느님이 주신 이 귀한 날개는 정말 능력이 탁월해요. 앞으로도 갈 수 있고, 회전도 가능하고, 위로 상승비행도 할 수 있고, 뒤로 후진비행, 가만히 제자리에 있는 정지비행도 할 수 있어요. 이 세상에 있는 어떤 날개보다도 뛰어나고 탁월한 날개라고 하지요.

처음 공중을 향해 힘차게 날갯짓을 했을 때의 그 감동을 잊을 수가 없네요. 어느 곳이든 내 마음대로 날아갈 수 있고, 천지에 가득한 벌레도 맛있게 먹을 수 있어요. 그중에서도 모기는 내가 제일 좋아하는 음식이에요. 이제 짝짓기만 성공하면 내 인생은 모두 마치게 되네요."

"그래서 잠자리야, 너는 지금 행복하니?"

"그럼요. 저는 지금 너무 행복하답니다. 나에게 주어진 이 생명의 질서에 따라 그저 하루하루 즐겁게 날고, 맛있는 음식을 먹고, 짝짓기를 위해서 노력하고, 저는 너무너무 행복하답니다. 저에게 주어진 이 자연과 그 질서가 너무 감사할 뿐입니다. 저에게 주어진 삶을 본능과 자연의 질서에 따라 충실히 살았으니 너무 기쁘답니다."

3. 잠자리와의 이 대화는 저의 마음속에 깊이 새겨졌습니다. 인간이 볼 때는 하찮은 잠자리인데 그 잠자리는 너무너무 행복해 보였습니다. 잠자리는 그저 자연의 질서에 따라 살아갈 뿐입니다. 그리고 만족해합니다. 잠자리에게 주어진 질서 이상의 욕심은 부리지 않습니다.

4. 그런데 '잠자리보다 훨씬 뛰어난 인간은 잠자리만큼 행복한가?'라는 의문이 들었습니다. 인간은 끊임없는 욕심과 욕망으로 자신에게 주어진 삶을 이겨 내려 합니다. 지금 현재의 삶에 만족하지 못하고, 더 높은 자기 자신이 되기 위해서 끊임없이 노력하고, 때로는 전쟁 같은 삶을 살기도 합니다.

5. 왜 인간은 자신에게 주어진 삶에 만족해하고 행복해하지 못하는 것일까요? 왜 끊임없이 고통스러워하는 것일까요?

6. 오늘 복음에서 이른 아침부터 포도원 농장에서 일한 사람들, 또 9시부터 일한 사람들, 12시, 3시부터 일한 사람들, 또 5시부터 일한 사람들에 대한 이야기가 나옵니다.
그런데 모든 사람이 똑같은 품삯을 받습니다. 당연히 불평과 불만이 생길 수밖에 없습니다. 항의가 이어지자 주인은 대답합니다.

"당신은 나와 한 데나리온으로 합의하지 않았소? 다른 사람의 품삯에 대해서는 시비 걸지 말고 당신 것이나 받아서 가시오. 나는 마지막에 온 사람에게도 똑같은 품삯을 주고 싶소."

7. 그렇습니다. 우리 생각에는 이른 아침부터 일한 사람이 더 많은 품삯을 받는 것이 당연한 듯이 보입니다. 그러나 포도원 주인은 자기 것을 갖고 자기가 하고 싶은 대로 하는 것이 뭐가 잘못이냐고 합니다.

8. 인간은 서로 다 다르게 태어납니다. 어떤 사람은 부유한 집안에서, 어떤 사람은 가난한 집안에서, 또 어떤 사람은 정신적, 신체적 능력이 출중하게, 어떤 사람은 천부적인 능력이 별로 없이 태어나기도 합니다. 어떤 사람은 잘나고, 어떤 사람은 타고난 외모가 없기도 합니다. 어떤 사람은 품성이 좋은 반면, 어떤 사람은 품성에 문제가 많기도 합니다.

9. 그래서 우리에게는 각자에게 주어진 인생의 길이 있는 것입니다. 잠자리에게는 잠자리의 인생이 있고, 개미에게는 개미의 인생이 있고, 인간에게는 각기 다 다른 인생의 길이 있게 마련입니다.

10. 우리가 살고 있는 이 사회는 자본주의 사회입니다. 자본주의란 돈과 물질이 기준이 되는 사회입니다. 돈이 많은 사람이 성공한 것처럼 보이는 세상입니다. 그래서 우리도 돈을 향해 나아가고, 달려갑니다. 이 자본주의 세상에서는 모든 문제의 중심에 항상 돈이 자리 잡고 있습니다. 그래서 돈이 있는 사람은 행복하고, 없는 사람은

불행한 것처럼 생각하고, 또 사회가 그리 흘러갑니다.

11. 그러나 모든 사람이 다 돈을 버는 능력을 갖고 있는 것은 아닙니다. 그러나 모든 사람이 다 돈을 향해 나아가고 있기에 이 사회는 처절한 사회, 총성 없는 전쟁터와 같은 살벌한 세상이 되어 버리고 말았습니다.

12. 하느님이 보실 때는 모두가 다 귀한 인생들입니다. 이른 아침부터의 인생도, 9시부터 시작한 인생도, 오후 3시, 5시에 시작한 인생도 다 똑같이 귀한 인생들입니다.

13. 잠자리는 자신의 삶에 대해 행복해하고, 만족해합니다. 그저 자신에게 주어진 자연의 질서에 따라 살아가고 있는 것을 기뻐합니다. 그런데 인간은 자신에게 주어진 삶에 만족하지 않고 더 많이 가지려 하고, 더 많은 힘을 얻고자 하고, 더 멋있어 보이려 합니다. 인간 안에 있는 욕심과 탐욕과 욕망이 우리 모두를 더 힘들게 하고, 피곤하게 하고, 지치게 합니다.

그저 자신에게 주어진 인생을 발견하고, 그 인생 안에 함께하시는 하느님의 질서와 축복에 감사할 수 있다면 우리가 얼마나 행복한 사람이 될 수 있겠습니까?

14. 생각해 보면 하느님은 어떤 인생이든지 다 축복해 주셨습니다. 이 세상에 귀하지 않은 인생은 단 하나도 없습니다. 우리 안에 있는 욕심들이, 탐욕들이 이미 우리 인생에 주어진 축복에 대해서는 발견하지 못하게 하고, 눈멀게 합니다. 우리 인생길에 주어진 하느님

의 축복을 발견하고, 감사할 수 있다면 우리가 얼마나 행복하겠습니까?

이미 너무나 많이 주셨습니다. 볼 수 있다는 것, 들을 수 있다는 것, 촉감을 갖고 느낄 수 있다는 것, 걸을 수 있다는 것, 냄새 맡을 수 있다는 것, 우리가 굳이 신경 쓰지 않아도 두뇌는 활발히 움직이고, 몸 안의 온갖 장기는 다 자기 나름대로 역할을 하고 있고, 생각할 수 있고, 영혼의 힘으로 하느님의 신비의 세계로 들어갈 수 있다는 것 등 사실 우리가 잊어버리고 있는, 또 당연한 것으로 생각하고 있는 너무나 많은 창조의 선물이, 하느님의 축복이 우리 안에 숨겨진 보물처럼 가득 차 있습니다.

15. 우리에게 주어진 이 너무나 귀한 창조의 선물들을 잊어버리고 욕심과 탐욕으로 가득 차 있기에 이미 주어진 것들에 감사할 줄 모르고, 또 그러하기에 자신의 인생길에 주어진 하느님의 특별하신 축복을 우리가 발견하지 못하고 있는 것은 아닐까요?

하느님께서는 우리가 어떤 인생이든 우리 안에 당신만이 주실 수 있는 특별한 축복과 보물을 숨겨 두신 분이십니다.

16. 잠자리는 자신에게 주어진 자연의 질서에 따르고 감사하기에 자신에게만 주어진 그 특별한 날개라는 선물과 축복을 발견할 수 있었던 것입니다. 새처럼 큰 날개를 원하지도 않고, 다른 동물들에게 있는 힘을 바라지도 않습니다. 그저 자신에게 주어진 대로 감사하고 기뻐하며 날갯짓을 할 뿐입니다.

"나는 맨 나중에 온 이 사람에게도 똑같은 품삯을 주소 싶소." 아멘.

아기 예수의 데레사 대축일 미사 (2017. 10. 1.)

"너희가 작은 사람, 어린이처럼 되지 않으면
결코 하늘나라에 들어가지 못한다."

1. 아름다운 가을이 이어지고 있습니다. 황금연휴가 시작되는 이 시기에 저의 축일을 맞아 기도해 주시고 축하해 주시는 모든 분들의 마음에 하느님의 축복이 함께하시길 기도합니다.

2. 사실 이번 축일은 연휴 중에 있고, 교우분들에게 부담을 주기 싫어서 하지 않을 계획이었지만 금호동 성당에서의 마지막 축일 행사이고, 또 이런 기회에 교우들과 추어탕이라도 한 그릇 나누고 싶은 마음에 어쩔 수 없이 승낙하게 되었습니다.

3. 어제는 천보묘원에서 추석 합동 위령미사가 있었습니다. 나라에서 우리 천보묘원을 위해 구리-포천 간 고속도로를 놓아 주었습니다. 예전에는 한 시간 반 걸리던 거리가 50분으로 줄어들었습니다. 묘원 뒷길로 톨게이트가 생겨 그야말로 신나게, 그리고 빠르게 다녀왔습니다.

4. 이런 내용의 말씀을 드렸습니다.
특별히 이 천보묘원에서의 추석 명절 위령미사는 매우 깊은 뜻을 갖고 있습니다. 한동네에서 오랜 시간 같은 추억을 갖고 살아오신 분들이 돌아가셔서도 한곳에 모여 있습니다. 죽음은 우리 인생사의 수많은 비밀들이 풀리는 순간이기도 합니다. 죽음을 통해서 희뿌옇던 인생사가 비로소 이해가 되고, 의문이 풀리기도 합니다. 죽은 자는 살아 있는 자들에게 말할 수는 없어도 죽은 자들끼리는 많은 이야기를 나누고 계실 것입니다.

"아 그래, 그래서 그때 네가 그랬구나. 난 그것도 모르고 참 많이 오해하고 미워했었네. 미안하네. 그때 자네의 마음 깊은 곳에 있는 애환과 고통과 사랑을 내가 제대로 이해하지 못했구려. 나의 무지와 오해를 이제라도 용서해 주게."

"무슨 말인가. 나도 자네에 대해 참으로 많은 부분 오해하고 미워했었네. 참으로 미안하네. 용서해 주게."

5. 아마 이곳에서는 매일 밤마다 서로를 용서하고, 이해하고, 사랑을 나누는 천상의 잔치가 이어지고 있을 것입니다. 인간은 가만히 그 속을 들여다보면 이해 못 할 사람이 없기 때문입니다. 아무리 나쁜 사람이라 하더라도 그 속을 들여다보면 다 그럴 만한 이유가 있기 때문입니다.

6. 한 사람, 한 사람이 들어올 때마다 이렇게 말할 것입니다.

"어이, 친구 왔는가? 애썼네. 죽어서 만나니 더 반갑구먼. 자네도 조금만 지나면 우리가 함께 자라고 살아왔던 세월들이 죽어서도 얼마나 고마운 세월인지 알게 될 걸세. 이곳에서는 살아 있을 때의 미움도, 아픔도 없다네. 다 하느님께 향하고 있고, 그 마음들은 원래 하느님께서 주셨던 천사의 마음이라네."

7. 이곳 천보묘원은 새로운 삶이 시작되는 천상의 잔치일 것입니다. 죽어서도 함께 계신다는 것, 또 당신들이 뿌리신 씨앗이 언젠가는 이곳에 또 함께 모일 수 있다는 희망이 죽은 이들에게도 매우 소중한 기쁨일 것입니다.

8. 그렇습니다. 우리 공동체는 서울교구에서는 좀 특별한 공동체입니다. 우리 부모님들은 그야말로 생존을 위해 이곳에서 살아오셨습니다. 그분들의 마음과 고통은 아마 헤아리기 어려울 정도일 것입니다. 많은 분들이 이곳에서 태어났고, 자랐고, 지금 이 시간까지도 함께하고 있습니다.

본당 역사가 50년이 넘었으니, 세월은 흘러 많은 것이 바뀌긴 했지만 여전히 함께 태어나고, 함께 자란 추억의 시간들은 우리들 가슴 속에 영원한 끈으로 이어지고 있습니다. 그래서 어쩔 수 없이 이사가신 분들도 여건이 허락되면 다시 이곳으로 돌아오십니다.

금호동 사람은 금호동을 떠나서는 살 수 없다는 말씀들도 많이 하십니다. 또 어쩔 수 없이 이사 가셨더라도 천보묘원에 연고를 두신 분들은 교적을 옮겨 가지 않으십니다. 언젠가 이곳에 돌아오실 것이고, 죽어서라도 올 것이라고 생각하시는 것 같습니다.

9. 함께 살아오면서 온갖 삶의 기쁨과 슬픔, 그리고 죽음을 함께 겪는다는 것, 그것은 참으로 마음의 고향이라 할 수 있습니다.

10. 저는 이곳에서 4년 넘게 살면서 참으로 많은 것을 느끼고 깨달을 수 있었습니다. 이제 왜 제가 이곳으로 부름을 받았는지 조금이나마 알 것 같습니다.

11. 겉으로는 투박하고 메마른 듯이 보이지만 속을 알고 보면 얼마나 순박하고 정이 많은지 모릅니다. 세상 살기가 어려워서, 삶의 상처가 너무 많아서 때로는 서로가 서로를 찌르는 가시가 되기도 하지만, 그래서 미워도 하고 원망도 하지만 그 마음 깊은 곳에는 착하고 순수함이 숨어 있다는 것을 알게 되었습니다.

12. 저의 작은 사목적 배려 하나에도 진심으로 감사하고 감동하는 모습을 보면서 '하느님께서 이들을 진정으로 사랑하실 수밖에 없구나.' 하는 생각을 해 봅니다.

13. 오늘 복음에서 예수님께서는 '하늘나라에서 누가 가장 큰 사람입니까?' 하는 질문에 어린이 하나를 불러 세우시며 너희가 어린이처럼 되지 않으면 결코 하늘나라에 들어가지 못한다고 말씀하십니다.
성서에서 어린이란 표현은 힘들고, 억울하고, 어려운 삶을 살아가는 사람들, 열심히 살아가지만 그 대우를 받지 못하는 사람들, 삶의 십자가가 많은 사람들, 이 세상 사람들에게 인정받지 못하고 하소연조차 할 수 없는 사람들, 선천적으로 나약하고 불완전한 사람을 뜻합니다.

14. 하느님의 자비는 바로 이런 어린이들 것이라는 것이 성서의 정통적인 사상입니다. 하느님께서 그들을 특별히 총애하시고 마음에 두신다고 말씀하십니다. 바로 성서의 작은 자들을 뜻하는 것입니다. 그들은 이 세상에 의지할 것이 없으니 오로지 하느님께만 의지할 수 있기 때문입니다. 이 세상에 희망을 둘 곳이 없으니 오로지 하느님께만 희망을 둘 수 있기 때문입니다. 이 세상은 온갖 배신과 죄악

으로 얼룩져 있어 엄청난 상처를 줄 뿐이지만 하느님께서 그들의 삶의 아픔과 고통을 알아주시기 때문입니다.

15. 저는 이곳에 와서 정말 어렵고 힘들게 살지만 끝까지 하느님 안에서 최선을 다해서 살아가시는 모습들을 많이 볼 수 있었습니다. 하느님의 나라는 가난한 이들의 것이고, 이 세상에서는 꼴찌이지만 하느님 나라에서는 첫째 자리를 차지할 수 있는 삶의 모습을 많이 볼 수 있었습니다. 때로는 잘 표현을 못 하셔도 참고 견디면서 하느님께 대한 희망을 잃지 않고 살아가는 모습들을 많이 볼 수 있었습니다.

16. 또한 이곳에서 이 작은 이들을 사랑하시는 하느님의 능력 또한 많이 체험할 수 있었습니다. 외지에서 오시는 분들이 한결같이 성당이 너무 이쁘다, 거룩함이 느껴진다는 말씀들을 많이 하십니다. 모든 것이 다 교우들의 치열한 삶의 기도 덕분입니다. 이들을 너무 이뻐하시고 아끼시기에 작은 기도에도 하느님께서 크게 응답하시는 것이 아닌가 합니다.

이 모든 것은 거만함도 없고, 잘난 척도 없고, 그저 자신에게 주어진 삶에 대해 때로는 힘들어하지만 모든 것을 하느님께 의지하면서 살아가는, 하느님께서 진정으로 사랑하시는 작은 이들이 많기 때문이라고 생각합니다.

17. 하느님께서는 저의 작은 강론들을 통해 마음의 상처들을 치유하여 주시고, 저의 작은 본당 운영들을 통해 하느님의 정의를 가르쳐 주시고, 저의 작은 사목들을 통해 하느님의 사랑을 보여 주심을

자주 체험하곤 합니다.

저는 'A'라고 이야기하는데 하느님께서는 그 사람에게 맞게 'B'라고 그 사람 마음속에 새겨 주시는 것을 보면 참 신비롭기 그지없습니다. 하느님의 능력과 자비로우심, 깊은 애정을 느끼지 않을 수 없습니다. 이 세상에서의 작은 자들 안에서 드러나는 하느님의 신비라 할 수 있을 것입니다.

18. 오늘 특별히 우리는 아기 예수의 성녀 데레사 대축일을 봉헌하고 있습니다. 데레사 성녀도 끊임없이 작은 자가 되기 위해 평생 노력하셨습니다. 자신의 이름이 소화, 즉 작은 꽃으로 불리길 원했습니다. 크고 화려한 꽃이 아니라 작은 꽃이 될 때 하느님의 자비가 함께함을 깨닫고 계셨기 때문입니다.

19. 이제 우리는 우리 자신에 대해 지나친 열등감이나 패배 의식은 버려야 하겠습니다. 하느님께서 이 세상에서 제일 사랑하시는 사람이 바로 우리 자신이라는 자신감과 신뢰감을 가져야 하겠습니다. 우리는 하느님께서 당신의 목숨을 바쳐 사랑하시고, 천국의 첫째가는 사람으로 맞아 주실 것을 굳게 믿을 수 있어야 하겠습니다.

이 세상에서 작은 사람이라고 기가 죽어서는 아니 되겠습니다. 우리는 그 어떤 사람보다도 하느님의 사랑 속에 있음을 굳게 믿을 수 있어야 하겠습니다.

"너희가 작은 사람, 어린이처럼 되지 않으면 결코 하늘나라에 들어가지 못한다." 아멘.

1. 엊그제 축일미사를 마치고 용문 쪽에 있는 친구네 집에 다녀왔습니다. 중학교 때부터 친한 친구인데 공부를 열심히 해서 나름 유명한 의사가 되었고, 작은 별장을 만들어 주말마다 그곳에서 지내는 친구입니다.

2. 이 가을의 아침이 얼마나 아름답던지요! 고요와 적막 속에 맞는 아침의 청량감은 그야말로 청정함, 순수함 그 자체였습니다. 주님께서는 이 아름다운 자연을 인간에게 선물해 주셨고, 인간은 그 자연을 통해 창조주이신 주님을 만나게 됩니다. 자연 속에서의 여유는 인간의 온갖 사심을 없애 주고, 그 마음 안에 창조주께서 선물해 주신 그 본연의 아름다움을 회복하게 해 줍니다.

3. 화덕 앞에서 맛있는 고기를 구워 먹으며 친구가 이야기합니다.
"신부님, 제가 지금 이 자리에 오기까지 얼마나 치열하게 살았는지 모릅니다. 정말 눈 코 뜰 새 없이 공부했고, 실적을 발표했고, 가정을 등한시하면서까지 열심히 살아왔네요.
이제 주님께서 이곳에 작은 선물을 하나 주셨고, 주말마다 이곳에 와서 채소도 가꾸고, 나무도 심고 하면서 제 마음이 정화되는 것을 느낍니다. 좀 더 마음을 내려놓을 수 있게 되네요. 전에는 지고는 못 사는 성격이었는데 이제는 좀 져 주기도 해요. 손에 흙을 묻히고 산다는 것이 이토록 소중한 일인지 정말 몰랐네요. 자연 속에 있으니 제 마음이 좀 더 순화되는 것 같아요."

4. 그렇습니다. 우리가 사는 세상은 정말 치열하게 움직입니다. 조금이라도 방심하면 언제 어떤 일에 휘말릴지 알 수 없습니다. 인구 1000만이 넘는 이 대도시는 우리로부터 마음의 여유와 한가로움을 빼앗아 가 버리고 말았습니다. 시골의 한가로움과 여유가 얼마나 그리운지 모르겠습니다.

일에 치이고, 사람에 치이고, 온갖 감정들에 치이는 이 도시 생활은 참으로 삭막하기 그지없는 것 같습니다. 사람들은 마음이 메마르면서도 그래도 열심히, 열심히 살아갑니다. 왜, 무엇을 위해서 그리도 열심히 살아가는 것일까요?

5. 마침 그 자리에 아직 신앙을 갖지 못한 젊은 친구가 있었습니다. 의사 친구는 저 친구도 신앙을 갖도록 신부님이 설득해 보라고 은근히 압력을 줍니다.

6. 무엇을 위해서 그리도 열심히 사느냐고 물어보았습니다. 그 젊은 친구는 돈을 위해서 열심히 산다고 하더군요. 돈이 있어야 행복해질 수 있고, 가정을 지킬 수 있다고 하더군요. 그런데 생각만큼 돈벌기가 쉽지 않아서 고민되고, 때로는 좌절한다고 합니다.

7. 그래서 제가 돈 버는 방법을 가르쳐 주었습니다. 여러분도 궁금

하시죠? '에이, 경제생활도 안 하는 신부님이 어떻게 돈 버는 방법을 알아?' 하는 생각이 드시죠? 오늘 이 미사에 오신 분들에게 특별히 돈 잘 버는 방법을 소개해 드리겠습니다.

8. 제가 군종신부할 때, 그때는 정말 젊은 신부가 정신적으로, 영적으로 메마른 군인들을 상대하는 것이 쉽지 않았습니다. 제 마음속에는 항상 불만이 있었고, 군대라는 곳에서 사목하면서 제 젊은 열정을 죽여야 하는 어려움이 있었습니다.

그때는 시간이 많았기에 낚시를 많이 하였습니다. 근데 낚시라는 것이 생각만큼 쉽지 않습니다. 날씨, 기온, 수온, 바람, 물속의 상황, 테크닉 등 따져야 할 것이 정말 많습니다. 낚시는 자연과의 싸움, 또 자신의 마음과의 싸움이기도 합니다.

저는 낚시할 때 절대로 자리를 옮기지 않습니다. 내 자리에서 고기가 안 나오고, 다른 자리에서 연신 낚아 내도 제 마음의 유혹과 싸웁니다. '기다리자, 기다리자. 인내심을 갖고 자연을 즐기면서 기다리고, 기다리자. 언젠가는 올 거야.' 하면서 한곳에 집중하여 떡밥을 던집니다.

언젠가 밤새워 낚시를 하는데 정말 한 마리도 잡지 못하였습니다. 오기가 생겨 밤을 새우는데 비까지 주룩주룩 내리는 것이었습니다. 밤새 지쳐 있다가 새벽이 밝아 오는데 갑자기 제 낚싯대들이 요동을 쳤습니다. 새 물을 받아먹기 위해서 그 저수지에 있는 고기들이 그야말로 거의 다 몰려든 듯했습니다.

낚싯대를 물어 가고, 찌는 쉴 새 없이 움직이고, 낚아채고, 다시 넣고…… 정신이 없었습니다. 그날 마대 자루로 거의 두 마대를 잡았습니다. 그날 인근 부대는 온통 매운탕 잔치를 벌였지요.

9. 돈 버는 이야기를 해 준다면서 왜 낚시 이야기냐고요?

돈은 마음에 따라오는 것이기 때문입니다. 내가 돈을 향해서 나아
가면 안 되죠. 내 마음에 질서가 있고, 평화가 있으면 돈이 나를 따
라오는 것입니다. 내가 돈을 따라 살면 내 마음은 형편없이 무너지
고, 설사 운이 좋아 큰돈을 벌게 되더라도 한순간에 날릴 수밖에 없
습니다.

돈을 버는 전문 지식도, 기술도 필요하겠지만 무엇보다 내 마음을 키
워야 합니다. 내 안에 질서와 안정감과 인내심과 평화와 기쁨이 있어
야 합니다. 내 마음이 올바로 서야 돈도 나를 따라오는 것입니다.

10. 진정한 물질의 축복은 바로 '마음을 어떻게 키우느냐? 어떤 마
음의 소유자냐?'에 달려 있는 것입니다.

11. 그 젊은 친구는 또 이야기합니다.

"신부님, 제가 4살, 7살짜리 두 딸이 있는데 딸들이 좀 특이해요."
"왜요?"
"너무 징징대요. 저는 누가 징징대는 게 너무너무 싫은데 제 딸들이
저를 너무 괴롭히네요. 어쩜 제가 가장 싫어하는 것을 하죠?"

12. "그 딸들이 참 효녀네요. 아빠의 좁은 마음을 넓혀 주고 있으니
말이에요. 아빠의 가장 큰 단점을 그 딸들이 고쳐 주고 있네요. 누가
충고한다고 마음에 받아들이겠어요? 딸이니까 괴로우면서도 참는
거잖아요? 이제부터 딸들이 징징대는 걸 내 마음을 넓혀 주는 고마

운 효도로 생각하심이 어떨까요?"

13. 그렇습니다. 우리가 어떤 마음을 갖고 있느냐에 따라 돈도, 가족도 보는 관점이 달라지는 것입니다. 마음은 그냥 내버려 둔다고 커 가는 것이 아닙니다. 끊임없이 자신의 마음을 살펴보고, 가꾸어야 하는 것입니다. 애정을 갖고 화초를 키우면 그 화초는 화사한 웃음으로 보답합니다.

내 마음도 애정이 필요한 것이죠. 이 힘든 세상을 사느냐고 내 마음이 얼마나 고생합니까? 내 마음은 하느님이 주신 것이죠. 내 마음을 알려면, 그래서 하느님을 알아야 하는 것입니다. 내 마음 안에 하느님의 모상이 숨어 있기 때문입니다.

14. 우리가 바라는 행복, 즉 돈도 필요하고, 가족 간의 평화도 필요합니다. 그 돈, 가족과의 평화는 바로 내가 내 마음을 어떻게 단련하고 키우느냐에 달려 있는 것입니다. 마음은 절대로 그냥 커 가는 것이 아닙니다. 인내심을 갖고, 애정을 갖고 열과 성을 다해 키워 가는 것입니다.

15. 오늘 복음에서 "이 어리석은 자야, 오늘 밤에 네 목숨을 되찾아 갈 것이다. 그러면 네가 마련해 둔 것은 누구 차지가 되겠느냐? 자신을 위해서는 재화를 모으면서 하느님 앞에서는 부유하지 못한 사람이 바로 이러하다."고 말씀하십니다.

16. 돈에 목숨을 걸고, 보이는 이 세상에만 목숨을 거는 사람은 한순간에, 단 한 방에 그 모든 것을 빼앗길 수 있는 것입니다. 마음이

바로 서지 않으면, 마음이 올바로 커 있지 못하면 그 모든 것이 허사가 될 수밖에 없습니다. 그토록 열심히 살아왔건만, 그토록 최선을 다해 돈을 위해 모든 것을 바쳐 왔건만 마음이 제대로 서 있지 못하면 그 모든 것은 신기루에 지나지 않습니다.

17. 모든 것은 다 하느님께서 주시는 것입니다. 모든 사람이 다 부자가 될 수도 없고, 모든 사람이 다 권력을 가질 수도 없습니다. 그저 자기에게 주어진 길이 있을 뿐입니다. 나에게 주어진 인생길, 그 인생길에 숨어 계시는 하느님을 발견하는 것이 바로 내가 키워야 할 마음입니다.

내 길도 아닌데 그 길을 가려고 하면 그것이 바로 헛고생이고, 개고생인 것입니다. 나에게 주신 인생을 받아들이면서 그 안에 숨어 있는 하느님의 선물을 찾아낼 수 있는 것이 진정한 행복이라 할 수 있습니다.

18. 내 마음이 올바로 서 있으면 나에게 돈이 필요할 때 그 돈이 주어지는 것이고, 나에게 건강이 필요하면 그 건강도 나에게 주어지는 것입니다. 내 마음만 하느님께 올바로 서 있으면 내 삶에 무엇이 필요한지는 하느님께서 다 알고 계십니다.

"뿌릴 씨 들고 울며 가던 사람들, 곡식단 안고 환호하며 돌아오리라." 아멘.

연중 제27주일(2017. 10. 8.)

"하느님께 여러분의 소원을 아뢰십시오. 그러면 사람의
이해를 뛰어넘는 하느님의 평화가 여러분의 마음과 생각을
지켜 줄 것입니다."

1. 기나긴 연휴, 행복하고 기쁘게 보내고 계신가요?

어떤 사람에게는 좋은 연휴이지만 또 어떤 사람에게는 지겹고 힘든
연휴일 수도 있는 것 같습니다.

2. 사제들에게 있어 연휴란 어떤 면에서는 참 괴로울 수 있습니다.
사람들은 다 저마다 가족이 있고, 그 가족들 안에서 계획이 세워지
지만 사제들은 연휴가 되면 왠지 더 쓸쓸해지고 고독해지는 것 같
습니다.

3. 그런데 이번 연휴는 참 바쁘게 지냈습니다. 하느님께서 연휴 때
마다 쓸쓸해하는 저의 마음을 아셨는지 참 기쁘고 행복하게, 그리
고 의미 깊게 지낼 수 있도록 섭리해 주셨습니다.

4. 추석 전에는 친구 의사와 젊은 친구를 통해 삶의 정도를 생각해
볼 수 있었고, 추석 후에는 또 다른 새로운 사람들을 통해 많은 것을
생각해 보고 느낄 수 있었습니다.

5. 2박 3일의 짧은 여행이었지만 정말 바쁘기도 하고, 즐겁게 지낼
수 있었습니다. 첫 만남에서 인상 좋은 사람이 있었습니다. 물론

남자입니다. 약간 뚱뚱하긴 하지만 얼굴이 해맑아서 느낌이 좋았습니다.

시간이 흐르면서 저는 깜짝 놀랐습니다. 그 사람은 자신에 대해서 아주 솔직담백하게 자신이 살아온 이야기를 서슴없이 하는 것이었습니다. '어, 저 사람 참 특이하네!' 고해성사에서나 들을 수 있는 이야기를, 자신이 살아온 이야기를 진솔하게 하는 것이었습니다.

6. 그의 아버지는 영화감독이었다고 합니다. 그런데 아들에 대한 기대가 너무 커서 어렸을 때부터 주눅 들어 살아왔다고 합니다. 성장해 가면서 그도 아버지와 같은 영화, 드라마 감독, 또 촬영을 하게 되었습니다.

어렸을 때부터 남부럽지 않게 살았지만 그의 마음속에는 항상 뭔가 문제가 있었다고 합니다. 그는 마치 조직폭력배와 같은 삶, 무섭고 메마른 사람이 되고 말았습니다. 그의 마음속에는 항상 해결되지 않는 마음의 문제가 있었고, 그는 그 문제의 해결점을 찾지 못하고 있었습니다. 항상 모든 일을 열심히 했고, 치열하게 살아왔지만 그는 많은 갈등과 회의 속에 지낼 수밖에 없었습니다.

직원이 자살하던 날 그도 자살하려고까지 했답니다. 그러던 어느 날 그의 인생을 바꿔 줄, 그의 내면적인 문제들을 해결해 줄 뜻밖의 사람을 만나게 됩니다. 그 사람은 심리치료를 적극 권합니다.

1년 반 동안의 심리치료를 통해 점차 마음속에 빛과 희망이 들어오기 시작합니다. 어느 날 그는 심리치료를 받으면서 그야말로 쏟을 수 있는 눈물을 다 쏟아 냈다고 합니다. 그야말로 치유가 일어난 것입니다. 그는 자신에 대해서 비로소 자유로워질 수 있었고, 비로소 삶의 기쁨과 행복을 발견할 수 있게 됩니다.

부인이 이야기합니다. 전에는 눈꼬리가 항상 올라가 있었는데 이제는 눈꼬리가 아래로 내려왔다고요. 치열하게 살아온 만큼 그 마음속에 엄청난 분노와 상처가 있었는데 그 모든 것이 치유되면서 얼굴도 바뀌고, 삶을 대하는 태도도 바뀌었다고 합니다. 정말 제가 봐도 천진난만한 얼굴이었습니다.

7. 제가 볼 때 그 사람은 자신에 대해 아주 솔직한 사람이었습니다. 자신의 문제를 회피하거나 외면하거나 도피하지 않았습니다. 자신의 모습을 항상 정면으로 바라보면서 그 문제들에 대한 해결책을 찾고자 노력하고 고뇌하는 사람이었습니다.

8. 보통 사람들은 그냥 덮어 두고 삽니다. 우리는 사실 많은 내면적인 문제들을 다 갖고 있습니다. 그럼에도 덮고, 또 덮고 살아갑니다. 때로는 술과 도박, 문화생활, 또 온갖 취미생활로 자신을 바라보는 시간을 줄여 갑니다. 자신을 바라보고 고민하기보다는 TV에 빠지거나 또 다른 도피처를 찾아다닙니다.

우리 내면에서 해결되지 않은 문제들은 여전히 그대로 남아 있고, 그 문제들 때문에 많은 삶의 장애들이 생겨나게 됩니다. 우리는 어떤 면에서는 정신적인 장애아들이라 할 수 있습니다. 눈에 보이지 않기에 그 장애를 안고 살아갑니다.

9. 하느님께서는 인간에게 연민의 정을 갖고 계십니다. 행복하고 기쁘게 살아야 하는데 인간이 가질 수밖에 없는 내면의 장애 때문에 힘들고 고통스럽게 살아가는 사람들을 보며 하느님께서 얼마나

속이 타고 애통해하실까 생각해 봅니다.

10. 그래서 하느님께서는 우리의 삶에 많은 메시지를 보내 주십니다. 때로는 사람들을 통해서, 때로는 사건들을 통해서, 또 때로는 사고와 아픔을 통해서, 또 때로는 실패와 좌절을 통해서 당신의 뜻을 전달해 주십니다.

11. 우리가 만나는 사람들, 삶의 수없는 이야기들 속에는 다 하느님의 사랑과 뜻이 담겨 있습니다. 조금만 깊이 들여다보면, 조금만 그 이면을 생각해 보면 우리는 우리에 대한 하느님의 메시지를 발견할 수 있게 됩니다.

12. 오늘 복음에서 포도밭 주인이 소출을 받아 오라고 자기의 종들을 보냅니다. 그러나 소작인들은 종들을 붙잡아 매질하고 죽이기까지 합니다.

13. 그 포도밭은 바로 우리의 인생입니다. 하느님께서는 우리에게 인생을 허락하시고, 그 인생에서 수확을 기대하시고, 또 요구하십니다. 그런데 자기 인생이 자기 것이라고 생각하는 사람들은 그 인생 안에 있는 주인의 뜻을 무시해 버립니다. 그 뜻을 외면하고 그 뜻을 철저히 묵살해 버립니다.

심지어는 "왜 내가 고생해서 얻은 것을 그에게 바쳐야 해. 이건 말도 안 돼!" 하면서 반항합니다. "내 인생은 내 것이니까 내 맘대로 할 수 있지, 무슨 상관이야. 웬 간섭이야!" 하면서 주인이 보낸 메신저를 매질하고, 심지어 죽이기까지 합니다.

14. 포도밭 주인은 너무 가슴이 아픕니다. 어떻게 허락하고 섭리한 인생인데 그 인생의 주인을 몰라주는 게 너무너무 섭섭합니다. 갈취하기 위해서 수확물을 요구하는 게 아닌데, 더 큰 사랑을 주기 위해서 삶의 수확물을 바치라는 것인데, 주인은 너무 애가 탑니다.

15. 그래서 주인은 마지막으로 자신의 아들을 보냅니다. '내 아들은 존중해 주겠지.'라는 기대와 희망으로 사랑하는 아들을 보냅니다. 그런데 소작인들은 "저자가 상속자다. 저자를 죽여 버리고 그의 상속 재산을 우리가 차지하자." 하면서 그 아들을 죽여 버립니다.

16. 예수님께서 이 세상에 오신 것은 그동안 수많은 하느님의 메시지를 보냈지만 그에 응답하지 않자 직접 하느님의 뜻을 전달하시기 위해서 오신 것입니다. 예수님은 하느님의 사랑과 능력을 전달합니다.

예수님이 전하시는 하느님의 모습은 정의로우시면서도 자비가 가득한 모습이십니다. 그야말로 아버지의 모습이셨습니다. 진심을 갖고, 애정을 갖고 당신의 모든 정성을 다하여 하느님의 뜻을 전하십니다. 그 뜻은 인간이 행복하게 살기 위해서는 어떻게 해야 하는지, 하느님의 창조의 뜻이 무엇인지 알려 주시는 것이었습니다.

17. 많은 사람들이 그 뜻을 알아듣고 새로운 삶을 살게 됩니다. 그러나 또 많은 사람들은, 잘난 사람들은 예수님을 통해 전달되는 하느님의 마지막 사랑도 거부하고, 배신하고, 난도질을 해댑니다. '그게 나와 무슨 상관이야. 이 세상에서 철저하게 내 욕심을 채우고, 나하나 잘살면 되지. 사람은 다 능력대로 사는 거야. 못사는 놈들까지

내가 어떻게 책임져. 나는 싫어. 나 혼자 잘살 거야. 까짓것 좀 비겁하면 어떻고, 좀 치사하면 어떻고, 좀 악랄하면 어때. 죽으면 그만인데. 내 인생 내 거니까 상관하지 마쇼.'라고 생각합니다.

그들은 철저하게 인생밭의 주인의 뜻과 사랑을 무시합니다.

18. 하느님의 뜻은 다 함께 행복하고 기쁘게 사는 것입니다. 모든 이가 다 하느님의 뜻 안에서 행복하고 기쁘게 사는 것입니다. 그러나 이 세상은 치는 사람이 있고, 치이는 사람이 있습니다.

하느님께서는 인생에서 처지는 사람들 속에서 당신의 뜻을 이루시는 분이십니다. 잘나고 능력 있는 사람들을 통해서가 아니라, 힘들고 지치고 아파하는 사람들을 통해서 당신의 나라를 이루어 나가시는 묘하시고 놀라우신 분이십니다. 집짓는 이들이 쓸모없다고 버린 돌을 가장 중요한 머릿돌로 만드시는 분입니다.

19. 우리가 우리의 삶 속에서 끊임없이 전해지는 하느님의 뜻과 사랑을 깨달을 수 있다면 하느님께서는 우리 인생에서 엄청난 결실을 이루어 내시는 분이십니다. 우리가 우리 자신에 대해서 회피하거나 도망가지 말고 끊임없이 우리의 내면을 바라볼 수 있다면 고통 속에서도 한 줄기 빛을 발견할 수 있게 될 것입니다.

그 빛은 우리를 자유롭게 하며 구원하는 하느님의 빛입니다. 그 빛은 우리에게 주어진 이 인생을 행복하고 아름답게 변화시켜 줄 수 있는 하느님의 능력의 빛인 것입니다.

"아무것도 걱정하지 마십시오. 어떠한 경우든 감사하는 마음으로 기도하고 간구하면서 하느님께 여러분의 소원을 아뢰십시오. 그러면 사람의 이해를 뛰어넘는 하느님의 평화가 여러분의 마음과 생각을 지켜 줄 것입니다." 아멘.

연중 제28주일 (2017. 10. 15.)

"내가 이미 잔칫상을 차렸소. 황소와 살진 짐승을 잡고 모든
준비를 마쳤으니 어서 혼인 잔치에 오시오."

1. 아름다운 가을입니다. 높은 하늘, 멋진 구름들, 서서히 물들어 가
는 단풍들, 약간 추워지는 듯한 기온이 우리의 마음을 상쾌하게 합
니다.

2. 가을은 남자의 계절이라고도 하죠. 떨어지는 낙엽을 보면서 왠
지 마음속에 휑한 바람이 불기도 합니다. 나무의 잎들은 1년 내내
나무를 위해서 최선을 다합니다. 조금이라도 햇빛을 더 보기 위해
서 그야말로 치열하게 살아옵니다. 나무의 잎들은 나무를 살리기
위해서 있는 힘을 다합니다.

그러나 가을이 되면 나무는 또 다른 삶을 위해 그동안 자신을 위해
살아온 나뭇잎들을 가차 없이 떨어뜨립니다. 나뭇잎으로 가는 양분
을 서서히 줄이는 것입니다. 나무는 자신이 살기 위해서 자신의 일
부를 떨어뜨려 내는 것입니다. 수분과 양분을 줄이는 과정에서 나
뭇잎들은 서서히 그 색깔이 변하는데 그것이 바로 단풍입니다.

우리 눈에 아름답게 보이는 단풍도 사실 그 이면을 보면 삶과 죽음,
자연의 질서를 보여 주고 있습니다. 떨어지는 낙엽의 입장에서 보
면 내가 1년 동안 얼마나 애썼는데 이리도 허무하게 떨어뜨리냐고

억울해할 수도 있습니다. 그러나 나무 입장에서 보면 "이제 네가 할 일은 다 하였다. 애썼다."면서 나무의 마지막 선물인 단풍을 선사해 주고 있는 듯합니다.

3. 사실 가만히 생각해 보면 인간의 삶도 나무와 비슷한 것이 아닌가 합니다. 가정과 가족을 지키기 위해서 부모들은 그야말로 최선의 삶을 살아갑니다. 말이 최선의 삶이지, 사실 그 말 이면에는 엄청난 노력과 치열한 삶의 수고와 고통이 함축되어 있습니다.

수많은 바람을 맞아야 하고, 수없는 빗방울을 견뎌야 하고, 목이 타는 가뭄을 이겨 내야 합니다. 그러면서도 나무를 살리기 위해서 수없는 경쟁을 뚫고 햇빛을 향해 목을 내밀어야 합니다. 살아 있기 위한 노력이 얼마나 힘든 것인지요? 그러나 그 모든 과정을 끝냈을 때의 모습은 얼마나 아름다운 것인지요?

4. 단풍이 아름답듯이 자신에게 주어진 삶에 최선을 다한 인간의 삶도 참으로 아름다운 것입니다. 단풍의 아름다움은 자연이 주는 것이지만 인간의 아름다움은 하느님께서 주시는 것입니다. 그 과정 중에 얼마나 많은 혼돈과 혼란, 그리고 갈등과 인내의 세월이 필요한지 모든 것을 다 끝낸 뒤에 확연하고 분명하게 드러날 것입니다.

5. 치열한 삶의 결과인 나무와 숲은 인간에게 절대적으로 필요한 도움을 줍니다.

첫째, 숲은 공기를 깨끗이 해 줍니다. 사람들이 자동차를 타고 석탄이나 석유 같은 화석연료를 태우면 공기 중에 이산화탄소의 양이 점점 많아지죠. 식물은 이산화탄소를 흡수하여 생물에게 꼭 필요한 산소로 바꾸어 줍니다.

둘째, 숲은 물의 양을 조절해서 홍수나 가뭄의 피해를 줄여 줍니다. 흙 속에는 풀이나 나무의 뿌리들이 촘촘히 뻗어 있지요. 이런 뿌리와 흙 사이에는 작은 공간들이 많습니다. 여름에 한꺼번에 많은 비가 내릴 때는 이 공간에 물이 스며들어 흙 속에 물이 저장되지요. 저장된 물은 계곡으로 천천히 흘러나오기 때문에 비가 오지 않을 때에는 가뭄의 피해를 줄여 줍니다.

셋째, 나뭇잎은 공기 중에 떠다니는 미세먼지나 이산화황 등의 오염물질을 빨아들입니다. 이런 오염물질은 비가 내릴 때 빗물에 녹아 땅에 떨어졌다가 숲속을 흐르면서 정화되지요.

넷째, 침엽수들이 많이 내뿜는 피톤치드는 살균작용과 마음을 안정시키는 작용을 하고, 숲에서 나오는 음이온은 피를 맑게 하고 혈액순환을 더욱 활발하게 합니다.

6. 나무와 숲에서 배워야 할 것이 참으로 많습니다.

우리도 우리의 삶을 통해 인간에게 해로운 이산화탄소, 오염물질 등을 흡수하고 인간에게 유익한 산소, 정화된 환경, 피톤치드 등을 만들어야 합니다. 해로운 자연 질서를 조절하여 이로운 자연이 되도록 노력해야 하는 것입니다.

7. 그런데 자연은 자연의 질서에 따라 저절로 그리되지만 묘하게도 인간은 절대로 저절로 그리되지 않습니다. 노력을 하고, 절체절명의 투쟁을 필요로 합니다. 그것이 인간에게 주어진 최고의 선물, 자유의지를 뜻하기도 합니다. 인간은 천사도 될 수 있지만, 개나 돼지

만도 못한 인간이 될 수도 있습니다.

8. 나쁜 것을 받아들여 좋은 것으로 변화시킨다는 이 자연의 질서, 그 질서를 어떻게 하면 인간의 것으로 만들 수 있을까요?

9. 사실 우리는 우리 안에 나쁜 것이 들어오면 견디지 못합니다. 미움, 분노, 증오 등 나쁜 것이 우리 주위에 널려 있습니다. 내 마음속에 나쁜 것이 들어왔을 때 그것을 소화해 내지 못하면 그 나쁜 것은 두 배, 네 배로 주위로 확산됩니다. 두 배, 네 배로 증가된 나쁜 것이 또 소화해 내지 못하는 다른 나쁜 마음을 만나면 여덟 배, 열여섯 배로 증가합니다.
그것이 점차 확산되면 어둠과 악이라는 세력이 형성되는 것입니다. 그 어둠과 악의 세력은 점차 자신의 영역을 넓혀 나갑니다. 인간은 하느님의 선으로 창조되었기에 어둠과 악이 창궐한 세상에서는 견딜 수가 없는 것입니다.

10. 그 더럽혀진 세상, 어둠과 악의 세력으로 뒤덮인 세상, 빛과 희망을 발견할 수 없는 세상을 정화하고, 새로운 세상, 선과 아름다움이 충만한 세상으로 바꿀 수 있는 사람이 필요해졌습니다. 그 사람이 바로 예수 그리스도이십니다. 그래서 그분이 바로 우리의 구세주이신 것입니다.
그분은 마치 숲과 같이 이 세상의 모든 해로운 것들을 당신의 온몸으로 받아들이십니다. 그리고 그 나쁜 것들을 하느님의 사랑으로 소화해 내시어 인간에게 유익한 것으로 바꾸어 다시 돌려주십니다. 하느님의 어린양이신 것입니다. 어린양은 아무 죄도 없었지만 백성의 죄를 다 뒤집어쓰고 죽임을 당할 수밖에 없었습니다.

그 어린양은 억울하지만 그 모든 죄악을 다 뒤집어씁니다. 인내와 사랑으로 그 어둠과 죄악을 이겨 내십니다. 하느님의 힘으로 그 어둠과 죄악의 세력을 빛과 희망의 세력으로 바꾸어 내십니다.

이제 그분의 고통으로 우리는 우리의 고통에서 해방되었습니다. 그분의 속죄로 우리의 죄가 용서받을 수 있게 되었습니다. 우리는 우리를 죽이는 온갖 해악으로부터 새로운 삶을 살 수 있는 기회와 힘을 얻을 수 있게 되었습니다. 우리도 부족하지만 이 세상의 나쁜 것들 안에서 그 모든 것을 이겨 나갈 수 있게 되었습니다. 부족하지만 나쁜 것이 우리 안에 들어와도 우리의 스승을 본받아 좋은 것으로 변화시켜 세상에 내놓을 수 있게 되었습니다.

11. 오늘 복음에서는 "하늘나라는 혼인 잔치와 같다."는 예수님의 말씀을 듣습니다. 혼인 잔치는 기쁨이고, 환희이며, 용서이고, 인내의 결과입니다. 그야말로 인간 삶의 가장 아름다운 현장이고, 새로운 시작, 새로운 희망의 자리입니다. 그 혼인 잔치에 어둠과 악은 존재하지 않습니다. 모든 사람이 다 기뻐하고 감사하는 자리입니다.

12. 그런데 그 기쁨과 희망의 자리에서도 마음속에 어둠과 악을 품고 있는 사람이 있었습니다. 그 사람은 사랑과 용서라는 예복을 입지 않고 있었습니다. 이 세상의 어둠을 그대로 가슴에 품고, 그 가슴에 분노와 미움의 칼을 품고 있었습니다. 마치 선한 사람처럼 위장하고 있었지만 혼인 잔치의 주인은 즉시 알아차립니다.

"그대는 혼인 예복도 갖추지 않고 어떻게 여기 들어왔나?" 하면서

밖으로, 어둠 속으로 내쫓으라고 합니다. 그는 자신이 살던 어둠의 세상으로 내쫓깁니다. 그러나 그는 자신의 가슴을 치지 않고 어둠의 방식대로 원망하면서 분노의 이를 갑니다.

13. 이 세상에 살면서 어둠을 빛으로, 미움을 용서로, 분노를 화해로 바꾸는 일은 결코 쉽지 않습니다. 그러나 우리가 하늘나라의 잔치에 들어가기 위해서는 반드시 그리해야 합니다. 나쁜 것을 좋은 것으로 바꾸어 내는 것은 바로 우리 안에 있는 신앙의 힘이며, 또한 하느님의 힘이기도 한 것입니다. 이 세상에 살아 있으면서도 이 세상을 밝히는 사람은 어둠을 어둠으로 갚지 않고 그 어둠을 빛으로 바꿀 줄 아는 사람입니다.

하늘나라는 그런 사람들이 모인 곳입니다. 어둠 속에서도 빛을 만들어 내는 사람들이 모여서 기쁨과 감사의 잔치를 벌이는 곳이 바로 하늘나라의 혼인 잔치인 것입니다.

14. 우리 자신이 이 세상을 어둡게 만드는 사람인지, 하느님의 용서와 사랑이 가득한 밝은 세상을 만드는 사람인지 생각해 보십시다.
"내가 이미 잔칫상을 차렸소. 황소와 살진 짐승을 잡고 모든 준비를 마쳤으니 어서 혼인 잔치에 오시오." 아멘.

연중 제29주일(2017. 10. 22.)

"내가 세상 끝날까지 언제나 너희와 함께 있겠다."

1. 요즘 가을 야구가 한창입니다. 어제 두산이 NC를 이겨 최종적으로 한국시리즈에서 기아와 격돌하게 되었습니다. 이번 가을 야구는 화끈한 공격력으로 큰 점수가 나고 있습니다. 어제는 두산의 한 선수가 무려 4개의 연타석 홈런을 때려 냈습니다. 해설하는 사람도 이런 경우는 처음 본다고 합니다.

가을 야구는 단기전이기 때문에 초집중, 모든 전력을 쏟아붓게 마련입니다. 실력도 중요하지만 어떤 정신력과 어떤 멘탈을 갖고 있느냐가 더 중요합니다.

2. 언젠가 어릴 적에 야구선수를 했던 후배 신부의 이야기를 들을 기회가 있었습니다. 투수는 여러 종류의 공을 던집니다. 직구, 슬라이더, 커브 등등. 그 공들은 투수가 공을 어떻게 잡느냐에 따라 결정된다고 합니다.

타자는 거의 본능적으로 투수의 볼을 간파해야 하며, 동물적인 감각으로 리듬감을 갖고 스윙을 해야 합니다. 타자는 어깨에 힘을 빼야 제대로 된 스윙 스피드를 낼 수 있고, 타임을 맞출 줄 알아야 타자 앞에서 기묘하게 변화되는 볼을 쳐 낼 수 있다고 합니다. 타자는 3할,

즉 10개의 볼 중에 3개만 안타를 쳐도 아주 우수한 타자입니다.

3. 재미있는 생각을 해 보았습니다. 하느님은 인간에게 몇 할의 타자일까? 10명의 신자 중에 3명이 마음에 드는 신자일까? 답은 그렇지 않은 것 같습니다. 한 해에도 수백, 수천 명이 하느님의 자녀가되는데 그중 정말로 하느님 마음에 드는 자녀는 몇이나 될까요?
그리 보면 하느님은 정말 형편없는 타자입니다. 어쩌면 100명 중에단 한 명도 건지지 못할 때가 더 많은 것이 아닌가 합니다. 그래서예수님께서도 기회 있을 때마다 탄식하십니다.
"부르심을 받은 사람은 많지만 뽑힌 사람은 적다."

4. 그러나 하느님은 참으로 묘하시고, 능력 있으신 분이십니다. 100명 중에 한 명, 아니 1000명 중에 한 명이라도 그 한 명으로 일당백,일당천의 기적을 이루어 내시는 분이 아닌가 합니다.

5. 하느님께서는 정말 당신의 모든 노력을 다하시어 사람들의 인생속에서 갖가지 방법으로 사람들을 부르십니다. 그러나 절대로 강제하지 않으시고 사람들이 스스로 응답하실 때까지 기다리십니다.

6. 수많은 사람이 자신의 삶 안에서 하느님의 부르심을 받지만 그부르심에 응답하는 사람은 극소수이고, 또 그 응답한 사람 중에서도 하느님의 마음에 드는 사람, 하느님께 뽑히는 사람은 더 극소수입니다.

7. 예비자들을 면담할 때 "왜 천주교에 다니게 되었느냐?"고 묻습니다. 대부분의 사람들은 "마음의 평화를 위해서요."라고 대답합

니다.

그런데 그 마음의 평화라는 의미는 사람마다 다 다릅니다.

어떤 사람은 신앙을 가지면 하느님께서 축복해 주시는데 그것이 물질, 건강의 축복이라고 생각하는 경향이 많습니다. 즉 자신의 현세적이고, 눈에 보이는 복을 얻으려 합니다.

또 어떤 사람은 성당 안에서의 인간관계를 위해서 신앙을 선택하기도 합니다. 세상에서의 인간관계는 너무 힘들고 고통스러우니까, 적어도 성당에서의 인간관계는 편하고 자신의 삶에 이익이 되지 않을까 하는 동기입니다.

또 어떤 사람은 세상은 너무 힘들고 괴로우니까 성당에 다니면 적어도 마음만은 편할 것이라고, 성당은 깨끗하고 거룩한 곳이니까 자동적으로 내 마음도 깨끗해질 것이라고 생각하기도 합니다.

또 어떤 사람은 성당에 다니면 내 가정, 내 직장에서의 모든 문제가 다 잘 풀릴 것이라는 기대를 갖기도 합니다.

8. 특별히 개신교에서는 이 눈에 보이는 축복을 아주 많이 강조합니다. "하느님만 믿으면 모든 것이 다 잘 풀릴 것이다. 돈도 많이 벌고, 사업도 성공하고, 가정의 평화도 지켜지고, 건강의 은혜도 주실 것이다."라고 이야기합니다. 즉 현세의 복을 기원하는 기복적 신앙을 많이 강조합니다.

9. 그러나 여러분 어떻습니까? 정말 하느님을 믿으면 재물의 축복, 건강의 축복이 따라오고, 모든 사업이 잘되고, 가정에 평화가 저절로 찾아옵니까?

10. 그렇게 현세적인 복을 기대하고 신앙을 선택한 사람들은 얼마 가지 않아 참으로 큰 실망을 합니다.

하느님의 축복으로 돈을 잘 벌 줄 알았는데 그렇지 않고, 건강의 축복을 주실 줄 알았는데 느닷없이 병고가 생기기도 하고, 또 때로는 정말 재수 없이 사고가 나기도 하고, 온갖 사건에 휘말리기도 하고, 성당 다니는 사람은 다 깨끗하고 죄 없는 사람일 줄 알았는데 오히려 그 반대의 경우도 많고, 가정에 평화가 찾아올 줄 알았는데 오히려 분란과 싸움이 커져 가고, 신부님, 수녀님은 거룩한 줄 알았는데 그렇지 않은 경우도 많고…….

11. 현세적인 복을 기대했던 사람들은 그 기대가 큰 만큼 실망도 커져 갑니다. 뭔지 모를 죄책감이 커져만 가고, 원했던 것이 이루어지지 않는 실망과 좌절 속에서 많은 사람들이 자기가 원래 있었던 세상의 자리로 돌아갑니다. 그러면서 그들은 오히려 마음이 편하다고 합니다. 이제 더 이상 죄책감을 느끼지 않아도 되고, 성당에서 멀어질수록 양심의 가책도 가벼워진다고 합니다.

12. 통계적으로 보면 한국 천주교 신자의 70퍼센트는 교회를 떠나 있습니다. 영혼에는 영원히 지워지지 않는 인호가 새겨져 있지만, 또 그들 마음 깊은 곳에는 하느님의 흔적이 남아 있지만 그들은 그 모든 것을 무시하고 세상 사람들과 똑같이 살아갑니다.

30퍼센트의 신자들만이 그래도 주일이라도 지킵니다. 성당이 운영되기 위해서는 신자들이 헌금, 교무금 등을 내 주어야 하는데 교무금의 경우에는 13-14퍼센트의 신자들만 참여합니다. 그래도 교무금을 내는 신자들은 나름 열심인 신자들인데 그중에서 성당에 협조적인 사람은 10퍼센트이고, 성당에서 필요로 하는 봉사에 참여하는 사람은 2퍼센트 안팎입니다.

13. 야구식으로 계산해 보면 하느님은 100타석 중 2안타만 치시는 아주 저조한 실력에 불과하십니다. 프로선수는 엄두도 못 내고, 야구를 좋아하는 아마추어만도 못하십니다.

14. 그러나 하느님이 치시는 2안타는 참으로 값진 안타입니다. 그 2안타로 천주교를 살리시고, 유지시키시고, 이 세상이 망하지 않게 하십니다.

15. 대부분의 신자들은 현세 기복적인 신앙 속에서 자신의 현세적인 욕구가 채워지지 않으면 언제든 떠날 준비가 되어 있는 형국입니다. 그러나 100명 중 2명은 자신의 삶 속에서, 기쁨 속에서도 하느님을 발견하고, 슬픔과 고통 속에서도 하느님을 발견합니다. 자신이 이해할 수 없는 삶의 상황에서도 인내를 갖고 하느님의 뜻이 무엇인지 찾고, 기다릴 줄 압니다. 이 세상의 어둠 속에서도, 때로는 교회의 어둠 속에서도 하느님의 빛을 희망하며 결코 좌절하거나 포기하지 않습니다.

16. 천신만고 끝에 얻으신 이 2퍼센트의 사람들을 하느님께서 얼마나 귀하게 여기시겠습니까? 가진 사람이 더 많이 가진다는 예수님의 말씀처럼 이들에게는 엄청난 하느님의 영적인 축복이 함께하는 것이며, 하느님의 보호하심과 이끄심이 보다 더 분명해지는 것

입니다.

17. 오늘 전교주일을 맞아 예수님께서는 "너희는 가서 모든 민족들을 제자로 삼아 아버지와 아들과 성령의 이름으로 세례를 주고, 내가 너희에게 명령한 모든 것을 가르쳐 지키게 하여라." 하고 말씀하십니다.

많은 사람이 세례를 받지만 그 많은 사람들 중에서 예수님의 말씀을 듣고 지키는 사람은 극소수인 것이 오늘의 현실입니다. 그래도 예수님께서는 그 2퍼센트의 뽑힘을 받는 사람을 위해서 우리에게 오늘도 당부하십니다. "걱정하지 마라. 내가 함께 있으니 그 극소수의 사람으로 나는 이 사회를 지키고, 이 어둠 속에서 내 빛을 밝히리라." 하고 말씀하시는 듯합니다.

18. 우리는 보이는 현실에 실망해서는 아니 될 것입니다. 보이지 않는 하느님의 섭리와 이끄심을 더더욱 신뢰할 수 있어야 하겠습니다. "내가 세상 끝날까지 언제나 너희와 함께 있겠다." 아멘.

1. 가을 햇살이 참으로 아름답습니다. 가을 밭일은 딸에게 시키고, 봄에는 며느리에게 시킨다고 합니다. 오곡백과가 무르익는 데는 가을 햇살이 필요한가 봅니다.

2. 요즘에는 단풍 구경으로 전국에 사람들의 물결이 일렁입니다. 그런데 단풍 구경도 햇살이 좋아야 제 맛을 느낄 수 있습니다. 아무리 아름다운 단풍이라도 밝은 햇살이 없으면 별로입니다. 눈이 부실 정도의 햇살이 있어야 단풍이 비로소 제 색깔을 드러냅니다.

3. 사람들은 빨갛게 물든 단풍나무나 노랗게 물든 은행나무 앞에서 감탄을 합니다. "참 이쁘네. 참 아름답네." 하면서 그 앞에서 연신 카메라를 눌러댑니다. 그러나 저는 한두 그루의 예쁜 단풍보다는 전체가 어우러진 산 전체의 단풍이 더 아름답다고 느껴집니다.
산 전체가 불이 났습니다. 발그레한 단풍, 누런 단풍, 그 속에서도 상록수들은 아직도 푸른빛을 지니고 있습니다. 온갖 색깔들이 어우러져 마음속에 깊은 감탄과 감동이 일어납니다. 단풍은 1년 동안의 수고와 헌신의 결과라고 생각해 보면 참 자연의 신비가 더 깊은 감동으로 다가옵니다.

4. 햇살이 있어야 단풍이 비로소 제 색깔을 드러내고 그 아름다움을 뽐낼 수 있는 것입니다. 햇살은 멋진 단풍도, 말라 버린 낙엽도 다 어우러져 아름답게 보이도록 합니다. 사실 멋진 단풍도, 말라 버린 단풍도 한 해 동안 비바람을 뚫고 그 극심한 가뭄과 더위와 장마를 다 이겨 낸, 최선을 다한 삶의 모습입니다.

6. 태양은 엄청난 에너지죠. 모든 것이 태양을 중심으로 돌고 있으며, 태양에서 나오는 빛과 열로 비로소 그 생명을 유지할 수 있습니다.

7. 가만히 생각해 보면 태양은 세상 만물을 비추고, 그 생명을 유지시켜 주고, 그 본래의 아름다움을 보여 줍니다. 밤에 아름답게 빛나는 달도 어디선가 태양이 비추고 있기에 그 태양의 빛을 반사해 줄 뿐입니다. 달 자체가 아름다운 것이 아니라 그 달을 비추고 있는 태양이 달을 아름답게 만들어 주고 있는 것이죠.

8. 마찬가지로 우리의 삶도 주님의 빛이 필요합니다. 주님의 은총이, 생명이 우리를 살리는 근원인 것입니다. 햇살이 단풍을 아름답게 하듯이, 또 어디선가 빛나는 태양이 밤의 달을 아름답게 하듯이 주님의 은총이 우리의 생명을 살리고, 우리의 아름다움을 더 아름답게 빛나게 드러내 보여 주시는 것입니다.

우리는 결코 혼자서는 아무것도 아닙니다. 그야말로 먼지와 같은 존재, 한순간 흩날리는 재와도 같은 존재입니다. 우리 자신만으로는 아무런 빛도, 따뜻함도 만들 수 없습니다. 우리를 비추시는 주님이 계시기에 우리의 삶은 이 오묘한 자연계 안에서도 가장 으뜸이 될 수 있는 것이며, 빛과 따뜻함을 가질 수 있는 것입니다.

9. 그런데 우리는 많은 경우에 우리를 비추시고, 생명을 주시는 그 분을 잊어버릴 때가 많습니다. 심지어는 우리 자신이 잘났기에 모든 만물을 다스린다고 생각하기도 합니다.

10. 내 생명의 주인, 내 생명을 유지시키고 더더욱 아름답게 빛나게 하는 그 본래의 주님, 그 주인을 항상 생각하면서 감사와 찬미와 영광을 드리는 사람은 그 안에 있는 아름다움이 더더욱 빛날 수 있게 됩니다. 내 뿌리, 내 생명의 근원, 내 존재의 시작과 마침인 그분을 마음속에 모시고 삶의 중심으로 섬길 수 있다면 우리의 삶은 빛나는 햇살이 가득한 아름다운 단풍, 사람들에게 감동과 감탄을 자아낼 수 있는 아름다운 사람으로 살아갈 수 있게 됩니다.

11. 반면에 평생 동안 고생이란 고생은 다 하고, 받을 수 있는 상처란 상처는 다 받았어도 그 생명의 주인을 깨닫지 못하면 마치 말라비틀어진 낙엽과 같은 신세를 면치 못할 것입니다. 그리되면 참 억울한 것입니다. 남들보다 더 큰 고생을 하고, 더 큰 아픔 속에 살았지만 그 모든 것이 아무 소용이 없고, 그저 마음속에 상처와 한과 아픔만 가득 남아 있다면 그저 비뚤어진 인간, 함께하기 어려운 인간, 그저 발에 치이는 아무 의미 없는 인간이 될 수밖에 없습니다.
사람들이 발로 차고, 무시하고, 아무런 관심도 갖지 않는 말라비틀어진 낙엽과 같은 인생이라 하더라도 하느님께서는 측은한 마음으로 여전히 기다리시고, 기다리십니다. "네가 나에게만 돌아온다면 나는 그 비틀어진 낙엽을 통해서도 새 생명을 살려 낼 수 있을 것"

이라고 말씀하고 계십니다.

12. 사실 내 안에는 나쁜 점도 있겠지만 좋은 점이 더 많습니다. 하느님이 나를 가장 아름답게, 좋게 창조해 주셨기 때문입니다. 그런데 이 세상의 어둠들로 인한 삶의 아픔과 고통들이 나를 일그러지게 만들어 버립니다. 삶의 수많은 상처들이 나의 어둠을 가중시키며, 하느님께서 주신 그 아름다움을 잃어버리게 만듭니다. 그래서 더 미워하게 되고, 더 분노하게 되고, 증오하게 됩니다. 하느님께서 주신 사랑과 자비를 잃어버리게 됩니다.

그러나 미움과 분노의 모습은 사실 나의 본래의 모습은 아닙니다. 나의 본래의 모습은 아름다운 것입니다. 나의 본래의 모습은 따뜻한 것입니다. 나의 본래의 모습은 이해하고, 배려하고, 존중하는 사랑의 모습입니다.

13. 우리를 비추시는 주님의 은총의 햇살은 본래 우리가 얼마나 아름다운 존재였는지 일깨워 줍니다. 그 햇살이 없으면 우리는 어둠 속에서, 칙칙함 속에서 답답하고 행복하지 못한 삶을 살아갈 수밖에 없습니다.

그 은총의 햇살은 우리의 평생의 수고를 알아줍니다. 이 어둠 속에서도 그래도 열심히 살려고 한 우리 삶의 노고를 인정해 줍니다. 우리 안에 있는 더 좋은 것, 더 좋은 장점을 부각시켜 줍니다. 우리 안에 진정한 치유가 가능해지도록 하며, 우리 안에 용서와 사랑이 가득하게 합니다. 그래서 우리 삶에 주님께서 피 흘려 얻으신 그 평화가 가득하게 합니다. 그러면 우리 안에는 생명의 주님께로 향한 찬미와 감사가 샘물 터지듯 흘러나오며, 모든 영광을 그 생명의 주님께 드릴 수 있게 됩니다.

14. 오늘 복음에서 주님께서는 우리 평생의 과업과 숙제에 대해서 말씀하십니다.

"네 마음을 다하고, 네 목숨을 다하고, 네 정신을 다하여 주 너의 하느님을 사랑해야 한다. 그리고 네 이웃을 너 자신처럼 사랑해야 한다."

15. 참으로 어려운 과업이고, 숙제입니다. 어떻게 이 어려운 세상 속에 인간으로 살면서 하느님과 이웃을 그리 사랑할 수 있을까요?

16. 사실 좋아하는 사람들과의 사랑은 쉬운 것이고, 누구나 할 수 있는 것입니다. 그러나 모든 사람을 사심 없이, 조건 없이 사랑한다는 것은 너무나 어려운 일이고, 때로는 너무나 아픈 것이기도 합니다. 사람들의 어둠 속에서도 사람을 사랑한다는 것은 때로 불가능하게 보이기도 합니다. 차라리 미워하는 것이 더 쉽습니다. 무관심한 것이 더 편하기도 합니다.

그러나 그런 미움과 무관심은 더 큰 아픔입니다. 인간은 사랑할 수밖에 없는 존재이고, 사랑하지 않으면 더 크게 아플 수밖에 없도록 만들어진 존재입니다. 여기에서 우리는 생명의 주님, 생명의 햇살이신 주님께 기도할 수 있어야 합니다.

"주님, 제 힘으로는 사랑이 어렵습니다. 용서는 어렵습니다. 당신의 그 모든 것을 뛰어넘는, 어둠을 뛰어넘는 사랑과 용서의 은총을 주십시오."

사랑이란 인간의 어둠을 뛰어넘는 참으로 위대한 일입니다. 모든 부조리와 불합리와 불의마저도 뛰어넘는 것입니다. 그것은 자신의 내면에 있는 진리를 깨닫지 못하는 어리석음과 끊임없이 솟아오르는 미움과 분노의 감정을 뛰어넘는 일입니다. 그것은 자신의 상처를 뛰어넘는, 하느님께서 인간에게 주신 참으로 위대한 능력입니다. 그것은 더 큰 자유와 더 큰 행복과 더 큰 기쁨으로 나아갈 수 있는, 인간에게 주어진 유일한 길이기도 합니다.

17. 하느님께서는 우리가 아름답게, 행복하게 살도록 창조해 주셨습니다. 그 창조는 지금도 계속해서 이어집니다. 지금도 하느님께서는 내가 행복하도록, 아름답도록 나를 이끌고 계십니다. 오늘 복음에서 그 해답이 바로 사랑임을 가르쳐 주십니다. 하느님을 사랑하고, 이웃을 사랑하는 것이 바로 나를 창조해 주신 하느님의 목적인 것입니다.

18. 밝은 햇살이 아름다운 단풍을 만들듯이 하느님의 은총이 우리의 삶을 아름다운 인생으로 만들어 주시길 간절히 기도합니다.
"주님은 저의 하느님, 이 몸 숨는 저의 바위, 저의 방패, 제 구원의 뿔, 저의 성채이시옵니다. 찬양하올 주님 불렀을 때, 저는 원수에게서 구원되었나이다." 아멘.

연중 제31주일(2017. 11. 5.)

"내가 아니라 당신께서 해 주셔야 합니다. 당신이 모든 것을 주셨고, 모든 것을 주관하시기에 인내 속에, 침묵 속에 당신을 믿고 따르게 하여 주소서."

1. 어제는 피곤하면서도 만감이 교차하는 날이었습니다.

12시에 잠원동 성당에서 본당 사목 부회장 자제의 결혼식이 있었습니다. 훤칠한 키와 아름다운 미모를 갖춘 양가의 신랑과 신부는 모두에게 큰 기쁨과 감동을 주었습니다. 평생을 최선을 다해 살아온 양가에게 큰 박수와 격려가 쏟아졌습니다.

전주에서 오신, 신부댁을 잘 아시는 신부님 두 분이 함께하셨습니다. 한 분은 저보다 10년 후배이고, 또 한 분은 은퇴하신 신부님이셨습니다. 은퇴하신 신부님과 이야기를 하다 보니 참 존경스러워졌습니다. 연세가 77세인데 아직도 정정하십니다. 운동도, 기도도 열심히 하시는 분이셨고, 자신에게 주어진 은퇴의 삶도 정열적으로 살아가시는 건강이 넘치는 분이셨습니다.

오후 4시에는 길동 성당에서 제 신학생 때의 본당신부님의 금경축 축하와 건강을 기원하는 미사가 있었습니다. 묘하게도 두 분은 동창 신부님이셨습니다. 안부를 전해 달라는 말씀에 아마 그 신부님은 몸이 안 좋으셔서 참석을 못 하실 것이라고 말씀드렸습니다.

2. 저의 출신 본당은 그때 당시의 학생 300여 명이 지금도 온라인,

오프라인에서 만납니다. 참 드문 일이기도 합니다. 10여 년의 선후배들이 온갖 세월의 풍상을 견뎌 가면서 아직도 인연의 끈을 이어 가고 있습니다. 사제도 10여 명 탄생했고, 수도자도 꽤 많이 있습니다.

3. 이번에 얼마나 올까 하고 걱정하였지만 그래도 60여 명이 참석해 주었습니다. 신부님들도 6명이 참석하였습니다. 오시지 못할 것 같다던 주인공 신부님은 휠체어에 몸을 의지한 채 참석하셨습니다. 그런데, 그런데 이게 어찌 된 일입니까? 말씀도 전혀 못 하시고, 사람도 알아보지 못하시는 것이었습니다. 깔끔하게 단장하고 오시긴 했지만 그저 멍하니 바라만 보시는 것이었습니다.

순간 가슴이 먹먹해집니다. '도대체 이 상황은 뭐지?' 하면서 머리가 혼란스러워집니다. 아프시다는 것은 알았지만 그 정도이신 줄은 몰랐습니다. 불과 몇 년 전만 해도 쌩쌩하시고, 요트에, 행글라이더에, 오토바이에, 못 하시는 게 없는 분이셨기에 더더욱 놀라움과 막막함이 생겨납니다. 학생 때부터 깊은 추억과 사랑이 있는 분이셨기에 모두에게 큰 충격이었습니다. 모두가 마음속으로 울먹이기 시작합니다. 어린 시절 받은 사랑에 보답하지 못한 죄책감에 더 가슴이 미어집니다.

4. 그 신부님은 참으로 자상하시고 착한 분이셨습니다. 특별히 복사 어린이들을 사랑하셔서 신부님의 방은 아이들의 놀이터이기도 하였습니다. 신부님은 아이들이 좋아하는 로봇이나 조작 놀이기구 등을 준비해 놓았고, 아이들은 그야말로 자기 세상을 만난 듯 너무

나 신났습니다. 그때의 복사 아이 중 10여 명이 사제가 됩니다. 그런데 그 착한 신부님이 신자들의 구설수에 올라 임기 전에 떠나시게 되고, 우리 모두의 가슴에 큰 상처가 되고 말았습니다.

5. 착하고 자상하신 신부님은 젊은 후배 신부들을 무척이나 사랑하셨습니다. 지구장을 하시면서는 지구 내 신부님들을 일일이 찾아다니면서 격려와 위로를 아끼지 않으셨습니다. 서울교구의 인사 정체를 걱정하시던 신부님은 조기 은퇴를 결심하십니다.

6. '하느님은 이처럼 착하시고 훌륭한 목자에게 왜 이리 힘든 말년의 시련을 주시는 것일까?' 아직도 혼란스럽고, 가슴이 무겁습니다. 어떻게 은퇴 후의 삶을 살아야 할까 걱정스러워집니다.

7. 몇 년 전에 해 드렸던 청어 이야기가 생각납니다.
영국의 북단 북해에서 잡은 청어는 영국인들의 아침 식사로 가장 인기 있는 청어 요리의 재료가 된다고 합니다. 그런데 영국인들은 싱싱한 청어를 원하지만 북해에서 잡은 청어가 영국에 도착하면 거의 빈사 상태이거나 죽은 상태가 되었다고 합니다. 그래서 어부들은 늘 어떻게 하면 영국에 올 때까지 싱싱한 상태를 유지할 수 있는가 고민하였다고 합니다.
그런데 유독 한 어부의 청어만은 대부분 싱싱한 채로 옮겨져 비싼 값에 팔리고 있었습니다. 이상하게 여긴 동료 어부들이 그 이유를 물었으나 그는 좀처럼 비밀을 가르쳐 주지 않았습니다.
하지만 끈질긴 동료들의 성화에 결국 입을 열었습니다.

"나는 청어를 넣은 통에 메기 한 마리를 넣습니다."

그러자 동료 어부들이 놀라 물었습니다.

"그러면 청어가 메기에게 잡아먹히지 않나?"

"네, 맞습니다. 메기가 청어를 잡아먹습니다. 하지만 그 통 안에 있는 수백 마리의 청어는 메기를 피해 다니느라 계속적으로 움직여야 하는데 이것이 오히려 싱싱한 청어가 될 수 있게 하는 것입니다."

메기로부터 살아남기 위한 몸부림이 결국 싱싱한 청어가 될 수 있게 만든 비법인 것입니다.

8. 은퇴하신 신부님들의 이야기들을 들어 보면 참 안타깝기 이를 데 없습니다. 아침에 눈을 뜨시면 '오늘은 누가 찾아오려나?' 하고 기대하시만 아무도, 아무도 찾아오지 않는다고 합니다. '오늘은 무슨 일이 있으려나?' 하고 기대하지만 아무 일도, 아무 일도 일어나지 않는다고 합니다. 은퇴 후에는 모든 것이 평화롭고 기쁘고 행복할 것 같지만 실상은 외롭고 힘들다고 합니다. 바쁘게 돌아가는 세상 속에서 더 고독을 느끼신다고 합니다.

9. 그렇습니다. 현직에 있을 때는 그 책임감이 무겁고, 때로는 아프고 힘들어서 '에이, 빨리 벗어나고 싶다.'는 생각도 들지만 사실은 그 삶의 십자가가 삶을 버텨 내게 하는 힘이고, 원동력이기도 합니다.

10. 봄의 바람은 나무에게는 고통스러운 것이지만 나무는 그 고통 때문에 새로운 생명을 피워 낼 수 있는 것이고, 청어는 자기를 잡아먹으려는 메기의 공격과 그 공포가 있기에 살아남을 수 있는 것이며, 사람도 자신의 삶에 있는 고통과 고난을 통해서 성장하는 것이

아니겠습니까?

11. 오늘 복음을 이렇게 해석하고 싶습니다.

자기 지위나 권력이나 학식이나 능력을 자랑하지 마라. 그 모든 것은 하느님께서 주시는 것이다. 하느님이 거둬 가시면 아무짝에도 쓸모없게 된다. 하느님만이 모든 것을 주관하시는 능력자이시며, 스승이시며, 아버지이신 것이다. 모든 것은 다 하느님께서 주시는 것이다. 너희는 다만 너희에게 주어진 삶에 감사하며, 겸손하게 최선을 다해야 한다. 쓸데없는 원망과 한탄을 늘어놓을 필요도 없다. 너의 삶에 십자가가 있다면 그것조차도 다 하느님께서 너희를 사랑하셔서 가슴 아프시지만 허락하신 것이다. 그 삶의 아픔과 십자가들로 너희들이 오히려 살아갈 수 있는 것이다. 그 십자가들 속에서 아름다운 꽃을 피워 내라. 너희에게 주어진 삶에 보다 더 솔직해지고, 보다 더 겸손해야 한다. 너희에게 주어진 삶을 섬기고, 감사해야 하며, 이웃에게 주어진 삶에 대해서도 겸손하게 바라볼 줄 알아야 한다. 교만은 모든 진리에 어긋나는 것이며, 진실을 왜곡하게 만드는 것이다.

너희에게 주어진 진리는 바로 이것이다. 하느님께서 모든 것을 주셨다는 것이다. 그 모든 것에 대해 감사하고, 또 감사해야 너희는 그 구렁텅이 같은 진흙탕 속에서도 하느님께서 주신 아름다운 생명의 환희를 외칠 수 있을 것이다.

12. 그렇습니다. 우리는 우리에게 주어진 현실 앞에서 한숨과 탄식을 터트리며 우울해하고, 때로는 분노하고 좌절하기도 합니다.

그러나 우리는 우리에게 주어진 삶에 대해서, 하느님께서 주신 삶에 대해서 보다 더 긍정적이고 적극적인 해석을 할 수 있어야 합니다. 누가 봐도 안된 삶이고, 거지 같은 삶일지라도 그곳에도 하느님의 사랑이 존재합니다. 아무도 불러주지 않는 들꽃, 사람들 발길에 치이는 이름 없는 들꽃이라 해도 다 존재의 이유, 창조의 이유가 있는 것입니다. 그 들꽃은 절대 외로워하지 않습니다. 그저 하느님께서 주신 창조의 아름다움을 나름대로 노래할 뿐입니다.

13. 우리는 우리에게 주어진 삶에 감사하고, 또 감사해야 합니다. 숨 막히는 고통이 있어도 감사해야 합니다. 그것이 우리에게 주어진 삶을 섬기는 것입니다. 우리에게 허락된 삶을 섬기는 것은 그 삶을 주신 하느님을 섬기는 것입니다. 우리가 진정 우리의 삶을 섬길 줄 알 때 그 삶을 허락하신 하느님을 섬기게 되는 것이고, 그것이 창조주이신 하느님을 사랑하게 되는 길이기도 합니다.

우리는 하느님께서 혼신의 힘을 다해 만들어 주신 걸작품이며, 우리의 삶은 하느님께서 우리를 사랑하셔서 허락해 주신 하느님의 최고의 선물입니다. 선물은 기쁜 것입니다. 선물을 우습게 여기면 안 됩니다. 기쁘게 받을 수 있어야, 감사할 수 있어야 그 선물을 주신 하느님께서 더 큰 선물, 더 큰 축복을 베풀어 주실 수 있습니다.

14. 지금도 가슴이 아픕니다. 기도 중에 끊임없이 신부님이 생각납니다.

"하느님께서 제게 주신 삶의 의미가 무엇인지는 지금 잘 모르겠지만 당신께서 꽃을 피워 주시고 열매를 맺어 주신다는 것을 믿습니다. 내가 아니라 당신께서 해 주셔야 합니다. 당신이 모든 것을 주셨고, 모든 것을 주관하시기에 인내 속에, 침묵 속에 당신을 믿고 따르게 하여 주소서." 아멘.

연중 제32주일(2017. 11. 12.)

"그러니 깨어 있어라.
너희가 그날과 그 시간을 모르기 때문이다."

1. 어느덧 11월 중순입니다. 11월은 참 묘한 달입니다. 이제 가을 단풍의 절정도 끝나 가고, 산야가 온통 잿빛으로 물들어 가고 있습니다. 흰색도 아니고, 검은색도 아닌 회색빛이 이 11월의 색깔이 아닌가 합니다. 떨어지는 낙엽에 대한 쓸쓸함도 잠시, 이제 뭔가를 깊이 생각해야 하는 계절인 듯합니다. 삶에 대한 성찰이 더더욱 깊어지는 계절이기도 합니다.

2. 교회는 이 11월을 위령의 달로 정해 두고 있습니다. 우리나라 계절과 절묘하게 맞는 위령의 달이 아닌가 합니다. 앞서가신 분들을 위해 기도하고, 살아 있는 우리 자신을 위해 기도한다는 것은 우리가 살아가야 할 남은 세월들에 대해 깊이 숙고할 기회를 줍니다. '앞으로 가을을 몇 번이나 더 맞이할 수 있을까?' 생각해 보면 인생이 그리 긴 것만은 아닙니다.

3. 몇 년 전 인기리에 방영되었던 응팔, 즉 〈응답하라 1988〉이라는 드라마 마지막 편에서 명예퇴직을 권고받은 성동일 과장은 자신의 삶에 대한 새로운 깨달음을 얻게 됩니다. 아내와 대화를 나누던 장면이 제 마음속에 생생합니다.

"이보게, 여태까지 나는 최선을 다해 살아왔고, 나의 삶에 대해 후회해 본 적이 없네. 그런데 하루아침에 퇴직을 당하게 되니 참 마음이 아련하구먼. 참 많이 쓸쓸하고, 허무하고, 허탈하네. 그런데 나는 아주 중요한 것을 한 가지 잊고 있었구먼. 내 인생의 화려한 꽃잎이 떨어지는 것에만 힘들어했는데, 이제 보니 내 인생의 화려한 꽃잎이 떨어져야만 새잎이 날 수 있는 거더군. 이제는 마음 아프게 살지 않고 새잎에 대한 희망으로 기쁘게 살겠네."

4. 언젠가 조경 사업을 하는 분께서 하신 말씀이 떠오릅니다.
"신부님, 나무들은 참 신기합니다. 우리 눈에는 그저 낙엽이 떨어지는 것으로만 보이지만 가만히, 자세히 살펴보면 그 낙엽이 떨어진 자리에 내년에 새로운 잎이 날 수 있는 움이 있네요."
그렇습니다. 우리의 청춘도 지나가고, 열정도 사라지고, 몸도 마음도 늙어 가고, 화려한 시절도 다 지나가고, 그토록 내 옆에 있을 거라고 확신하던 배우자도, 절친도 하나둘 떠나가고, 떨어지는 낙엽을 보면서 내 신세와 같다고 한탄과 탄식을 늘어놓을 때도 있을 것입니다. 화려한 인생의 꽃은 언젠가 낙엽과 같이 힘없이 떨어질 수밖에 없는 것입니다.
그러나 우리는 낙엽이 떨어지는 바로 그 자리에 새로운 생명의 움이 준비되고 있다는 사실에 새로운 희망을 가질 수 있어야 하겠습니다. 낙엽이 떨어진다고 모든 것이 끝나는 것이 아니고, 그 떨어짐은 새로운 생명을 위한 준비임을 생각할 수 있어야 합니다.

5. 많은 이들은 "인생은 허무한 것이다."라고 이야기합니다. 세상만

바라보고, 돈과 명예와 권력만 추구하는 인생은 때로 엄청난 허무와 절망감만이 가득할 것입니다. 그런 인생은 때로는 끝을 알 수 없는 나락으로 떨어질 수밖에 없기 때문입니다.

한때 잘나가던 사람이 보통 사람들은 경험할 수 없는 깊은 절망감의 나락으로 떨어지는 경우를 우리는 주위에서 자주 봅니다. '그가 그토록 얻으려 했던 재물은 무엇이며, 그토록 갈망했던 권력은 무엇이며, 그토록 간절했던 명예는 무엇인가?' 묻지 않을 수 없습니다. 원하는 모든 것을 얻었던 사람들의 경우 그 절망과 좌절의 끝은 보이지 않을 것입니다.

6. 우리는 이 세상을 살면서 물론 능력에 따라 재물과 권력과 명예를 얻을 수 있을 것입니다. 그러나 그것들은 살아가기 위한 수단일 뿐입니다. 그 재물과 권력과 명예가 삶의 목표가 되어서는 안 됩니다. 그것들은 보다 참다운 삶을 살기 위한, 보다 인간다운 인간이 되기 위한, 보다 사랑을 실천하기 위한 수단이 되어야 합니다.

그것들이 삶의 목표가 되면 그것들의 노예가 될 수밖에 없습니다. 더 많은 돈을 벌기 위해, 더 많은 권력을 갖기 위해, 더 많은 명예를 얻기 위해 자신의 모든 것을 던질 수밖에 없는 것이고, 누군가에게는 그 욕심과 탐욕이 씻기지 않는 치명적인 상처로 남을 수밖에 없는 것이고, 그는 더더욱 추잡하고 더러운 인생길을 걸어갈 수밖에 없는 것입니다.

끊임없이 자신을 미화하고 합리화, 정당화하면서 손에 잡을 수 없는 신기루를 잡겠다고 눈에 핏발을 세우며 미친 듯이 살아갑니다. 그런 사람들은 자신의 삶의 나무에 움을 준비할 수 없습니다. 그러니 인생의 화려한 꽃이 지면 얼마나 쓸쓸하고 힘들고 지치겠습니까? 희망과 의미가 없는 삶은 이미 죽은 삶입니다. 위만 바라보고 살아가니 얼마나 힘들겠습니까? 삶의 목표가 재물과 권력과 명예인 사람들은 끝을 알 수 없는 추락의 길을 걸을 수밖에 없는 것입니다.

7. 그러나 하느님을 바라보고, 사람을 중시하며 사랑을 베풀었던 사람들은 그래도 자신의 떨어지는 인생의 낙엽 가운데에서도 새로운 생명이 준비되는 움, 희망을 발견할 수 있게 됩니다. 아래를 바라보며 살 줄 알았던 사람들은 그 생명의 씨앗을 발견할 수 있게 됩니다. 자신에게 주어진 인생에 감사하고, 주위의 사람들에게도 감사하고, 자신이 일생 동안 이뤄 낸 일과 가정과 자손들에게도 진정 감사할 줄 아는 사람이 됩니다.

그들은 겸손되이 자신의 삶을 바라볼 줄 압니다. 지는 석양이 더 아름답다는 말처럼 그의 삶은 사람들에게 감동과 추억이 되고, 감사와 희망이 됩니다. 그는 자신의 삶에 대한 깨달음이 더 깊어지고, 그 삶을 허락하신 하느님의 자비에 더더욱 찬미와 영광을 드릴 수 있게 됩니다. 하느님이 허락하신 재물과 명예와 권력으로 이웃 사랑을 실천한 만큼 그에게는 말년의 복, 행복과 기쁨과 뿌듯함이 충만하게 됩니다.

8. 오늘 복음에서 예수님께서는 열 처녀 이야기를 해 주십니다. 모두 등잔을 갖고 있었지만 다섯 처녀는 기름을 준비하고 있었고, 다섯 처녀는 기름을 준비하지 않았습니다. 기름을 준비한 처녀들은

등잔에 불을 켜고 신랑을 맞이합니다. 그들은 기쁨과 환희의 혼인 잔치에 참여합니다.

9. 등잔은 무엇이고, 기름은 무엇이겠습니까? 등잔은 우리의 인생입니다. 기름은 일생 동안 밤을 밝히기 위해 준비해야 할 빛의 재료입니다.

10. 기름 한 방울을 얻기 위해 얼마나 많은 수고를 해야 할까요? 예컨대 참기름 한 병을 얻기 위해 그 안에 얼마나 많은 참깨가 바서지고 으깨져야 할까요? 우리에게 주어진 하루하루는 기름을 만들기 위한 한 알의 깨알들입니다. 하루하루가 아무것도 아닌 것 같지만 하루하루가 모여 인생이 되는 것입니다. 하루하루의 삶에서 주님을 찾고 내 인생의 의미를 찾아야 하는 것입니다.

얼마나 많은 하루하루가 내 욕심 때문에, 내 탐욕 때문에 쓸모없는 시간들이 되었는지 새삼 생각해 봅니다. 사람은 한순간의 노력으로 하느님께 갈 수 없는 것입니다. 하루의 삶을 통해, 그 하루하루가 인생이 되는 것이고, 그 하루가 생명의 하루, 영원으로 이어지는 하루가 될 때 하느님께서는 그 하루하루를 부수고 으깨어 우리에게 그토록 원하는 밤을 밝힐 수 있는 기름을 선사해 주시는 것입니다.

내 삶이 부서지고 으깨져야만 기름이 될 수 있는 것입니다. 마치 성체가 되는 제병이 수많은 밀알이 으깨져야 하는 것처럼, 마치 성혈이 되는 포도주가 수많은 포도알이 으깨져야 하는 것처럼, 내 삶의 하루하루가 부서지고 으깨질 수 있을 때 하느님과의 혼인 잔치에 들어갈 수 있는 등잔의 기름이 될 수 있습니다.

이제 우리는 지나온 하루하루에 연연해서는 아니 되겠습니다. 지나간 것은 지나간 것에 불과합니다. 우리에게 중요한 것은 오늘도 나에게 주어진 이 하루입니다. 이 하루는 내 인생 전체로 연결되는 너무나 귀중한 하루이고, 하느님의 인내이고, 선물이기도 합니다. 쓸모없는 하루를 지내는 우리를 하느님께서는 사랑으로 참고 계시며, 기다리고 계십니다. '에이, 저놈을⋯⋯.' 하고 화가 나시더라도 '나아지겠지, 좋아지겠지.' 하면서 끊임없이 메시지를 보내시면서 참고 기다리십니다.

11. '아, 나는 과연 인생의 기름을 얼마나 준비하고 있나?' 스스로 돌이켜 보지 않을 수 없습니다. 가을을 몇 번이나 더 볼 수 있을까 생각해 보면 인생이 그리 길지 않습니다. 이 늦가을이 인생의 기름을 한 방울이라도 더 준비하는 지혜로운 가을이 되었으면 합니다. "그러니 깨어 있어라. 너희가 그날과 그 시간을 모르기 때문이다." 아멘.

그리스도 왕 대축일(2017. 11. 26.)

"죽임을 당하신 어린양은 권능과 신성과 지혜와 힘과 영예를 받으시기에 합당하옵니다. 영광과 권능을 영원무궁토록 받으소서."

1. 어느샌가 겨울이 시작되고 있습니다. 교우 여러분들의 기도 덕분에 이탈리아 성지순례를 잘 마치고 돌아왔습니다. 예년과 달리 시차도 많이 느끼고, 머리도, 몸도 무겁고 멍멍합니다. 젊었을 때, 가슴이 뛰고 다리에 힘이 있을 때 여행을 많이 다니라는 말이 실감 납니다.

2. 이번 성지순례는 소신학교 때 친구 4명과 함께 자유 여행으로 다녀왔습니다. 자유 여행, 참으로 쉬운 여행이 아니었습니다. 잠잘 곳도, 먹을 곳도, 순례할 곳도, 차량 운전도 직접 해결해야 합니다. 수 없는 상황에서 몸으로 부딪치고, 수없는 시행착오를 반복해야 합니다.

3. 약 3주에 걸친 순례 중에 쓴 순례 일기를 읽어 드리겠습니다.

4. 순례 1일차.
① 로마에서의 첫날 밤. 새벽 3시에 눈이 떠진다. 이놈의 시차, 참 어렵다. 하긴 한국에서는 11시이니 어떤 면에서는 당연하다. 몸은 참 희한하다.

② 시차도 시차지만 걱정이 앞선다. 이탈리아어를 잘할 줄 알았던 두 동창이 소통이 잘 안 된다. 아, 이 사태를 어쩌나!

③ 어제 차량 렌트를 했다. 아우디 왜건이라 해서 큰 차일 줄 알았는데 트렁크에 짐도 다 안 들어간다. 큰 짐 하나를 뒷자리에 실어야 하는 상황이다. 큰일이다. 이 조그만 차를 갖고 어찌 10여 일을 다닐 수 있을까? 차를 바꿔야 하나, 어쩌나 생각 중이다.

④ 여행의 가성비 역시 형편없다. 별 3개 호텔이라 하는데 우리나라 모텔보다도 못하다.

⑤ 아, 어쩌나! 걱정스럽다. 주님께서 어찌 이끌어 주시려나. 새삼 그분께 의지할 수밖에 없다.

순례 2일차.

① 아침 식사 때 슬며시 차가 작지 않냐고 하였더니 그냥 불편한 대로 다니자고 한다. 여기서는 다 작은 차를 타고 다닌단다. 뒷자리에 여행용 큰 가방을 안고 다녀야 할 지경. 그냥 참고 더 이상 의사 표현을 하지 않았다.

② 호텔에서 바티칸까지 30분이면 된단다. 거의 다 와서 밀리기 시작한다. 로마 전경을 볼 수 있는 언덕으로 올라가잔다. 근데 완전 정체. 한 시간 반 걸려 간신히 올라갔다. 근데 무슨 생각인지 반대편 길로 가겠단다. 돌아서 반대편 길로 오니 진입 금지. 밑으로 내려가 다시 올라온단다. 내려오니 아까 그 밀리던 길을 또 만난다. 미치겠다. 벌써 차 안에서만 2시간째. 넉넉잡아도 30분이면 충분한 길을 2시간째 헤매고 있다. 소피도 마렵고, 커피도 마시고 싶다. 무조건 주차하라 했다. 커피 한잔 먹고 가자고. 소피 해결하고, 어쩔

거냐고 하자 다시 올라가잔다. 아까와는 전혀 딴판이다. 교통이 뚫려 10분 만에 올라간다. 참 어이가 없다.

③ 아까 그냥 이곳에 주차했으면 아무 문제도 없었는데, 어이없이 헤맨 시간이 애처롭다.

그래도 아깐 비가 왔는데 지금은 비가 안 오잖냐고 자위 아닌 자위를 하면서 허탈한 웃음을 짓는다.

④ 셀카봉을 준비해 갔는데 참 재미있고 요긴하다. 각도와 거리를 조절할 수 있으니 여러 가지 재밌는 구도가 잡힌다.

⑤ 언덕에서 로마 시내를 관망하고, 사진 찍고. 이제 호텔로 가서 차를 세워 놓고 걸어서 다니잔다. 짧은 거릴 지겹게 버텨 왔던 친구들은 모두 당근 OK다.

⑥ 호텔까지 10분이면 된단다. 그런데 아니나 다를까, 역시 차가 밀린다. 로마 시내에서는 절대 차를 갖고 움직여서는 안 된다고 이구동성으로 떠든다. 좁디좁은 골목길을 빠져 나가야 하니 작은 차에 대한 정당성이 성립된다.

근데 호텔 주소대로 갔는데도 아무리 눈을 부릅뜨고 찾아봐도 호텔이 보이지 않는다. 세 번이나 그 근처를 돌았다. 전화를 해 보라 했더니 말이 안 되는지라 엄두를 못 낸다. 또다시 지치기 시작한다. 예약한 친구가 차에서 내려 찾아보겠단다. 20여 분 뒤 돌아와서 허탈한 웃음을 지으며 아까 그 번지가 맞다고 한다. 아니, 거긴 일반 주택이 아니냐 했더니 거기가 맞단다.

⑦ 가 보니 주차시설이 형편없다. 간신히 주차원에게 키를 맡긴다. 그 일반 건물 2층이 우리가 찾던 호텔이었다. 아니, 여기가 호텔이

나 했더니 종업원이 쑥스러운 웃음을 지으며 그렇다고 한다. 참 어이가 없다. 그래도 방은 깨끗하다.

⑧ 짐을 풀고, 차에서 해방된 홀가분한 마음으로 베드로 광장으로 걸어갔다. 불과 10분 거리다. 가까워서 좋았다.

⑨ 들뜬 마음으로 광장을 둘러보고 박물관으로 향했다. 오전과 달리 사람이 많지 않았다. 몇몇 한국 사람들의 노력으로 한국어 안내 오디오가 생겼단다. 예전에 왔을 때 가이드의 설명보다 훨씬 더 명확하고 깊이 있는 해설이었다. 가져간 이어폰이 진가를 발휘하였다.

⑩ 시스틴 성당의 〈천지창조〉와 〈최후의 심판〉 해설이 마음에 와닿는다. 근데 〈최후의 심판〉 해설을 듣는 중에 나가자고 한다. 함께한다는 것이 참 어렵다. 하긴 다른 친구들은 이어폰도 없이 그저 오디오만 귀에 대고 들어야 했으니 그 심정도 이해는 간다. 섭섭하고 야속했지만 어쩔 수 없이 따라 나왔다.

⑪ 그 그림 하나하나는 미켈란젤로와 함께한 사람들의 신앙과 인간, 그리고 하느님께 대한 이해와 철학이었다. 좀 더 깊이 있게 새겨듣고 싶었지만 개략적인 이해만 머리에 남는다. 시스틴 성당만 따로 한 번 더 오고 싶었다.

⑫ 호텔로 가서 좀 쉬자고 하였다. 저녁 먹기 전까지 한 시간 반을 죽은 듯이 잠들었다. 멍한 정신으로 중국집에 가서 저녁을 먹었다. 식당에서는 좀 소통이 되는 듯하였다.

순례 3일차.

① 아침 식사는 거의 가정식이다. 아주 간단하다. 빵과 커피, 요구르트, 과일, 약간의 비스킷, 계란이 전부다. 이탈리아 사람들은 아

침은 아주 간단히 먹고, 점심은 배터지게 먹고, 저녁은 보통으로 먹는단다.

② 아침 시간 베드로 대성당에 들어가기 위해 광장으로 갔는데 유난히 사람이 많다. 웬일인가 싶었는데 매주 수요일에 열리는 교황님 일반 알현 행사가 있었다. 이게 웬 뜻하지 않은 횡재인가?

교황님이 오픈된 알현 차량을 타시고 군중 사이를 돌고 있었다. 갑자기 흥분된다. 이거 참 큰 선물이 아닌가? 한국에 오셨을 때도 멀리서나마 뵈었는데 여기서는 그분의 숨결이 느껴지는 듯하다. 여전히 아이를 안아 주시고, 사람들에게 애정 어린 강복과 눈길을 보내 주신다. 내 앞으로 지나가실 때 나도 모르게 "파파!" 하고 소릴 질렀다.

③ 퍼레이드가 끝난 뒤 참가 신청된 국가의 언어로 오늘의 복음 말씀이 낭독된다. 혹시나 하였지만 한국어는 들리지 않았다. 약 10개 국어로 복음이 봉독되었고, 교황님의 강론 말씀이 있었다.

동창은 미사에 대한 강론이었다고 귀띔해 준다. 요즘에는 미사가 너무 시끄럽고 분주다사하다는 것이다. 미사는 침묵이고, 그 침묵 속에서 말씀이 마음속으로 들어온다는 것이다. 참 소중한 말씀이시다. 정말 요즘에는 사람들이 너무 분주다사하다. 말씀이 마음에 새겨질 기회가 없는 것이다.

④ 강론 뒤 참가 신청된 나라의 주교, 신부들이 나와 자기 교회와 나라의 고충을 말하고, 교황님의 기도와 강복을 청원하는 듯했다. 말을 알아듣지 못하니 시간이 참 길게 느껴졌다. 그러나 끝까지 자리를 지켰다. 교황님이 먼발치에서나마 함께 계신다는 것이 큰 위안으로 다가온다.

⑤ 공식 행사가 끝나고 대성당 입장을 위한 줄을 섰다. 그런데 입장을 시켜 주지 않는다. 공식 행사가 끝났어도 교황님은 방문단과 일일이 인사를 나누시고, 사진도 찍으신다. 교황님이 퇴장하셔야 입장할 수 있단다. 한 시간여가 지루함 속에 지나간다. 교황님의 건강과 열정이 대단하심을 느끼게 된다.

⑥ 마침내 입장하였다. 엑스레이 검사대를 통과해야 한다. 유럽의 테러 때문인지 바티칸 광장의 경비가 삼엄하다. 곳곳에 장갑차와 무장군인이 배치되어 있고, 순찰차가 자주 순회한다.

내 가방에 잭나이프가 있었는데 뺏길 각오를 하고 손에 들고 있는데 시간이 늦어서인지 검색 없이 그냥 통과시킨다.

⑦ 베드로 대성당은 전에도 와 보았지만 이번에는 더 웅장하고 아름답게 느껴진다.

성당 전체가 아름다운 예술품이고, 엄청난 신앙의 표현이다. 기도 좀 하고 가자 한다. 내심 뿌듯하고 기뻤다.

⑧ 짧은 기도 시간. 요셉 성인 제대 앞에서의 기도였다. 요셉은 아들 예수를 내어 놓고 계신 모습이다. 순간 머리가 쭈뼛 선다.

주인공은 예수님이시다. 그분을 세상에 내세우고 보여 주는 모습이 내 사제 삶이어야 하는데 많은 경우 그분보다는 내가 내세워지길 바란 것은 아닌가? 그랬기에 조금만 상처가 와도 숨기 바빴고, 미움이 생기기 일쑤였다. 그분이 주인공이시고, 나는 다만 도구일 뿐인데 내가 주인이 되려고 한 적이 얼마나 많았던가? 그래서 실망하고, 좌절하고, 포기하고, 미워하고, 상처받았던 것은 아니었나? 반성해 보게 된다.

나는 다만 도구일 뿐인데 아전인수가 되어 주인이 되려 했으니 잘못 살아온 세월들이 얼마나 많았던 것일까?

⑨ 성당을 나오니 비가 온다. 많은 양은 아니었지만 옷이 젖는다. 서둘러 점심 먹을 식당을 찾는다. 고기가 먹고 싶어 주문했는데 불고기 같은 것이 나오네! "에이, 내가 원한 것은 이게 아니었는데." 하면서도 즐겁게 먹는다.

⑩ 식사 후 비가 그쳤다. 택시를 타고 콜로세움으로 향했다. 시간이 늦어 들어가지도 못했다. 전문적인 가이드가 아니다 보니 시간을 착각했던 것이다.

⑪ 할 수 없이 외관만 보고 로마 중심을 걷는다. 나는 걸을수록 힘이 나는데 친구들은 지치는 모양이다.

나보나 광장에서 커피, 주스를 먹고 계속 도심을 가로질러 걷는다. 5시경인데 벌써 어둡다. 교황님의 피신처였다는 천사의 성은 아름다운 조명으로 환상적이었다. '베드로 광장은 야간 모습이 어떨까?' 했는데 역시 더 환상적이다. 정신없이 셔터를 눌러댄다.

⑫ 숙소에 도착한 뒤 좀 쉬자고 하던 친구들이 저녁 먹으러 나가잔다. 어제 손님이 북적대던 곳이 있어 거기로 가 봤는데 일식이 이탈리아화한 퓨전 집이었다. 우리 입맛에는 음식도, 술도 이 맛, 저 맛도 아닌 어중간한 맛이었다. 맛있게 먹지도 못하고 지불한 100유로가 아깝다는 생각이 들었다.

5. 이 순례 일기를 거의 원문 그대로 읽어 드리는 이유는 이 순례기 속에 포함되어 있는 하느님의 이끄심을 함께 공감했으면 하는 마음 때문입니다. 동창 신부와의 자유 여행은 쉽지 않았지만 그 과정 속

에서 하느님의 사랑과 서로에 대한 배려와 우정을 발견하시기 바라는 마음 때문입니다.

6. 오늘은 그리스도 왕 대축일입니다.

예수님께서는 십자가 위에 높이 달리셨습니다. 그때는 죄인의 모습이셨지만 그것은 동시에 우리를 사랑하시는 진정한 왕의 모습이기도 하셨습니다. 우리는 그분을 우리의 주님으로, 우리 마음의 진정한 왕으로 모시기로 약속한 하느님의 자녀들입니다. 그분이 진정 우리 안에서 그리스도, 구세주, 내적인 왕으로 임하시도록 우리의 마음을 열어 놓아야 하겠습니다.

"죽임을 당하신 어린양은 권능과 신성과 지혜와 힘과 영예를 받으시기에 합당하옵니다. 영광과 권능을 영원무궁토록 받으소서."
아멘.

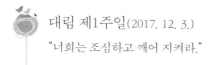

대림 제1주일(2017. 12. 3.)

"너희는 조심하고 깨어 지켜라."

1. 어느덧 한 해의 달력도 한 장밖에 남지 않았습니다. 세월은 유수, 즉 흐르는 물과 같다더니 정말 빠르게 흘러갑니다. 나의 세월은 지금 어디로 흘러가고 있습니까? 하느님께서 주신 내 인생의 세월은 제대로 흘러가고 있습니까?

하느님의 뜻대로, 그 뜻 안에서 흘러가야 할 텐데 이 세상의 흐름에 따라, 내 개인의 욕심과 탐욕에 따라 엉뚱한 방향으로 흘러 이 소중한 하느님의 선물을 낭비하고 있지는 않은지 반성해 보아야 할 때입니다.

2. 오늘 복음에서는 "집주인이 언제 올지 알 수 없으니 항상 깨어 있으라." 당부하십니다. 나는 과연 하느님 안에 깨어 있는지 돌이켜 보아야 할 12월의 첫 주입니다.

3. 지난주에 이어 이번 주에도 이탈리아 성지순례기 2탄을 읽어 드리겠습니다.

4. **순례 4일차.**

① 어젯밤에 잠을 설쳤다. 3시간 이상 걸었는데 몸을 풀지 않고 자

서 그런가 보다. 몸은 피곤한데 자꾸 잠이 깬다. '에이, 소주라도 한 잔 먹고 잘걸.' 하는 후회가 밀려온다.

② 어제와 다름없는 아침 식사. 계속 여기서 묵으면 짜증날 거 같다. 거금을 숙박비로 줬는데 아무런 서비스도 없다. 미안했는지 퇴실할 때 작은 꿀 하나를 선물로 준다. 에이, 베드로 광장과 가깝다는 이유 하나만으로 이리 바가지를 씌워도 되는지 참 야속하기만 하다. 호텔도 아닌 곳이 호텔인 척 홍보하며 이래도 되는지 고발하고 싶을 정도다.

③ 오늘은 일정이 잘 풀리려나 했더니 역시 마찬가지다. 설지전이라는 성모님 성당에 가려 했는데 주차할 곳을 찾지 못한다. 몇 바퀴를 돌았는지 모른다. 아, 정말 미치겠다!

로마라는 도시가 싫어진다. 관광 비수기임에도 불구하고 이 도시는 너무 복잡하고, 체증도 심하고, 주차할 곳도 없다.

④ 결국 성모마리아 성당은 포기하고 동창 신부가 공부했다는 분도회 총원으로 향했다. 로마 시내가 바라보이는 언덕 위에서 젊은 시절 동창 신부의 고달픈 모습을 생각하며 잠시 이심전심으로 회한에 젖어 보았다.

그리고 라떼란 성당으로 향했다. 비교적 한산했고, 주차할 곳도 쉽게 발견했다. 너무 지쳐 커피 한잔하자고 했다. 성전을 바라보고 있는 길거리에서 프란치스코 성인이 교황님께 수도회 회헌을 승낙받기 위해 동료들과 단식하며 간절히 기도하는 동상을 봤다. 순간 전율이 솟구친다. 여행 전 프란치스코 성인의 영화를 봤는데 거기에서도 교황님께 수도회 규칙을 인정받기 위해서 갈등하고 고뇌하는 모습을 봤기 때문이다.

⑤ 동창 신부로부터 설명을 들었다. 13세기까지는 라떼란이 교황청이었다. 313년 그리스도교를 국교로 선포한 콘스탄틴 황제는 어머니 헬레나의 기도와 특별한 체험으로 내전에서 이기고 황제의 자리에 오르게 된다. 그는 감사의 표시로 이 성전을 지어 교황께 바치게 된다. 거의 최초의 가톨릭 성당이다.

그 후 교회는 그야말로 권력의 비호를 받아 가며 최고 절정의 시간을 보낸다. 거의 모든 나라에 그리스도교를 전하여 가톨릭 국가로 만들었다. 교회는 날이 갈수록 그 권한과 권력이 막강해졌으나, 13세기부터는 초대 교회의 정신을 잃어버리고 사치와 권력과 부패의 온상이 되고 말았다. 주님이 세우신 교회는 무너지고 말았다.

이때 주님의 교회를 다시 세우라는 계시를 받은 프란치스코는 가난과 형제들과의 평등을 기조로 하는 수도회 규칙을 만들고 교황의 재가를 받으려 하였으나 권력과 물질에 물든 당시 기득권자들은 그들의 뜻을 이해할 수 없었다.

성인과 동료들은 목숨을 걸고 단식하며 그들의 순수한 뜻이 받아들여지도록 간절히 기도하며 간청하였다. 이에 하느님의 도우심으로 당시 기득권자들이 마음을 바꾸어 그들을 인정하게 된다.

⑥ 성인과 동료들은 권력과 물질에 물든 교회를 개혁하기 위해 기존 질서에 철저히 순명하면서도 내적으로 쇄신되어야 할 교회를 위해 철저한 수도 생활을 이어 나간다. 그러나 이들의 쇄신 요구를 묵살한 교회는 결국 1500년대 루터의 종교개혁이라는 험난한 과정을 거칠 수밖에 없었고, 오늘날까지도 수없는 분란과 갈등, 분열의 아

품을 겪을 수밖에 없었다.

⑦ 오늘날 프란치스코 성인의 정신은 현재의 교황님을 통해 다시 한 번 우리에게 나타나고 있다. 전에는 하의상달이었지만 이번에는 상의하달하는 모양새다.

그러나 오늘날에도 그 정신을 이해는 하지만 물질과 권력에 오염된 교회는 아직도 정신을 차리지 못하고 있다. 아무리 얘기하고 강조하여도 실천하는 척 흉내만 낼 뿐이다. 권력과 물질의 힘과 그 유혹은 너무나 집요하여 그 올가미에서 쉽게 벗어나지 못하고 있다. 또 어떤 아픔을 겪어야 진정 주님께서 원하시는 교회가 될지 자못 걱정스럽다.

⑧ 나도 금호동에서 겪은 이야기를 하며 깊이 동감하였음을 강조하였지만 겉으로는 그저 형식적으로 듣는 듯한 느낌이다. 남의 이야기는 다 그 속을 깊이 헤아리기 어려워한다.

⑨ 라떼란 성당에서 간단한 조배 후 바오로 성전으로 향했다. 여지없이 헤매고 있다. 주차할 곳이 있어 주차하고 걸어가자 하였더니 더 편한 곳에 내려 드리겠다 한다. 몇 바퀴 돌다가 먼저 자리마저 차지할 수 없어져 버렸다.

가만 생각해 보니 오후에 아말피까지 가야 하는데 뭔가 불길하였다. 호텔도 미정인 상태인지라 빨리 출발해야 밝을 때 도착할 듯하여 그곳과 또 다른 한곳을 생략하고 고속도로로 진입하였다. 얼마 가지 않아 또 길을 놓쳐, 돌아서 다시 정상궤도에 진입하였다.

⑩ 고속도로 휴게소에서 간단하면서도 간단하지 않은 점심을 마치고 다시 아말피로 향한다. 사실 이번 순례에서 아말피에 대한 기대

가 크다.

급한 마음에도 불구하고 친구는 너무 천천히 간다. 규정 속도를 철저히 지킨다.

나폴리에 들어왔는데 생각보다 너무 지저분하고, 뭔가 첫인상이 좋지 않다. 길도 많이 막힌다. 간신히 교통체증을 뚫고 아말피로 가기 위해 큰 산을 넘는다. 굽이굽이 험한 길이다. 웬만해선 멀미를 느끼지 않는데 간혹 멀미가 느껴진다. 정상 도착 무렵 이미 어두워졌다. 험한 내리막길. 간간이 보이는 해변은 아름다울 것 같은데 이미 어두워져 불빛만 보일 뿐이다.

⑪ 이번에는 호텔을 잡는 보이지 않는 전쟁이다. 서로 생각이 다르다. 멋진 호텔을 잡고 싶었지만 성격이 급한 동창은 항상 한 발 앞장서 가 버린다. 보다 못한 내가 이제 보이는 첫 번째 호텔에 무조건 들어가자 하였다. 모두 피곤하였는지 따라 준다.

⑫ 이번 여행만큼 일이 꼬이고 어려운 여행은 처음이다.

⑬ 투숙 후 해변가에 있는 식당에서 해산물로 식사하였다. 나름 맛있었다. 내가 쏜다고 하니 맘껏 먹는다. 기분 좋았고, 하루의 피곤이 풀리는 듯하다.

순례 5일차.

① 간밤에 무척 추웠다. 난방이 되지 않는다. 아침 식사 때 동창 하나가 얼어 죽을 뻔했다고 푸념을 늘어놓는다. 60유로의 호텔치고는 너무 시설이 나빴다. 전날 멋진 아말피의 밤을 위해 멋진 호텔을 잡으려 했던 마음이 있었기에 실망감이 더 컸나 보다. 여하튼 꿈에 그리던 아말피의 밤은 아니었다. 호텔을 현지에서 구하려면 참 어렵

다. 미리 예약해야 할 필요성을 느낀다.

② 이번 여행은 참 어렵다. 뭐 하나 제대로 풀리는 게 없다. 차량, 운전, 여행 사전 정보, 숙박, 음식 등 모든 게 꼬이고 꼬인다. 그래도 누구 하나 불평을 표하지 않는다. 아마 그동안의 사제 생활에서 오는 경륜이고, 또 어렸을 때부터의 친구에 대한 배려이기도 하다. 무조건 웃고, 무조건 칭찬하고, 무조건 배려하는 등의 모습이 좋다. 다 나름대로 불만이 있으련만 주어진 상황을 긍정적으로 잘 받아들이는 모습이 좋다.

③ 아침 식사 후 아말피 해안을 지나 포지타노를 지나 나폴리를 거쳐 폼페이까지 갔다. 정말 아름다운 해안이 끝없이 펼쳐져 있다. 평평한 땅이 거의 없다. 집들이 산중턱에 기묘하게 지어져 있다. 가까스로 지어진 집들이 아름다운 해안선과 묘한 조화를 이룬다.

인간의 삶에 대한 강렬한 욕구와 의지가 느껴진다. 그 옛날에는 해상 외는 길이 너무 험해 완전 오지였을 것이다. 그러나 해안의 아름다움 때문에 로마인들의 휴양지가 되었다고 한다. 이 동네 사람들이 합심하여 40여 년 동안 40여 킬로의 길을 만들었다고 한다. 길도 차량이 조심조심 비껴가야 한다.

그 와중에 어떤 이들은 산을 더 깎아 동굴을 만들어 장사를 하고, 주차장으로 쓰기도 한다. 이들에게 한 평의 땅은 금은보화보다 더 중요했을 것이다. 삶에 대한 강렬한 욕구와 의지가 불같이 빛나는 태양과 함께 어우러져 더 아름답게 느껴지는 것이 아닌가 한다.

④ 아침부터 강렬한 지중해의 태양이 비친다. 그동안 계속 흐리고 스산했는데 모처럼 밝은 태양이 온 세상을 환히 비춘다. 태양의 햇

살을 머금은 바다는 강렬한 빛을 반사하며 그 아름다움을 한없이 자랑한다.

⑤ 경치가 아름다운 휴게소에서 타일에 그려진 프란치스코 성인의 그림을 샀다. 종업원은 프란치스코는 아름다운 이름이라며 성호를 긋고 그림을 내준다. 간단한 그녀만의 동작이었지만 성인에 대한 존경심이 먹고살기 위해 물건을 파는 행동을 초월한 듯했다. 친구들은 성인께서 특별히 오셨다고 격려해 준다.

⑥ 역시 나폴리는 교통체증의 지옥이다. 이곳은 이탈리아에서도 못사는 지역 중 하나라고 한다. 집집마다 빨래가 바람에 휘날린다. 마치 우리의 70-80년대를 보는 듯한 느낌이다. 멀리서 보면 나폴리는 세계 3대 미항에 걸맞게 아름다운데 그 속에서 보니 복잡하고, 지저분하고, 정리가 잘 안 되어 있는 느낌이다. 생각했던 아름다운 나폴리는 아니었다. 동창 신부는 우리의 시골처럼 사람들이 단순하고 순박하다고 나름 좋은 점을 이야기해 준다.

⑦ 점심때쯤 폼페이에 도착했다.

식당에서 스테이크를 시켰다. 고기를 먹고팠다. 미디엄으로 요구했더니 레어에 가까운 미디엄이었다. 맛있게 먹었다.

⑧ 말로만 듣던 폼페이, 영화로만 보던 폼페이였다.

폼페이는 고대 로마 도시인데 서기 79년 8월 24일 그들의 축제일에 폭발하였다. 18시간 폭발하는 동안 수많은 사람들이 길에서, 집에서 유황가스에 질식해 숨졌고, 뒤이어 날아온 화산재에 도시 전체가 묻혀 버렸다. 그 뒤 이 도시는 시간이 흐름에 따라 사라진 도시가 되어 버리고 말았다.

1592년 이곳 위로 수로를 놓다가 이곳 위치를 확인하게 되었고, 1748년부터 프랑스에 의해 본격적인 발굴이 시작되었는데 그때는 발굴이 아닌 거의 도굴이었다고 한다.

⑨ 로마의 원래 모습을 볼 수 있었다. 마차가 다닐 수 있는 중앙의 대통로를 비롯하여 획일적으로 계획되어 있는 참으로 놀라운 도시의 모습이었다. 고관대작의 집, 상인의 판매대, 일반인의 집들이 화산재에 부서진 모습 그대로 보존되어 있었다. 수많은 시신도 발견되었는데 미라 상태가 아닌, 시신이 있어 비어 있던 자리를 석회 등을 부어 재현한 것이라 한다. 그래도 그 당시 죽음의 단말마의 고통을 받는 처절한 모습들이 그대로 재현되어 있었다.

⑩ 자연재해에 따른 처절한 죽음의 현장이었다. 아무 준비도 되어 있지 않은 상태에서의 처절한 죽음의 현장이었다. 사실 오늘날에도 이런 상황은 수시로 발생한다. 태어날 때 축복받는 것처럼, 죽을 때도 모든 이의 사랑과 기도 속에 삶을 마감해야 할 텐데, 사실 안타까운 죽음들이 많다.

"이제와 우리 죽을 때에 우리 죄인을 위하여 빌어 주소서." 하고 말로만 기도할 것이 아니고, 실질적인 상황을 생각하면서 구체적이고 힘 있는 기도를 해야 될 것 같은 강렬한 느낌을 받는다. 적어도 죽을 때에 사랑과 기도 속에 삶을 마감할 수 있기를 간절히 빌어 본다.

⑪ 나폴리에 왔으니 저녁은 나폴리 피자를 먹기로 하였다. 피자 크기가 1미터이다. 네 사람이니 네 가지의 서로 다른 토핑으로 나왔다. 사실 평소에는 피자를 잘 즐기지 않는다. 그런데 이 나폴리 피자는 뭔가 달랐다. 너무 맛있었다.

식사 도중 여러 이야기 중에 운전 이야기가 나왔다. 사실 상처가 될까 조심스러웠는데 각자의 느낌을 솔직히 주고받았다. 역시 경륜이 쌓인 친구들이라 그런지 즐겁게 서로의 생각을 주고받을 수 있었다. 탱큐, 친구들아! 역시 친구구나.

5. 인생은 여행과 같다고 합니다. 인생길은 꼬이고 꼬이는 것이 어떤 면에서는 정상입니다. 그 꼬이고 꼬인 인생길에서 잘 참아야 합니다. 참다 보면 분노라는 감정에서 벗어날 수 있고, 때로는 찬란한 햇빛을 만나기도 하고, 궁극적으로는 감사할 수 있게 됩니다. 꼬임의 순간에서도 이해하고, 배려하고, 상대의 입장에서 생각해 볼 수 있다면 우리의 인생은 참으로 아름답고 멋있는 인생이 될 수 있을 것입니다.

6. 오늘 대림 1주일에 인내하면서 깨어 있는 삶의 자세를 주십사 하고 주님께 청하도록 하십시다.
"너희는 조심하고 깨어 지켜라." 아멘.

대림 2주일 (2017. 12. 10.)

"광야에서 외치는 이의 소리. 너희는 주님의 길을 마련하여라. 그분의 길을 곧게 내어라."

1. 대림 2주일이 되었습니다. 한 해가 시작한 지 얼마 안 된 거 같은데 벌써 마지막 달의 중순에 이르고 있습니다. 우리의 삶도 정말 거침없이 빠르게 지나가고 흘러갑니다. 이 대림 시기도 정신 차리지 않으면, 깨어 있지 않으면 순식간에 흘러가 버리고 말 것입니다.

깨어 있는 시간은 주님 앞에 있는 시간이고, 그 시간은 영원으로 이어지는 참다운 시간, 생명의 시간, 구원의 시간입니다.

이다음 하느님 앞에 섰을 때 우리에게 주어진 시간 중에 얼마나 깨어 있는 시간이었느냐도 우리의 마지막 순간에 매우 중요한 요소가 될 것입니다.

2. 지난주에 이어 오늘도 이탈리아 순례기 3탄을 들려 드리겠습니다.

3. 순례 6일차.

① 아침에 보는 나폴리 해안은 뭔가 좀 칙칙하다. 햇살이 없으니 그 아름답던 바다도 좀 별로다.

② 식사 후 갑자기 어제 저녁에 보았던 성당이 자꾸 머리에 맴돈다. 좀 일찍 식사를 마치고 서둘러 마을 중심에 있는 성당으로 향했다.

마음이 편해지기 시작한다. 역시 순례 중에는 성당에서의 시간이 있어야 하는 것 같다.

③ 이제 나폴리를 지나 1번 고속도로로 3시간 30분을 달려야 한다. "아름다운 나폴리 해안이여, 안녕!" 하면서 어제 쓴 순례 일기를 친구들에게 읽어 주었다. 어떤 반응일까 궁금했는데 모두 좋다고 한다. 다행이다.

④ 휴일이라 그런지 다행히 나폴리를 쉽게 빠져나왔다. 점심은 올 때처럼 고속도로 휴게소에서 먹었다. 양을 미리 알 수 있고, 여러 가지 음식 가운데 선택할 수 있어 좋았다.

⑤ 고속도로변의 경치가 아름답다. 아직 가을이다. 약간의 보온 옷을 입어야 하지만 덥지도, 춥지도 않다. 참 좋은 날씨, 아름다운 풍광이 연이어 펼쳐진다.

이탈리아는 참 복 받은 나라다. 평지도 많고, 토양도 좋고, 햇볕도 좋다. 자연의 축복 속에 수많은 관광객들이 알아서 모여들고, 돈을 쏟아붓고 간다. 가톨릭 신앙을 받아들이면서 이 나라는 참으로 더 큰 축복을 받았다는 생각이 든다. 바티칸이 있기에 수많은 전 세계의 그리스도교인들이 몰려들고 있다.

⑥ 성혈의 기적이 있었다는 오르비에또에 도착했다. 특이하게도 외장이 흰색과 검은색 대리석으로 치장되어 있다. 참 묘한 느낌이다. 2시 25분 도착하였는데 2시 30분부터 문을 연다고 한다. 처음으로 아다리가 맞았다.

⑦ 성혈의 기적이 있었던 성체포가 있는 소성당에 앉았다.

사제에게 있어 성체, 성혈은 삶의 핵심이자 존재의 이유이기도 하다. 사제는 성체와 성혈을 이루는 정말 고귀한 직무를 부르심으로 받은 사람들이다.

사제가 되기까지의 수많은 과정들이 머릿속을 헤집고 지나간다.

태어날 때부터의 부르심, 하느님께 향할 수밖에 없었던 삶의 조건들, 세례로의 부르심, 자연스러운 소신학교 입학, 그곳에서의 험난한 시간들, 정말 묘한 광주 신학교로의 진로, 어머니의 죽음, 사병 생활, 부제 때의 험난함, 사제로서의 부족한 출발, 보좌 생활, 군종 신부, 개봉동, 월계동, 신정동, 명일동, 그리고 금호동.

그리고 이곳에서의 나의 모습.

정말 하느님께서는 당신의 사제, 도구가 되게끔 고비마다 함께 계셨고, 미래를 내다보며 오늘을 준비하셨고, 많은 부족함에도 불구하고 변치 않는 신의로 지켜 주셨고, 참아 주셨고, 수없는 사랑을 베풀어 주셨다. 아직도 깨닫지 못한 그분의 숱한 손길들이 무수하다.

이집트 탈출 시 어린양의 피로 죽음의 천사를 막아 주시고, 그 어린양의 고기로 먼 길을 떠날 준비를 시켜 주셨다.

우리도 예수님의 피로 모든 악을 이겨 나가며, 영적인 생명을 이어 나갈 수 있는 그분의 살을 받아먹는다.

사제는 그토록 고귀한 성체, 성혈을 이루는 부르심을 받은 사람. 새삼 사제직의 존귀함과 하느님의 사랑이 함께 느껴진다.

"혹시라도 사제직을 떠날 경우가 닥치면 차라리 저를 죽이십시오." 라는 기도가 나온다.

⑧ 비장한 기도를 하고 있는데 기다릴 친구들의 모습에 꼭지가 당긴다.

⑨ 이제 아씨시로 출발. 아씨시는 이번 순례의 핵심으로 느껴진다. 무슨 뜻인지 숙소가 성당에서 좀 먼 쪽으로 잡혔다. '성당 가까운 데 있었으면 얼마나 좋을까?' 하는 내 속마음도 모른 채 친구들은 방이 넓다, 따뜻하다 하며 연신 숙소가 잘 선택되었다고 이구동성으로 난리를 친다. '에이, 나하고는 생각이 좀 다르네.' 속으로 언짢은 생각이 든다.

⑩ 아씨시의 야경은 너무 평화롭고 아름답다. 뭔지 모를 하느님의 힘이 함께하고 있는 듯하다.

정말 마음이 끌리는 조배를 하고 있는데 밥 먹으러 가잔다. 생각 같아서는 밥보다 기도를 하고 싶었지만 따라 일어난다. 프란치스코 성인도 생각이 다른 동료들 때문에 얼마나 마음고생이 심했을까 생각하며 종종걸음으로 따라간다.

4. 순례 7일차.

① 그토록 고대하던 아씨시에서의 첫날 밤이 밝았다. 어제 오는 길에 프란치스코 성인께 기도했더니 단방에 호텔을 찾을 수 있었다. 깜깜한 밤에 차를 돌리려는 순간 우리가 찾는 호텔이 딱 나타났다. 잠도 한 번도 안 깨고 잘 잤다. 아침에 더 자고 싶은 욕심이 생길 정도였다.

② 아침 식사 후 멀리 언덕에 보이는 성당을 바라보면서 상쾌한 기분으로 산보를 했다. 아씨시, 참 아름답다. 그리고 평화롭다. 이 기운들은 다 어디서 오는 것일까?

③ 9시에 성당으로 향했다. 얼른 가고픈 마음에 마음이 조급했다. 요즘 이탈리아 성지에는 테러 위험 때문에 곳곳마다 장갑차와 무장

군인이 배치되어 있다. 마치 계엄령이 내려진 느낌이다. 일일이 가방 검사를 한다. 전 세계가, 특히 안정적인 유럽이 이토록 심각한 긴장 상태에 있다는 것이 씁쓸하기 이를 데 없다.

④ 성당에 들어가 가만히 살펴보니 '침묵'이라는 글씨가 쓰인 곳이 있었다. 분명 기도하는 곳이라는 직감이 들어 가 보니 프란치스코 성인이 기도하던 동굴이었다.

⑤ 기도한 지 얼마 되지 않아 잠심 상태에 빠진다. 잠심을 경험한 지 꽤 오래되었는데 성인의 도우심과 그곳에 가득한 하느님의 손길로 감미로운 시간을 가질 수 있었다.

⑥ 성인께서는 홀로 거룩하신 것이 아니었다. 생각이 다른 동료들을 받아들이면서 하느님의 뜻이 이루어지길 기도하는 것은 결코 쉬운 일이 아니었을 것이다. 홀로 거룩해지면 즉시 바리사이의 유혹에 빠지는 것이다.

세상을 떠나 거룩해지는 것은 단순한 신비가나 몽상가에 지나지 않는다. 성인께서는 생각이 다르고, 실천이 다른 형제들과 함께 거룩해지기 위해서 매우 힘든 내적인 투쟁을 겪어야 했을 것이다. 또 당시 부패와 비리에 물든 교회에 대해서도 판단, 단죄하지 않으시고 기꺼이 순명하셨을 것이다.

⑦ 하느님을 신뢰한다는 것은 어둠 속에서도, 죄악 속에서도 신뢰하는 것이 참다운, 그리고 진정한 신뢰일 것이다. 그 어둠조차도, 그 죄악조차도 성인께서는 판단, 단죄하지 않으시고 오로지 하느님께 맡겨 드리며 온전한 신뢰를 드렸을 것이다.

⑧ 복잡하고 힘든 세상 속에서 결코 그 현실을 도피하거나 회피하

지 않으셨다. 그 모든 것을 당신의 온몸으로 받아들이셨고, 하느님께 대한 사랑과 신뢰로 이겨 나가셨다.

⑨ 아, 나는 어떤가? 조금만 마음에 안 들어도 너무 쉽게 판단, 단죄하고 멀리하지 않는가!

내가 받을 상처가 두려워 그 현실들로부터 도피, 회피하고 눈감아 버리지 않는가?

내가 받아야 된다고 생각하는 사랑, 자비, 용서, 배려가 중요했지, 내가 먼저 베풀려고 했는지 자못 깊은 회한이 몰려온다. 사랑 받기보다는, 이해 받기보다는, 용서 받기보다는 먼저 사랑하고, 이해하고, 용서하라는 말씀이 가슴에 칼날이 되어 헤집는다.

⑩ 미사가 이어진다. 알아들을 수 없는 미사는 참 괴롭다. 그러나 얼굴, 언어는 달라도 미사 안에 한 교회임을 느낀다.

⑪ 미사 후 성인의 최초 공동체와 돌아가신 곳에 세워진 시내 중심가의 성당으로 갔다. 식사 후 개방된 성당에서 더 깊은 기도를 하고 싶었지만 다음 일정을 위해 일어난다. 대를 이어 자리를 지키는 비둘기와 가시 없는 장미가 너무 신기했다.

⑫ 다음 일정은 페루지아. 두 친구가 이탈리아 말을 배우기 위해 피나는 노력을 했던 곳이다. 거의 모든 유학 신부들이 거쳐 가는 곳이다. 나이 30이 넘고, 나름 본당신부까지 하던 사람들이 생초보로 외국 말을 배운다는 것은 사실 말도 안 되는 일이다. 그들의 말처럼 맨땅에 대가리 박는 꼴이다. 온갖 수모와 멸시, 인종차별을 당하면서도 꿋꿋하게 견뎌 학위까지 받은 걸 보면 동창이 봐도 참 대견하기 이를 데 없다. 그들의 피나는 청춘이 있었기에 그래도 한국 교회가 학

문적으로 이 정도 성숙한 것이라는 말에 전적으로 동감한다.

⑬ 그들의 청춘의 수고에 대한 작은 보답으로 본젤라또, 즉 이탈리아 아이스크림을 사 주니, 그때는 아이스크림을 사 먹을 돈도 아까웠다는 말에 갑자기 코끝이 시려 온다. 고통과 설움이 스며 있는 청춘 시기를 방문한다는 것이 그들에게는 진정 자신만의 성지순례이리라.

⑭ 돌아오는 길에 성당에 데려다 달라 했다. 좀 유별난 것처럼 보일지 모르겠지만 마지막 사부와의 만남을 갖고 싶었다.

⑮ 사부는 주로 동굴에서 기도했고, 그곳에서 오상을 받았으며, 그곳에서 죽음을 맞이했다.

동굴. 그곳은 빛도 없고, 생명도 없고, 어두침침함과 칙칙함이 가득한 곳이다. 우리도 우리 마음속에 다 동굴을 갖고 있다. 온갖 상처로 찌그러지고, 온갖 피해의식과 합리화, 핑계, 죄의식, 더러움, 추잡한 이중성, 미움과 분노가 가득한 곳이다. 아름다움은 찾아볼 수 없고, 절망과 자포자기, 고집, 편견, 자아 중심이 가득한 곳이다. 어떤 면에서는 우리 내면에 존재하는 감옥이고, 올가미이고, 부자유이며, 인생의 온갖 매듭들이 한가득 있는 지옥과 같은 곳이 동굴이기도 하다.

⑯ 그 속에서 주님께서 부활하신다. 사부께서는 바로 그곳에서 주님의 상처를 물려받았다. 얼마나 주님을 사랑했으면 주님이 겪으신 고통을 달라고 하셨을까? 그 고통을 나누고 싶어서, 그 고통의 주님을 조금이나마 위로하고 싶어서, 그 고통으로 지옥과 같은 동굴에서 헤매는 사람들을 사랑하고 싶으셔서 그리 간청하셨을 거 같다.

⑰ 주님의 상처는 그분의 능력이다. 그 능력으로 사부는 온갖 마귀들을 쫓아내고, 치유를 베풀고, 삶에 지친 사람들을 위로하고, 평화를 선물로 주고, 오늘날까지 이 지역 사람들을 먹고살게 해 주신다.
⑱ 맛있는 이탈리아 요리, 서로의 마음을 알아주는 식사를 하면서 이 아름다운 하루를 맺는다.

5. 이탈리아 이야기가 생각보다 길어지고 있네요.
오늘 복음에서는 세례자 요한의 이야기가 나옵니다. 사람들 마음속에 주님을 맞이할 수 있는 길을 내기 위해 세례자 요한은 용감하게, 진솔하게, 겸손하게 주님께서 오실 길을 선포하고 계십니다.

6. 이 대림 시기에 시간을 헛되이 보내지 말고, 우리의 마음속에 주님께서 오실 수 있는 주님의 길을 내도록 좀 더 깨어 있어야 하겠습니다.
"광야에서 외치는 이의 소리, 너희는 주님의 길을 마련하여라, 그분의 길을 곧게 내어라." 아멘.

대림 제3주일(2017. 12. 17.)

"언제나 기뻐하십시오. 끊임없이 기도하십시오. 모든 일에
감사하십시오. 이것이 여러분에게 바라시는 하느님의
뜻입니다."

1. 오늘은 대림 제3주일입니다. 이탈리아 순례기 마지막 편을 읽어
드리겠습니다.

2. 순례 8일차.

① 아침 식사 후 산봇길, 아씨시의 모습을 하나라도 더 마음속에 남
기길 위해 짧은 시간의 산보에 나선다.

우와! 숙소 정문을 나서는 순간 감탄사가 연신 나온다. 안개 낀 아
씨시. 한쪽은 안개가 자욱하고, 다른 한쪽은 안개가 서서히 걷혀 간
다. 안개와 걷히는 안개. 한쪽은 햇살이 창연하다.

② 우리의 젊은 시절은 참 안개 속과 같았다. 어느 길로 가야 할지,
뭐가 옳은지 그른지 참 아리송했고, 모든 것이 뿌연 안개 속에 있는
듯하였다. 때론 짙은 안개 속에서 방향을 잃은 채 헤매기도 하였다.
그러나 청춘, 젊음은 참 좋은 것이었다. 안개 속에서도 용감하게 자
신에게 주어진 길을 갈 수 있었기 때문이다.

③ 발부리에 뭐가 차일지, 어떤 구덩이에 빠질지 아랑곳하지 않았
다. 그저 내 청춘과 젊음이, 그리고 신앙과 열정이 시키는 대로 할
뿐이었다.

④ 젊음과 정열, 무조건적인 투신은 사실 사제성소를 지켜 내는 오묘한 섭리요, 부르심이었음을 새삼 깨닫게 된다. '뭐가 뭔지 모르는 안개 속에서도 정열이 있었기에 그 젊음을, 그 세월들을 이겨 낸 게 아닐까?' 하는 생각이 든다. 지금 같았으면 그 치사하고 아니꼬운 세월들을 어찌 견뎠을까?

⑤ 너무너무 아름답다. 사부께서 마지막으로 주시는 선물 같다. "안개 속에 있을 때가 좋은 거란다. 그 속에 있어야 주님을 더 찾게 되니까 말이야." 하고 나직이 일러 주신다. 걱정하거나 두려워하지 말고 마음이 시키는 대로 열심히 살라 하신다. 나의 삶에 주님께서 함께 살아 주시는데 뭐가 걱정이냐고 하신다.

⑥ 지금은 그 젊은 시절의 정열과 투지는 어느 정도 사라졌지만 어떤 면에서는 지금이 좋다. 희뿌옇던 안개도 조금은 사라지고, 물체와 사실이 전보다 더 또렷이 보이기 때문이다. 지금도 인내와 끈기가 필요하지만 그래도 세월과 경륜에 따라 젊은 시절보다는 여유와 지혜가 나름 생김을 느낀다. 전보다는 오히려 실존적으로 주님께 향할 수 있는 거 같아 좋다. 젊은 시절로 돌아가라 하면 싫다. 꽃이 아름답고, 인생이 아름답게 느껴지는 지금이 훨씬 더 좋다.

⑦ 사부께서는 정말 자유로운 영혼이셨다. 그 자유로움은 어디서 생겨났을까? 교회의 가르침을 존중하면서도 거기에 얽매이지 않으셨다. 고통 속에서도 즐거움과 기쁨이 가득하셨다. 가난의 노동 속에서도 무한한 풍요가 있으셨다.

자연 속에서 모든 살아 있는 것들과 소통이 되셨고, 친구가 되셨다. 태양을 형님이라, 달을 누님이라 부르시며, 찬란히 빛나는 별들과 함께 주님을 찬미하셨다. 함께 살아가는 사람들에게도 그들 안에 있는 주님을 찾게 해 주셨고, 그들의 마음속의 어둠을 쫓아내고 기쁨과 평화를 주셨다.

사랑받으려 하지 않고 사랑하였으며, 위로받으려 하지 않고 위로하셨고, 이해받으려 하지 않고 이해하셨다.

주님의 고통에 깊이, 전적으로, 완전히 동참하였으며, 주님께서 주시는 능력과 영광에 또한 온전히 참여하셨다. 진심을 갖고 대했기에 그를 만나는 새들도, 늑대들도, 꽃들도, 벌레들도 그에게 마음을 열었으며, 사람들도 그로 말미암아 변화되었다.

⑧ 이 아름다운 아씨시의 자연 속에서 뛰어놀던 그 어린 프란치스코를 떠올려 본다. 이 동네에서 저 동네로, 이 산에서 저산으로 친구들과 뛰어놀던 프란치스코는 자연스레 자연과, 동료들과 친구가 되었고, 주님과도 아주 친밀한 친구, 형제가 되었으리라.

⑨ 자유롭고 싶다. 재물로부터, 명예와 권력으로부터, 나 자신의 십자가로부터, 나를 얽매는 모든 사슬과 감옥으로부터, 나 자신에게서까지 자유롭고 싶다.

⑩ 아씨시를 떠나 피렌체로 왔다. 웅장한 성당 앞에서 말을 잊는다. 그러나 전처럼 감동적이지는 않다. 이 성당 안에 있는 인간의 욕심과 허영심, 권력의 힘과 자만심이 보이는 듯해 마음이 좀 서글퍼진다. 사부의 가난함과 그 자유로움이, 그 풍요로운 평화가 벌써 그리워진다.

⑪ 저녁 식사는 부카라는 곳에서 했다. '동굴'이라는 뜻이다. 역시 이번 여행은 동굴 여행인가 보다. 맛있는 요리로 잘 먹었다. 식사할

때마다 메뉴를 보며 공부를 해야 한다.

한 친구가 아씨시아나라는 음식을 시켰는데 당황스럽게도 비둘기 요리였다. 식성이 좋은 친구들은 누구 하나 한식을 원하지 않는다. 참 다행이다. 현지식에 완전 적응한 모습이다. 이 또한 30여 년간의 경륜에서 나오는 것일까. 비싼 음식은 꼭 내가 낸다. 기쁘고 즐거운 마음으로, 기꺼이 마음을 나눈다. 오늘도 Deo Gratias!

3. 순례 9일차.

① 피렌체에서의 아침이 밝았다. 나름 강가에 있는 근사한 호텔에서 묵었다. 아침에 나오는데 정산이 제대로 되지 않았는지 시간이 지체된다. 호텔마다 주차장이 구비되어 있지 않아 주차 관리를 따로 하면서 별도의 주차비를 받는다. 이중, 삼중으로 결제되었다고 한다. 뭐가 잘못되었는지 참 불편하기 이를 데 없다.

이곳 이탈리아는 어딜 가든지 주차와의 전쟁이다. 제대로 주차하기 위해 매번 고생을 해야 한다. 그러나 패키지여행에서는 맛볼 수 없는 고생이요, 재미이기도 하다. 가뜩이나 길을 몰라 두세 번은 뱅뱅 도는 데다 주차 장소를 찾기 위해 또 헤맨다. 그만큼 시간 소비도 크고, 신경 쓰임도 크다. 또 그만큼 새로운 사실을 알아 가기도 한다. 비효율적이지만 그만큼 더 재미있기도 하다.

② 패키지여행 때는 내려 주면 구경하고, 먹고, 잠자고 했는데 이 자유 여행은 하나에서 열까지 모두 다 부딪치며 알아 가야 한다. 그놈의 차가 참 편리하기도 하지만 애물단지이기도 하다. 때론 한 사람 분의 호텔비가 차량 주차비로 지불되기도 한다.

③ 피렌체를 떠나 시에나로 향하였다.

이곳 도시들은 대부분 산 위에 세워져 있다. 그 옛날 이 산꼭대기에 어떻게 저런 성당을 지었을까 의아하기만 하다. 권력의 힘일까? 신앙의 힘일까?

④ 엄청난 주교좌 대성당과 함께 소박하지만 깨끗한 카타리나 성녀의 생가를 방문하였다. 성녀는 프란치스코 성인과 함께 이탈리아 수호성인이시다. 사부의 뒤를 이어 교회와 교황을 보호하는 데 앞장섰다고 한다. 어린 시절 신비로운 체험을 하게 되었고, 평생 그리스도를 남편으로 모시고 살았다 한다. 오상도 받았으며, 그의 머리와 손은 아직도 부패되지 않고 있다고 한다.

⑤ 로마로 돌아오는 길. 가을 단풍이 창연하다. 거의 노란 계통의 단풍들이다. 포도나무의 노란 단풍이 그리도 아름다운지 이번에 처음 알았다. 늦가을, 이 비수기의 순례도 참 좋다고 이구동성으로 말한다. 날씨도 파카만 입으면 전혀 문제가 없고, 햇살도 따뜻하고, 바람도 좋고, 하늘도, 산야도 모두 다 이쁘다.

⑥ 로마에 도착. 또 호텔을 찾아야 하는 노고가 기다리고 있다. 아니나 다를까 이번에는 내비가 가르쳐 주는 곳까지 별로 헤매지 않고 왔는데, 호텔이 없다. 이럴 때는 절대로 차를 타고 찾아서는 안 된다는 것을 체득한 우리는 발품을 팔아야 한다는 것을 알고 있다.

예약을 담당한 친구가 애서 호텔을 찾았고, 직원과 함께 온다. 다행히 차가 서 있던 주차장에 주차할 수 있었다. 호텔에 가서 보니 정말 입구에는 전혀 호텔 표시가 없다. 옛날 유럽식 엘리베이터를 타고 4층으로. 다행히 방이 깨끗하고, 화장실도 비교적 넓다.

⑦ 내일은 이곳에서 공부하는 후배 신부들과 식사하기로 했는데 이

탈리아 스테이크집으로 예약을 해 놨단다. 그래서 오늘은 처음으로 한식을 먹기로 했다. 제육복음, 오징어볶음, 부대찌개, 김치찌개를 먹었는데 너무 짜서 한국 같으면 먹지도 않을 음식을 그래도 모처럼 소주와 함께 나름 맛있게 먹었다.

⑧ 돌아오는 길은 베드로 광장길을 통과해서 왔다. 두 친구는 옛날 생각에 감격에 겨운 모양이다. 그 옛날에는 이 광장에서 맥주도 먹고 노래도 불렀는데 지금은 경비가 심해 전혀 옛날 분위기가 안 난다고 볼멘소리를 한다. 그때는 사람도 별로 없었고 깨끗했는데 지금은 사람도 많고 노숙자들도 너무 많다고 투덜거린다.

그래도 베드로 성당의 야경 속에서 이 신앙의 고향을 걷고 있으니 감격스럽다 한다.

정말 그렇다. 1000년 가까이 우뚝 서 있는 베드로 성당의 야경은 참 신비롭고, 가톨릭 신앙을 가진 것이 문득 자랑스러워지기도 한다. 교황님이 계신 곳, 가톨릭의 총본산인 이곳을 여유 있게 걸을 수 있다는 점만으로도 자유 여행의 모든 불편함을 일시에 해소할 수 있는 정말 좋은 밤이었다.

4. 순례 10일차.

① 처음에 왔을 때 차량으로 4대 성당 중 하나인 산타마리아 성당을 방문하려 했으나 서너 번을 돌고도 주차할 자리를 찾을 수 없어 포기한 바 있었다. 로마 시내에서 차량을 움직인다는 것은 정말 바보 같은 짓이다. 교통체증도 심하고, 주차 장소를 찾는 것이 정말 어려운 일이기 때문이다.

② 택시를 타고 산타마리아 성당에 도착하였다. 산타마리아 성당은

뭔지 모를 평온함이 흘렀다. 로마는 눈이 오지 않는 곳인데 어느 날 이 지역에만 눈이 왔다고 한다. 그곳에 성당을 지으라는 계시가 있었다고 한다. 어머니의 성당이라 그런지 포근함과 평화로움이 있었다.

③ 사람당 5유로를 내면 특이한 곳을 보여 준다고 한다. 기대하면서 신청을 했다. 근데 이게 웬일! 정말 볼 게 없었다. 가이드는 영어와 이탈리아어를 쓰면서 마치 광대 같았다. 보여 준 거라곤 거대한 옷장 속에 있었던 추기경들의 제의였다. 우왁! 사기당한 느낌이다.

④ '이게 뭐지?' 하는 마음으로 성당을 나왔다. 교황님은 교회에서 거행하는 결혼식까지도 대여 비용을 받지 말라고 할 정도인데 입장료는 물론 화장실 사용료까지 받는다. 저녁에 후배 신부들과의 대화에서 "왜 로마에서까지 교황님의 말씀이 지켜지지 않느냐?" 하였더니 반반이란다. 즉 교황님의 말씀과 정신을 받아들이고 실천하는 사람 반, 그렇지 않은 사람 반이라는 것이다. 모처럼 제2의 프란치스코 성인과 같은 모습인데 그동안 가져 온 기득권을 버리지 못하는 모습이 안타까웠다.

⑤ 걸어서 콜로세움으로 갔다. 이곳 역시 처음에 시간이 늦어 입장하지 못했던 곳이다. 티케팅 줄이 엄청 늘어서 있고, 태양은 뜨거웠다. 진행을 맡은 신부가 얼굴이 벌게지면서까지 티케팅을 해 왔다.

⑥ 콜로세움, 그곳은 로마 황제의 최고 권력이 살아 움직이는 곳이었다. 축제와 검투사들의 겨루기장이었다. 엄청난 규모의 좌석을 상상해 볼 수 있었다. 그 엄청난 규모가 대리석으로 치장되어 있었음을 상상해 보니 그 옛날 모습이 잘 연상이 안 될 정도였다.

당시 로마 황제는 살아 있는 신이었다. 그곳에서 울렸을 군중들의 집단 최면 상태가 떠올랐다. 검투사들의 결투는 로마 시민들에게 스포츠였고, 모든 불만을 삭이는 광분의 공연이었으며, 특히 2세기 그리스도교인들의 공개 처형은 그 잔인함이 극도에 달했다. 인간의 이성과 양심은 광적인 군중심리와 집단 최면 상태에서 사라지고 말았다. 그곳에서 황제는 살아 있는 신이요, 모든 삶의 기준이었다.

⑦ 그리스도교는 살아 있는 신을 극복하였고, 진정한 신앙 속에서의 참다운 하느님을 전파하였다. 그 엄청난 로마의 권력과 아성을 극복한 것이다. 참으로 대단하다. 로마는 세계를 정복하였지만 그리스도교는 바로 그 로마를 정복하였던 것이다.

진정한 하느님을 가르쳤으며, 그 하느님의 계시와 계명을 전해 주었다. 문란하기만 하던 윤리를 무너뜨리고, 무질서하던 양심과 상식을 회복시켰다. 이제 로마는 진정한 하느님을 찾게 되었고, 새로운 질서와 삶의 기준으로 새로운 그리스도교 국가가 될 수 있었다. 새로운 삶의 기준이 생긴 것이다. 유럽 정신세계의 진정한 원조가 될 수 있었다.

⑧ 점심 후 트레비 분수로 향하였다. 수많은 사람들이 근거 없는 전설을 믿고 있었다. 그 분수에 동전을 던지면 로마에 다시 올 수 있다는 전설이었다. 그러나 나를 비롯한 많은 사람들은 그 근거 없는 전설을 믿고 싶었다. 다시 또 오고픈 마음을 부추기고 있는 것이다. 친구는 한술 더 뜬다. 정해진 가게에서 본젤라또, 즉 아이스크림을 먹어야 그 전설이 확실히 이루어진다는 것이다. 아이스크림은 맛있었다.

⑨ 이탈리아의 명품거리를 지나 별로 볼 거 없는 스페인 광장에 도

착하였다. 남들이 하는 것처럼 계단에 앉아 한참을 쉬었다.

⑩ 한참을 걸어 야간에 아름답게 보이는 천사의 성에 도착하였다. 입장료가 14유로였다. 또 속는 게 아닌가 했다. '카노사의 굴욕' 이후 교황의 피신처로 이 성을 건립했고, 바티칸에서 지하통로로 연결되어 있다고 한다. 내부는 별로 아름답지 않았고, 눈에 띨 만한 예술품도 없었다.

다리도 아픈데 위로만 올라간다. 도중에 나가고 싶었는데 출구가 맨 위까지 올라가야 있다고 한다. 할 수 없이 지친 다리를 끌고 올라가는 수밖에 없었다. 맨 꼭대기에 오르고 보니 로마 시내가 360도로 보이는 것이었다. 14유로가 아깝지 않았다. 때마침 아름다운 노을이 로마를 비추고 있었다.

⑪ 쇼핑을 하자는 친구들에게 힘드니 내일 하자며, 나는 숙소 근처에 미리 봐 둔 비교적 큰 성당으로 향했다.

⑫ 성당에 들어가 보니 희뿌연 성모자상 그림이 눈에 들어왔다. 조금은 신비로운 듯했다. 한 시간 이상을 그대로 앉아 있었다. 로마의 영적 기운 때문인지 쉽게 잠심 상태에 빠진다. 온몸이 나른하고 졸린 듯하면서도 마음은, 또 영혼은 깨어 있는 듯한 상태다.

⑬ 영적으로 충만한 로마에 대한 묵상이었다. 성당 어느 곳이든 하느님께 대한 신앙과 사랑이 곳곳에 묻어 있었다. 아름다운 대리석을 색깔별로 조화롭게 배치하였고, 기가 막힌 장인들의 솜씨가 곳곳에 수를 놓고 있었다. 어쩜 그리도 그 무거운 대리석을 마치 나무인 듯이 멋지게 조각을 해낼 수 있었을까? 감탄이 절로 나온다. 그것은 확실히 권력의 힘에 의한 강제적이고 타율적인 작품들이 아

니었다. 하느님께 대한 신앙, 그분께 대한 사랑, 교회를 아끼는 마음에서 우러나온 자발적이고 창의적인 작품들이었다. 즉 인간의 온전한 자유의지에서 나온 것이다.

⑭ 이탈리아 사람들을 살펴보면 참 재미있다. 어렸을 때부터의 자율적이고 창의적인 교육 때문인지 자유스러우면서도 뭔지 모를 질서가 있다. 무질서 속의 질서랄까!

고속도로에서도 속도제한이 있지만 카메라는 별로 없다. 맘껏 달려도 좋지만 사고가 나면 당사자가 책임지라는 뜻이다. 길거리에서 맘껏 담배를 피워도 되지만 건강은 자신이 책임지라는 뜻이다. 빨간 신호등을 무시하고 길을 건너도 되지만 사고가 나면 그것도 자신이 책임지면 되는 것이다.

교육의 차이점을 느낀다. 어렸을 때부터 강제적이고 주입적인 교육을 받은 우리에게서는 그런 자율성과 창의성이 절대 나올 수 없음을 느끼게 된다. 수업 시간에도 수많은 질문 때문에 선생이 수업 진행이 어렵다고 한다.

⑮ 저녁은 명일동에서의 보좌, 신학생 그리고 안동, 청주에서 공부하는 신부들과 함께했다. 그들의 앳된 얼굴을 보면서 그들이 겪어야 할 수많은 고통의 시간들이 안쓰러워졌다. 박사까지는 거의 10년을 버텨야 한단다. 가장 어려운 문제는 역시 언어라 한다.

⑯ 안쓰러운 만남의 시간, 맛있는 스테이크를 사 주면서 헤어질 때는 용돈과 그리고 미처 다 먹지 못한 육포, 소주, 라면을 주었다.

⑰ 이제 모든 여정이 끝났다. 내일 비행기를 타고 한국으로 돌아간다. 이 이탈리아에서의 모든 느낌들, 깨달음들, 체험들이 내 삶 안에

깊이 새겨지길 간절히 빌어 본다. 하느님, 감사합니다. 친구들아, 고맙다.

5. 이탈리아 순례기 재미있으셨나요? 오늘은 좀 길었습니다. 저 나름대로는 피곤한 눈을 부릅뜨고 사명감을 갖고 그날그날 적어 나간 일기이며, 순례기입니다.

오늘 복음에서 세례자 요한은 자신의 소명을 용감하게, 진술하게, 그리고 겸손하게 외칩니다. "당신은 누구요?"라는 질문에 "나는 단지 주님의 길을 곧게 내라고 외치는 광야의 소리에 지나지 않는다." 말씀하십니다. 세례자 요한은 오늘날에도 우리 각자에게 주님을 맞을 수 있는 마음의 길을 곧게 내라고 외치고 있습니다.

기쁜 성탄, 하느님의 영광과 축복이 가득한 성탄이 될 수 있도록 이번 한 주간 정신을 바짝 차리고 깨어 있으면서 아기 예수님을 기다리도록 합시다.

"형제 여러분, 언제나 기뻐하십시오. 끊임없이 기도하십시오. 모든 일에 감사하십시오. 이것이 여러분에게 바라시는 하느님의 뜻입니다." 아멘.

대림 제4주일(2017. 12. 24.)

"저는 주님의 종입니다.
말씀하신 대로 저에게 이루어지기를 바랍니다."

1. 이번 성탄은 오늘 대림 제4주일과 겹쳐 있습니다. 따라서 오늘 오전 미사는 대림 제4주일 미사이고, 오늘 저녁에는 성탄 전야 미사가 있고, 내일은 성탄 본미사가 있겠습니다. 교우 여러분께서도 바쁘시겠습니다. 오늘 오전 미사 참례하신 분도 저녁 성탄 전야 미사에 참석하셔야 하겠고, 또 신심이 두터우신 분들은 내일 성탄 미사도 참석하실 것입니다.

2. 저도 힘듭니다. 오늘 강론 준비해야 하고, 또 저녁 전야 미사 강론도 준비해야 하고, 경우에 따라서는 내일 성탄 본미사 강론도 준비해야 합니다.

3. 본당에서 봉사하시는 분들도 힘들기는 마찬가지입니다. 오늘 오전 미사 후 저녁 전야 미사에 있는 각종 이벤트와 축복 행사를 차질없이 준비해야 하기 때문입니다.

4. 아무리 힘들어도 성모님이나 요셉 성인만큼 힘들겠습니까?

5. 성령으로 인해 아기 예수님을 낳기 위한 성모님의 고통을 묵상해 보게 됩니다.

6. 성모님은 천성적으로 하느님의 은총 속에 태어나셨고, 또 그리 자라셨습니다. 성모님은 그 탄생과 성장이 남달랐다고 할 수 있습니다. 성모님은 하느님의 특별한 간택으로 모든 인간이 다 갖고 태어나는 그 지긋지긋한 원죄로부터 자유로우실 수 있었습니다. 죄를 지을 수 있는 상황에 처하는 것이 원죄의 개념입니다. 즉 성모님은 그 탄생에서부터 죄와 어둠으로부터 자유로우신 분이셨습니다.

죄와 어둠이 없고, 하느님의 은총만 가득하다고 성모님은 고통이 없으신 분이셨을까요? 그렇지 않았을 것입니다. 하느님의 특별한 은총 속에 있는 성모님을 세상의 죄와 악의 세력은 가만히 내버려 두지 않았을 것입니다. 보통 인간이 겪는 어둠과 죄의 유혹보다도 더 큰 유혹과 고통 속에 처하실 수밖에 없으셨을 것입니다. 악의 세력은 어떻게 해서든지 성모님을 통하여 드러날 하느님의 구원 계획을 저지하고, 방해하려고 모든 힘을 다하였을 것이기 때문입니다.

아마도 성모님은 어린 시절부터 자신을 향해 끊임없이 돌진하는 죄와 악의 세력을 체험하실 수밖에 없으셨을 것입니다. 성모님도 인간이신지라 자신의 힘만으로는 그 악의 세력을 이겨 내실 수 없으셨을 것이고, 끊임없이 하느님께 의지하고, 하느님의 힘으로 사는 법을 터득하셨으리라 생각됩니다. 즉 성모님은 이 세상의 그 누구보다도 어둠과 죄의 세력을 볼 수 있었고, 그 악한 세력을 이겨 나가는 법을 잘 터득하셨으리라 보입니다.

7. 성모님의 생애는 특별하신 하느님의 은총으로, 하느님의 힘으로 살아갈 수밖에 없는 삶이셨습니다. 이 세상의 온갖 어둠과 죄를 하느님의 힘으로 이겨 나가신다는 사실, 그 자체로 성모님은 예수님

의 어머니로, 하느님의 어머니로 준비되고 있었던 것입니다.

8. 하느님께서는 인간에게 자유의지를 주셨기에 웬만해서는 인간 사에 직접적으로 관여하지 않으십니다. 그러나 인간의 힘으로는 더 이상 버틸 수 없는 어둠과 악의 세상이 되자 하느님께서는 인간사 에 직접적으로 개입하십니다.

어둠과 악의 세상에서 하느님의 모상으로 태어난 인간은 더 이상 숨을 쉴 수가 없었고, 탈출구가 없었습니다. 인간이 할 수 있는 일은 그저 기다림뿐이었습니다. 인간의 힘으로는 탈출이 불가능하고, 새 로운 생명이 불가능한 상황에서 인간은 그 상황을 이겨 내 줄 하느 님의 힘, 구세주 그리스도를 기다릴 수밖에 없었습니다.

9. 때가 되었다는 말은 다른 말로 하면 어둠과 악이 극에 달했다는 뜻이기도 합니다. 더 이상 인간 내면에 하느님의 힘이 존재하기 힘 든 상황 속에, 그 어둠 속에, 그 죄악 속에 하느님께서 직접 아기의 모습으로 이 세상에 내려오십니다. 가장 어두울 때, 가장 죄악이 심 했을 때, 더 이상의 선도, 아름다움도, 진실함도 없을 때 하느님께서 이 세상의 역사에 직접 개입하십니다. 인간의 힘으로는 그 누구도 하느님께 나아갈 수 없었기 때문입니다.

10. 그러나 하느님은 비상식적인 방법, 비인간적인 방법으로, 즉 초 월적이고 신비적인 방법으로 개입하지 않으십니다. 가장 인간적인 방법, 가장 자연적인 방법으로 인간 역사 안에 들어오십니다.

11. 마리아를 그 탄생에서부터 준비시키셨고, 그 성장과정에 함께

하셨습니다. 때가 이르렀을 때에도 강제로 하지 않으십니다. 마리아가 그 신비스러운 하느님의 구원의 역사를 자발적으로, 자율적으로 받아들이자 성령의 힘으로 아기 예수님을 잉태하게끔 하십니다. 그뿐만 아니라 아기의 아버지, 요셉을 또한 선택하십니다. 요셉도 많은 갈등과 회의의 시간을 거칠 수밖에 없었지만 마리아처럼 자발적으로, 자율적으로, 자신의 뜻으로 아기를 지켜 주는 아버지의 역할을 맡게 됩니다.

12. "보십시오, 저는 주님의 종입니다. 말씀하신 대로 저에게 이루어지기를 바랍니다."라고 마리아는 대답하였고, 천사를 통하여 하느님의 뜻임을 직감한 요셉은 아무 말 없이 마리아를 아내로 받아들이게 됩니다.

하느님은 절대로 인간에게 강제적인 방법을 쓰지 않습니다. 마리아에게도 스스로 그 구원 계획을 받아들이게 하셨고, 요셉에게도 그러합니다. 즉 이제 하느님의 뜻은 바로 마리아와 요셉의 뜻이요, 삶이 된 것입니다.

13. 마리와와 요셉의 공통점은 어떤 상황에서도 하느님을 믿고 신뢰한다는 것이었습니다. 두 분은 인류 역사상 가장 위대한 선택을 하게 된 것이고, 이제 위대한 투신을 하려는 것입니다. 마리아는 그토록 기다리던 구세주의 어머니가 되는 것이고, 요셉은 그러한 마리아를 지켜 주는 든든한 울타리 역할을 하기 시작하는 것입니다.

14. 이 두 분의 삶은 인류 역사상 그 누구도 경험해 보지 못한 삶이 되고 말았습니다. 도대체 어떻게 해야 하는지, 어떤 길을 가야 하는

지 두 분은 전혀 알 수 없었습니다. 두 분에게 있는 인생의 유일한 나침반은 오직 하나, 하느님께 대한 신뢰와 믿음뿐이었습니다.

15. 보이지 않는 하느님께 대한 믿음과 신뢰만으로 이 험한 세상을, 특별히 아기 예수님의 부모로 산다는 것은 말처럼 쉬운 일이 아니었을 것입니다. 물론 하느님의 특별하신 보호와 은총이 있으셨지만 동시에 마리아와 요셉의 신앙과 신뢰가 없었으면 불가능한 일이었을 것입니다.

성서에 나오지 않는, 또 우리가 모르는 마리아와 요셉의 삶의 고통, 갈등, 회의를 우리는 상상해 볼 수 있고, 그 끝을 알 수 없는 터널을 뚫고 이루어 내시는 마리아와 요셉의 승리를 우리는 경축할 수밖에 없습니다. 그들의 특별한 삶에 그들은 매순간 하느님을 찾고, 의지하고, 하느님의 이끄심에 자신의 모든 의지를 불살라 버리고, 하느님의 뜻만을 찾을 수밖에 없었을 것입니다.

16. 이 세상에 수많은 성인, 성녀가 있지만 이토록 온전하게 하느님을 믿고 신뢰한 사람이 또 있을까요? 아마도 없을 것입니다. 마리아와 요셉처럼 인간으로서 이토록 완벽한 신앙을 보여 준 사람은 아마 없을 것입니다. 정말 대단한 인간의 승리요, 신앙의 승리이며, 하느님의 승리인 것입니다. 정말 하느님께 대한 온전한 믿음과 신뢰로 그들의 삶에 하느님께서 전적으로 함께하시고, 하느님의 권능을 부여하시는 완전한 신앙의 모범이시고, 모델이신 것입니다.

17. 그래서 성모님은 예수님의 어머니, 하느님의 어머니임과 동시에 교회의 어머니이시고, 우리 모든 신앙인들의 어머니이신 것입니

다. 진실한 개신교 신자들은 자신의 신앙에 있어 두 가지 아쉬움을 토로한다고 합니다. 첫째는 그들의 신앙에는 어머니가 없는 것이고, 두 번째는 생명의 양식인 성체가 없다는 것입니다. 어머니가 없는 자식은 얼마나 외롭고 힘들까요? 영원한 생명의 양식이 없는 자식들은 얼마나 서글프고 배고플까요?

18. 그래서 우리 가톨릭 신자들은 참으로 행복한 하느님의 자녀들인 것입니다. 우리의 어머니가 계시고, 그 어머니가 우리 삶의 곳곳에서 우리를 지켜 주시고, 우리가 어렵고 힘들 때마다 우리를 위해서 기도해 주시기 때문입니다. 성모 어머님의 기도는 하느님의 마음을 가장 잘 움직이시는 기도인 것입니다.

또한 우리에게는 요셉 성인께서 함께 계십니다. 아무 말 없이 언제나 묵묵히 계시지만 이 세상의 모든 아버지들에게 요셉 성인은 힘이 되어 주시고, 또한 우리가 죽을 때 우리를 위해서 기도하시고, 변호해 주시고, 우리의 가장 무서운 그 죽음의 순간에 우리의 손을 꽉 잡아 주시는 분이 우리와 함께 계시니 우리는 얼마나 복된 사람들입니까?

19. 우리가 비록 부족해도 성모님과 요셉 성인의 삶을 통해 이루어 내신 그 신앙과 신뢰가 우리에게도 함께하시는 것이니 우리는 우리의 부족함을 통해 하느님의 자비를 입을 수 있는 것이며, 하느님께 나아갈 수 있게 되는 것입니다.

20. 오늘 이 대림 4주일에 더더욱 성모님과 요셉 성인께 우리를 이끌어 주십사 하고 간절히 기도할 수 있어야 하겠습니다. 우리 성당

좌우측에 함께 계시는 이 두 분은 언제나 우리의 삶을 굽어보시며, 우리의 기도를 하느님 대전에 전달해 주시고, 우리를 위해 기도해 주시는 너무나 고마운 예수님의 어머니, 아버지이시고, 동시에 우리의 어머니, 아버지이심을 잊지 않도록 해야겠습니다.

"보십시오, 저는 주님의 종입니다. 말씀하신 대로 저에게 이루어지기를 바랍니다." 아멘.

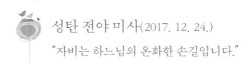

성탄 전야 미사(2017. 12. 24.)

"자비는 하느님의 온화한 손길입니다."

1. 오늘은 참으로 아름다운 밤입니다. 어둠 속에, 죄악 속에, 부족함 속에 빛과 사랑이 내리는 밤이기 때문입니다.

2. 나의 부족함에도 불구하고 신앙과 신뢰의 은총이 내립니다. 우리 공동체의 부족함에도 불구하고 희망과 변화의 은총이 내립니다. 우리 모두의 부족함에도 불구하고 자비와 용서의 은총이 내립니다.

3. 하느님의 은총은 그저 눈처럼, 비처럼, 햇살처럼 누구에게나 공평하게, 공짜로 내리는 것입니다. 특히 이 성탄의 은총은 그 양과 질이 훨씬 더 크고 풍요롭습니다.

어떤 부족한 사람에게도, 어떤 못난 사람에게도, 어떤 죄악에 빠져 있는 사람에게도 이 은총은 그 모든 부족함을 뛰어넘어서, 그 모든 못남을 뛰어넘어서, 그 모든 죄악을 뛰어넘어서 내리는 것입니다. 이 성탄의 은총 앞에 아무리 극악한 사람일지라도 그 본래의 아름다운 인간의 심성, 하느님께서 선물해 주신 그 모상으로 안내됩니다. 그래서 이 성탄절은 1년 중 가장 기적이 많이 일어나는 때입니다.

4. 오해가 있는 곳에 이해가 생기며, 분열이 있는 곳에 일치가 이루

어지며, 미움이 있는 곳에 사랑이 생겨납니다. 무관심과 분노 속에 용서의 마음이 일어나며, 싸움이 있는 곳에 평화가 꽃핍니다. 잘난 척하는 마음에 겸손이 스며들며, 가난하고 불쌍한 이에게 하느님의 자비가 전달됩니다. 대화가 부족한 곳에 대화와 배려가 생겨납니다. 우리 자신의 부족함을 받아들이고 깨닫게 해 주며, 이웃의 부족함에 연민과 측은지심을, 그리고 용서와 이해를 가능하게 해 줍니다.

5. 그래서 이 밤은 1년 중 가장 아름다운 밤입니다. 하느님의 사랑과 은총이 우리 눈에 보이는 방법으로 직접적으로 내려오시기 때문입니다. 하느님께서 가장 겸손한 방법으로, 가장 인간적인 방법으로, 가장 자연적인 방법으로 이 어둠에 가득 찬 땅에 직접 내려오십니다.

6. 인간이 어쩌지 못하는 부족함과 어둠들, 죄악들, 그 가장 어두운 곳에 온갖 악의 세력을 내쫓으며 빛으로 내려오십니다. 1년에 한 번씩은 그 지긋지긋한 어둠들을 몰아내십니다. 우리에게 새로운 희망과 용기를 일깨워 주십니다.
또다시 어두워질 것임을, 또다시 어리석어질 것임을 뻔히 아시면서도 그래도 우리에게 내려오십니다. 우리의 어둠이 당신의 사랑을 배신하고, 오도하고, 모욕할 것임을 알면서도, 그 사랑에 대한 배신의 고통이 얼마나 큰 것임을 알면서도 그 모든 것을 각오하시고 이 밤에 또다시 우리에게 주실 천상 선물을 가득 안고 내려오십니다.

7. 사랑은 아름다운 것이지만 아픈 것입니다. 진실된 사랑일수록 목숨을 바쳐야 할 정도의 아픔과 고통을 각오해야 하는 것입니다.

그러나 그럼에도 불구하고 그분은 그 모든 아픔을 잊고 또다시 우리를 찾아오십니다. 아프지만, 고통스럽지만 그분 안에 있는 사랑은 우리의 부족함과 어둠과 죄악을 훨씬 뛰어넘는 것이기 때문입니다. 그래서 사랑은 아프지만 아름다운 것입니다.

8. 우리도 이 밤에 좀 더 마음을 열고 그분의 사랑을 받아들일 수 있어야 하겠습니다. 은총은 공짜로 내리지만 그 은총의 열매는 나의 마음과 행동에 따라 달라질 수 있기 때문입니다. 더 좋은 사람, 더 행복한 사람으로 살고 싶다면 그 은총의 열매를 맺어야 하는 것입니다.

어떤 면에서 은총은 하나의 씨앗과 같은 것입니다. 내 맘속에 뿌려지는 하느님의 씨앗들, 그 씨앗들을 어떻게 가꾸고 키우느냐는 바로 나에게 달려 있습니다. 그 은총의 씨앗들이 뿌리를 내리고, 잎과 꽃을 피우고, 열매를 맺을 수 있다면 우리 마음 안에 깊숙이 퍼지는 하느님 나라의 기쁨과 평화를 발견하게 될 것이고, 감사와 찬미 속에 하느님께 영광을 돌려드릴 수 있게 될 것입니다. 그리고 우리도 하느님의 도구로서 이웃들의 마음 안에 하느님의 은총을 전할 수 있게 될 것입니다.

9. 우리는 오늘 구유 행렬전에 시리아 소녀 아말의 기도와 교황님의 간곡한 자비 부탁 말씀을 영상으로 보았습니다.

10. 시리아는 예수님이 돌아가신 뒤 사도들이 발판으로 삼았던 지역입니다. 당시 전 세계로 뻗어나가기 위한 전초기지였고, 초기 교회 때는 오늘날의 영성의 뿌리가 있는 곳이기도 합니다. 지금은 이

슬람 국가들이 자리 잡고 있지만 우리 그리스도교인들의 시작점이요, 뿌리인 것만은 부정할 수 없는 사실입니다.

비록 아랍 국가요, 이슬람 국가이지만 그곳에는 아직도 놀랍게도 그리스도교 신앙을 가진 이들이 있습니다. 그리고 성당도 있습니다. 아랍인이면서 그리스도인으로 산다는 것은 그야말로 죽음과 동포로부터의 단절을 각오한 신앙이 아니면 불가능한 것입니다. 사실 너무나 오묘하게도 이슬람 국가에서 그리스도교 신앙을 고수하는 이들이 많습니다.

11. 시리아는 오랜 내전으로 많은 이들이 유랑민이 되고 말았습니다. 시리아의 교회도 참으로 큰 고통과 슬픔에 처해 있습니다. 이 성탄에 우리 금호동 공동체가 그들에게 작은 희망과 위로, 그리고 기쁨이 되고픈 마음이 간절히 들었습니다. 먼 이역만리, 누구인지도 모르겠지만 우리의 마음들이 그들에게 삶에 대한 새로운 의지, 하느님께 대한 신뢰와 신앙을 회복하는 작은 불쏘시개가 되고픈 마음입니다.

강대국들의 이해관계에 의해 찢어질 대로 찢어진 그들의 처지는 어떤 면에서는 우리가 가장 잘 이해할 수 있는 부분이 아닌가 합니다. 그들에게 기쁜 성탄, 희망이 가득 찬 성탄, 하느님께 대한 신뢰를 회복하는 의미 있는 성탄이 될 수 있도록 마음을 함께하여 주셨으면 합니다.

12. 박노해 시인의 〈이스탄불의 어린 사제〉라는 시를 낭송해 드리겠습니다. 긴 겨울을 앞두고 어린 쿠르드 소년의 눈물과 가난을, 그

리고 의지와 희망을 떠올리며 이 시를 나눕니다.

"폭설이 쏟아져 내리는 이스탄불 밤거리에서
커다란 구두통을 멘 아이를 만났다
야곱은 집도 나라도 말글도 빼앗긴 채
하카리에서 강제 이주당한 쿠르드 소년이었다

오늘은 눈 때문에 일도 공치고 밥도 굶었다며
진눈깨비 쏟아지는 하늘을 쳐다보며
작은 어깨를 으쓱한다
나는 선 채로 젖은 구두를 닦은 뒤
뭐가 젤 먹고 싶냐고 물었다
야곱은 전구알같이 커진 눈으로
한참을 쳐다보더니 빅맥, 빅맥이요!
눈부신 맥도날드 유리창을 가리킨다

학교도 못 가고 날마다 이 거리를 헤매면서
유리창 밖에서 얼마나 빅맥이 먹고 싶었을까
나는 처음으로 맥도날드 자동문 안으로 들어섰다
야곱은 커다란 햄버거를 굶주린 사자새끼처럼
덥석 물어 삼키다 말고 나에게 내밀었다

나는 고개를 저으며 담배를 물었다
세 입쯤 먹었을까
야곱은 남은 햄버거를 슬쩍 감추더니

다 먹었다며 그만 나가자고 하는 것이었다

창밖에는 흰 눈을 머리에 쓴

대여섯 살 소녀와 아이들이 유리에 바짝 붙어

뚫어져라 우리를 쳐다보고 있었다

야곱은 앞으로 만날 때마다

아홉 번 공짜로 구두를 닦아 주겠다며

까만 새끼손가락을 걸며 환하게 웃더니

아이들을 데리고 길 건너 골목길로 뛰어 들어갔다

아, 나는 그만 보고 말았다

어두운 골목길에서 몰래 남긴 햄버거를

손으로 떼어 어린 동생들에게

한입 한입 넣어 주는 야곱의 모습을

이스탄불의 풍요와 여행자들의 낭만이 흐르는

눈 내리는 까페 거리의 어둑한 뒷골목에서

나라 뺏긴 쿠르드의 눈물과 가난과

의지와 희망을 영성체처럼

한입 한입 떼어 지성스레 넣어주는

쿠르드의 어린 사제 야곱의 모습을"

13. 교황님께서는 말씀하십니다.

"우리 모두는 하느님의 자비를 필요로 하지만 우리 서로 간의 자비
도 필요합니다. 우리 서로 간의 온정이 필요합니다. 서로 손을 잡고

자상하게 서로를 보살펴야 합니다. 그래서 저는 자비를 실천할 것을, 일시적인 것이 아닌 이 영원한 자비를 실천할 것을 여러분에게 권고합니다. 자비는 하느님의 온화한 손길입니다."

14. 아주 간략한 말씀이지만 이 교황님의 말씀은 오늘 가난한 구유에서 탄생하시는 아기 예수님의 말씀이기도 한 것입니다.

"자비는 우리의 죄를 용서받는 기회이며, 하느님의 뜻이며, 우리가 가장 거룩해질 수 있는 지름길"임을 이 밤에 우리 마음에 깊이 새기도록 합시다. 자비는 이 밤에 내리는 하느님의 은총의 결과여야 합니다.

"자비는 하느님의 온화한 손길입니다." 아멘.

2018년
강론

새해 아침에 (2018. 1. 1.)

"진정 우리가 자녀이기 때문에 하느님께서는 당신의 영을
우리 마음 안에 보내 주셨습니다. 그 영으로 아빠, 아버지라고
외치는 것입니다."

1. 새해 아침이 밝았습니다. 여느 날과 똑같은 아침이지만 이 새해
아침의 의미는 색다른 거 같습니다. 많은 사람들이 새해 첫날 떠오
르는 태양을 보기 위해 곳곳으로 향합니다. 태양은 모든 생명의 근
원이요, 원천임을 알기 때문입니다. 태양이 없으면 이 지구상에 생
명이 존재할 수 없습니다. 그래서 옛날 고대부터 태양신을 섬겨 왔
고, 신비롭게 생각해 왔습니다.

2. 우리 그리스도교인들은 이 자연의 태양을 보면서 진정한 생명의
근원이요, 원천인 하느님을 생각합니다. 태양조차도 피조물에 불과
한 것이기 때문입니다. 하느님께서는 이 지구의 생명을 유지시켜
주시기 위해서 그 엄청난 태양을 창조해 주시고, 유지시켜 주시고
계십니다.

사람들은 어마어마한 우주를 보면서, 또 태양을 보면서 자연의 위
대함과 신비로움을 느끼지만 우리 그리스도교인들은 그 모든 것을
창조해 주시고, 섭리해 주시는 하느님의 존재를 믿기에 그 우주와
태양을 넘어서는 하느님께 감사하고, 찬미하고, 그 모든 영광을 돌
려 드리는 것입니다.

3. 새로운 한 해가 또 주어졌고, 오늘도 어김없이 태양이 떠올랐습니다. 이 새로운 한 해는 하느님의 또 다른 새로운 선물이며, 오늘 떠오른 태양과 우주와 이 모든 자연 만물 역시 하느님께서 주시는 선물입니다.

4. 하느님께서 오로지 인간에게만 생각할 수 있는 능력과 직관할 수 있는 능력을 주셨기에 인간은 이 모든 위대한 자연을 뛰어넘을 수 있는 것입니다. 따라서 태양을 비롯한 우주 만물이 위대한 것은 분명하지만 인간은 그보다 더 위대하고, 신비롭고, 경이로운 존재입니다. 모든 만물의 원천이신 창조주의 사랑과 권능의 손길이 인간에게 가득하기 때문입니다. 자연 만물은 단지 그 질서에 따라 움직일 뿐이지만 인간은 그 모든 것에 의미를 부여할 수 있고, 그 모든 질서에 숨겨진 오묘한 이치와 하느님의 사랑을 깨달을 수 있기 때문입니다.

5. 내가 존재하지 않으면 그 위대한 태양도, 자연계도 아무 의미가 없습니다. 즉 내가 존재하기 위해서 그 위대한 자연이 있는 것입니다. 달리 말하면 하느님께서는 바로 나를 위해서 이 엄청난 자연을 선물로 허락하고 계시는 것입니다.

주고 또 주어도 아깝지 않은 것이 바로 사랑입니다. 하느님께서는 바로 그 사랑으로 나에게 이 모든 자연의 선물을 주시고, 나의 인생 속에서 그 오묘한 사랑을 깨달으라고 시간과 세월을 주시고, 남과는 다른 나만의 인생을 주시고, 그 인생의 세월 속에 또한 함께 계셔 주십니다.

6. 따라서 나의 존재는, 나의 생명은, 나의 인생은 참으로 위대한 하느님의 선물일 수밖에 없습니다. 부모가 아무리 나에게 잘해 준다 하더라도 한계가 있을 수밖에 없습니다. 그러나 우리의 참부모이신 하느님께서는 그 사랑에 한계가 없고, 또 그 사랑의 표현에도 한계가 없으십니다. 시간과 세월 속에 당신의 그 오묘한 사랑과 선물을 숨겨 놓으시고, 우리의 깨달음을 통해서 그 사랑과 선물을 찾으라 하십니다.

인생은 어떤 면에서는 보물찾기와 같습니다. 그 보물은 마음을 다할 때, 정성을 다할 때, 최선을 다할 때 찾을 수 있습니다. 하나의 보물을 찾아낸 사람은 그 의미와 기쁨을 알기에 두 번째, 세 번째 보물을 계속 찾아 나섭니다. 하느님께서는 보물을 찾은 아이가 기뻐하는 것을 뿌듯한 마음으로 지켜보시며, 또 다른 기쁨의 선물을 우리 인생의 어느 곳인가에 숨겨 놓고 계십니다.

우리 인생에는 수많은 하느님의 선물이 숨겨져 있습니다. 때로는 성공 속에, 때로는 실패와 좌절 속에 그 보물을 숨겨 놓으십니다. 그러나 많은 경우에는 실패와 좌절 속에 그 보물을 숨겨 놓으십니다. 인간은 성공 속에 교만해질 수밖에 없기 때문입니다. 인간은 실패와 좌절 속에 자기가 있어야 하는 본래의 자리를 찾을 수 있기 때문입니다.

저는 사목 생활을 하면서 성공한 사람, 잘난 사람, 멋있는 사람에게서는 진정한 감사와 진실성을 별로 발견하지 못하였습니다. 그러나 힘들고 어려운 사람들의 마음속에는 진정한 감사와 참회와 깨달음이 있음을 많이 발견할 수 있었습니다. 이 세상에서는 꼴찌지만 하느님 나라에서 첫 자리를 차지할 수 있는 사람들은 바로 힘들고 어렵지만 그 주어진 삶 안에서 기뻐하고, 감사하고, 하느님을 진정으로 사랑하는 사람들임을 볼 수 있었습니다.

성공하기 위해서, 잘나기 위해서, 멋있어지기 위해서 물론 치열하게 살아야 하겠지만 그 과정에서 많은 다른 사람의 눈물이 필요한 것이기에, 그들은 자기도 힘들게 살아왔다고 외치겠지만 아마 하느님의 귀에는 잘 들리지 않을 것입니다. 그 삶에 진정성이 없기 때문입니다. 그러나 가난하고 힘든 사람들, 삶의 무게가 심한 사람들은 물론 상처도 크겠지만 그 인생의 상처 안에서 함께하시는 하느님을 발견할 수 있을 것입니다. 하느님께서는 그 모든 상처와 아픔을 극복한 사람들의 인생의 진정성을 귀여겨들어 주실 것입니다.

7. 그래서 하느님께서는 때로는 우리를 매정하게 내치시는 상황 속에 허락하시기도 하는 것이지요. 우리를 사랑하시기에 우리보다 더 많은 눈물을 흘리시면서, 우리보다 더 큰 아픔과 고통을 겪으시면서 때로는 우리를 냉정하게, 때로는 가혹하게 내치시기도 하는 것이지요.

속 좁은 사람들은 그런 하느님이 야속하게도 느껴지겠지만 깨달을 줄 아는 사람들은 그런 하느님께도 감사와 찬미를 드리게 됩니다. 하느님께서 여태까지 이끌어 주셨으니 지금도, 앞으로도 이끌어 주실 것임을 본능적으로 알고 있기 때문입니다. 그래서 지금 '에이, 더러운 인생, 재수 없는 인생, 꼬인 인생'이라고 불만하지만 그 불만 속에 하느님께 대한 희망과 신뢰를 가질 수 있는 것입니다.

8. 그리 살다 보면 언젠가는 하느님께서 왜 그러셨는지, 왜 그러실 수밖에 없으셨는지 깨닫게 되는 것입니다. 바로 나를 위해서 아파하시면서도 사랑 때문에 그리하실 수밖에 없으셨음을 깨달을 수 있게 되는 것입니다.

9. 하느님께서는 모든 사람을 다 부르시고, 다 사랑하시지만 특별히 더 사랑하시고 이끌어 주시는 사람이 따로 있습니다. 하느님께서 사랑하시지 않고 이끌어 주시지 않으면 이 세상 속으로 들어갈 수밖에 없는 것이고, 이 세상 방식대로 살아갈 수밖에 없는 것입니다. 겨자씨가 풍성한 나무가 되고, 작은 효소가 빵을 부풀리듯이 하느님께서는 작은 것, 초라한 것, 미약한 것을 통해서 하느님 나라를 이루어 내시는 분이신 것입니다.

10. 자, 이제 우리는 우리 자신에 대한 존재감을 한층 높이 가질 수 있어야 하겠습니다.
첫째 하느님께서는 나를 위해서 이 세상 만물을 주신 것이고, 둘째 그 모든 것 안에서 당신을 찾기를 바라시는 것이고, 셋째 나에게 주어진 인생은 하느님의 특별한 선물인 것이고, 넷째 그 인생 안에 당신의 귀한 보물을 숨겨 놓으신 것이고, 다섯째 그 보물은 실패하고 고통스러운 마음, 즉 하느님께 향할 수밖에 없는 사람들에게만 허락된 선물인 것이고, 여섯째 이 모든 것은 나를 지극히 사랑하시는 하느님의 오묘한 섭리요, 창조요, 이끄심이라는 사실을 깨달을 수 있도록 합시다.

11. 예수님의 고통에 참여한 사람은 예수님께서 받으시는 능력과

영광 또한 함께 받는 것입니다. 우리 인생의 모든 수고, 하느님께 향한 모든 수고와 고통은 결코 헛된 것이 아닙니다. 그것은 하느님을 얻기 위한, 즉 하느님의 능력을 얻기 위한 것입니다. 아무리 이 세상의 모든 것을 얻는다 해도 그 마음 안에 하느님의 힘과 능력이 없으면 이 세상의 모든 것은 다 부질없는 것이고, 허상이며, 신기루와 같은 것에 지나지 않습니다. 하느님이 없으면 세상만사 다 헛되고, 헛된 것입니다. 그러나 하느님께서 함께 계시면 이 세상은 참으로 찬란하고 기쁨이 가득 찬 세상이 되는 것입니다.

12. 어떤 세상 속에서 살고 싶습니까? 헛되고, 헛된 인생입니까? 기쁨과 감사로 가득 찬 인생입니까? 그 선택은 나의 삶이 얼마나 하느님을 향해 있느냐, 세상을 향해 있느냐에 달려 있습니다.

13. 새로이 시작되는 이 한 해라는 선물, 성모님께서 우리를 지켜 주시고, 우리와 함께하시고, 우리 삶의 모든 길목마다 우리에게 사랑을 보내 주십니다. 나에 대한 존재감, 자신감, 감사함, 기쁨을 잊지 말아야 하겠습니다. 그리고 나를 허락해 주신 하느님께 찬미와 영광을 돌려 드려야 하겠습니다.
"진정 우리가 자녀이기 때문에 하느님께서는 당신의 영을 우리 마음 안에 보내 주셨습니다. 그 영으로 아빠, 아버지라고 외치는 것입니다. 우리는 더 이상 종이 아니라 자녀입니다. 자녀는 하느님의 상속자이기도 한 것입니다." 아멘.

주님공현 대축일(2018. 1. 7.)

"그 집에 들어가 어머니 마리아와 함께 있는 아기를 보고
땅에 엎드려 경배하였다. 또 보물 상자를 열고 아기에게
황금과 유향과 몰약을 예물로 드렸다."

1. 기나긴 겨울의 중심에 있습니다. 하늘이라도 푸르면 더 청명한
추위, 기분 좋은 추위일 텐데 각종 미세먼지와 대기오염으로 인해
하늘마저 뿌여니 기분이 별로입니다. 얼음이 깨지는 듯한 깨끗한
추위, 상큼한 추위가 그리워지는 요즘입니다.

2. 오늘은 새로운 한 해의 첫 주일이고, 주님 공현 대축일입니다.

3. 오늘 복음에서 동방의 박사들이 아기 예수님께 경배드리기 위해
서 그 먼 길을, 그 고생길을 찾아왔다고 합니다.

4. 그저 믿을 것이라고는 별 하나밖에 없었습니다. 삭막한 광야를
지나서, 사막을 지나서, 모래바람을 헤치고, 추위와 굶주림을 견뎌
내고, 마음속에 끊임없이 일어나는 의혹과 갈등을 이겨 내고, 온갖
두려움을 이겨 내고 그들은 오로지 별 하나만 보고 그저 한 걸음, 한
걸음을 내딛습니다.

5. 그 별이 무엇이길래, 또 자신들이 탐구하고 연구한 그 별에 대한
진실이 무엇이길래 그들은 그 모든 위험을 무릅쓰고 그 길을 걸었
던 것일까요?

6. 그들 앞에는 하루하루 이겨 나가야 하는 엄청난 육체적인 피로, 마음의 피로, 정신적인 피로가 있었을 것입니다. 외적인 피로도 피로지만 그들끼리의 생각의 차이, 성격의 차이, 어려움 앞에서 대처하는 태도가 서로 다 달랐을 것입니다.

7. 그들은 한마디로 별을 향해 던져진 사람들이었습니다. 안락하고 안전한 삶을 떠나서 그저 별을 향해서 나아가고, 또 나아간 사람들이었습니다. 때로는 별에 대한 신념이, 확신이 무너지기도 하였을 것입니다. 수많은 난관 앞에 '과연 이 길을 가야 하나?' 하는 회의도 이루 헤아릴 수 없을 만큼 많았을 것입니다.

'과연 그 별은 무엇인가? 나는 누구인가? 내가 왜 이 길을 가야 하나? 내가 가는 이 길은 맞는 길인가? 제대로 가고 있는 것일까? 내가 하는 이 고생은 과연 의미와 가치가 있는 것일까?' 하는 의문과 갈등과 회의는 그들 여정에 늘 함께하는 마음속의 엄청난 장애물이기도 하였을 것입니다.

8. 도대체 무엇이 그들로 하여금 그 모든 고통과 난관을 뚫고 걸어가게 했을까요?

9. 그것은 별에 대한 희망이었습니다. 자신의 삶을 송두리째 바쳐도 아깝지 않은 희망이었습니다. 수많은 나날들이 고통으로 다가와도, 때로는 목숨에 대한 위협, 두려움이 닥쳐도 결코 포기할 수 없는 희망이었습니다.

10. 지친 하루하루의 연속입니다. 그러나 그들은 밤마다 별을 바라

봅니다. 그 별이 구름 속으로 사라졌을 때가 그들에게 있어 아마 최악의 상황이었을 것입니다. 그 희망이 절망으로 바뀌어 갈 때 별은 다시 또 찬란한 모습으로 그들에게 나타납니다. 그들에게 따스하고 감미로운 위로와 용기를 선사합니다.

"너희가 걷는 길은 결코 헛된 길이 아니란다. 너희가 걷는 길은 이 세상 어느 누구도 걸어 보지 못한 길이란다. 너희가 걷는 길은 진리란다. 너희의 모든 삶을 다 바쳐도 결코 아깝지 않은 길이란다. 너희는 참으로 행운아이고, 복된 사람이란다."

별은 그들의 마음속에 나지막하면서도 분명하게 모든 어둠 속에 감추어졌던 진리를 가르쳐 줍니다.

11. 그들의 지치고 찢긴 마음속에 또다시 새로운 용기와 희망이 솟구칩니다. 위로와 치유를 느낍니다. 하늘로부터 오는 기쁨과 감사로 마음이 충만해집니다.

12. 깜깜하기만 한 밤, 그 별은 너무나 창연하게, 고결하게 그들 마음의 어둠을 몰아내 줍니다. 그들의 마음 안에 다시금 새로운 날을 준비할 수 있게 해 줍니다. 이미 걸어온 길에 대한 감사와 경이로움을 느끼게 해 줍니다. 앞으로 걸어갈 길에 대해 자신감과 용기를 갖게 해 줍니다.

그들 몸 안에 있는 온갖 피로와 상처는 사라집니다. 그들 마음속에 있었던 우울함과 회의와 갈등이 눈 녹듯이 사라집니다. 그들 안에 있었던 불화와 생각의 차이는 화합과 배려와 사랑으로 바뀌어 갑니다.

13. 그러나 또 예기치 않은 사건들이 벌어집니다. 강도를 만나 가진

것을 다 뺏깁니다. 너무나 심한 모래폭풍을 만납니다. 너무나 심한 온도 차이로 죽을 정도의 병에 걸리기도 합니다.

14. 하나의 산을 넘었지만 그보다 높은 산이 기다리고 있습니다. 하나의 사막을 건넜지만 또 다른 끝이 없는 사막이 기다리고 있습니다. 하나의 계곡을 건넜지만 더 깊은 계곡이 기다리고 있습니다.

15. 그러나 그들은 여전히 걷고 있습니다. 하나의 산, 하나의 사막, 하나의 계곡을 넘은 그 힘이 또 다른 산, 사막, 계곡을 넘을 수 있는 힘을 주고 있습니다.

16. 그들에게 주어진 길, 그 길은, 그 인생길은 바로 하느님께 나아가는 길이었습니다. 그 길은 내적인 힘이 없으면 절대로 걸어갈 수 없는 길이었습니다. 그들은 그들 삶에 몰아닥치는 그 모든 과정을 통해 자신도 모르는 사이에 하느님과 통할 수 있는 내적인 힘을 체득하고 있었던 것입니다. 그것은 생각으로, 마음으로 얻어지는 길이 아니었습니다. 온몸으로 얻어지는 느낌이었고, 힘이었고, 진리였고, 하느님의 힘이었습니다.

17. 하느님께 나아가는 사람에게는 하느님의 힘이 함께하십니다. 세상을 이겨 나갈 수 있는 힘, 어둠과 죄악을 이겨 나갈 수 있는 힘이 생겨납니다.

18. 동방의 박사들이 체험한 것은 바로 하느님이셨습니다. 하느님은 그들의 지혜와 진리에 대한 열정을 이용해서 당신을 뵈올 수 있도록 준비시켜 주셨고, 그 험난한 과정에 함께하셨고, 결국은 아기

의 모습으로 누워 계신 하느님을 체험할 수 있도록 이끄신 것이었습니다.

19. 이제 그들은 예전의 모습이 아니었습니다. 단지 세상의 진리만을 추구하던 현자의 모습에서 이제는 세상을 구원하시는 하느님의 진리를 추구하는 사람으로 바뀌었습니다. 그들에게는 하느님께서 주시는 힘과 능력이 새로이 생겼습니다. 너무나 황공하옵게도 그들은 이제 감히 하느님의 영광에 참여하는 자격과 자질을 갖출 수 있게 되었습니다.

20. "동방에서 본 별이 그들을 앞서가다가 아기가 있는 곳 위에 이르러 멈추었다. 그들은 그 별을 보고 더없이 기뻐하였다. 그리고 그 집에 들어가 어머니 마리아와 함께 있는 아기를 보고 땅에 엎드려 경배하였다."

21. 누구에게나 주어질 수 있는 영광이 아니었습니다. 누구나 참여할 수 있는 하느님의 엄청난 신비가 아니었습니다. 인간이 하느님을 직접 뵈올 수 있다는 사실, 그 체험은 인간의 언어로는 도저히 표현할 수 없는 경지일 것입니다. 하늘과 땅이 만나는 순간을 그들은 목격하였던 것입니다. 하늘의 모든 신비가 땅에 내려앉는 그 순간을 그들은 목도하였던 것입니다. 신비감과 경이로움, 이루 말할 수 없는 엄청난 기쁨과 환희, 희열을 그들은 체험하였을 것입니다. 그 순간은 희망을 갖고 그 희망이 부서지는 숱한 경험을 하면서도 그 희망의 끈을 놓지 않은 그 복된 사람들의 몫이었습니다.

22. 희망, 그것은 당연히 무너지는 것입니다. 당연히 부서지는 것입니다. 당연히 깨지는 것입니다.

23. 그럼에도 불구하고, 그 좌절과 실패의 쓰라린 경험이 있음에도 불구하고, 번번이 희망을 갖지만 또 번번이 그 희망이 절망으로 바뀌는 아픔을 갖고 있다 하더라도 우리는 희망을 가져야 합니다. 희망을 가져야 지금의 나를 이겨 나갈 수 있기 때문입니다. 희망은 깨지기에, 그래서 아픈 것이기에 아름다울 수 있는 것입니다. 좌절하지 말고, 또다시 희망을 가져야 합니다. 희망이 깨지면서도 또다시 희망을 갖는 사람에게만 하느님의 영광에 참여할 수 있는 자격과 권리가 주어지기 때문입니다.

24. 사제로 살아가는 저에게도 언제나 변하지 않는 희망이 있습니다. 그것은 어느 본당을 가더라도 초대 교회와 같은 공동체를 이루고 싶은 꿈입니다. 그런 꿈을 갖고 있기에 저 자신을 뛰어넘는 열정으로 투신할 수 있었습니다.

그러나 그 꿈이 한 번도 이루어지지 않았습니다. 그야말로 엄청난 좌절과 절망의 시간을 체험할 수밖에 없었습니다. 그러나 지금 생각해 보면 그 아픔들은 참으로 아름다운 아픔들이었습니다. 그 희망, 그 꿈이 있었기에 제가 살아갈 수 있는 최선의 삶을 살았다고 느끼기 때문입니다.

사람들은 저의 깊은 속마음을 모르더라도 하느님만은 아십니다. 그 희망과 꿈이 깨어지는 저의 삶을 하느님께서는 축복하시고 이끌어 주십니다. 또 때로는 남들이 경험하지 못하는 하느님의 신비로운 세계로 초대해 주십니다.

25. 교우 여러분, 희망과 꿈을 가집시다. 그 희망과 꿈은 당연히 깨질 수밖에 없는 것이지만 그 희망과 꿈이 있어야 우리는 비로소 살아 있을 수 있습니다. 남들이 꿈을 꾸는 사람은 어리석다고 비난하더라도 우리가 꾸어야 하는 꿈을 소중하게 여기고 사랑할 수 있어야 하겠습니다. 그 변치 않는 꿈이 아기 예수님께 드리는 예물입니다. "그리고 그 집에 들어가 어머니 마리아와 함께 있는 아기를 보고 땅에 엎드려 경배하였다. 또 보물 상자를 열고 아기에게 황금과 유향과 몰약을 예물로 드렸다." 아멘.

연중 제2주일(2018. 1. 14.)

"'스승님 어디에 묵고 계십니까?' '와서 보아라.' 그날 그분과 함께 묵은 그들은 '우리는 메시아를 만났소.' 하고 말하였다."

1. 날씨가 추워도 너무 춥습니다. 방들은 따뜻하신지요? 이 추위에 어렵고 힘들게 살아가는 이웃들을 특별히 기억하고 기도합니다.

2. 지난 주일 가톨릭신문에 정말 감동적인 기사가 하나 났습니다. 그 감동을 함께 나누고자 기사 원문을 있는 그대로 읽어 드리겠습니다.

3. '퍽!' 한순간에 추돌해 온 차량과 충돌했다. 촬영 작업을 마치고 한밤중에 이동하던 중이었다. 엄청난 충격에 뒷좌석으로 튕겨 나갔다. '억!' 소리조차 내지 못했다. 전신마비. 세상이 무너져 내렸다. 2007년 6월의 일이었다.

그리고 10년이 지난 2017년 12월 18일. 온전히 서서, 무릎 꿇어 장궤를 하고, 이마를 땅에 대고 엎드려 사제품을 받았다. 그를 만나는 이들마다 일어나 걷는 것을 기적이라고 말한다. 하지만 그는 말한다. '하느님의 사랑을 깨닫고 사제가 된 것이 바로 기적'이라고.

29세 청년이 한순간에 전신마비로 '통나무 인간'이 됐다. "나에게 이런 사고가 생길 거라곤 상상조차 해 본 적이 없었다."는 조남준 신부. 하느님 사랑 안에서 10년이 지난 지금, 조 신부는 "나는 지금 일어나 있고, 자유롭다."고 말한다.

"신부님!" 하고 부르면 "어? 날 부르는 건가?" 하면서 설핏 망설이다 돌아본다. 아직은 '신부'라는 호칭이 어색하고, 여전히 '수사'가 좋다고 말하는 조남준 스테파노 신부(한국순교복자성직수도회)다. 서품식 뒤 며칠간 이어진 미사 봉헌을 마치고서야 마주할 수 있었다. 실제 10년간 기다린 이야기였다. 대체 그에게 어떤 일이 일어났었는지.

'왜 하필 나?'

서울예술대학교 방송연예학과를 졸업하고 지미집(크레인과 같은 구조 끝에 카메라를 설치한 장비) 카메라 감독으로 승승장구하던 시기였다. 교통사고는 스물아홉 살 청년의 모든 것을 앗아갔다. 겨우 눈을 뜨자 처음 들은 말은 "목이 부러졌다. 전신마비가 될 수 있다."는 것이었다. 으스러진 목뼈를 제거하고 골반뼈 일부를 갈고 철심으로 박아 목을 지지하는 대수술을 받았다.

눈도 뜨고 말도 하고 정신도 또렷한데, 손가락 하나 까딱할 수 없었다. 그저 눈만 뜨고 있는 '통나무 인간'이라고나 할까. 매일같이 신자들이 와서 기도를 해 줬다. 전혀 위로가 되지 않았다.

'왜 죽지 못하고 살았을까? 내가 얼마나 열심히 살았는데 왜 하필 나지?'

어머니가 병실에 십자고상을 들고 오셨을 때는 하느님은 없다면서 욕부터 했다. 말하는 것 외에 아무것도 할 수가 없으니 죽을 수조차 없었다.

'할 수 있는 건 기도뿐'

고통의 연속이었다. 전신마비라고는 하지만 실체를 제대로 느낄 수도 없는 고통이 계속됐다. 무엇보다 배변이 고통스러웠다. 마비로 인해 신경이 죽고 근육이 마를 뿐 아니라 장기들도 거의 제 기능을 못해 강제 관장을 하고 어머니가 변을 받아 내야 했다. "20대 청년이 누워서 똥을 싼다는 것은 너무나 수치스러운 일이었습니다."

그런데 어머니는 도리어 "아기 땐 네 똥을 받아 내면서 얼마나 기뻤는데. 냄새도 안 난단다. 하느님께선 아기 때처럼 너를 다시 키우라고 하시는 거 같아."라고 말했다.

조 신부는 당시 어머니의 모습에서 십자가 아래에서 예수 그리스도의 고통을 끝까지 함께한 성모 마리아의 모습을 봤다. 어느 순간, 그 또한 그토록 부인했던 하느님을 찾고 있었다. 그는 "누워서 할 수 있는 게 기도밖에 없었다."고 말한다.

'감사는 변화의 시작'

어느 날 어머니가 "지금 이 상태를 받아들이자. 살아 있다는 것에 감사하자."고 권했다. 거짓말처럼 그의 마음도 움직였다. 욕창으로 고통받는 환자들을 보며 몸이 깨끗한 현실에 감사했고, 교통사고로 지능을 잃은 환자를 보며 머리도 멀쩡하고 부모님을 알아보며 대화할 수 있다는 것에 감사했다.

"작은 것에 감사하는 마음을 일깨워 주시기 위해 사고를 겪게 해 주신 건 아닐까. 감사하는 마음은 나만 바라보고 있던 내 시선을 이웃들에게로 옮겨 줬습니다. 그동안 모든 것을 내 힘으로 노력해서 얻은 건 줄 알았는데, 모두 하느님께서 허락해 주셨기에 가능하다는 것을 깨달았습니다."

그러자 놀라운 일이 생겼다. 오른쪽 손가락이 움직였다. 당시엔 한 손만이라도 움직여 혼자서 배변 처리를 하는 것을 가장 큰 바람으로 품고 있었다. 힘겨운 재활 치료를 거듭하면서 숟가락을 들고, 밥을 먹고, 침대에서 내려오고, 일어서고, 드디어 걷게 됐다.

'하느님께서 원하시는 것'

입원해 있던 중앙대병원 원목실 담당 신부는 "원목 생활을 오래 했지만 전신마비 환자가 다시 걷는 것을 본 적은 없다."면서 "다른 삶을 살면 좋겠다."고 권고했다. 하지만 빨리 회복해 다시 카메라를 잡고 돈을 벌겠다는 생각에 가득 차 있던 그는 '부르심'을 정중하게 거절했다.

'하느님께서 나에게 원하시는 것이 무엇일까?'

퇴원 후에도 이 생각은 뇌리에서 떠나지 않았다. 그러던 중 부모님과 함께 이스라엘 성지순례를 떠나면서 '성소가 나의 길인가?'라는 생각을 하기 시작했고, 곧바로 다시 스페인 산티아고 순렛길에 나서면서 '내가 무사히 다녀오는 기적이 일어난다면 그건 하느님께서 내가 성소의 길을 걷길 바라시는 징표'라고 생각했다.

순례는 사제성소에 대한 확신을 줬다. 하지만 나이 때문에 교구 성소자로선 거절당했다. 청소년들에게 카메라 기법을 가르치는 수도자가 되겠다는 꿈도 거절당했다. 그러다 한국순교복자성직수도회를 소개받았다. 이름도 처음 들어 보는 이 수도회에 발을 내디던 순간, 공동체가 합송하는 기도 소리를 듣자 마음이 설레었다.

'늘 나와 함께 계시는 분'

"기적은 바로 제가 신부가 됐다는 것입니다."

전신마비에서 회복해 걸어 다니는 것이 기적이 아니었다. 하느님께서는 감사할 게 넘쳐나는 삶, 무엇이든 하느님 허락이 있어야 가능하다는 것을 아는 삶, 이웃과 더불어 사는 삶을 주셨다. '하느님께서는 고통의 순간에도 나와 함께 계셨고, 나를 변화시키기 위해 필요한 상황이었기에 사고도 허락하신 것'임을 깨달았다. 조 신부는 바로 그런 변화가 기적이라고 말한다.

서품 성구는 '너는 나를 사랑하느냐'(요한 21, 17)로 정했다. 조 신부는 영신 수련 피정 중 이 성경 구절을 읽으면서 자신이 대답하기에 앞서 '나는 너를 사랑한다.'는 대답을 먼저 들었다고.

"어떤 일을 겪든 그 안에서 하느님께서 주시는 긍정적인 면을 찾아내는 게 중요합니다. 감사는 제 신앙생활에서 가장 중요한 부분입니다."

좋은 것만이 아니라 고통 또한 은총이라는 것, 조 신부는 묵상 중에 깨달은 은총의 가치를 여전히 되새긴다. 무엇이 하느님의 뜻이고, 어떻게 하는 것이 하느님의 뜻을 드러내는 것인지 많이 고민하면서 살려고 노력한다. 특히 이러한 노력은 수도 '공동체' 안에서 '기도'를 하면서 다져진다고 강조한다.

"독자분들도 언제나 함께하시는 하느님을 떠올려 보시면 좋겠습니다. 지금 이 순간, 하느님을 잊고 세상일에 바쁘게 달려가는 것은 아닌지 돌아보면서 말입니다."

4. 참으로 감동적인 이야기죠?

5. 오늘 복음에서 예수님께서는 진리의 길을 찾는 두 청년에게 '와서 보라.'고 하십니다. 위에 소개된 신부님은 자신에게 닥친 고통을 통해서 주님의 부르심을 느끼고 체험하게 됩니다. 그 고통은 오늘 복음에서 말씀하시는 '와서 보아라.'인 것입니다. 주님은 때로 우리 삶에 이해할 수 없고, 받아들이기 힘든 고통을 통해서도 우리를 초대하시는 분이심을 알 수 있습니다. 그 고통 속에서 주님을 만나 뵐 수 있다면 그 고통은 참으로 주님의 사랑에 가득 찬 초대장인 것입니다.

6. 오늘 강론은 가톨릭신문 덕분에 아주 편하게 준비할 수 있었습니다. 항상 감사합시다. 또 감사합시다. 의지적으로 감사합시다.
"'스승님 어디에 묵고 계십니까?' '와서 보아라.' 그날 그분과 함께 묵은 그들은 '우리는 메시아를 만났소.' 하고 말하였다." 아멘.

연중 제3주일 (2018. 1. 21.)

"우는 사람은 울지 않는 사람처럼, 기뻐하는 사람은 기뻐하지 않는 사람처럼, 물건을 산 사람은 그것을 가지고 있지 않은 사람처럼, 세상을 이용하는 사람은 이용하지 않는 사람처럼 사십시오."

1. 우리가 살아가는 자연의 행태가 예사롭지 않습니다. 유럽에서는 차량이 날아가고 비행기가 흔들릴 정도로 겨울 폭풍이 몰아치고, 미국에서는 체감온도가 영하 70도에 이를 정도이고, 호주에서는 영상 40도를 웃돈다고 합니다. 지진에, 화산에, 추위에, 더위에, 온 세계가 몸살을 앓고 있습니다. 우리나라도 예외가 아닙니다. 추울 때는 정말 춥고, 추위가 풀리면 뿌얀 미세먼지가 전국을 덮고 있습니다.

2. 왜 이렇게 자연의 질서가 깨져 버린 것일까요? 참으로 걱정되고 답답한 현실이 이어지고 있습니다. 인간끼리라도 평화롭게 살고 싶지만 세계 각국은 저마다 자신들의 이익이라는 현실 앞에 더 이기적인 모습들만 보여 주고 있습니다.

3. 자연의 질서도 깨지고, 인간의 질서도 깨져 가는 현실 속에 우리는 살고 있습니다.

4. 자연스럽게 우리의 마음도 더 각박해지고, 눈앞의 이익에 혈안이 되어 가고 있으며, 서로에게 마음의 총질, 칼질을 하면서 살아가고 있습니다. 나와는 다른 사람을 이해하기보다는 적으로 단죄하며

끝없이 비판, 처형하고 있습니다.

5. '우리는 무엇 때문에 살아가는가? 무엇으로 살아가야 하는가? 어떻게 살아가야 하는가?'라는 존재론적인 질문을 던져 보지 않을 수 없습니다. 이 답답한 죽음과 같은 현실 속에서 명쾌한 답변이 나오지 않으면 우리는 희망이 없는 세상, 죽음과 같은 세상, 살아 있어도 살아 있는 것이 아닌 세상 속에 살 수밖에 없기 때문입니다.

6. 지난번 바티칸에 갔을 때 베드로 대성전에 있는 피에타의 성모님 앞에서 한참 동안 묵상하였습니다.

십자가에서 처참하게 죽으신 예수님의 시신을 안고 있는 성모님, 그런데 희한하게도 그 성모님의 모습은 처절하지 않으셨습니다. 오히려 평화스럽고 아름다운 모습이셨습니다. 분노하거나, 좌절하거나, 미움에 가득 찬 모습이 아니셨습니다. 아무 죄도 없는 하느님의 아들, 예수님의 억울하고 처참한 죽음 앞에 성모님은 마치 아무 고통도 없는 듯 그저 아름다운 모습이셨습니다. 어둠 앞에서, 죄악 앞에서, 죽음 앞에서 성모님은 참으로 어린 소녀와 같은 아름다운 모습이셨습니다.

왜 미켈란젤로는 단말마의 고통 앞에 있어야 하는 성모님을 그토록 아름다운 여인으로 표현했을까요?

또 한 가지 희한했던 점은 성모님의 오른손은 예수님의 몸을 받치고 있었지만, 왼손은 예수님의 몸과 떨어져 있었습니다.

또 성모님의 시선은 예수님을 바라보고 있지 않았습니다.

보통의 경우라면 성모님의 손은 예수님의 얼굴을 어루만져야 하는 것이고, 또 성모님의 시선은 예수님께 향해 있어야 맞는 것입니다. 그런데 왜 미켈란젤로는 성모님의 시선을 다른 곳을 향하게 하고, 또 성모님의 손을 예수님의 몸에서 떨어뜨려 놓았을까 한참 동안 생각해 보지 않을 수 없었습니다.

7. 도대체 왜 미켈란젤로는 아들의 처참한 죽음 앞에서 그 아들을 바라보지도 않고, 그 아들을 만지지도 않고, 그 아들을 바라보지도 않게끔 조각했을까요? 또 아들의 죽음 앞에서도 고통스러운 인간의 모습이 아닌 그저 차분하고 평온한 모습의 성모님으로 표현했을까요?

8. 우리네 보통 인간들의 모습은 아들의 죽음 앞에 절규하고, 고통스러워하고, 분노하고, 좌절하고, 세상에 대해 분노하고, 하느님께 대해 원망하는 모습일 것입니다.

9. 왜 성모님은 돌아가신 예수님을 바라보지 않으시는 것일까요? 과연 어디를 바라보고 계시는 것일까요?

10. 성모님은 당신 삶을 통하여 도저히 이해할 수 없는 하느님의 시간을 많이, 너무나 많이 겪고 체험하신 분이셨습니다. 하느님께서 하시는 일을 인간이 이해한다는 것이 얼마나 어렵고 불가능한 일인지 너무나 잘 알고 계셨습니다.

그래서 그분이 하실 수 있는 유일한 삶의 길은, 마음의 길은 그저 그 모든 것을 마음속에 새기고, 또 되새기는 것뿐이었습니다. 그래서 언젠가 시간이 가면 그 마음속에 있는 되새김이 안개가 걷히고 만물이 또렷해지듯이 하느님께서 하시는 일임을 깨닫게 됨을 알고 계셨습니다. 그래서 성모님은 눈앞에 있는 고통과 이해할 수 없는 현실에 좌우되지 않으셨습니다.

멀리 바라보고 계셨던 것입니다. 궁극적인 것을 바라보고 계셨던 것입니다. 하느님을 바라보고 계셨던 것입니다.

11. 그리하셨기에 성모님은 아들의 죽음이라는 단말마의 고통에 휘감기지 않으실 수 있었습니다. 그 이해할 수 없는 죽음 앞에서도 성모님은 어미의 고통 속에 헤매지 않고 하느님의 이끄심을 바라보고 계셨던 것입니다. 그 고통 속으로, 그 어둠 속으로, 그 죄악 속으로 빠지지 않을 수 있었던 것입니다.

12. 우리도 살면서 '무엇을 바라보는가?'는 참으로 중요하고, 절체절명의 과제입니다. 눈앞의 이익만 바라보는 사람은 소탐대실의 잘못을 저지를 수밖에 없습니다. 눈앞에 보이는 사람만을 바라보는 사람은 실망과 좌절을 겪을 수밖에 없습니다. 눈앞에 있는 명예와 권력만 바라보는 사람은 눈먼 장님이 될 수밖에 없습니다. 눈앞에 있는 고통만 바라보는 사람은 그 고통의 노예가 될 수밖에 없습니다.

13. 멀리 바라보는 것, 궁극적인 것을 바라보는 것, 본질적인 것을 바라보는 것만이 이 혼란스러운 세상에서 우리가 제대로 서 있을 수 있는 기준이요, 원칙인 것입니다.

14. 작년인가 보았던 〈침묵〉이라는 영화, 공연에서도 마찬가지의 문제가 나옵니다. 주인공이었던 두 신부는 신자들의 처참한 고문과

죽음 앞에 '예수님이라면 어떻게 하셨을까?'라는 질문을 던지며 배교하고 맙니다. 그 두 신부는 눈앞의 현실, 신자들의 고통만 바라보고 있었던 것입니다.

아이로니컬하게도 막상 죽어 가는 신자들은 현실 너머에 있는 궁극적인 것, 본질적인 것, 하느님을 바라보고 있었는데 그 신부들은 눈앞에 있는 신자들의 고통에 속절없이 무너지고 맙니다.

15. '무엇을 바라보고 있는가? 어떤 지향으로 살고 있는가?'가 우리 삶의 중요한 핵심이고, 기준점이고, 방향인 것입니다. 우리 삶의 양식이 달라지는 첫 번째 발걸음인 것입니다.

16. 오늘 복음에서 예수님께서는 제자들을 부르십니다. 그들은 갈릴리 바다에서 고기를 잡으며 살아가는 그저 평범한 사람들이었습니다. 그러나 구세주 그리스도를 기다리는 내적인 열망을 가진 사람들이었습니다. 그러했기에 그들은 예수님을 보면서 구세주 그리스도이심을 깨달을 수 있었습니다.

그들이 갖고 있었던 구세주 그리스도를 기다리는 내적인 열망은 멀리 바라보는 삶의 자세였습니다. 이 세상을 넘어서는 하느님을 바라보는 내적인 시각이었던 것입니다. 이 답답한 세상 속에서 살아갈 수밖에 없지만 그들의 마음은 궁극적인 것, 본질적인 것, 하느님을 향해 서 있었던 것입니다.

17. 그러했기에 그들은 예수님의 말씀을 듣고 즉시 그들의 유일한 생존 수단이었던 그물을 버리고, 삶의 뿌리였던 아버지를 버리고, 그들의 여태까지의 모든 삶을 버리고 예수님을 따라나서게 됩니다.

18. 아무런 의심도 없이, 의혹도 없이, 의구심도 없이, 이것저것 재지도 않고 무조건적으로, 즉시, 모든 것을 버리고 예수님을 따라나섭니다.

19. 우리도 눈앞에 있는 현실 속에 갇혀서는 안 되겠습니다. 우리도 멀리 보아야 하겠습니다. 궁극적인 것, 본질적인 것, 하느님을 바라볼 수 있어야 하겠습니다. 내게 주어진 삶 속에서 하느님께서는 당신의 뜻과 꿈을 이루고자 하십니다. 내게 주어진 삶 속에 계신 하느님을 바라보아야만 그 하느님의 뜻과 꿈을 깨달을 수 있게 됩니다.

20. 내가 내 눈앞에 있는 현실, 그 고통, 그 어려움만을 바라본다면 나는 그 현실에서 벗어날 수 없습니다. 그 고통에서 절대로 벗어날 수 없습니다. 현실에 잡혀 있다는 것, 그것은 노예 생활입니다.

21. 그래서 바오로 사도는 말씀하고 계십니다.
"우는 사람은 울지 않는 사람처럼, 기뻐하는 사람은 기뻐하지 않는 사람처럼, 물건을 산 사람은 그것을 가지고 있지 않은 사람처럼, 세상을 이용하는 사람은 이용하지 않는 사람처럼 사십시오." 아멘.

연중 제4주일 (2018. 1. 28.)

"조용히 하여라.
그 사람에게서 나가라."

1. 날씨가 추워도 너무 춥습니다. 여름에는 섭씨 40도 가까이 오르더니 이 겨울에는 영하 20도 이하로 내려갑니다. 무려 60도의 온도 차이를 견뎌 내고 있습니다.

2. 열대지방의 나무들은 성장 속도가 빨라 아주 높이 자랍니다. 그런데 그 속을 들여다보면 조직이 완만하고, 어떤 경우에는 비어 있는 경우도 있다고 합니다. 그런데 추운 지역의 나무들은 높게 자라지는 못하지만 그 내부 조직은 아주 치밀하고 단단하다고 합니다.

3. 사람도 마찬가지인 것 같습니다. 열대지방 사람들은 아주 물렁물렁하고, 게으르고, 치밀하지 못합니다. 그런데 한랭 지방 사람들은 아주 철저하고, 부지런하고, 냉정한 감성을 갖고 있는 것 같습니다.

4. 우리나라 사람들은 아주 더운 여름도 견뎌 내고, 아주 추운 겨울도 견뎌 냅니다. 그래서인지 철저하고, 부지런하면서도 여유가 있고, 문화와 먹거리가 발전하는 것이 아닌가 합니다.

5. 어제 베트남 축구가 새로운 역사를 썼습니다. 베트남 축구는 축구가 약한 아시아에서도 가장 약체로 평가받던 팀이었습니다. 그런

데 한국의 박항서 감독이란 분이 부임하면서 그 색깔이 완전히 바뀌었다고 합니다. 어제 우즈베키스탄과의 결승전에서 2 대 1로 패하긴 했지만 눈밭에서의 혈전은 과연 예전의 베트남 축구가 아니었습니다. 이제 그 감독은 예전의 우리나라의 히딩크 감독처럼 '국민영웅' 대접을 받고 있다고 합니다.

게으르고, 조직력이 없었던 팀을 한국 감독이 치밀한 조직력과 결전의 의지를 가진 팀으로 변화시켰습니다. 베트남 사람들은 그 옛날 우리가 월드컵에서 희열과 희망을 느꼈듯이 새로운 희망과 새로운 비전을 가질 수 있게 되었다고 합니다. 열대지방의 게으름과 무기력함을 한국의 부지런함과 결사의 투지로 바꿀 수 있었던 것은 참으로 한국인의 위대함이라 할 수 있을 것입니다.

6. 한국인은 참으로 위대합니다. 어떤 상황에서도 견뎌 내고 버텨 냅니다. 결코 포기를 모르고, 도전에 또 도전을 해 나갑니다. 성실하고, 머리가 좋으니 뭐가 돼도 되는 것입니다. 아무리 어렵다 해도 어려운 현실이 어제오늘의 일만은 아닌 것입니다. 우리는 항상 어려웠습니다. 그러나 그 어려움 속에서도 버텨 내고, 견뎌 내고, 새로운 상황을 이루어 냅니다.

7. 그러나 너무 생존적인 면만 강조되어 왔습니다. 우리도 이제는 선진국 사람들처럼 우리에게 주어진 삶을 보다 더 즐기고, 그 삶의 의미와 가치를 깨닫고 감사할 수 있어야 할 텐데 아직까지도 우리는 너무나 외적인 삶에만 치중하는 것은 아닐까 생각해 보게 됩니다. 이제 우리의 시야를 좀 더 내적인 삶으로 돌려야 하지 않을까 생

각해 봅니다.

8. 오늘 복음에서 예수님께서는 악령 들린 사람을 치유하여 주십니다. 악령, 더러운 영은 과연 무엇일까 생각해 보아야 하겠습니다.

9. 하느님께서는 인간을 아름답게, 참 좋게, 그리고 선하게 창조해 주셨습니다. 그리고 그 아름다움을 더 빛나게 해 줄 수 있는 자유의지를 또한 가장 큰 선물로 주셨습니다. 인간은 이 자유의지를 통해 더 아름다울 수 있고, 더 선할 수 있으며, 더 빛날 수 있게 된 것입니다.

자유의지는 동식물에게는 없는 것입니다. 동식물은 그저 주어진 대로, 자연의 질서에 따라 기계적으로 살아갈 수밖에 없지만 인간만큼은 더 창의적일 수 있고, 더 미래지향적일 수 있고, 더 내적일 수 있고, 더더욱 광대한 우주로 나아갈 수 있는 것입니다.

10. 그러나 이 자유의지에는 맹점도 있었습니다. 더 나빠질 수 있고, 더 추할 수 있고, 더 어두워질 수도 있는 것이기 때문입니다. 그러나 하느님께서는 인간을 아름답게 창조하셨고, 너무나 신뢰하셨기에 이 자유의지를 허락하신 것입니다.

11. 그런데 어떤 인간은 더 아름다워지기도 했지만 더 추해지기도 했습니다. 더 선해지기도 했지만 더 악해지기도 했습니다.

12. 인간은 이중성을 갖고 태어난 것입니다. 그것이 인생이기도 합니다. 어떤 상황에서도 더 아름답고, 더 선해지도록 노력해야 하는 운명이기도 한 것입니다.

13. 죄란 나의 마음속에 하느님이 존재하지 않는 부분이 죄가 되어 버립니다. 즉 하느님께서는 죄를 창조하지 않으셨습니다. 내 마음 속의 빛의 부족함이 어둠이고, 선의 부족함이 악이고, 아름다움의 부족함이 추함입니다.

14. 내가 나의 부족함과 죄와 어둠에 연연해서는 절대로 그것들이 개선되지 않습니다. 오히려 내 마음속에 빛이 더 들어와야 어둠이 작아지고, 선함이 더 들어와야 악함이 줄어들며, 아름다움이 더 있어야 추함이 그만큼 더 사라지는 것입니다.

15. 나의 부족함, 어둠, 죄악들은 이웃의 부족함, 어둠, 죄악들을 만나 더 커져 갑니다. 죄는 연대성과 전염성을 갖고 있습니다. 나의 부족함은 이웃의 부족함과 끊임없이 손을 잡으려 합니다. 죄가 두 배, 네 배로 커져 나가는 것입니다.

원래 나의 부족함은 나의 선함으로 충분히 극복할 수 있는 것이었습니다. 그런데 그 커져 버린 부족함의 힘이 나를 능가하게 된 것입니다. 이 부족함이 어둠이 되어 버리고, 이 어둠이 죄악이 되어 버리고, 이 죄악들이 뭉치고 뭉칠 때 악의 세력이 되어 버리는 것이고, 그 악의 세력이 뭉치고 뭉칠 때 악령이 되어 버리는 것입니다.

16. 악령의 힘은 나에게 본래 주어진 선함으로는 극복할 수 없는 거대한 어둠의 힘입니다. 이제 인간은 자신의 힘만으로는 도저히 이 엄청난 악의 힘을 이겨 나갈 수 없는, 그야말로 비참한 신세가 되어 버리고 말았습니다. 하느님께서 그토록 심혈을 기울여 인간을 행복한 존재로 창조하셨지만 인간은 순식간에 어두운 존재가 되어 버렸

고, 악의 힘 앞에 아무 힘도 쓸 수 없는 나약한 존재가 되어 버리고 만 것입니다.

17. 이것은 절대 하느님께서 창조하신 세상이 아니었습니다. 그 아름답고, 선하고, 밝은 인간이 이처럼 어둡고, 추하고, 악한 인간이 되어 버렸다는 사실에 하느님은 분노하실 수밖에 없었고, 새로운 대안, 새로운 창조를 시작하실 수밖에 없으셨던 것입니다.

18. 그 새로운 대안, 새로운 창조가 바로 예수님이십니다.
예수님께서는 어둠 속에 빛을 주십니다. 악함 속에 선함을 보여 주십니다. 추함 속에 인간 본래의 아름다움을 보여 주십니다. 허위와 위선 속에 하느님의 진실함을 보여 주십니다.
그러나 그 방법은 하늘의 막강한 힘이 아니었습니다. 하느님은 절대로 인간에게 주신 그 자유의지를 포기하지 않으십니다. 인간이 스스로 선함과 아름다움, 빛을 깨닫도록 이끄십니다. 인간이 스스로 새로운 인생길, 새로운 하늘나라를 찾도록 이끄십니다. 그러나 인간의 악함은 그 모든 하느님의 사랑을 무시하고, 예수님을 죽여 없애 버립니다.
그러나 하느님은 전혀 예상치 못한 방법으로 또다시 우리에게 나타나십니다. 그리고 우리에게 끊임없이 촉구합니다. 완전한 선함, 완전한 아름다움, 완전한 빛이신 그 원래의 창조주께로 돌아오라고 우리 마음속에서 애타게, 간절하게 외치고 계십니다.
그래야 비로소 행복할 수 있다고, 그래야 본래의 창조의 목적이 이루어지는 것이라고 우리 마음에 읍소하고 계시는 것입니다. 우리에게 끊임없이 하느님의 은총을 내려 주시고, 성령을 통하여 우리에게 하느님의 뜻과 사랑을 전해 주고 계시는 것입니다. 우리를 끊임없이 괴롭히는 온갖 악령의 세력을 쫓아 주시고, 우리가 행복하고 아름답게 살도록 우리의 삶을 이끌고 계시는 것입니다.

19. 오늘 복음에서처럼 예수님께서는 지금도 우리 마음속의 악령을 호되게 야단치시며 쫓아내 주십니다. 우리 안에 예수님께서 살아 계신다면 우리는 더 이상 악령의 노예가 아닙니다. 그분의 힘은 그 어떤 악령도 내쫓을 수 있는 하느님의 강력한 힘인 것입니다.

20. 우리는 이 험한 세상에 살면서도 악령의 힘을 이겨 나가시는 예수님의 모습을 보면서 희망을 잃지 말아야 하겠습니다. 우리가 그분께 의탁하기만 한다면 그분은 오늘도 우리의 인생에서 말씀하십니다.
"조용히 하여라. 나가라."
악령이 나간 자리에 예수님께서 들어오신다면 우리의 인생은 완전히 달라지게 됩니다. 그 창조 때의 아름다운 인생, 선하고 빛나는 인생, 행복한 인생이 시작되는 것입니다.
"조용히 하여라. 그 사람에게서 나가라." 아멘.

"시몬의 장모가 열병으로 누워 있었는데 예수님께서 그 손을
잡아 일으키시니 열이 가셨다. 그러자 그 부인은 그들의
시중을 들었다."

1. 명일동 본당을 떠난 지 4년 반 만에 오늘, 안병국 요셉 새 신부님
의 첫 미사에서 다시 명일동 신자 여러분을 뵙게 됩니다.

2. 반갑습니다. 정말 반갑습니다.

3. 얼마 전 사진 자료를 정리하다가 저의 25주년 기념 영상을 다시
보게 되었습니다. 그때 뭔지 모를 감동에 가슴이 울컥하였습니다.
'명일동에서 사랑을 참 많이 받았구나. 그 큰 사랑들에 대해 깊이 감
사하지 못했구나. 내가 참 많이 교만했구나.' 하며 가슴이 미어졌습
니다. '그때 좀 더 감사했더라면 좋았을 텐데, 교우들의 따뜻한 마음
을 더 알아주었으면 좋았을 텐데……'라는 후회가 가슴 가득히 일
었습니다.

4. 정말 명일동 본당은 제 사제 삶에 있어 가장 보람된 시간들이었
고, 가장 추억이 많았던 곳이며, 가장 많은 사목적 보람과 기쁨을 느
끼던 아름다운 마음의 고향과 같은 곳이 아니었나 새삼 생각해 봅
니다. 그야말로 사제로서 하고픈 일을 거의 다 해 보지 않았나 생각
됩니다.

5. 한 사람, 한 사람이 다 소중하고, 함께한 시간들이 너무나 아름다웠고, 함께 이루어 낸 일들 속에서 너무나 행복하고 고마웠습니다.

6. 이제 제가 있을 때의 신학생 7명 중에서 마지막에서 두 번째였던 안병국 요셉 신부님의 첫 미사에 함께하니 참으로 감회가 남다릅니다. 유동철 신부, 강철호 신부, 김현준 신부, 박기훈 신부, 문필정 신부, 그리고 오늘의 안병국 신부, 그리고 마지막으로 이제 내년이면 부제품을 받을 김영우 신학생, 한 사람, 한 사람을 떠올려 봅니다. 그리고 제가 있을 때 꼬맹이 복사였는데 이제 의젓한 새내기 신학생이 된 임계진도 참 대견스럽기 그지없습니다.

7. 무슨 말로 어떻게 축하할까 고민하다가 그냥 편하게 편지 한 통 써 보기로 하였습니다.

8. "병국아! 아니, 이제는 병국 신부님이구나! 진심으로 축하한다. 10년 전 네가 신학교에 막 입학했을 때 그해 여름이 끝나 갈 즈음에 너를 처음 보게 되었지. 명일동에 오니 참 여러 가지로 색다르더구나. 성당도 크고, 마당과 잔디밭도 넓고, 신자도 많고, 해야 할 일도, 하고픈 일도 참 많았단다. 그리고 신학생이 6명이나 된다는 사실에 한편으로는 너무 놀라고, 뿌듯하기도 하였단다.

너는 맨날 형들에게 놀림을 받았지. '야, 2018년이 언제 오냐? 과연 그때가 오기는 오는 거야?' 너는 형들에게 항상 너무나 귀엽고 듬직한 동생이었던 거 같아. 잘생겼지, 농구도 잘하지, 공부도 잘하지, 영어도 잘하지. 멋있고 듬직했기에 형들은 너를 놀리는 재미에 푹 빠져 있기도 하였지. 방학 때만 되면 함께 맛있는 거 먹으러 가고,

새벽 미사 후에는 해장국도 곧잘 먹으러 갔지. 또 스키장도 가고, 수영장도 가고, 영화도 보러 가고…… 참 많이도 다녔구나!

나는 너희들과 함께 있는 것이 너무 좋고 행복해서, 그때는 지갑이 비는 것이 조금도 아깝지 않았단다. 특히 백두산에 갈 때는 6명이 모두 함께할 수 있었지. 그때 그 백두산 천지를 바라보던 감동을 지금도 잊을 수가 없단다. 너도 그 맑디맑은 천지가 기억나지? 너는 새파란 1학년이면서도 형들이 번지점프를 할 때 중국은 기본을 믿을 수가 없어 번지점프를 하지 않겠다고 했지. 그때 너의 당당함이 오늘 새삼 기억나는구나!

너는 참 맑은 심성과 차분함, 침착함, 어떤 상황에서도 흔들리지 않는 당당함 등을 천성으로 갖고 태어난 것 같다는 느낌을 많이 받았단다.

너희 6명이, 또 나중에 합류한 영우까지 7명이 마치 형제처럼 사이좋게 잘 지내는 모습이 나는 너무나 보기 좋았고, 행복했단다. '그래, 한 본당에 신학생이 많으니 여러 가지로 좋구나. 서로 마음도 나누고, 어려운 일에 조언도 받고, 서로 재미도 느끼니 그 어려운 성소의 길을 단 한 사람도 탈락하지 않고 함께 갈 수 있는 거구나!'라는 느낌이었단다.

그러나 성소의 길은 만만치 않았지! 아무 문제도 없을 것 같던 너희 신학생들의 삶에 질투의 여신이 끼어들었지. 잘 살고 있던 맏형 동철이가 어느 날 신학교에서 음주 및 폭행 사건에 연루되었지. 그 건만 해도 '으악!' 소리가 나오는데 현준이까지 엮였다는 소식에 아연실색할 수밖에 없었단다. 동철이는 부제품 보류, 현준이는 착의식

보류라는 중징계에 나는 할 말을 잃었단다.

신학교 동창 신부에게 어찌 이럴 수 있냐고 따져 보았지만 달리 뾰족한 수가 없었단다. 그래서 동철이는 한동안 나에게 미움을 참 많이 받았지! 지금도 후회된단다. 내가 조금만 더 부성애를 갖고 따뜻이 대해 주지 못한 게 지금도 마음에 걸린단다.

그해의 방학은 참으로 차가운 겨울이었지. 그러나 동철이는 그 인고의 시간을 너무나 잘 견뎌 주었고, 현준이도 그 억울함을 주님 안에서 잘 이겨 나갈 수 있었음에 하느님께 감사드렸고, 너희들에게도 못내 고마웠단다.

또 철호를 생각하면 참 후회스러움과 아쉬움이 많단다. 어느 날 방학 때 함께 스키를 타러 갔지. 너와 기훈이는 가르쳐 주지 않아도 스키장에서 훨훨 날아다니는데 현준이와 철호는 기초 강습이 필요했지. 기초 연습이 끝난 뒤 철호와 내가 함께 리프트를 타고 올라갔다가 내리는 곳에서 내 발과 철호 발이 엇갈려 둘 다 넘어지고 말았지. 그런데 나는 멀쩡한데 철호는 일어나지 못해 급기야 패트롤까지 불러야 했지.

결국 철호는 발에 깁스를 하고 그해 겨울을 힘들게, 고통스럽게 지내야 했지. 참 후회된단다. 그때도 좀 더 따뜻하게 안아 줄걸. 때로는 차갑게, 냉정하게, 매몰차게 대했던 것에 대해서 늦게나마 용서를 빈다. 나는 신학생들이 좀 더 강하고, 좀 더 똑똑하고, 좀 더 덕이 있기를 욕심냈던 것 같구나.

현준이도 서품받기 직전에 어느 술자리에서 가슴 아픈 시간을 겪어야 했고, 필정이는 부제품 전후에 성소에 대한 심각한 내적 도전의 시간을 견뎌 내야 했지.

지금 생각해 보면 형들의 아픈 시간에 병국이 너도 참 많이 힘들었을 것 같구나.

동철이, 철호, 현준이가 서품받은 이후에 병국이 너와 필정이 그리고 나 이렇게 단출하게 스키장에 갔었지. 스키 후 오리고깃집에서 식사하는데 갑자기 너희 둘이 일어서더니 이렇게 말했지.

"신부님, 간절한 부탁이 있습니다. 꼭 들어주셔야 합니다."

갑작스러운 너희들의 태도에 나는 좀 당황했단다.

"무슨 얘긴데? 일단 들어 보자."

"신부님, 저희 둘은 아버지 신부님이 계시지 않습니다."

"그래? 누구셨는데?"

"돌아가신 박인선 신부님이 아버지셨습니다. 그러니 신부님께서 아버지 신부님을 해 주십시오."

간절히 청하는 너희의 그 심각한 표정을 나는 지금도 잊을 수 없단다.

"그래, 그렇구나."

나는 그 청을 들어주어야겠다고 결심했단다.

"그래. 그러면 지금부터 내가 너희들의 아버지다!"

"신부님, 감사합니다. 아들로서 정식으로 한잔 올리겠습니다."

너희의 한잔 술은 참으로 달콤하고 뿌듯했단다.

그런데, 그런데…… 평소 술을 잘하지 못하던 병국이 네가 그날 밤 감히 내 주량과 맞설 줄이야! 너무 기분이 좋고 기뻐서 마신 술이 그날 밤 너를 정말 엄청나게 괴롭혔지. 넘어져서 얼굴이 까이고, 밤에 온갖 고통에 시달리고…… 아침에 나를 보기 민망했을 거야! '아들 얻기 참 힘들구나!' 하면서 어쩌겠나! 내가 다 받아 주고 용서해 주는 수밖에 없었지. 보통의 내 성격으로는 내 앞에서 술을 이기지 못하면 잘 용서하지 못하는데 아들 앞에서는 내 성격도 꺾이더구나!

사제가 된다는 게 뭔지, 참! 가지 많은 나무 바람 잘 날 없다더니 참으로 힘든 일이 많았구나.

그러나 생각해 보게 된단다. 신학생 때의 어려움은 더 큰 어려움과 고통을 준비하는 거란다. 사제는 예수님의 길을 가는 것인데 예수님의 길이 어떤 길이지? 고통과 가시밭길이지. 자기를 죽이고 포기하는 길인데 어찌 쉬울 수 있겠니? 사제가 받는 영광과 인정, 칭찬은 그저 껍데기일 뿐이야! 그것을 향해 가서는 절대로 안 되지. 예수님의 길을 가니 하느님께서 지치지 말라고 격려해 주시는 것일 뿐이야!

우리가 가야 하는 본질적인 길은 어렵고, 힘들고, 지치는 길이지. 그야말로 죽음의 길이지. 그런데 그 죽음은 다시 살아나는 부활의 길이야. 죽었을 때 혼자 죽으면 안 되지. 예수님과 함께 죽어야 예수님과 함께 부활할 수 있지. 사제는 서품식 때만 죽는 게 아니란다. 평생 죽어야 하는 거지. 끊임없이 되살아나려는 자신의 본능에 맞서 '나는 아무것도 아닙니다. 주님 없이는 거의 먼지와 같은 존재입니다.' 하면서 평생토록 그분을 깨달아 가는 과정인 것 같구나!

이제 더더욱 힘들고 고통스러울 거야! 그런데 그 아픔들을 통해서 우리의 교만이 깨져 가는 것이고, 하느님을 알아뵙는 겸손이 커져

가는 것일 게야. 나는 갈수록 작아져야 하고, 그분께서는 갈수록 내 안에서 커져 가야 하는 것이지.

9. 병국아! 아니, 안병국 요셉 신부님!

자신을 위한 이기적인 신부님이 되지 마시고, 교회와 하느님을 위한, 하느님께서 아끼시고 사랑하시는 신부님이 되시기 바랍니다. 하느님께서는 마음속의 심지를 보시는 분이시니 신부님은 충분히 그리되실 것입니다. 세상의 삶의 방식을 벗어 던지시기 바랍니다. 우리는 세상의 방식대로 재물과 명예와 권력을 추구하는 사람이 아닙니다. 이 세상에서 가장 작은 자 되어 모든 사람을 섬기며 하느님을 사랑하는 방식으로 살아가는 사람들입니다.

우리가 하느님을 선택하면, 그분의 삶의 방식을 따르면 하느님께서는 우리에게 필요한 모든 것을 충분하게 채워 주실 것입니다. 걱정이나 두려움은 다 던져 버리시기 바랍니다. 자신의 욕심이나 야망도 다 던져 버리십시오. 오로지 나의 삶을 하느님께서 어떻게 이끄시는지 집중하시기 바랍니다. 하느님께서는 이미 우리 각자에게 맞는 사제의 길을 준비해 놓으셨습니다. 그저 겸허한 마음으로 그 길을 따라가면 됩니다.

이제 나만의 사제의 길은 때론 어둠과 안개에 싸여 보이지 않을 수도 있겠고, 갈등과 번민, 방황의 시간도 보내야 할 것입니다. 그러나 하느님께서는 온갖 악을 통해서도, 어둠을 통해서도, 인간의 부족함을 통해서도 당신의 일을 하시는 오묘하신 분이심을 하루 빨리 터득하시기 바랍니다. 우리는 힘들고 고통스러운 길을 가기도 하겠지만 하느님께서는 바로 나를 통해, 나의 사제직을 통해 당신의 일을 하신다는 사실을 깊이 명심하시기 바랍니다.

어떤 업적도 중요하겠지만 하느님께서는 무엇보다 사람들의 마음속에 맺어지는 열매를 더 기뻐하신다는 사실을 마음 깊이 새기시기 바랍니다. 부족한 나를 통해, 비참한 나를 통해 하느님께서 이 엄청난 당신의 일을 하신다는 사실에 풍요로운 자부심을 갖고, 깊은 내적인 기쁨을 갖고 이제 한 발, 한 발 내디디시길 바랍니다.

10. 깊은 믿음 속에 살아가시는 이곳 신자분들의 기도가 그 발걸음을 지켜 줄 것이고, 하느님의 도우심과 은총으로 그 거룩한 사제의 길을 잘 걸어갈 수 있도록 도와줄 것입니다.

"시몬의 장모가 열병으로 누워 있었는데 예수님께서 그 손을 잡아 일으키시니 열이 가셨다. 그러자 그 부인은 그들의 시중을 들었다."

아멘.

설날 합동 위령미사(2018. 2. 16.)

"앞서가신 분들에게도 용서와 화해와 사랑을 드립시다.
그분들이 살아오신 세월에 감사와 감동을 드릴 수 있어야
하겠습니다."

1. 오늘 우리는 조상님들과 지인들의 영혼을 추모하는 합동 위령미
사를 봉헌하고 있습니다.

2. 왜 해마다 추석과 새해 첫날에 이런 추모를 하는 것일까요?

3. 세월이 중요하기 때문입니다. 지나간 시간, 지나간 세월이라고
의미 없는 것이 결코 아니기 때문입니다.

4. 생각해 보면 부모님들은 오랜 세월을 통해 우리를 길러 내셨습
니다.

5. 부모님들의 세월 속에는 기쁨도 있었을 것이지만 아픔과 한숨,
고통과 눈물 나는 세월이 더 많았을 것입니다.

6. 우리의 부모님들은 자신의 안위나 행복보다는 오로지 자식을 위
해 그 많은 세월을, 그 험난한 세월을 견뎌 오셨습니다.

7. 우리가 모르는 얼마나 많은 아픔들과 고통들이 있었을까요?

8. 이제 우리는 나이가 들어 조금이나마 그 부모님들의 아픔을 이
해하기 시작합니다. 그 세월의 무게 속에 존재하는 그분들의 사랑

에 감사하고 감동하기 시작합니다. 그때는 몰랐지만 이제 나이가 들어 보니, 또 부모가 되어 아이들을 키우다 보니 그때 당시의 부모님의 심정을 조금이나마 이해하게 됩니다.

9. 오늘 우리가 기억하는 것은 단지 부모님들의 영혼만이 아닙니다.

10. 그분들이 살아오신 세월을 기억하고, 그 세월들에 감사하는 것입니다. 그분들의 자식들에 대한 애정, 인간적인, 사회적인 한계상황임에도 견뎌 내시고, 그 험한 세월을 이겨 내신 마음에 진심으로 감사드리는 것입니다. 우리 눈앞에 보이지 않지만 그분들의 마음, 애정, 헌신, 그 세월은 언제나 존재하는 것이고, 살아 있는 것입니다.

11. 그분들의 마음을 이해하기보다는 그분들이 미처 다 해내지 못했던 부분들에 대해 상처받고, 아파하고, 불평했던 어리석은 우리들의 마음을 반성하고, 이제라도 그분들의 마음과 한계상황을 진심으로 인정하고, 화해하는 참으로 거룩한 시간인 것입니다.

12. 우리가 부모님의 입장이었다면 아마 우리는 부모님들만큼 해내지 못했을 것입니다. 우리는 부모님들보다 훨씬 더 똑똑해서인지 모르지만 이기심이 더 많고, 고통을 잘 견뎌 내지 못하기 때문입니다.

13. 우리의 마음속에는 아직도 부모님들과 화해하지 못하고, 진심으로 감사드리지 못하는 못된 마음이 존재하고 있을지도 모릅니다. 내가 받은 사랑보다는 내가 받았다고 주장하는 상처에 더 집착하고 있는지도 모릅니다.

14. 쉬운 일은 아니겠지만 오늘 마음을 비워 내야 하겠습니다. 겉으로 드러난 부모님들의 한계에만 집착할 것이 아니라, 그분들이 살아오신 세월을, 또 그분들의 마음속에 있었던 진정성을 받아들이고 용서해야 하겠습니다. 진심으로 화해할 수 있어야 하겠습니다.

15. 용서와 화해 뒤에 하는 기도가 참된 기도입니다. 그분들의 마음을 헤아리고 용서하고 화해를 청하고 난 뒤의 우리의 기도는, 우리의 분향은 참으로 그분들을 위한 사랑의 기도가 될 수 있을 것입니다.

16. 우리의 마음속에는 부모님뿐 아니라 앞서가신 지인들에 대해서도 아름다운 추억, 슬프고 고통스러운 추억이 있게 마련입니다.

17. 인생이 평탄한 길이라면 얼마나 좋겠습니까? 그러나 누구에게도 인생은 평탄하지 않습니다. 굴곡이 있고, 때로는 높은 산을 넘어야 하고, 또 때로는 깊은 강을 건너야 할 때도 있습니다.

18. 그중에서도 지인들의 죽음은 참으로 가슴 아픈 일입니다. 죽음은 언제나 우리 삶 가운데 존재하고 있습니다. 인간은 죽음 앞에 한계상황을 느끼고, 보다 더 겸손해지고 진실해지기 마련입니다.

19. 우리가 신앙을 갖고 있다는 것이 얼마나 큰 축복인지 모르겠습니다. 우리는 죽음을 극복하는 신앙을 갖고 있기 때문입니다.
신앙이 없다면 이 세상의 억울하고 한탄스러운 일들 앞에서 우리는 일어서지 못하고 절망할 수밖에 없기 때문입니다.
사랑스러운 지인들과의 아픈 이별을 받아들일 수 없기 때문입니다.

20. 하느님 앞에서는 모든 이가 살아 있는 것입니다. 하느님을 믿는 신앙 앞에서는 산 이도, 죽은 이도 모두가 살아 있는 것입니다.

21. 부모님들, 지인들 모두 신앙 안에서는 살아 있는 것입니다. 하느님은 죽은 자의 하느님이 아니라 살아 있는 자의 하느님이시기 때문입니다.

22. 예전에 봤던 〈겨울왕국〉이라는 영화를 TV를 통해 다시 봤습니다. 미움과 두려움을 갖고 있을 때는 모든 세상이 차갑고 날카로운 겨울로 변합니다. 그러나 사랑을 깨닫는 순간 봄이 오고, 생명이 솟아나며, 모든 것이 온화해집니다.
우리의 마음이 미움과 분노와 상처로 가득 차 있다면 우리가 살고 있는 세상은 차갑고 날카롭기 그지없는 살벌한 세상이 되고 말 것입니다. 그러나 차가운 세상이라 하더라도 우리의 마음속에 용서와 화해와 사랑이 있다면 내가 살아가는 이 세상은 아름다운 생명이 꽃피어 나는 봄과 같은 것입니다.

23. 앞서가신 분들에게도 용서와 화해와 사랑을 드립시다. 그분들이 살아오신 세월에 감사와 감동을 드릴 수 있어야 하겠습니다.

24. 새해 복 많이 받으시고, 살아 계신 하느님의 축복을 나누는 기쁘고 아름다운 명절 보내시길 기도합니다. 아멘.

사순 제1주일(2018. 2. 18.)

"예수님께서는 광야에서 40일 동안 사탄에게 유혹을
받으셨다. 또한 들짐승과 함께 지내셨는데 천사들이 그분의
시중을 들었다."

1. 설 연휴는 잘 지내셨나요? 이번 설 연휴는 워낙 짧아서 금방 지나간 거 같습니다. 저희 사제들은 보통의 경우 이런 설 연휴를 매우 싫어합니다.

좀 의아하시죠? 대부분의 사람들은 가족과 함께 연휴를 즐겁게, 바쁘게 보냅니다. 그런데 저희들은 본가에 갔다가도 얼굴만 비치고는 금방 돌아옵니다. 사제로 살다 보면 세상 사람들과는 좀 다른 방식의 삶을 살아갈 수밖에 없습니다. 더군다나 부모님이 계시지 않으면 더 그렇습니다. 형제들과는 왠지 모르게 사는 방식이 다르고, 대화 내용도, 놀이 내용도 좀 다를 수밖에 없습니다.

동창 신부의 이야기를 재미있게 들었습니다. 부모님들이 계실 때는 집에 가면 어머니가 "좀 더 있다 가지." 하는데, 부모님들이 안 계시면 형님들이 "일이 많을 텐데 안 가냐?" 한답니다.

2. 물론 사제들마다 다 개인차가 있을 수밖에 없습니다. 저의 경우는 웬만해서는 집안 식구들을 제가 있는 본당에 오지 못하게 합니다. 사제는 공동체를 위해서 존재하는 사람이고, 그 공동체 신자들을 위해서 존재하는 사람이기 때문입니다. 식구들이 본당에 출몰하

게 되면 사제는 아무래도 여러 가지로 불편할 수밖에 없습니다. 뭔지 모르게 자유롭지 못하고 불편합니다. 집안 식구들과 얽매이고 싶지 않은 마음이 크기도 합니다.

3. 저의 경우에는 부모님이 일찍 돌아가셔서 한편으로는 죄송스럽고 안쓰러운 마음도 크지만 또 다른 한편으로는 저를 자유롭게 해 주셔서, 저의 삶에 장애가 되지 않으셔서 감사하기도 합니다.
요즘에는 외아들이 사제가 되는 경우가 많은데 그럴 때 부모님들이 아프기라도 하면, 또 경제 사정에 문제가 생기기라도 하면 자녀 된 도리로서 부모님께 매일 수밖에 없고, 신경 쓰지 않을 수 없습니다. 자유롭게 하느님께 봉사하기 위해서 사제가 된 것인데 때로는 어쩔 수 없이 집안 사정에 묶이는 경우를 보기도 합니다.

4. 사제도 항상 마음을 비워야 하지만 사제의 부모들도 항상 마음을 비워야 합니다. 한번 하느님의 사제로 봉헌했으면 그만인 것입니다. 그 자식에게 기대거나 세상적인 욕심을 가져서는 안 됩니다.

5. 그러면서도 명절이 되면 참 쓸쓸하기도 하고, 뭔지 모를 적막감과 고독감에 빠지기도 합니다. 그 많던 전화와 메시지도 딱 끊어지기 때문이죠. 그런데 이 적막감과 고독감 속에서 갖는 기도 시간은 참으로 감미롭습니다. 어느 때보다도 더 깊은 관상의 시간에 빠지기도 합니다. 세상의 것을 포기한 만큼, 그래서 따라올 수밖에 없는 인간적 고독감을 하느님께서 다른 방법으로 위로해 주시기 때문입니다.

6. 기도는 고독감 속에서, 적막함 가운데에서 드리는 기도가 최고의 기도요, 위로요, 마음의 힘이 아닌가 합니다. 우리가 외로울 때 하느님께서는 우리의 외로움을 달래 주시고, 우리의 적막함 가운데에서 더 깊이 하느님의 세계로 이끌어 주시는 것이 아닌가 합니다.

7. 또 상실감과 절망감 속에서 바치는 기도가 정말 최고의 기도가 아닌가 합니다. 물론 마음을 에는 아픔 속에서는 기도가 잘되지 않고, 또 설령 기도를 한다 해도 때로는 하느님이 계시지 않는 듯한 어둠을 체험하기도 합니다. 그러나 그 시간이 지나고 보면 그 고통 속에서 하느님께서 함께하셨음을 새삼 깨닫게 됩니다.
그 어려움의 시간들을 하느님과 함께 보낼 수 있다는 것은 참으로 최고의 은총이며, 하느님의 선물입니다. 그 시간 하느님과 함께할 수 있다면 비록 우리의 현실 앞에 있는 좌절과 절망이 금방 해결되지 않는다 해도 하느님께서 그 고통을 통하여 이끄시는 길이 얼마나 복되고 은총의 길이었는지 나중에 깨달을 수 있게 됩니다.

8. 우리는 너무나 아둔한 사람들인지라 하느님께서 나의 삶에 있는 어둠과 고통을 통해서 우리를 어찌 이끄시는지 잘 깨닫지 못합니다. 그러나 시간이 지나 보면 그 시간들을 통해서 우리를 하느님의 사람으로, 하느님의 힘을 가진 사람으로, 웬만한 세상의 어둠에는 끄떡하지 않는 강건한 사람으로 이끌어 주심을 깨달을 수 있게 됩니다.

9. 그 어둠의 시간들, 그 고통의 시간들은 바로 광야의 시간들입니다.

하느님이 계시지 않는 듯한 막막함, 세상의 어둠이 나를 향해 돌진하는 듯한 황당함, 나의 선의가 왜곡되고, 온갖 오해와 억측과 비난으로 살아온 모든 세월이 다 무너지는 듯한 억울함, 하느님이 어디 계시냐고, 이런 하느님이라면 믿지 않겠다고 하는 신앙의 어두운 밤, 비난에 분노의 화살을 날리고, 내가 당한 것을 그대로 갚아 주겠다는 미움의 복수심, 내 마음대로 살아 보겠다는, 그래서 온갖 유혹에 쉽게 넘어가는 자포자기의 마음, 이런 모든 마음들이 바로 광야에서 겪어 내야 하는 시련의 시간들인 것입니다.

10. 저도 개인적으로는 그런 광야의 시간들을 많이 보낼 수밖에 없었습니다. 정말 억울하고, 답답하고, 하소연할 데도 없고, 친한 친구들마저 내 속을 몰라주고, 동기가 오히려 흉기가 되어 내 마음을 찌르고, 믿었던 이가 나에게 등을 돌리고 오히려 나를 험담하고, 어른들은 그저 행정적으로, 편의적으로 처리하려고 하고, 나는 아무 말도 할 수 없이 매일매일을 마치 파도처럼 몰아치는 상처 속에서 견뎌 내야만 했던 슬픔의 시간들이 있었습니다.
세상이 나를 향해 등을 돌리고, 나의 가슴에 비수를 꽂고, 나의 선의를 박살 내고, 나를 향한 온갖 비난과 판단, 단죄 속에서 믿을 분은 하느님밖에 없었던 그 비참한 어둠을 겪어 본 바 있습니다.

11. 그런 시간 속에서 제주도 이시돌 근처에 있는 글라라 수녀원으로 마치 도망치듯 피정을 갔습니다.
로사리오 호숫가로 기도하러 나갔는데 급히 오느라 묵주를 챙기지 못했습니다. '어쩌나!' 하는데 문득 제 발밑에서 작은 묵주 하나가 눈에 띄었습니다. 집어서 보니 누군가가 잃어버린 듯한데 사람들 발길에 짓밟혀 짓이겨진 묵주였습니다. 마치 내 모습과 같았습니다. 그 처참하게 짓이겨지고 짓밟힌 묵주로 기도를 했는데 그때 제 마음속에 떠오르던 희망과 위로와 용기의 그 아름다운 마음속 무지개는 지금도 여전히 제 마음속에 살아 있는 하느님의 사랑이셨습니다.

12. 그때의 그 죽음과 같은 광야에서의 시간들은 그 후 더 큰 어려움과 고통을 견뎌 낼 수 있는 정말 귀중한 시간들이었고, 은총이었고, 하느님의 사랑임을 깨달을 수 있었습니다.

13. 하느님은 단번에 큰 산을 오르도록 이끄시는 분이 아닙니다. 그분은 조금 높은 산을 오르게 하시고, 그다음 그보다 좀 더 높은 산을 오르게 하시고, 그 힘으로 더 큰 산을 오르도록 이끄시는 분이십니다. 산을 오를 때마다 마치 죽을 것 같은 고통의 시간을 견뎌 내야 하지만 그 고통의 시간들은 더 큰 고통을 위한 준비인 것입니다.

14. 왜 인생의 산을 올라가야 할까요? 더 많은 것을 보기 위해서이고, 더 큰 자유를 깨닫기 위해서입니다. 또 높은 인생의 산을 올라가야 할 이유는 더 깊은 마음의 깊이를 얻기 위해서입니다. 산이 높을수록 계곡도 깊고, 정말 맑고 청아한 호수를 갖기 마련입니다.

15. 어차피 겪어야 할 인생의 광야라면 함께하시는 하느님과 겪어 내는 것이 당연히 현명한 선택이고, 지혜로운 길입니다. 인생에 있어 똑같은 고생을 했는데도 마음속에 미움과 분노와 치유되지 못한 상처만 가득하다면 그 인생은 얼마나 가련한 인생이겠습니까? 똑

같은 인생의 산을 올랐는데 그 인생에 하느님의 힘과 은총, 하느님의 능력이 함께하고 있다면 그 인생은 얼마나 축복받은 인생이겠습니까?

16. 예수님께서는 인간이 겪을 수 있는 최고의 광야를 겪어 내셔야 했습니다. 그래서 그분에게 하느님의 힘이 있는 것이고, 어떤 어둠도 이겨 낼 수 있는 하느님의 사랑이 있으셨던 것입니다. 그래서 그분이 우리의 구세주가 되실 수 있으셨던 것입니다. 그분은 우리가 만나야 하는 인생의 광야에서 우리의 선배이며 스승이십니다.

17. 그분은 광야에서 인간이 겪을 수 있는 온갖 유혹과 고통을 다 견뎌 내신 분이십니다. 천사들이 그분의 시중을 들었다는 것은 그 유혹과 고통을 당신의 힘으로 이겨 내신 것이 아니라 하느님의 힘으로 이겨 내셨음을 의미합니다. 그분이 가신 길은 우리가 가야 할 길입니다.

그분은 우리와 멀리 떨어져 계신 분이 아니라 우리 삶의 가장 깊은 곳에, 우리 삶의 가장 깊은 광야에 함께 계신 분이십니다. 우리가 광야에서 힘들어 지칠 때, 목마르고 배고플 때, 죽음과 같은 고통을 겪을 때, 온갖 자포자기의 유혹 앞에 서 있을 때 우리가 어떤 광야의 길을 가야 하는지 알려 주시는 인생의 선배이시고, 인생의 스승이시며, 우리 인생의 구세주이신 것입니다.

"예수님께서는 광야에서 40일 동안 사탄에게 유혹을 받으셨다. 또한 들짐승과 함께 지내셨는데 천사들이 그분의 시중을 들었다." 아멘.

사순 제2주일 (2018. 2. 25.)
"하느님께서 우리 편이신데
누가 우리를 대적하겠습니까?"

1. 이제 오늘 저녁이면 평창 동계올림픽도 막을 내리게 됩니다.

2. 참으로 우여곡절이 많았던 올림픽입니다. 세 번의 유치 경쟁 만에 간신히 올림픽 개최지로 선정되었고, 그동안의 준비 과정에서 많은 어려움과 불협화음이 있었던 것도 사실입니다.

3. 개최지로서의 영광을 따낸 주역들은 어느샌가 정권의 몰락에 따라 뒤안길에 처져 있습니다. 참으로 세월의 무상함을, 권력의 허망함을 느끼게 됩니다.

4. 새로운 정권의 사람들은 어떻게 해서든지 이 올림픽을 통해 남북 긴장 완화와 대화를 하고자 합니다. 우리 민족끼리는 싸우지 말고, 남북통일도 우리 민족끼리 하자는 기조가 깔려 있는 듯합니다. 참으로 복잡하기 이를 데 없는 세계정세, 특히 우리나라를 둘러싼 정세가 각국의 이익 추구 앞에 아주 미묘하게 흘러갑니다. 북한은 핵무기로 미국을 위협하고 있고, 미국은 어떻게 해서든지 핵무기만은 막으려 합니다. 중국은 중국대로, 일본은 일본대로 자국의 이해관계에 예민하게 반응합니다. 남한 내에서도 보수적인 사고와 진보

적인 사고가 사사건건 예리하게 충돌하고 있습니다. 북한은 남한의 적인가, 형제인가? 참 복잡하고 어려운 문제입니다.

5. 모든 것이 복잡하고 예민한 상황에서 올림픽이 끝나 가고 있습니다. 선수들은 4년간 각고의 노력을 해 왔고, 그 결실을 거두고자 합니다. 얼마나 치열한 준비 과정이었을까 생각해 보면 그들의 젊은 날의 열정이 부럽기도 하고, 한편으로는 안쓰럽기도 합니다. 그 야말로 단 한순간, 극초의 순간으로 모든 노력이 보상받기도 하고, 또 한순간의 실수, 방심으로 그 모든 노력이 물거품이 되어 버리기도 하는 냉정한 스포츠의 세계를 다시 한 번 생각해 보게도 됩니다.

6. 이번 올림픽의 슬로건은 '하나 된 열정'이었고, '우리 지금 여기 평창'이라는 구호가 있었습니다. '지금 여기'를 라틴어로 하면 hic et nuc입니다. 올림픽 구호에 왜 라틴어까지 소개하냐 하면 '지금 여기'라는 개념은 신학적으로도, 심리적으로도 매주 중요한 개념이기 때문입니다.

7. 우리는 많은 경우에 이미 지나간 과거에 마음을 빼앗기거나 혹은 과거의 경험, 상처, 기억 등에 사로잡혀 오히려 지금 이 순간의 생생한 현재를 살지 못하는 경우도 있고, 반대로 아직 다가오지 않은 미래에 대한 불안이나 기대, 욕망 등으로 현재의 많은 것을 놓치며 살아가는 경향이 있습니다.
지나간 과거든, 아직 오지 않은 미래든 그것들은 지금 살고 있는 '지금 여기'에 비하면 추억이나 꿈에 지나지 않습니다. 그런데 많은 경우, 과거나 미래에 잡혀 사는 경우가 많습니다. 그래서 현재의 삶에 집중하지 못하고, 지금 함께 있는 사람들과도 행복하지 못합니다. 그래서 이 '지금 여기'의 개념은 참으로 우리가 기억해야 할 기초적인 중요한 개념인 것입니다.

8. 또 비슷하게, 있는 그대로의 나의 모습도 잘 깨닫지 못합니다. 우리는 많은 경우에 자신의 진짜 있는 그대로의 모습을 깨닫지 못하고 만들어진 나, 허상의 나, 체면에 의한 나, 상대적인 나를 나의 모습으로 착각하는 경우가 많습니다. '진짜 나'를 찾아야 진정한 자유와 자신에게 주어진 고유한 자유의지를 깨달을 수 있을 텐데, 많은 경우 아픔과 길을 잃어버리는 방황 등이 여기에서 생깁니다.

9. '지금 여기, 있는 그대로의 나'의 모습으로 살아갈 때 우리는 많은 인생의 시행착오에서 벗어날 수 있고, 자신에게 주어진 인생의 목적지를 향해 한 걸음씩, 한 걸음씩 확신을 갖고 걸어 나갈 수 있게 됩니다.

10. 지금 여기, 있는 그대로의 나의 모습으로 열정을 갖고 살아 나갈 수 있다면 우리의 모습은 참으로 당당하고 아름다울 수 있으며, 내가 갖고 태어난 기품을 잘 유지할 수 있을 것이며, 나의 목적지를 향해서도 쉽게, 흔들리지 않고, 시행착오를 줄이며 나아갈 수 있게 될 것입니다.

11. 그러나 사실 지금 여기, 있는 그대로의 나의 모습으로 열정을 갖고 산다는 것이 말처럼 쉬운 일은 아닙니다.
'지금 여기'를 깨닫는다는 것, 즉 과거와 미래에서 오는 온갖 망상과 두려움에서 해방된다는 것은 사실 쉬운 일이 아닙니다. 또한 있는 그대로의 나의 모습을 깨닫는 것도 매우 어려운 일입니다. 우리는 살면서 평생토록 자신의 모습을 깨달아야 하는 과정에 있는 순례자와 같은 삶을 살아야 하기 때문입니다. 지금 여기 살면서도 과거나 미래에 집착해서 살아가는 경우도 많고, 자신의 모습을 거울에 비추어 보면서도 거울 속의 자신의 모습이 진짜 자신이라고 착각하는 경우가 사실 다반사입니다.

12. 오늘 복음에서 세 제자들은 정말 특별한 예수님의 초대로 산 위로 올라가 예수님의 진짜 모습을 보게 되었고, 과거와 현재와 미래가 서로 통하는 초현실적인 상황을 체험하게 됩니다. 즉 예수님의 모습이 하느님의 모습으로 변하고, 과거의 엘리야와 모세가 예수님과 대화를 나누는 모습을 직접 자신들의 눈으로 본 것입니다.
그 체험이 얼마나 기쁘고 황홀한 체험이었는지, 또 그 체험이 얼마나 인간이 상상할 수 없는 행복과 희열의 체험이었는지 베드로는 얼떨결에 초막 셋을 지어 드릴 테니 거기서 살자고 합니다. 정말 아무나 경험할 수 없는 초현실적인 하늘나라의 체험, 하느님을 직접 듣는, 말로 표현할 수 없는 체험이었습니다.

13. 베드로는 그곳에서 그냥 머물고 싶었지만 예수님께서는 현실로, 땅으로 내려가자고 하십니다. 아무에게도 오늘 본 것을 말하지 말라고 하시며, 당신의 수난과 죽음이 기다리는 현실, 즉 '지금 여기'로 내려가자고 하십니다.

14. 과거와 미래가 현재 안에 있고, 하늘과 땅이 연결되어 있는 예

수님이셨지만 예수님에게도 '지금 여기'가 중요했던 것입니다. 그 '지금 여기'가 비록 고통스럽고, 온갖 오해와 모략, 중상이 판치는 어두운 세상이라 하더라도 그 한가운데에서, '지금 여기'서 살아야 하셨던 것입니다. 예수님께서는 하느님의 모습을 갖고 계셨지만 '지금 여기'서는 철저히 인간 그대로의 모습으로, 있는 그대로의 모습으로 사셨던 것입니다.

15. 그것은 이미 시작되었지만 아직 완성되지 않은 하느님 나라를 위해서였습니다. 예수님께서는 누구보다도 사람들의 마음속에서 하느님 나라가 완성되기를 바라셨을 것입니다. 하느님의 뜻이 하늘에서와 같이 땅에서도 이루어지는 세상, 아버지의 영광이 온 세상에 가득한 세상, 모든 이가 아버지의 사랑 속에서 하나 되고 그 태초의 아름다움과 행복함이 회복되는 세상을 예수님께서는 간절히 원하셨을 것입니다.

그러나 이미 시작된 하느님의 나라는 아직 완성되지 않았습니다. 예수님의 고통과 죽음과 부활을 통해 그 하느님의 나라는 우리의 마음속에 꿈과 희망과 이상으로 구체적으로 남아 있게 되었습니다. 예수님께서는 하늘의 힘을 이용해서 그 나라를 강제적이고 타율적으로 세우려 하지 않으십니다. 인간이, 인간에게 주어진 자유의지로, 지금 여기서 하느님 나라가 이루어지기를 간절히 바라시고, 그 모범을 보여 주고 계시는 것입니다.

16. 예수님께서는 하느님의 힘을 갖고 계셨지만, 그분도 지금, 여기서 있는 그대로의 모습으로 살아가십니다. 어둠에 철저히 부서지시

고, 인간의 죄악에 철저히 죽임을 당하시면서도 그 어둠과 죄악을 용서하시고, 인간이 스스로의 모습을 있는 그대로 깨달을 수 있도록 기회를 주고 계시는 것입니다.

17. 지금, 여기서, 있는 그대로의 자신의 모습으로 인생에 대한 열정, 이미 시작되었지만 아직 완성되지 않은 하느님 나라에 대한 열정으로 산다는 것은 바로 하느님의 뜻이고, 하느님의 방식입니다.

18. 선수들은 정말 피땀을 다해 노력합니다. 그리고 그 결과는 하늘에 맡깁니다. 지금, 여기서 최선을 다해, 정열을 다해 노력하지만 그 결과는 온전히 다 받아들일 수밖에 없습니다. 인생에 있어서의 실패는 당연한 것입니다. 그 실패가 쌓이고 쌓일 때 진정한 승리자, 인생의 승리자가 될 수 있습니다. 실패 속에 좌절하지 말고, 하느님은 바로 내 인생의 가장 강력한 편이라는 사실을 기억하면서 또다시 일어서고 노력할 때 하느님께서는 그 인생을 값진 인생, 가치 있는 인생으로 받아 주시고, 또 그 결실도 후하게 베풀어 주실 것입니다. "형제 여러분, 하느님께서 우리 편이신데 누가 우리를 대적하겠습니까? 당신의 친아드님마저 아끼지 않으시고 우리 모두를 위하여 내어주신 분께서 어찌 그 아드님과 함께 모든 것을 우리에게 베풀어 주지 않으시겠습니까?"

사순 제3주일(2018. 3. 4.)
"이 성전을 허물어라.
그러면 내가 사흘 안에 다시 세우겠다."

1. 어느덧 봄이 찾아오고 있습니다. 지난겨울 혹독한 추위와 미세 먼지 속에서 정말 고생 많으셨습니다. 이 새봄이 우리 모두에게 기쁨과 희망의 새 생명이 되길 기도합니다.

2. 저는 올해 환갑을 맞이하고 있습니다. 예전에는 환갑이라 하면 동네잔치를 벌일 정도로 큰 경사였는데 요즘에는 그저 새로운 인생을 시작하는 새로운 출발점으로 생각할 뿐입니다.

3. 서품주년과 환갑을 맞다 보니 지인들의 초대가 많았습니다. 그래서 나름 바쁘게 지내고 있습니다.

4. 그런데 갑자기 제 몸에 이상 현상이 생겼습니다. 엊그제 갑자기 눈에 파리, 물방울, 나무 막대기 같은 것들이 떠다니는 것이었습니다. 처음 경험해 보는지라 적잖이 당황스러웠습니다. 혹시 큰 이상이 생긴 것은 아닐까 걱정되어 안과를 찾았습니다. 여러 가지 조사를 해 보더니 의사 선생님이 걱정하지 말라 하십니다. 누구나 나이가 들면 찾아오는 현상이라 합니다. 일명 누문증이라고 합니다.
사람 눈은 마치 계란 흰자위 같아서 그 각막에 이물질이나 부유물이 끼면 그런 현상이 생기는데 각막에서 그 불순물들을 흡수해 버리기 때문에 시간이 가면 괜찮아진다고 합니다.

5. 전에는 그런 현상이 전혀 없었는데 치료법이 뭐냐고 물었더니 특별한 치료법은 없다고 합니다. 앞으로도 그런 노화에 의한 현상이 여러 곳에서 계속 나타날 것이라고 합니다. 사람에 따라서는 이상 증세를 보이면서 우울증 등에 걸리기도 한답니다. 좀 당황스럽고 걱정되었는데 나이 60에 자연이 주는 선물이라고 생각하기로 하였습니다.

6. 자신의 삶에 오는 여러 가지 변화들은 사실 어쩔 수 없는 자연현상이기도 합니다. 그런데 정말 중요한 것은 하느님께 대한 신뢰가 아닌가 합니다. 하느님께서 나를 사랑하셔서 지금 이 순간까지 허락하셨다면, 앞으로도 나의 삶과 함께 계실 것이라는 신뢰가 있다면 우리에게 찾아오는 어쩔 수 없는 노화현상들을 잘 받아들이고 이겨 나갈 수 있는 것이 아닌가 합니다.

7. 좋은 일에만 신뢰가 필요한 것이 아니라 나쁘고 힘든 일에서 특히 신뢰가 필요합니다. 하느님의 사랑은 변함이 없기 때문입니다. 우리에게 나쁘고 힘든 일이 생길 때 하느님께서 우리에 대한 사랑을 거두신 것은 절대 아닙니다. 어떤 면에서는 우리를 더욱더 사랑하시기 위해서 그런 고통을 허락하시기도 합니다.

8. 요즘 우리들은 참 어려운 혼란 앞에 서 있습니다. 수원교구의 어떤 신부가 일반적인 상식으로는 도저히 이해할 수 없고, 납득할 수

없는 행동을 했기 때문입니다. 도대체 이런 일들을 어떻게 받아들여야 할지 혼란스럽고 당혹스러운 분들도 많으실 것입니다.

9. 사실 교회의 첫 번째 과제는 어느 시대를 막론하고 '쇄신'이라는 말로 집약할 수 있을 것입니다. 교회는 항상 쇄신되어야 한다는 것이 어느 시대에나 주어진 과제요, 사명이라 할 수 있습니다.

10. 교회가 물질적으로 풍요해지고, 때로는 권력의 힘과 가까워지면, 즉 하느님의 교회가 아닌 세상의 교회가 되면 교회는 그 순수성을 잃어버리고 하느님의 뜻과는 전혀 다른 방향으로 흘러갈 수밖에 없습니다. 교회는 하느님의 교회임과 동시에 세상에 존재하는 인간의 교회이기 때문입니다. 교회 안에는 하느님의 힘과 은총도 존재하지만 또 분명히 인간의 한계와 어둠 역시 존재하기 때문입니다.

11. 그래서 교회는 정말 끊임없이 자신의 모습을 되돌아보고 언제나 하느님의 은총 안에 존재할 수 있도록, 즉 하느님이 주인이 되실 수 있도록 끊임없이 쇄신되어야 할 절대적인 사명을 지닐 수밖에 없습니다.
그러나 때로는 교회가 자신의 모습을 잊어버리고 세상의 교회가 될 때 가장 마음이 아프신 분은 하느님이실 것입니다. 하느님의 은총은 교회를 통해서 전해지기 때문입니다. 거룩해야 할 교회가 세상의 모습으로 전락하면 그만큼 하느님의 활동하심이 줄어들 수밖에 없기 때문입니다.

12. 그래서 하느님께서는 끊임없이 교회가 회개하고 쇄신될 수 있

도록 기회를 주시고, 또 기다려 주십니다. 하느님께서 기회를 주실 때, 또 기다려 주실 때 교회는 스스로 자정능력을 발휘해야 합니다. 그런데 불행하게도 교회가 그 자정능력을 잃어버리면 때로는 하느님께서 외적인 수단을 통해 교회가 쇄신될 수 있도록 하시는 것이 아닌가 합니다.

13. 그런 의미에서 이번 사건은 하느님의 진노나 징계가 아닙니다. 그리스도의 몸인 교회가 스스로 자기 자리를 잡도록, 깨치도록, 더 거룩해지도록 이끄시는 섭리요, 사랑인 것입니다. 교회가 세상 사람들로부터 지탄받는다면 하느님께서도 얼마나 가슴 아프시겠습니까? 그럼에도 불구하고 교회를 사랑하시는 하느님께서는 그 사랑 때문에 가슴 아픔을 무릅쓰시고 이런 일을 허락하시는 것이 아닌가 합니다.

14. 교회 안에 어찌 성추행적인 면만 문제가 되겠습니까? 한도 끝도 없는 명예욕, 권력 추구, 물질에 사로잡힌 모습, 예수님께서 유혹받으셨던 인간이 갖고 있는 문제가 사실 교회 안에 다 존재한다고 해도 과언이 아닐 것입니다.

15. 아픔을 통해 새로 태어나라는 하느님의 깊은 사랑을 생각해야 하겠습니다. 이 치욕적인 사건을 통해 교회가 좀 더 회개하고 쇄신하라는 하느님의 깊으신 뜻을 헤아려야 하겠습니다. 우리 모두가 하느님의 뜻 안에서 올바로 살고 있는지 좀 더 헤아려 보고, 이 사순 시기에 좀 더 많은 반성과 회개를 해야 하는 것이 아닌가 합니다. 누구 한 사람만의 잘못을 질타하는 것을 넘어서서 우리 모두에게 바라시

는 하느님의 뜻이 무엇인지 헤아려야 하지 않을까 생각해 봅니다.

16. 우리는 우리를 사랑하시는 하느님께 대한 신뢰를 잃어버려서는 안 됩니다. 어떤 상황에서든, 어떤 일에서든 하느님의 사랑은 변함없다는 것을 잊어서는 아니 되는 것입니다.

17. 마침 오늘 복음 말씀은 성전을 정화하시는 예수님의 모습입니다. 거룩하고 온전한 예배를 바쳐야 할 성전에서 예수님께서는 인간의 탐욕과 그 탐욕을 조장하는 권력과 하느님의 이름으로 그들을 비호하는 어둠과 죄악에 한 치의 양보도 없이 맞서십니다. 당신이 박해받을 거리를 제공하는 것임을 뻔히 아시면서도 그들을 과감히 내치십니다. 채찍을 만들어 그들을 후려치시고, 그들을 모두 성전에서 내쫓으십니다. 예수님께서는 당시의 어둠에 대화와 타협을 하지 않으시고, 매우 분노한 모습으로 단호하게 그 어둠에 맞서십니다.

18. 오늘날의 교회도 이 면을 깊이 생각해야 합니다. 인간에게는 선이 부족한 만큼 어둠과 악이 존재할 수밖에 없습니다. 그것은 세상에서나 교회 안에서나 다 똑같습니다. 예수님께서는 인간을 내치시는 것이 아니라 그 인간 안에 있는 어둠과 죄악을 내치고 계시는 것입니다. 인간 내면에 존재하는 어둠과 죄악, 그리고 그에 대한 유혹은 우리가 평생 해결해야 할 과제이고 숙제입니다.

19. 그리고 예수님께서는 새로운 세상, 새로운 교회를 열어 보여 주십니다. 당신 몸을 허물어 하느님의 사랑과 은총으로 가득 찬 새로운 세상, 새로운 교회를 세우시겠다고 하십니다. 그 새로운 세

상, 새로운 교회를 위해 기꺼이 당신 몸을 제물로 바치고 계시는 것입니다.

20. 우리는 대단히 실망스럽고 좌절스러운 세상 속에 살지만, 그래서 낙담과 실망이 크지만 또 한편 희망의 세상에 살고 있습니다. 오늘도 예수님께서는 인간의 어둠과 죄악을 이겨 내기 위한 제물로 미사 시간에 봉헌되고 계시기 때문입니다. 세상의 어둠, 교회의 어둠을 이겨 내기 위한 그분의 희생이 오늘도 이 미사 시간에 봉헌되고 있기에 우리는 그래도 희망과 기쁨을 갖고 살아갈 수 있는 것입니다.

21. 교회는 하느님의 교회임과 동시에 인간의 교회입니다. 하느님의 충만한 은총도 존재하지만 동시에 인간의 추악하고 더러운 어둠과 죄악도 동시에 존재합니다. 그래서 예수님을 제물로 끊임없이 봉헌되는 이 미사를 통해 우리는 인간의 교회에서 하느님의 교회로 나아가고 있는 것입니다.

22. 실망하거나 좌절하지 마시고, 혼란 속에 자신을 맡기지도 마시고 이 모든 일 안에 함께 계시는 하느님의 깊으신 뜻과 사랑을 생각해야 하겠습니다. 이 사순절에 더더욱 우리의 부족함을 통회하고, 좀 더 하느님의 자녀로 살아갈 수 있도록 회개하고, 더더욱 하느님께 대한 신뢰를 깊이 가질 수 있도록 기도할 수 있어야 하겠습니다. "이 성전을 허물어라. 그러면 내가 사흘 안에 다시 세우겠다." 아멘.

사순 제4주일(2018. 3. 11.)

"하느님께서 아들을 세상에 보내신 것은
나를 심판하시려는 것이 아니라 내가 아들을 통하여
구원을 받게 하시는 것이다."

1. 이젠 완연한 봄기운이 감돌고 있습니다. 우리의 마음에도, 나라에도 진정 따뜻하고 포근한 봄바람이 감돌길 기도해 봅니다.

2. 미움의 마음이 있으면 아무리 봄이라 해도 겨울과 같을 수밖에 없을 것입니다. 날카로운 얼음과 같은 미움이 자신의 마음을 찢고, 또 함께하는 사람들의 마음도 찢을 수밖에 없습니다. 그러나 아무리 추운 겨울이라 해도 사랑의 마음, 용서의 마음이 있으면 그 추위마저도 추억과 낭만이 될 수 있을 것입니다.

3. 지난 주간 3박 4일간의 일정으로 본당 구역장, 반장님들의 일본 북해도 순례가 있었습니다.

4. 여행사 사장님이 말합니다.
"신부님은 참 특별하십니다."
"왜요?"
"이 겨울에 북해도로 순례 가는 팀은 신부님이 처음이십니다. 다들 따뜻한 규슈 쪽으로 가는데 어째서 그 추운 북해도로 가십니까?"

5. 북해도의 겨울은 그야말로 우리가 어렸을 때 겪었던 코끝이 쨍

한 추위가 있는 곳이었습니다. 청정한 자연 속에서의 그 쨍한 추위를 맛보고 싶었습니다.

하늘은 이루 말할 수 없이 파랗고, 공기는 미세먼지로 지친 콧구멍을 시원하게 뚫어 내고, 하얀 눈, 그야말로 설국처럼 빛나는 온 세상에 가득 찬 눈은 우리 마음속에 깊은 감탄과 감동을 주기에 충분하였습니다.

6. 함께하신 구반장님들의 순수하고 아름다운 마음이 우리 모두에게 깊은 감동을 주었습니다. 소녀 시절로 돌아간 듯이 정말 조그만 일에도 깔깔거리고, 맛난 음식 앞에 감사하고, 멋진 경치에 감동하고, 이런 순롓길로 이끌어 주신 하느님의 은총에 감사드리고……. 서로가 서로에게 따뜻한 배려와 이해, 그리고 사랑으로 충만한 모습들이었습니다.

7. 매일매일 북해도의 동네 성당을 찾아다니며 드리는 미사는 우리에게 하느님의 사랑과 이끄심을 충만히 체험할 수 있었던 너무나 귀중하고, 감동적이고, 아름다운 시간들이었습니다. 그곳 신자들은 우리 자매님들이 부르는 성가 소리에 감탄과 부러움으로 놀라는 모습이었고, 미사 후에 이어지는 따뜻한 차 한잔 나눔의 시간은 말은 통하지 않지만 서로의 마음이 통하는 참으로 아름다운 신앙인 통교의 모습이었습니다.

8. 일본은 지진과 화산으로 항상 불안한 곳입니다. 땅속 깊은 곳에서 용암이 끓고 있으며, 그 증기가 솟아오르기도 합니다.

그 불안한 지형 속에서도 자연은 인간에게 정말 좋은 선물을 주고 있습니다. 바로 온천입니다. 각종 미네랄이 충분히 함유된 온천물은 여행의 피로에 지친 우리의 몸과 마음에 충분한 휴식을 주었고, 우리가 다 알지는 못하지만 우리 몸에 필요한 치료를 해 주고 있었습니다.

9. 저도 개인적으로 요즘 어깨가 아프고 결리는 소위 오십견이 있는데, 유황 온천에 들어갔다 나온 그날 밤 아픈 어깨 쪽에서 밤새 땀이 흥건히 배어 나오는 체험을 할 수 있었습니다. 제 어깨에서 안 좋은 노폐물이 나오는 느낌이었습니다. 그다음 날 어깨가 한결 가볍고, 온몸이 가벼웠습니다.

10. 인생도 마찬가지가 아닌가 합니다. 좋다고 다 좋은 것이 아니고, 나쁘다고 다 나쁜 것이 아닙니다. 성공의 기쁨 속에는 언제나 실패와 좌절의 기운이 자라고 있으며, 실패의 아픔 속에는 언제나 새로운 기쁨과 희망의 새싹이 자라나고 있는 것입니다. 그래서 우리는 성공 속에서도 항상 조심해야 하고 진정으로 감사해야 하는 것이며, 실패와 좌절 속에서도 항상 희망을 잃지 말고 마음이 어둠에 빠지지 않도록 경계해야 하는 것입니다.

11. 신앙이란 새로운 눈을 뜨는 것입니다. 성공 속에서 겸손의 마음을 키워야 하는 것이며, 실패 속에서 희망을 배워야 하는 것입니다. 생명 속에서 죽음을 바라보아야 하고, 죽음 속에서 새로운 생명을 바라볼 수 있는 눈을 가져야 하는 것입니다.

12. 오늘 복음에서 예수님께서는 니꼬데모와의 대화에서 하느님께

서 아들을 세상에 보내신 것은 세상을 심판하시기 위해서가 아니고, 오히려 구원받게 하기 위함이심을 말씀해 주십니다.

13. 즉 예수님은 바로 나의 구원을 위하여, 나의 행복과 기쁨을 위하여, 나의 삶에 새로운 비전과 희망을 주시기 위하여 이 세상에 오신 것이고, 바로 나의 마음속에 오시는 것입니다. 따라서 나는 세상에서 당연히 행복하고 기쁘게 희망을 갖고 즐겁게 살아야 할 의무가 있고, 또 권리가 있는 것입니다.

내가 힘들게, 또 고통스럽게 사는 것은 하느님의 뜻이 아닙니다. 나는 행복하게 살도록 창조된 것이고, 하느님께서 또 그리 섭리하신 것입니다. 세상 사람들이 나에게 뭐라 하든 상관없이 나는 하느님 눈에 넣어도 아프지 않을 귀중한 사람이고, 하느님께서 당신의 모든 힘과 능력을 다하여, 당신의 모든 사랑과 정성을 다하여 허락해 주시는 하느님의 귀하디귀한 명품이고 걸작인 것입니다.

14. 하느님께서는 나를 귀하게 여겨 주시고, 나를 위해 당신의 모든 것을 다해 최선을 다하시는 분이십니다. 우주 전체에서 단 하나밖에 없는 나를 창조하기 위해서 이 우주의 역사를 섭리하시는 것이고, 나의 삶을 통해 당신이 나에게 주실 수 있는 최상의 선물을 주시는 분이십니다.

15. 나는 너무나 귀중한 하느님의 선물입니다. 그런데 너무나 불행하게도 이 엄청난 진리를 내가 깨닫지 못하고 있습니다. 하느님은 나를 사랑하시는데 내가 나를 사랑하지 못합니다. 하느님은 나를 가장 귀하게 보시는데 내가 나를 천하게 봅니다. 하느님은 나를 위

해 못 해 주실 게 없는데 내가 나에게 해 주는 게 별로 없습니다.

16. 그래서 예수님을 보내셔서, 하느님이신 분이 사람이 되셔서 우리가 이해할 수 있도록 우리의 말로 우리가 얼마나 귀한 존재인지, 우리가 얼마나 사랑받는 존재인지 깨닫게 하시기 위해서 당신의 모든 것을 바쳐 최선을 다하십니다. 그야말로 죽으면서까지 가르쳐 주십니다.

17. 때로는 나의 삶에 받아들이기 힘든 십자가와 삶의 실패와 좌절과 고통이 있다 하더라도 그것조차도 하느님께서 나를 벌하시기 위해서가 아닙니다. 좀 더 멀리 바라볼 수 있다면, 좀 더 미래에서 지금의 나를 바라볼 수 있다면 그 나를 괴롭히는 인생의 온갖 고뇌조차도 다 하느님께서 나를 사랑하시고 구원하시는 방법인 것입니다. 하느님께서는 때로 당신의 눈에서 피눈물이 나는 고통을 참으시면서도 우리에게 필요한 것을, 유익한 것을 허락하시는 분이시기 때문입니다.

18. 나를 사랑합시다. 나를 귀하게 봅시다. 나는 온 우주보다도 귀한 존재임을 깨달읍시다. 창조주이신 하느님께서 나를 사랑하시는데, 나를 가장 귀하게 보시는데, 나를 위해서 아까울 게 없으신 분이신데 내가 나를 사랑하지 않는다면, 내가 나를 천하게 본다면, 내가 나를 값싸게 본다면 그것은 절대 하느님의 뜻이 아닙니다.

19. 예수님께서 바로 나를 위해 그 죽음과 같은 고통을 겪어 내시고, 그 칠흑과 같은 죽음을 겪어 내시고 그 찬란한 부활의 영광을 마

련하셨으니 우리가 두려울 것이 무엇이겠습니까? 그분께서 나의 가장 깊은 친구가 되어 주시고 나의 편이 되어 주시는데, 또 나를 위해 당신의 모든 것을 다 바쳐 변호해 주시고 보호해 주시는데 우리가 걱정할 것이 무엇이겠습니까? 그분께서 나를 구원해 주시겠다고 마음먹으셨는데 무엇이 문제겠습니까?

그분은 우리의 조그만 실수나 허물에는 눈길조차 주지 않으십니다. 우리 안에 있는 하느님의 그 엄청난 사랑에만 유일하게 관심이 있으신 분이십니다.

20. 그분께서 그러하시니 나도 나의 조그만 부족함이나 허물이나 죄에서 과감히 일어서야 하겠습니다. 나의 어둠에 사로잡히지 말고, 나를 둘러싸고 있는 엄청난 하느님의 사랑과 그 빛살에 나를 맡겨 드려야 하겠습니다.

"하느님께서는 나를 너무나 사랑하신 나머지 외아들을 내주시어, 그를 믿는 사람은 누구나 멸망하지 않고 영원한 생명을 얻게 하셨다. 하느님께서 아들을 세상에 보내신 것은 나를 심판하시려는 것이 아니라 내가 아들을 통하여 구원을 받게 하시는 것이다." 아멘.

주님 만찬 성목요일(2018. 3. 29.)

"주님이 말씀하신다.
내가 너희를 사랑한 것처럼 너희도 서로 사랑하여라."

1. 지난 겨울, 매서운 추위와 극심했던 미세먼지를 뒤로하고 이제 봄이 되었습니다.

성당을 아름다운 봄꽃으로 치장하였습니다. 이쁘죠? 예수 성심상 주위에도 겨울을 견뎌 낸 화초들이 자리를 잡고 있습니다. 우리의 위로가 되시는 성모님 주변의 소나무들도 전지를 하고 이쁘게 단장하였습니다.

2. 적지 않은 돈을 들여 성당을 꽃으로 단장하는 이유는 세상살이에 지친 우리 교우들이, 또 너무나 많은 아픔과 상처 속에 살아온 우리 교우들이 적어도 성당에서만큼은 따뜻하고, 포근하고, 아름다운 환경 속에서 주님의 위로를 느끼기를 바라는 마음 때문입니다.

3. 세상은 우리를 무시하고 온갖 상처와 슬픔을 주지만, 또 때로는 주위 사람들이, 가족들이 우리에게 무거운 마음의 짐과 십자가가 되기도 하지만 적어도 주님만은 우리를 존중해 주시며, 인정해 주시고, 사랑해 주신다는 사실을 생각하신다면 성당에서만큼은 위로와 치유, 희망과 용서, 기쁨과 평화를 느끼실 수 있으리라고 기도하고, 기대해 봅니다.

4. 정말 주님은 우리를 사랑하시는 분이십니다. 우리를 비판하거나 단죄하거나 판단하지 않으십니다. 우리가 어떤 사람이라 할지라도 우리 안에 숨어 있는 하느님의 고귀한 아름다움, 그 모상을 절대 잊지 않으시는 분이십니다. 그분은 우리의 겉모습만 보시는 분이 아니라 우리 안에 숨어 있는 아름다운 마음, 빛의 마음, 사랑의 마음을 보시는 분이십니다.

우리가 이 세상 누구에게도 인정받지 못한다 할지라도 주님만은 나 자신도 모르는 나 자신을 알고 계시기에 우리를 끝까지 신뢰하시며, 기대와 희망을 버리시지 않으십니다. 때로는 우리가 바람에 흔들리는 갈대와 같다 하더라도, 바람에 꺼지는 촛불 같다 하여도 끝까지 우리의 손을 잡고 절대 놓지 않으시고 기다려 주시는 분이십니다. 때로 우리가 주님을 부인하고, 주님의 거룩함을 부정하고 모욕한다 하더라도 주님은 그 아픈 가슴을 부여잡고서라도 우리가 잘되도록 우리의 아파하는 마음에 함께하시고, 그 아픈 삶을 함께 살아 주시는 분이십니다.

5. 오늘은 주님 만찬 미사입니다. 오늘 우리는 우리를 지극히 사랑하시는 주님을 이 전례에서 만나게 됩니다.

6. 어둠이 몰아치고 있었습니다. 악의 세력은, 사탄의 세력은 더 이상 예수님께서 부여하시는 하느님의 나라와 그 사랑을 참을 수 없었습니다. 빛이 오면 어둠이 설자리를 잃어버릴 수밖에 없기 때문입니다. 어둠은, 악의 세력, 사탄의 세력은 총력을 다해 그 빛을, 그 은총을, 그 사랑과 구원을 없애려 합니다. 그야말로 총력전을 펼칩

니다. 사람들의 마음속에 있는 어둠과 악을 최대로 자극합니다. 진리와 사랑에 눈멀게 하고, 지혜와 신앙을 잠재우려 합니다.

7. 악의 세력이 초점을 맞추고 선택한 어둠은 바로 예수님의 신뢰를 받고 있던 유다 이스가리옷이었습니다. 그는 사랑과 용서의 예수님을 이해할 수 없었습니다. 로마의 압제를 벗어나기 위해서는 예수님처럼 사랑과 용서로는 안 된다고 마음속으로 생각하고 있었을 것입니다. 그는 예수님의 능력이라면 충분히 로마를 쫓아내고 하느님의 국가, 이스라엘을 재건할 수 있을 것이라 생각했을지도 모릅니다.

8. 인간의 계산, 인간의 하찮은 정의감, 하느님의 진정한 사랑과 용서를 깨닫지 못하는 그 교만함에 악의 세력은 절묘하게 침투합니다. '예수님께서는 절대 죽지 않으실 분이야! 그분은 위기에 처하면 그분의 그 위대하신 능력을 발휘하실 거야! 죽은 이도 살리신 그분이 아니신가!'
어떤 면에서 유다는 스스로를 이스라엘 민족의 독립을 진정으로 간절히 원하는 애국자요, 정의로운 사람으로 생각하고 있었을지도 모릅니다.

9. 악의 세력이 침투하면 인간은 그 즉시 이 세상의 옳고 그름으로 그 판단 기준이 바뀌어 버립니다. 하느님의 섭리, 하느님 중심의 사고방식을 잃어버리고 인간 중심, 세상 중심의 사고방식으로 바뀌어 버립니다. 악의 세력은 인간의 자유의지에 교묘히 침투하여 그를 마비시켜 버립니다. 악의 세력에 침략당한 인간은 하느님에 대해서

는 눈이 멀어 버립니다.

10. 어둠이, 밤이, 악의 세상이 시작되고 있습니다. 그 무겁고 숨이 막힐 정도로 답답한 분위기, 어둠과 악의 분위기가 예수님의 마지막 만찬에 가득히 깔려 있습니다. 제자들은 정작 기쁘고 즐거워야 할 축제인 파스카 만찬이 왜 이리 어둡고 침울한지 이해할 수 없었습니다. 예수님께서는 그 어둠의 현실을 제자들에게 알려 주십니다. "너희 중에 한 사람이 나를 배신할 것이다. 베드로야, 너는 닭이 두 번 울기 전에 나를 세 번이나 모른다 할 것이다. 너희들은 모두 어둠과 악의 세력에 혼이 빠져 흩어지고 말 것이다. 나의 가장 사랑받던 제자마저 옷이 벗겨지는지도 모르고 혼비백산하여 도망가 버릴 것이다."

11. 그야말로 어둠과 악의 세력은 인간의 힘을 뛰어넘는 것이었습니다. 그 세력하에서 인간은 어떤 올바른 판단도 할 수 없고, 어둠과 악의 세력 앞에 어떤 힘도 쓸 수가 없고, 그저 공포의 전율 속에서 어찌할 바를 몰랐습니다. 그동안 예수님을 보면서 느꼈던 하느님의 사랑, 하느님의 전능하신 힘, 그 감동, 그 체험, 새롭게 살겠다는 결심도, 다짐도 아무 소용이 없었습니다.

12. 그 어두운 밤에, 칠흑 같은 죄악이 몰려드는 그 밤에 예수님께서는 어둠과 죄악에 홀로 맞서 일어나시어 당신 사랑의 절정인 성체성사를 세우십니다. 예수님의 마음도 참으로 혼란스럽기 그지없으셨을 것입니다. 제자들의 배신을 뻔히 아시는 그분의 마음은 인간의 유약함과 그 어둠과 죄악으로 가슴이 찢어질 대로 찢어지시

고, 다가올 어둠과 공포에 가슴이 무너지셨을 것입니다.

13. 그러나 그분은 그 최악의 상황에서 사랑으로 다시 일어나십니다. 어둠과 악을 어둠으로, 악으로 갚지 않으시고, 그 칠흑 같은 어둠 속에서도 사랑의 의연함과 아름다움을 보여 주십니다. "너희는 받아먹어라. 이는 내 몸이다. 너희는 받아 마셔라. 이는 너희를 위하여 흘릴 내 피다."라고 하시며 제자 한 사람, 한 사람을 기억하시며 그들의 발을 씻어 주시고 "너희도 그대로 하여라." 하십니다.

14. 그 어두운 밤에 예수님께서는 두려움과 공포와 배신에 대한 처절한 아픔을 겪어 내시면서도 그 어둠에 물들지 않으시고, 하느님의 진정한 사랑과 용서를 보여 주고 계시는 것입니다. 어둠과 죄악을 이겨 내시는 하느님의 힘과 은총을 보여 주고 계시는 것입니다.

15. 우리가 받는 하느님의 사랑은 우리가 느끼고 깨닫는 것보다 훨씬 더 크시고 크십니다. 예수님을 통해 드러나시는 하느님의 사랑은 인간과 세상의 어둠과 죄악, 그 한가운데에서 새롭게 드러나시고 탄생하십니다.

16. "너희가 부족하다고, 허물과 어둠과 죄가 많다고 스스로 판단하고 단죄하느냐? 바로 너희의 그 부족함과 허물과 어둠 속에서, 죄악 속에서 하느님의 사랑은 꽃이 피는 것"이라고 가르쳐 주시는 듯합니다. "내가 너희를 판단하고 단죄하지 않는데 너희는 왜 스스로 자신과 이웃을 판단하고 단죄하느냐?"고 나무라시는 듯합니다.

17. 예수님은 인간의 어둠과 죄악에 어린양처럼 희생당하시지만

절대로 앙갚음이나 복수의 마음을 갖지 않으십니다. 그 어둠과 죄악을 이용해서 오히려 하느님의 사랑을 드러내십니다. 그리고 그 사랑의 승리인 부활을 하느님께로부터 지상 최대의 선물로 받으시는 것입니다.

18. 그래서 부족함과 어둠과 죄악 속에 살 수밖에 없는 인간의 처지이지만 우리도 희망과 기대를 가질 수 있게 됩니다. 우리도 예수님처럼 어둠 속에서도, 죄악 속에서도 하느님의 은총으로 그 어둠과 죄악에 물들지 않고 하느님의 사랑을 실천해 낼 수 있다면 우리의 삶을 둘러싸고 있는 이 지긋지긋한 어둠도, 죄악도 부활로 나아가는 귀하디귀한 십자가가 될 수 있는 것입니다.

19. 우리는 세상이 우리에게 뭐라 하든 상관없이 하느님의 사랑 속에 있는 사람들입니다. 우리의 삶은 우리가 깨달았든, 깨닫지 못했든 상관없이 하느님의 사랑 속에 있는 것입니다. 우리가 이 험한 세상에서 끊임없이 악의 유혹을 받으며 살아갈 수밖에 없는 존재라 하더라도 우리는 하느님의 영원하고 무한한 사랑 속에 존재하는 사람들입니다.

20. 하느님의 사랑은 우리의 부족함을, 어둠을, 죄악을 뛰어넘는 너무나 귀중한, 우리를 살리시는 그분의 진정한 부활의 원동력임을 이 밤에 깊이 생각해 보도록 하십시다.
"주님이 말씀하신다. 내가 너희를 사랑한 것처럼 너희도 서로 사랑하여라." 아멘.

예수 부활 대축일(2018. 4. 1.)

"그리스도께서 죽은 이들 가운데에서 되살아나신 것처럼
우리도 새로운 삶을 살아가게 되었습니다."

1. 예수님의 부활을 축하드립니다. 알렐루야, 알렐루야.

예수님께서 모든 어둠과 죽음을 이겨 내시고 부활하셨습니다.

2. 부활은 두 가지의 의미를 갖고 있습니다.

첫째는 지금 나의 마음속에 있는 어둠이 옅어지는 것입니다. 나의
마음속에 있는 걱정과 불안과 두려움이 사라지는 것입니다. 나의
마음속에 있는 미움과 분노와 증오가 사라지는 것입니다. 나의 마
음속에 사랑의 마음, 용서의 마음, 넓은 마음이 좀 더 생기는 것입니
다. 우리 마음을 짓누르고 있는 무거운 십자가로부터 해방되어 좀
더 가볍고, 단순하고, 기쁜 마음이 되는 것입니다.

3. 인간의 마음은 참 희한합니다. 어떤 때는 온 우주를 다 품을 듯이
넓고 관대하지만 또 어떤 때는 바늘구멍 하나 들어갈 수 없을 정도
로 좁고 폐쇄적이며 부정적이기도 합니다.

4. 우리의 마음은 한편으로는 선과 사랑을 간절히 원하면서도 또
다른 한편으로는 미움과 편견과 오해로 가득 차 있기도 합니다. 우
리의 마음이 선과 사랑으로 가득 차 있을 때는 이 세상이 너무나도

아름답습니다. 하루하루가 즐겁고, 기쁘고, 보람차고, 행복합니다. 그러나 우리 마음이 어둠으로 차 있을 때는 이 세상이 마치 지옥과 같이 무겁고, 지겹고, 우울합니다.

5. 예수님께서는 우리 마음속의 온갖 어둠을, 죄악을 당신께서 다 지고 가십니다. 우리가 어떻게 할 수 없는 우리 인생의 슬픔과 아픔과 고통을 당신이 다 지고 가십니다. 우리 모두의 인생의 어둠이 얼마나 큰지 예수님께서는 피땀을 흘리시고, 온갖 모욕을 감수·인내하시고, 죽음에 이르는 그 참혹한 고통을 다 받아들이십니다.
당신의 몸은 만신창이가 되셨고, 두 손과 두 발은 못에 박히시고, 가슴은 창에 찔려 물과 피가 흘러나오고, 온몸에서 생기와 생명이 다 빠져나가 버리십니다. 이루 다 헤아릴 수 없는 고통 속에 세 번이나 넘어지시고, 십자가 위에서는 숨을 쉴 수도 없는 단말마의 고통을 견뎌 내셔야 했습니다.

6. 우리는 그 고통을 감내할 수가 없기 때문입니다. 만일 우리에게 그런 어둠의 대가를 치르라 하면 우리는 반항하고, 핑계를 대고, 자기 합리화를 하고, 분노하면서 그 고통을 절대 받아들이지 않기 때문입니다. 자신의 어둠에 따른 고통도 받아들이기 어려운데, 남의 어둠에 의한 고통을 받아들이라는 것은 우리 보통 사람들에게는 말도 안 되는 일이기 때문입니다.

7. 우리 마음속의 어둠이 옅어지는 것은, 우리 마음속의 걱정과 불안과 두려움이 사라지는 것은, 내 마음속의 미움과 증오와 분노가 사라지는 것은 다 예수님의 고통 덕분입니다. 그분께서 내 마음과

삶에 있는 모든 어둠과 죄악을 다 짊어지고 계시기 때문입니다.

8. 내 마음속에 기쁨과 감사가 생기는 것은, 내 마음속에 용서와 이해와 배려가 생기는 것은, 내 마음이 좀 더 단순해지고 가벼워지는 것은 다 예수님의 부활 덕분입니다. 그분께서는 바로 내 마음속의 어둠에 의해 희생되셨고, 내 마음속의 어둠을 극복하시어 하느님의 권능으로 부활하셨기 때문입니다.

9. 우리는 이 미사를 통해 우리 마음속에 기쁨이 들어오는 것을 체험하게 됩니다. 우리 마음속의 어둠을 뚫고 부활하시는 예수님을 조금이나마 느끼게 됩니다.

10. 예수님께서는 단지 우리 마음속의 어둠만을 뚫고 부활하시는 것이 아닙니다. 우리가 살고 있는 이 세상, 이 사회, 우리 가정, 또 때로는 우리 공동체의 어둠을 깨뜨리시고 부활하십니다.
정말 우리가 살고 있는 이 세상의 어둠은 만만치가 않습니다. 질식할 정도의 어둠이 이 사회를 덮고 있습니다. 죄인이 죄인을 판단하고, 자신이 세상에서 가장 올바르고 선한 사람인 것처럼 자기 생각과 다른 사람은 죽여 버리고 매장시켜 버립니다. 너무나 많은 사람들이 오로지 '돈, 돈' 하면서 살아가고 있습니다. 어느샌가 돈이 우리 인생의 목표가 되어 버렸고, 어느샌가 돈이 우리의 유일한 행복의 기준이 되어 버렸습니다.
이 삭막한 세상 속에 있는 우리의 가정도 너무나 힘들고 아픕니다. 아이들과는 전혀 다른 세상에서 살아야 하고, 가족 안에서도 나에게 이득이 되느냐, 안 되느냐에 따라 결속이 되기도 하고, 분열이 되

기도 합니다. 아이들은 아이들대로, 부모는 부모들대로 어렵고 힘
듭니다. 세상에서도 힘든데 가정에서도 힘드니 우리 인생이 왜 이
리도 초라해 보이고, 슬퍼 보이는지 모르겠습니다. 어디 하나 마음
둘 데가 없으니, 어디 하나 위로를 받을 데가 없으니 우리네 인생은
마치 광야 속에 있는 듯한, 사막 속에 있는 듯한 외로움과 고독감,
우울함에 깊이 빠져 있는 듯합니다.

때로는 교회 안에서도 깊은 실망감과 좌절감을 느낄 때가 많습니
다. 인간의 교회이다 보니, 그래서 인간의 온갖 문제가 함께 공존하
다 보니 교회 안에서도 보이지 않는 미움과 분노가 짜증과 함께 뒤
범벅되어 있습니다. 기대가 크면 실망도 크다고, 현재의 교회 모습
에서 위로와 치유를 받기보다는 기대했던 만큼 실망과 좌절과 상처
를 받기도 합니다.

11. 밤이 깊으면 새벽이 다가온 것입니다. 너무나 많은 어둠과 죄악
이 이 세상을 덮고 있으니 예수님께서도 과거 그 어느 때보다도 단
단하고 무거운 무덤의 돌을 깨뜨리시며 부활하십니다. 예수님의 고
통이 깊으니 그 부활의 힘도 더더욱 놀라운 것입니다.

예수님께서는 보다 강력한 부활의 힘으로 내 마음속에 들어오시고,
이 사회와 이 가정과 이 교회에 들어오실 것입니다. 더 많은 사람들
이 우리가 살아가야 하는 삶의 처지를 더욱더 깊이 깨달을 것이고,
더 많은 사람들이 부활하시는 예수님의 힘과 은총을 깨닫게 될 것
입니다. 어둠이 깊으면 깊을수록 그 안에 하느님의 사랑이 더 클 수
밖에 없기 때문입니다.

그래서 우리는 우리의 어둠 속에 질식하지 말아야 하겠습니다. 절

대로 포기하지 말아야 하겠습니다. 더더욱 희망과 신뢰를 회복할 수 있어야 하겠습니다. 내가 바로 부활의 증인이 되어야 하겠습니다.

12. 부활의 두 번째 의미는 지난 특강 때 신은근 신부님께서 말씀하셨듯이 내 마음의 상처를 통해, 내 삶의 십자가를 통해 예수님께서 부활하신다는 것입니다. 내 삶의 극적인 반전이라는 표현을 하셨습니다.

13. 저도 개인적으로 제 삶을 통해 부활하시는 예수님을 체험하곤 합니다. 저의 부모님은 제가 태어날 때 이쁜 딸을 간절히 원하셨습니다. 그런데 부모님 표현에 의하면 저는 태어날 때부터 얼굴이 까맣고, 입은 크고, 방뎅이도 컸다고 합니다.

부모님의 실망감 속에 태어난 저는 3년 뒤 제 여동생이 백합처럼 태어났을 때부터 삶의 심각한 상처가 시작되었습니다. 그러나 그 상처는 제가 태어날 때부터 부르심이 있었다는 사실을 깨닫게 되면서부터 치유되기 시작하였고, 그것은 바로 제가 모든 열등감을 벗어던지고 바로 설 수 있는 부활의 시작이었습니다.

저는 개인적으로 참 어려운 본당을 많이 다녔습니다. 하느님의 일을 하고 싶은 정열이 있는데 신자들은 저를 오해하고 제가 하고픈 일에 정면으로 반대하기도 하였습니다. 그때 정말 힘들어하면서 이 고통의 이유가 뭐냐고 따져 묻기도 하였습니다. 왜 나는 맨날 힘든 본당만 가야 하고, 힘들게 살아야 하는지 원망이 가득하기도 하였습니다.

그러나 지금 생각해 봅니다. '아! 그때의 그 아픔이 있었기에 지금의 내가 있는 것이구나. 하느님께서 나를 당신의 사제로, 도구로 키우시기 위해서 나보다 더 큰 마음고생을 하셨구나. 그게 하느님의 사랑이었구나.'라는 사실을 깨닫게 되면서부터 치유와 부활이 시작되었습니다.

14. 내 마음속의 상처는, 내 인생에서 짊어져야 하는 십자가들은 바로 하느님께서 나를 부활시키기 위한 방법이고, 사랑인 것입니다. 지금은 아프지만, 지금은 힘들고, 때로는 원망과 분노가 생겨나기도 하지만 우리가 하느님 안에 있으려 노력하기만 한다면 그 상처와 십자가는 나를 하느님의 자녀로 올바로 세우는 너무나 귀중한 하느님의 사랑이었음을 깨달을 수 있게 되는 것입니다.

지금은 힘들지만, 아프지만 언젠가는 이 아픔이 고맙게 느껴지고, 이 아픔 속에 있는 하느님의 사랑을 발견하게 되면 언젠가는 진정으로 하느님께 감사와 찬양을 드릴 수 있게 될 것입니다. 새로운 사람, 부활의 사람으로 강건하고 굳건하게 새롭게 태어날 수 있게 되는 것입니다.

15. 우리는 이 은혜로운 미사 중에 두 가지의 부활을 간절히 원해야 하겠습니다. 지금 내 마음속의 어둠 속에 부활하시고, 내 인생의 온갖 상처와 십자가 속에서 부활해 주시도록 기도해야 하겠습니다.
"그리스도께서 죽은 이들 가운데에서 되살아나신 것처럼 우리도 새로운 삶을 살아가게 되었습니다." 아멘.

한식 미사(2018. 4. 6.)

"문이 다 잠겨 있었는데도 예수님께서 오시어 가운데에
서시며 '평화가 너희와 함께!' 하고 말씀하셨다."

1. 꽃샘추위가 기승을 부리고 있습니다. 활짝 피어난 벚꽃들이 우리의 마음을 화사하게 하지만 미세먼지, 황사가 우리 몸을 괴롭히고 있습니다. 봄이 봄다우면 좋으련만 우리가 사는 이 환경은 참 어렵고 힘듭니다. 그 화사하고 찬란한 봄은 어디로 갔는지요?

2. 언젠가 여행을 했던 호주가 생각납니다. 그 맑디맑은 하늘, 그 속에서 춤추는 듯한 구름의 자태, 피부를 기분 좋게 하는 자연스러운 바람, 나무 냄새, 풀 냄새, 흙냄새, 아름다운 목소리로 지저귀는 온갖 종류의 새들, 자연이 살아 있는, 또 그 살아 있는 자연 속에서 자연의 일부가 되어 살아가는 사람들의 단순하고도 소박한 삶의 모습이 새삼 그리워집니다.

3. 우리의 자연도 예전에는 금수강산으로 불렸습니다. 맑디맑은 계곡의 물, 파란 하늘, 아기자기한 산과 구릉…… 삶이 어렵고 팍팍하기는 했어도 그 살아 있는 자연 속에서, 그 소박한 아름다움 속에서 살았던 것이 이제는 아련한 예전의 기억과 추억으로 남아야 하는 이 현실과 이 자연이 참 아쉽습니다.

4. 예전보다는 분명 더 윤택하게 살고 있는데 지금의 우리 마음은 예전의 그 단순하고 소박한 행복을 많이 잃어버리고 있는 듯합니다.

5. 우리는 오늘 이 천보묘원에 와서 우리보다 앞서가신 부모님들, 형제들, 지인들을 기억하고 있습니다. 그 기억과 추억은 우리의 삶에 매우 소중한 것입니다. 어려웠어도 올바르게 살아야 함을 늘 가르쳐 주시고 모범을 보여 주셨던 부모님들의 선비와 같은 정신이 새삼 생각납니다. "늘 정직하게 살아라. 늘 성실하게 살아라. 늘 베풀며 살아라." 하던 부모님의 가르침이 새삼 마음속에 떠오릅니다. 그분들은 가난하게 살면서도 자식들을 위해 정말 최선을 다하셨습니다. 그분들의 존재의 이유는 바로 자식들이었습니다. 자식들만큼은 어떻게 해서든 공부를 시키시려 했고, 자신의 몸은 만신창이가 되더라도 자식이 잘되면 그것으로 모든 것이 행복이었습니다.

6. 오늘날 우리는 그분들의 가르침이 새삼 낯선 것이 되어 버린 세상 속에 살고 있습니다. 정직, 성실, 베풂은 어느샌가 우리의 세상과는 맞지 않는 듯한 분위기 속에 살고 있습니다. 옛날에는 개근상이 최고의 상이었는데 요즘에는 전혀 그렇지 않습니다. 옛날에는 정직한 사람이 혼사의 우선 기준이었는데 요즘에는 그렇지 않습니다. 옛날에는 베풀고 나누는 사람의 품성이 올바른 품성이었는데 요즘에는 그렇지 않습니다.

7. 정직하고, 성실하고, 나누며 베푸는 삶이 부모님들께는 최상의 가치관이었지만 요즘에는 어떻게 하면 부와 명예와 힘을 갖느냐 하는 것이 최상의 기준이요, 가치관이 되어 버리고 말았습니다.

8. 그래서 마치 정글 속 동물들처럼 약육강식, 강자생존의 무시무시한 세상이 되어 버리고 말았습니다. 가진 사람은 동물보다 더, 더 많이 가지려는 욕심과 탐욕의 세상에 살고 있습니다.

9. 그래도 우리 마음속에는 부모님들의 삶과 그 가르침들이 여전히 남아 있습니다. 적어도 부모님들을 만나는 이 자리에 오게 되면 그분들의 목소리와 마음이 들리는 듯합니다. 그래서 이곳에 오면 고향에 온 사람처럼 마음이 편해집니다. 좀 더 순수해지고, 순박해집니다. 좀 더 열심히, 정직하게, 성실하게, 베풀고 나누며 살아야겠다는 새로운 결심도 하게 됩니다.

10. 생존과 더 나은 삶을 위한 치열한 삶의 투쟁은 사실 부모님 때도 험난했고, 지금도 어떤 면에서는 더 험난합니다. 그러나 부모님들은 그 어려운 생존의 현실 앞에서도 인간이 가져야 하는 근본적이고 본질적인 가치들을 절대 잊지 않으셨습니다. 또 신앙을 가지셨던 부모님들은 인간의 기본 가치와 함께 하느님께 향한 가치관을 굳게, 굳게, 때로는 고집스러울 정도로 갖고 계셨습니다.
아마도 하느님께서는 바로 그 점을 소중하게 보시고 부모님들에게 필요한 하느님의 자비를 아낌없이 베풀고 계실 것입니다. "그래, 어려운 세상 속에서 정말 마음고생 많이 하면서 애썼다." 하고 위로해 주실 것입니다.
얼마나 힘들고 고된 삶을 살았는지, 그 상처들 속에서도 얼마나 자식들을 위하고, 가정을 위한 삶을 살았는지 하느님께서는 충분히 헤아려 주실 것입니다. 인생의 수많은 노고 속에서도 하느님을 향

하느라고 얼마나 애썼는지 하느님만은 알아주실 것입니다. 때론 인간인지라 많은 잘못이 있었다 하더라도 하느님께서는 그 잘못을 추궁하지 않으시고 그 삶 속에 있었던 선한 마음, 그 의지, 그 인내를 칭찬해 주시고 계실 것입니다.

11. 하느님은 인간의 어둠을 없애시는 분이십니다. 이제 당신의 그 빛나는 은총으로 그 모든 부족함과 어둠을 없애 주시고, 당신 자비의 품으로 우리가 기억하는 모든 사람을 안아 주시고, 위로해 주시고, 칭찬해 주시고, 인정해 주실 것입니다. 무덤 안의 그 칙칙함과 서글픔과 두려움을 없애 주시고 계십니다. 그것이 바로 부활의 힘이고, 하느님 자비의 힘인 것입니다.

12. 때론 우리의 기억 속에 상처와 아픔으로 남아 있는 경우라 할지라도 우리가 모르는 그분들의 깊은 속마음을 이해해 주시고, 그분들의 선의와 그리할 수밖에 없었던 인간의 한계상황과 나약함을 하느님께서는 아마 분명히 보고 계실 것입니다. 인간의 부족함으로 인한 상처를 오히려 부활의 큰 동력으로 만들어 주시기도 하는 분이 바로 하느님이시기 때문입니다.

13. 이제 우리는 우리가 받았다고 생각되는 모든 상처에서 부활할 수 있어야 하겠습니다. 그 상처와 아픔들이 있었기에 오늘의 내가 있기 때문입니다.
이 대목에서 신앙이 필요합니다. 신앙이 없는 상처와 아픔은 인간을 썩게 하고, 무능하게 하고, 그 상처를 대물림하지만 신앙이 있는 상처와 아픔은 인간을 더 깊이 성숙시키고, 더 큰 인내와 버티는 힘을 주기 때문입니다. 하느님 안에서의 상처와 아픔은 더 크게 성숙하게 만들기 위함이고, 부활하기 위한 상처와 아픔으로 바꾸어 주시기 때문입니다. 내 노력이 아니고, 인간의 힘이 아니고 오로지 내가 그분을 향하고 있다면 그분께서 해 주실 수 있는 부활의 능력인 것입니다.

14. 그래서 오늘 이곳에서의 만남은 참으로 기쁜 부활의 만남입니다. 좋은 추억과 기억은 내 삶의 가장 귀중한 원동력이고, 아팠던 상처와 고통은 내가 더욱더 크게 성장하기 위한 디딤돌이기 때문입니다.

15. 우리는 신앙 안에서 좋았던 추억의 더 큰 의미를 발견해야 하고, 한 걸음 더 나아가 신앙 안에서 나빴던 아픔의 더 큰, 숨어 있는 의미를 깨달아야 합니다.

16. 나의 인생에서 만났던 모든 사람은 다 나름대로 의미가 있습니다. 좋은 사람도, 나쁜 사람도 내가 그 사람을 만난 것은 다 이유가 있습니다. 오히려 나빴던 사람들 안에서 나를 위한 하느님의 귀중한 선물이 숨겨져 있음을 깨달을 수 있을 때 우리의 삶은 한층 더 성숙한 부활의 삶이 될 수 있을 것입니다.

17. 죽음과 삶이 만나는 이 묘원에서 우리는 인생의 의미를 더 깊이 깨닫고, 나에게 주어진 이 인생의 묘한 비밀을 깨달을 수 있도록 하느님의 자비를 간절히 구할 수 있어야 하겠습니다.

18. 우리가 바치는 오늘의 이 미사와 기도를 통해 내 마음속에서 더

욱더 많은 감사가 생겨날 수 있도록, 더욱더 많은 용서와 화해가 생겨날 수 있도록 기도해야 하겠습니다. 좋은 추억에 대한 감사와 나쁜 기억에 대한 용서와 화해가 구체적으로, 의지적으로 표현될 수 있을 때 오늘의 이 자리가 우리 인생에 대해 하느님께 찬미와 영광을 드리는 너무나 소중하고 귀중한 자리가 될 수 있을 것입니다.

"문이 다 잠겨 있었는데도 예수님께서 오시어 가운데에 서시며 '평화가 너희와 함께!' 하고 말씀하셨다." 아멘.

부활 제3주일(2018. 4. 15.)

"제자들이 온갖 걱정으로 가득 차 있을 때
예수님께서는 그들 가운데에 서시어
'평화가 너희와 함께!' 하고 인사하셨다."

1. 어제 저는 환갑이라는 생일을 맞았습니다. 예전에는 사람들의 평균수명이 길지 않아 61세 환갑만 돼도 자손들과 친지들이 큰 잔치를 열어 성대하게 축하해 주었습니다. 잔칫상을 차리고, 장수를 누리는 것에 대해 조상님들께 감사의 제를 올리고, 자손들에게는 헌주와 절을 받고, 경제적으로 풍요로운 집에서는 기생을 불러 음악과 춤을 즐겼다고 합니다. 하긴 우리 어렸을 때만 해도 환갑 되시는 어르신들은 정말 늙은 할아버지로 기억됩니다.

2. 그러나 요즘에는 평균수명이 늘어난지라 환갑의 의미가 점차 상실되어 가고 있습니다. 본당에서도 사목회에서는 저에게 몇 번에 걸쳐 본당 잔치를 열 것을 건의하였지만 제가 아주 단호하게 거절하였습니다.

그 이유는 여러 가지가 있겠지만 요즘 시국이 시국인지라 사제가 신자들에게 분에 넘치는 큰 대접을 받는 것이 영 마땅치 않았습니다. 사제는 그 본질상 가난하고 섬기며 살아야 하는데 이런 잔치를 통해 사제의 본질이 훼손되는 듯한 느낌을 받기 때문입니다. 물론 이런 기회를 통해 신자분들에게 추어탕이라도 한 그릇씩 잡숫게 해 드릴 수는 있겠지만 그만큼 어렵게 살아가는 신자들에게 부담이 될 수도 있기 때문입니다.

3. 그러나 제가 잔치를 완강하게 거절하여도 보이지 않게 많은 기도와 축하를 해 주심에 진심으로 감사드리지 않을 수 없습니다.

4. 환갑의 의미를 생각해 보게 됩니다. 저는 사실 어디 가서나 환갑이라고 하면 사람들이 깜짝 놀랍니다. "아니, 신부님, 정말이세요? 너무 젊으세요."
하긴 아직 머리도 염색 안 하고, 숱도 많고, 또 얼굴이 비교적 작은 편이다 보니 젊다는 이야기를 많이 듣습니다. 남자들에게는 머리가 매우 중요한데 머리 빠진 사람들이 이 정도의 머리를 심으려면 억대의 돈이 든다고 합니다. 또 '태생 파마'이다 보니 자연스럽게 웨이브도 생기고, 평생 드라이를 안 해도 됩니다. 잘난 척?

5. 환갑은 자기가 태어난 해로 다시 돌아오는 것을 뜻한다고 합니다. 어제 어느 축하 자리에서 축하 케이크에 촛불 하나만 꽂혀 있는 것을 보고 생각했습니다. '아, 그렇구나! 이제 새로운 인생을 시작하는 한 살이구나! 인생은 60부터 새롭게 시작된다고 하니 한 살이 맞겠구나!' 하는 느낌이었습니다.

6. 젊은 환갑, 새로운 인생을 시작하는 때라는 생각은 제 마음속에 뭔가 모를 흥분을 불러옵니다.
'그래, 여태까지는 인생을 알기 위해서 앞이 보이지 않는 안개 속에서 좌충우돌하면서 살아왔다면 이제부터는 좀 더 지혜롭고, 자비롭고, 이해심 많은 사람으로 또 다른 인생을 살아야겠구나.'라는 생각이 듭니다. '하느님의 사랑을 좀 더 깨닫고, 그 사랑 속에서 감사하면서, 또 감사의 결과인 찬미와 영광을 드리면서 살아야겠구나.'라는 다짐을 해 보게 됩니다. 어떤 면에서는 그동안 잘못 산 시간들을 보속하면서 '하느님의 용서와 자비를 증언하는 참다운 사제로 살아야겠구나.'라는 결심을 해 보게 됩니다.

7. 이곳 금호동에서 사제 서품 30주년도 지냈고 이제 환갑도 맞이하니 참 금호동이 새롭게 느껴집니다. 제 인생에 있어 금호동은 하나의 전환점이 아니었나 생각해 봅니다. 처음 이곳에 왔을 때는 '하느님의 뜻이 무엇일까?'라는 생각을 많이 했는데 이제 임기의 마지막 시간을 보내면서 조금이나마 그분의 크신 뜻과 사랑을 느끼게 됩니다.

8. 혼란과 혼돈과 갈등의 시간이 적지 않았지만 세월의 흐름에 따라 많은 부분들이 정리되고, 그 깊은 의미를 깨닫게 되니 참으로 하느님께 감사드리지 않을 수 없습니다.

9. 예수님의 제자들도 깊은 심연의 혼란과 혼돈, 갈등의 시간을 겪어야 했습니다.
그토록 믿었던 예수님이셨고, 그토록 하느님의 힘과 사랑이 가득한 예수님이셨는데, 또 말씀 한마디로 아픈 사람들을 고쳐 주시고, 심지어 죽은 사람까지도 살려 내시는 분이셨는데 그 예수님께서 하루 만에 잡히시고, 아무 힘도 못 쓰시고 그 고통을 다 당하시는 모습을 지켜보아야만 했습니다. 심지어 죄인들의 처형 도구인 십자가에 매달려 숨을 헐떡이시며 죽어 가시는 예수님을 봐야만 했습니다. 그분을 내 인생의 구세주로 믿으며 자신의 삶을 걸고 예수님을 따랐지만 그분은 너무나 허무하게, 너무나 처참하게 돌아가시고 말았습니다.

제자들은 이 갑작스러운 사태에 말문이 막혔습니다. 도대체 어떻게 이해해야 할지 감도 잡지 못했습니다. 그들 마음속의 공포와 두려움은 극도에 이를 정도였습니다. 갑자기 인생의 방향을 잃고 헤매는 제자들의 인간적인 모습을 우리는 충분히 이해할 수 있습니다.

10. 그들의 혼란과 혼돈, 엄청난 내적 갈등 그 한가운데에 예수님께서 오십니다.

두 제자는 예수님을 따르던 것을 포기하고 고향으로 돌아가는 길에, 빵을 떼어 나누어 주실 때에 부활하신 예수님을 체험하게 됩니다. 다른 제자들은 유대인들이 무서워서 문을 닫아걸고는 공포와 두려움, 걱정에 떨고 있었습니다. 그들에게 예수님의 부활을 체험한 제자들의 이야기는 믿을 수 없는 공상이나 상상같이 들리기만 하였을 것입니다.

그들의 공포, 두려움, 걱정 그 한가운데로 예수님께서 들어오십니다. 그들에게 "평화가 너희와 함께!"하고 인사하셨지만 제자들은 유령을 본 것처럼 사시나무 떨 듯했습니다.

11. 예수님께서는 두려움과 무서움에 떠는 제자들에게 다가가시어 당신의 손과 발을 보여 주십니다. 그 손과 발은 못에 뚫린 예수님의 손과 발이었습니다. 그래도 그들의 마음속에는 '이게 꿈인가, 생시

인가?' 하면서 믿지 못하는 의혹이 있었습니다. 예수님께서는 그들의 마음을 헤아리시면서 그들 앞에서 구운 물고기 한 마리를 잡수십니다.

12. 부활의 예수님은 제자들이 전혀 이해할 수 없었고, 상상조차 할 수 없었던 예수님이셨습니다. 하긴 부활하신 예수님은 영적인 존재인지라 이 세상의 인간들이 이해하기에는 역부족이었습니다.

13. 예수님께서는 자비롭게, 너무나 자비롭게 이해하지 못하는 제자들의 인간적인 심정을 이해하시면서 그들의 마음을 열어 주시고, 성경의 말씀을 깨닫게 해 주십니다. 마음이 열린 그들은 그제야 부활하신 예수님의 모습을 보게 됩니다. 그리고 조금이나마 예수님의 부활을 이해하게 됩니다.

14. 부활하신 예수님께서는 제자들에게 사명을 내리십니다.
"너희는 이 모든 일의 증인이다. 너희는 모든 민족들에게 그리스도의 죽음과 그 부활을 선포하고, 하느님의 자비와 용서를 가르쳐야 한다."

15. 부활을 믿는다는 것, 그것은 이 세상에 사는 유한한 인간으로서는 어떤 면에서는 불가능한 일일 수도 있습니다. 인간이 어찌 무한한 영역에 있는 예수님의 부활을 이해할 수 있겠습니까? 그것은 확실히 인간의 힘으로는 불가능한 일입니다. 예수님과 함께 살고, 그분의 말씀을 숱하게 듣고, 그분의 기적을 수없이 보아 온 제자들에게도 부활하신 예수님을 믿는다는 것은 쉬운 일이 아니었습니다.

15. 그러나 부활하신 예수님께서는 당신의 몸을 직접 보여 주시며 마음을 열어 주시고, 성경의 말씀을 깨닫도록 해 주십니다. 즉 예수님의 부활은 인간의 힘으로 깨닫는 것이 아니라 바로 부활하신 예수님의 세상을 새롭게 하는 숨결로 깨닫게 되는 것입니다. 다시 말해 부활은 부활하신 예수님으로 인해 깨닫게 되는 것입니다.

16. 부활을 깨닫는 삶과 어두운 무덤 속에 있는 삶은 완전히 다릅니다. 우리는 신앙을 갖고 있다고 하면서도 아직도 걱정과 불안, 공포와 두려움의 무덤 속에 갇혀 있지는 않은지요? 예수님의 부활을 믿고, 또 그 부활을 체험하게 해 달라고, 당신의 그 새롭게 하시는 성령의 숨결을 미약한 우리에게 불어넣어 달라고 간절히 기도할 수 있어야 하겠습니다. 부활을 체험한 제자들도 성령의 강림으로 그 부활의 체험이 완성되는 것을 볼 수 있습니다.

17. 부활의 삶은 기쁘고 감사한 것입니다. 어떤 상황에서도 걱정하거나 두려워하지 않습니다. 부활하신 예수님께서는 우리 마음속의 크고 무거운 돌을 뻥 차 버리십니다. 우리 마음속의 깊고 깊은 어둠에 부활의 빛이 비처 오는 것입니다. 우리 마음속의 썩고 썩었던 마음들이 부활의 빛을 받아 새로운 생명, 새로운 마음으로 새롭게 되는 것입니다.

18. 제자들의 두려움과 걱정, 그 한가운데에서 "너희에게 평화가 있기를!" 하고 인사하셨듯이 주님께서는 오늘도 우리 마음속의 두려움과 걱정, 그 한가운데에서 "너에게 평화가 있기를!" 하고 인사하십니다. 그분의 부활을 믿어야만 그 평화가 바로 나의 진정한 부활

의 평화가 될 수 있는 것입니다.

"제자들이 온갖 걱정으로 가득 차 있을 때 예수님께서는 그들 가운데에 서시어 '평화가 너희와 함께!' 하고 인사하셨다. 그때 예수님께서는 그들의 마음을 여시어 성경을 깨닫게 해 주셨다." 아멘.

부활 제4주일(2018. 4. 22.)

"나는 착한 목자다. 나는 내 양들을 알고, 내 양들도 나를 안다.
내가 내 양들을 위하여 내 목숨을 내놓기 때문이다."

1. 봄의 신록들이 터져 나오고 있습니다. 연초록 새잎들은 우리의
가슴에 뜨거운 감동을 불러일으킵니다. 그 추운 겨울, 어디에 숨어
있다가 어찌 봄이 왔는지 알고 다 터져 나오는지 이쁘고 신기하기
만 합니다.

2. 조경 하시는 분의 이야기를 들었습니다. 나무들은 가을에 낙엽
을 떨어뜨리면서 그 자리에 새순이 돋아날 수 있는 눈을 남겨 둔다
고 합니다. 참 자연의 신비가 묘합니다. 이미 떨어진 낙엽의 바로 그
자리에, 봄이 되면 새싹이 돋아날 준비를 하고 있는 것입니다.

3. 이번 봄은 미세먼지와 황사 때문에 봄이 그리 찬란하지도 않았
고, 아름답지도 않았습니다. 그러나 나무의 새순, 그 순하디순한 연
녹색의 새 생명들은 우리 마음속에 또 다른 감동으로 다가옵니다.
추운 겨울을 이겨 낸 그 자리에 새로운 생명이 준비되었고, 이제 때
가 되니 움이 터져 나오고 있는 것입니다.

4. 이 부활 시기도 그와 같다고 할 수 있을 것입니다. 예수님의 죽음
이라는 마지막 절망 속에 이미 부활의 새싹이 준비되고 있었던 것

입니다. 그러하기에 우리는 절망 속에서도 희망할 수 있는 것입니다. 어둠 속에서도 이미 빛은 준비되고 있는 것입니다. 좌절 속에서도 새로운 삶을 위한 용기가 이미 준비되고 있는 것입니다. 그것이 바로 우리의 신앙이고, 특히 부활의 신앙인 것입니다.

5. 언젠가 TV에서 〈똥파리〉라는 영화를 본 적이 있습니다. 술과 폭력으로 자신의 삶을 나락으로 떨어뜨린 아버지가 아들의 타락과 좌절을 자신의 눈으로 지켜보아야만 하는 참으로 비극적인 영화입니다.

술주정과 폭력이 난무하는 가정에서 태어나고 자란 주인공은 그 아버지보다 더 폭력적인 사람이 되어 버리고 맙니다. 그에게는 양심도, 상식도, 법도 없었습니다. 하는 말마다 욕이고, 억압적이고 폭력적인 아들이었습니다. 심지어 아버지에게도 이루 다 말할 수 없는 증오심을 갖고 폭력을 휘두르며 무시하고, 행패를 부립니다.

그는 한 당당한 여학생을 만나게 되는데 그 여학생은 다른 사람들과 달리 그의 그 무자비한 폭력을 무서워하지 않습니다. 아들은 그 여학생에게 마음이 갑니다. 어느 날 한강변에서 그 여학생의 무릎에 머리를 대고 서럽게 울어댑니다. 자신의 마음 깊은 곳에 있는 상처와 자신의 지금의 그 처참한 모습을 스스로 발견했기 때문입니다. 새로운 사람이 되고자 노력하지만 이번에는 주변 환경이 그를 내버려 두지 않습니다. 결국 그는 자신의 상처와 한계를 벗어나지 못하고 비참한 말로를 맞게 됩니다.

6. 저는 그 영화를 보는 내내 눈물이 흘렀습니다. 그 아들의 처지를

충분히 이해할 수 있을 것 같았습니다. 어렸을 때부터의 깊은 마음 속 상처가 그의 인생을 방해하는 너무나 크나큰 장애물이었습니다. 그는 그 상처로 인해 세상과 사람들을 너무나 부정적으로 보았고, 주위의 모든 사람에게 폭력적이고 위압적이었습니다. 안타깝게도 그는 자신의 상처를 극복하지 못합니다.

7. 그의 비참한 말로는 어떤 면에서는 아주 당연한 결과였습니다. 그는 도저히 사회에 적응할 수 없었고, 그의 마음속에 있는 분노와 증오를 다스릴 수 없었습니다. 잠깐 동안의 사랑이 그의 마음을 부드럽게 녹이긴 했지만 여전히 그는 자신의 상처에 매인 불쌍한 사람이었고, 처절하게 슬픈 사람이었습니다.

8. 상처는 대물림되며, 자신이 받은 상처보다 더 큰 상처를 주위 사람들에게 입히게 마련입니다. 보통의 경우에는 대부분 그러합니다.

9. 저는 한편으로는 그 사람이 불쌍해서 눈물이 흘렀고, 한편으로는 제 경우에도 그와 비슷한 상처가 있음에도 불구하고 하느님께서 이끌어 주시고 사랑해 주셨기에 그 사람과 같은 인생의 행로를 걷지 않게 되어서 흐르는 감사의 눈물이었습니다. 제가 하느님을 몰랐다면, 아니 하느님께서 제 삶을 이끌어 주시지 않았다면 제 인생 행로가 어찌 되었을까 상상해 보면 참으로 감사하지 않을 수 없었습니다.

10. 하느님은 참으로 떨어지는 낙엽의 그 절망과 비애 속에서도 새로운 삶과 새로운 생명을 위한 눈, 움을 준비하고 계셨습니다. 그리

고 모진 겨울의 칼바람을 이겨 내게 해 주십니다. 그 속에서 인내와 굳건함을 키워 내십니다. 새로운 생명을 위한 하느님의 사랑은 당신의 아픔 속에 나의 아픔을 묻으시고, 함께 견디시고, 희망을 잃지 않으십니다.

그리고 때를 기다리십니다. 봄이 오기를, 봄이 와서도 또 한 번 모진 봄바람을 날리시며 땅으로부터 생명이 움터 나올 수 있는 수분을 찾게 하십니다. 여름의 무성한 잎들은 가뭄을 견뎌 내야 하고, 태풍 또한 견뎌 내야 합니다. 그리고 뜨거운 태양과 장마도 견뎌 내야 합니다.

그 고통들은 생명을 위한 고통이었습니다. 생명을 유지한다는 것은 그 자체가 그 안에 이미 고통을 내포하고 있는 것입니다. 그래도 나무는 바람에 선들거리며 즐거워합니다. 나무는 그 고통의 의미를 알고 있기 때문입니다. 가을의 결실을 위해서는 기쁘게, 감사하게 그 아픔의 시간을 견뎌 내야 함을 알고 있기 때문입니다.

새로운 결실의 기쁨도 잠시, 나무는 자기를 살려 주었던 나뭇잎들을 가차 없이 떨구어 냅니다. 한편으로 보면 너무 비정합니다. 그 모진 추위와 그 험한 역경들을 나무를 위해 다 이겨 냈건만 그 역할이 끝났다고 모질게 나뭇잎들을 떨구어 내는 것입니다. 그러나 그 비정함 속에, 그 죽음 속에 또 다른 생명을 준비하고 있습니다.

11. 자연의 동식물들은 자연의 질서에 순응하며 살아갑니다. 그런데 인간은 스스로 그 질서를 찾아야 하고, 깨달아야 합니다. 저절로 알게 되는 것은 하나도 없습니다. 다 나름대로의 값을 치러야 합니다. 아프고, 또 아플 수밖에 없는 인생인 것입니다.

그러나 그 깨달음은 자유와 행복을 위한 깨달음입니다. 하느님께서
는 우리가 그러한 깨달음의 길을 잘 걸을 수 있도록 우리를 눈동자
처럼 지켜 주시며, 이끌어 주십니다. 이 세상의 쾌락에 의한 행복이
아니라 우리 안에서 영원히 샘솟는 행복을 위해서 하느님께서는 우
리 인생에 함께하여 주시는 것입니다. 그 행복이 진정한 자유이며,
구원이기 때문입니다. 영원한 생명이기 때문입니다.

그 행복이 우리 안에 있다면 우리는 우리의 욕심이나 탐욕으로부터
벗어날 수 있으며, 이 세상의 보이는 것으로부터 비로소 자유로워
질 수 있습니다. 자신과 세상으로부터 자유로워질 때 비로소 영원
하신 그분을 만날 수 있게 되는 것입니다.

12. 오늘은 성소주일입니다. 성소란 성직자, 수도자의 성소만을 의
미하지 않습니다.

어떤 사람이 저에게 고백합니다.

"신부님은 좋겠습니다. 임기가 되면 또 다른 사람을 만나게 되니 말
입니다. 저희 결혼한 사람들은 임기가 없습니다. 죽을 때까지 임기
가 끝나지 않습니다. 죽을 때까지 한 사람하고 살아야 한다는 것이
얼마나 힘들고 고된 일인지 아마 신부님들은 상상조차 못하실 겁니
다. 저희들에게 있어 한 사람하고 평생을 산다는 것은 거의 순교와
같은 마음이 아니면 불가능합니다."

저는 그 고백을 듣고 머리를 망치로 얻어맞은 느낌이었습니다.

'아! 나는 맨날 사제성소만 가시밭길인 줄 알았는데 결혼 성소도 때
로는 그보다 더한 가시밭길이구나.' 하는 느낌 때문이었습니다.

13. 오늘은 자기가 가지 않은 길에 있는 사람들을 위해 기도하는 날이었으면 좋겠습니다. 사제·수도 성소길에 있는 사람들은 결혼 성소길에 있는 사람들을 위해 기도하고, 결혼 성소길에 있는 사람들은 사제·수도 성소길에 있는 사람들을 위해 기도했으면 좋겠습니다.

14. 하느님께서 나에게 허락하신 길만이 어려운 길이 아니고, 하느님께서는 모든 길에 있는 사람들에게 당신이 함께하시는 고통과 인내의 길을 허락하시는 분이시기 때문입니다.

15. 우리의 삶은 그 자체로 성소, 즉 거룩한 부르심입니다. 내 인생길은 하느님께서 부르시는 길인 것입니다. 그 길은 나 혼자서만 살아가면 타락과 절망의 길이지만 하느님과 함께 살아가면 고통 속에서도 기쁨과 행복이 존재하는 정말 아름다운 길입니다. 나 혼자서 내 인생을 책임지는 것이 아닙니다. 하느님께서 내 인생을 허락해 주셨으니 내 인생에 대해 하느님도 함께 책임을 지시는 것입니다.
혼자서 힘들어하지 맙시다. 혼자서 절망하지 맙시다. 혼자서 포기하지 맙시다. 하느님과 함께하면 어둠 속에서도 빛이 비쳐 나오고, 절망 속에서도 희망이 솟구치며, 죽음 속에서도 부활의 새 생명이 움트는 것입니다.
"나는 착한 목자다. 나는 내 양들을 알고, 내 양들도 나를 안다. 내가 내 양들을 위하여 내 목숨을 내놓기 때문이다." 아멘.

부활 제5주일(2018. 4. 29.)
"너희는 나 없이는 아무것도 하지 못한다."

1. 우리는 엊그제 참으로 역사적인 현장을 목격하였습니다. 폐쇄적이고, 도대체 어떤 생각을 하고 있는지 가늠조차 할 수 없었던 북한의 정상과 수뇌부들이 남한을 방문한 것입니다.

불과 얼마 전까지만 해도 거듭된 미사일 발사와 핵실험으로 우리를 불안에 떨게 하고, 전 세계의 우려를 자아내던 북한이 평창올림픽을 계기로 뜻밖의 변화를 보이고 있습니다. 북한 내에서 전체인민회의를 개최하면서 정책의 변화를 보이던 북한 지도부가 이번 판문점 정상회담에서는 평화와 번영을 역설하더니 급기야 어제는 북한 노동신문을 통해 완전한 비핵화를 선언하고 있습니다.

2. 일제 치하에서 항일운동을 하던 김일성은 그토록 잔악하게 세계를 유린시키던 일본이 나가사키와 히로시마에 떨어진 핵 두 발로 두 손, 두 발 다 들고 항복하는 모습을 지켜보면서 마음속으로 이런 결심을 하였다고 합니다.

"그래, 핵이면 된다. 전 세계를 집어삼킬 것만 같던 일본도 핵 두 발로 항복하지 않았나. 나는 무슨 일이 있어도 핵무기를 개발하고 말 거야."

북한에서 정권을 잡은 김일성은 바로 그때부터 핵개발에 자신의 모든 것을 걸게 됩니다. 이런 김일성의 노선은 그의 아들 김정일에게까지 그대로 이어집니다. 무수한 반대와 제재, 협박과 호소가 있었지만 핵무기 개발은 북한에게 당면한 과제였고, 자신들의 생명이 걸린 중차대한 일로 여겨져 왔습니다. 국제사회의 수많은 노력들이 6자회담을 통해 무수한 압박으로 이어졌지만 북한은 전혀 개의치 않았습니다.

이런 북한의 태도는 당연히 김정은 위원장에게까지 이어져 왔습니다. 전문가들은 미국까지 타격할 수 있는 미사일과 핵무기가 거의 완성 단계에 이르렀다고 분석하고 있습니다. 북한 입장에서 보면 그들의 평생 국가과업이 이뤄진 것입니다. 이제 핵무기만 있으면 미국도 무서워할 것이 없다고 미국까지도 협박하던 그들이었습니다.

3. 한참 오래전에 중동 국가들을 방문한 적이 있었습니다. 그때 한 중동인이 코리아에서 왔다고 하니 남쪽 코리아냐, 북쪽 코리아냐 묻는 것이었습니다. 그래서 자랑스럽게 남쪽 코리아라고 했더니 갑자기 인상을 찌푸리더니 자기네는 북쪽 코리아가 더 좋다고 합니다. 의아해서 왜 그러냐고 물어보았더니 자기네는 미국을 너무 싫어하는데 전 세계에서 미국과 맞짱 뜨는 나라는 북한이니, 북쪽 코리아가 더 좋다는 설명이었습니다.

4. 정말 전 세계에서 미국과 맞짱 뜨는 나라는 북한밖에 없는 것 같습니다. 이제 핵무기도 거의 완성되었으니 한번 해 볼 테면 해 보자는 것이 바로 얼마 전까지의 분위기였습니다. 그런데 북한이 갑자

기 정책을 선회하고 있는 것입니다.

물론 북한에 속고 속아 온 우리로서는 정말 의아하고, 신뢰가 가지 않는 면이 있는 것도 사실입니다. 혹시 두 나라 정상이 자기들의 현실적인 이익을 위해 위장된 평화를 가장하는 것이 아니냐는 비판과 불신의 모습을 보이는 사람들도 있습니다. 어제 뉴스에서 본, 통일촌에 사는 한 할머니와의 인터뷰가 생각납니다. 전 세계 사람들이 보는 앞에서 책임 있는 두 정상이 한 이야기이니 책임지고 실천할 것이 아니냐는 소박한 기대였습니다.

5. 정말 이번에는, 이번에는 오늘 우리가 보고 있는 이 모습들이 거짓이거나, 위장이거나, 자신들의 이익을 위한 사심이 아니길 간절히 빌어 봅니다. 어떤 어려움이 있어도 남한과 북한이 함께 걸어가기로 한 이 평화와 번영의 길이 흐트러짐이 없었으면 좋겠습니다.

6. 그런데 갑작스럽게 북한이 왜 이런 변화를 보이는 것일까요? 아마도 여태까지의 노선으로는 자신들의 정권도, 인민들도 살아남지 못할 것이라는 불안감과 위기를 느끼고 있는 것이 아닐까요? 자신들도 변화되어야만 국제사회에서 살아남을 수 있다는 사실을 이제 비로소 깨달은 것이 아닐까요?

7. 바로 그런 변화를 위한 깨달음이 하느님의 은총이요, 성모님의 간구하심 덕분이 아닌가 합니다. 도저히 변화될 것 같지 않던 북한이 변화되는 것은 하느님의 은총이 아니면 불가능한 일입니다.
파티마에서 발현하신 성모님은 당시 소련의 변화를 위해서 누구보다도 신자들이 간절한 묵주 기도를 바칠 것을 간곡히 당부하셨습니다. 성모님의 메시지를 받은 신자들은 파티마 성당 주위를 무릎으로 기면서 고통과 인내의 묵주 기도를 바쳐 왔고, 지금도 그 기도 행렬은 계속되고 있습니다. 우리 수많은 신자들이 자신들의 삶의 고통을 통해 하느님을 찾게 되었고, 그 고통의 근본적인 원인인 이 분단 상황의 정상화를 위해 열심히 기도해 오셨습니다.

하느님께서는 우리 민족의 아픔을 외면하지 않으시는 분이십니다. 특히 우리 한민족을 아끼고 사랑하시는 분이십니다.

천주교의 창립 역사 때부터 하느님의 손길이 함께하시어 선교사의 도움 없이 자발적으로 진리를 추구하던 사람들에 의해 신앙이 받아들여지게 되었고, 그 엄격한 조선의 유교를 뚫고 수많은 순교자의 피를 바탕으로 우리 신앙이 오늘 우리에게까지 이어지고 있습니다. 우리 민족의 고비와 위기 때마다 우리와 함께하셨고, 때가 무르익자 이제 남북한 지도자들의 마음을 변화시켜 이와 같은 역사적인 전환점을 맞게 해 주시는 것이 아닌가 합니다.

8. 그래서 이번만은 믿어 보고 싶습니다. 서로를 해치는 대결 구도에서 벗어나 한민족, 한겨레로서의 동질성을 회복하고, 서로 득이 되는 통일의 앞날을 강하게 희망해 보고 싶습니다. 진정한 평화 관계로서 서로 '윈-윈' 하는 역사의 큰 전환점이 되기를 간절히 기도해 봅니다.

9. 교황님께서 한국을 방문하셨을 때 하신 말씀이 생각납니다. "남한과 북한은 한 언어를 쓰는 한 민족이고, 형제들이다. 그러니 때로는 서로가 서로에게 상처와 원한이 되었다 하더라도 이제 시간이

흐를 만큼 흘렀으니 서로가 서로에게 용서와 화해가 이루어져야 한다."는 말씀이셨습니다.

정말 엊그제 회담 모습을 보니 통역이 필요치 않았습니다. 생각과 문화는 너무 많이 달라졌지만 가슴 한가운데에 한민족의 피가 흐르고 있음을 느낄 수 있었습니다.

10. 이제는 여야를 떠나, 진보와 보수를 떠나 남북한의 이 훈훈한 봄을 있는 그대로 받아들이고 한마음, 한뜻으로 나아가야 하지 않을까 생각해 봅니다.

11. 우리 금호동 지역은 다른 어떤 지역보다도 남북 분단의 아픔을 가장 피부로, 삶으로 체험한 곳이기도 합니다.

우리나라의 격변의 역사는 우리 서민들에게는 정말 삶의 고통이었고, 상처이기도 하였습니다. 그러나 우리 부모님들은 그 격변의 세월 앞에서, 수많은 삶의 노고 속에서도 끈질기게 살아오셨고, 버텨오셨습니다. 때로는 부모님들의 삶의 상처가 자식들에게까지 치명적인 상처가 되기도 하였습니다.

이제는 잘못된 정치인들로 인해 우리의 삶이 구겨지거나 망가지는 일이 없어야 하겠습니다. 눈을 똑바로 뜨고 누가 진정으로 나라와 국민을 위하는 사심 없는 일꾼인지 분명하게 분별해 내야 하겠습니다. 내가 잘못 뽑은 정치인들이 바로 나의 구체적인 삶을 망가뜨리고, 나의 삶에 한없는 고통과 상처를 남긴다는 사실을 직시해야 하겠습니다.

12. 우리의 삶에 기쁨이 되기도 하고, 고통이 되기도 하는 정치인들

의 진정한 변화를 위해서도 기도할 수 있어야 하겠습니다. 이 변화의 시대, 그 어떤 누구라도 이 변화를 거부해서는 살아갈 수 없습니다. 정말 우리나라 정치인들에게도 하느님께서 은총을 주시어 진정으로 국가와 나라와 민족을 위한 사심 없는 정치인이 될 수 있도록, 진정으로 지금의 모습에서 변화된 사람이 될 수 있도록 기도할 수 있어야 하겠습니다.

13. 오늘 복음 말씀에서 예수님께서는 "너희는 나 없이는 아무것도 하지 못한다."고 단언하십니다.

우리 삶의 수많은 슬픔과 고통과 상처들은 바로 이 말씀을 깊이 새겨듣지 못하고, 깨닫지 못한 결과가 아닌가 합니다. 우리는 너무나 우리 생명의 근원인 하느님을 무시하고 살아온 것이 아닌가 합니다. 신자이면서도 실생활에 있어서는 나의 힘으로, 나의 노력으로만 살아온 것이 아닌가 합니다.

14. 우리는 너무나 쉽게 행복하게 살 수 있습니다. 바로 그분과 함께 살아가는 것입니다. 주님 안에 머무르지 못하면 주님도 내 안에 머무시지 못합니다. 우리가 주님 안에 머물지 못하면 이 삭막한 세상을 나 혼자만의 힘으로 살아갈 수밖에 없고, 그리되면 우리 삶이 우리를 얼마나 괴롭히겠습니까? 가뜩이나 어려운 세상, 혼자만의 힘으로 살려고 하는 우리 내면 깊숙이에 있는 교만함을 물리칠 수 있어야 하겠습니다.

우리가 주님과 함께 있으려 노력하면 주님께서는 우리에게도 우리 삶의 획기적인 계기가 될 수 있는 변화를 허락해 주실 것입니다. 그

딱딱하고, 획일적이고, 일방적이고, 변덕이 죽 끓듯 하는 북한 정권
도 변화시켜 주시는 분이 우리의 삶을, 우리의 사회를 변화시키지
못하실 리가 없습니다.

비결은 단 하나, 우리라도 주님 안에 머무는 것입니다. 그럼 인생의
모든 문제가 해결됩니다. 인생 쉽게 살기, 얼마나 쉽습니까? 그분은
사랑의 하느님이시니, 우리 마음 깊숙이 숨겨져 있는 사랑을 끄집
어내어 그분을 만날 수 있다면 우리 삶은 훨씬 더 아름답고 행복해
질 수 있을 것입니다.

"너희는 나 없이는 아무것도 하지 못한다." 아멘.

부활 제6주일(2018. 5. 6.)

"나는 더 이상 너희를 종이라고 부르지 않는다.
나는 너희를 친구라고 불렀다. 너희는 나의 친구이다."

1. 모처럼 하늘이 파랗습니다. 원래 하늘은 파란 것인데 온갖 미세 먼지와 황사 때문에 파란 하늘이 뿌옇게 보일 때가 많습니다. 뿌연 하늘을 보노라면 마음속에서 짜증이 확 올라옵니다.

누가 우리에게 파란 하늘을 돌려줄 수 있을까요? 나라를 이끌어 가시는 분들이 일차적으로 해야 할 일이 아닌가 생각해 봅니다. 이제는 좀 쓸데없는 소모적 싸움에서 벗어나서 진정으로 대한민국과 그 안에 사는 사람들을 위한 위정자의 모습을 보여 주시길 진심으로 바라 봅니다.

2. 위정자들이 나라와 국민을 위하는 가치관을 가지셨으면 좋겠습니다. 자신들의 입지나 권력을 위한 자리가 아니라, 오늘 하루 하고 만다 하더라도 나라와 국민을 위한다면 우리나라는 훨씬 더 좋아질 것입니다.

우리나라 국민은 참으로 위대합니다. 어떤 악조건 속에서도 버텨 내고, 성과를 이루어 냅니다. 위정자들만 조금 더 정신 차린다면 이 위대한 국민과 함께 정말 위대한 나라를 만들어 나갈 수 있을 것입니다.

3. 사람에게 있어 제일 중요한 정신적인 가치는 바로 가치관일 것입니다. 사람은 바로 그 가치관에 따라 살아가게 마련입니다.

4. 어느 날 당뇨 전문의인 친구에게 왜 당뇨 수치가 정상으로 돌아가지 않느냐고 물어보았습니다. 그랬더니 그 친구가 이런 이야기를 해 주었습니다. 당뇨 증세가 있는 사람이 정상적인 수치로 돌아가기 위해서는 생활 습관을 완전히 바꿔야 한다면서 보통 사람들은 자신들이 살아온 대로 살지, 웬만해서는 그 생활 습관을 바꾸기가 정말 어렵다는 것입니다. 그야말로 죽을 정도의 노력을 해야 그 생활 습관이 간신히 바뀔 수 있다는 것입니다. 100명 중에 한두 명만 생활 습관을 바꾸는 데 성공한다고 합니다.

5. 저는 그 이야기를 들으면서 사람이 바뀐다는 것, 변화된다는 것이 얼마나 어렵고 힘든 일인지 새삼 깨닫게 되었습니다. 또한 우리가 신앙생활을 하지만 진정 하느님의 자녀로, 성령으로 새로 태어난 사람으로 변화된다는 것이 얼마나 어려운 일인지 새삼 깨닫게 되었습니다.

6. 사람은 살던 대로 사는 것입니다. 살던 대로 사는 것이 제일 편하기 때문입니다. 그 사는 방식이 건강에 위험이 되더라도 웬만해서는 그 사는 방식이 바뀌거나 변화되지 않습니다. 일종의 관성의 법칙이라고 할 수도 있겠습니다.

7. 인간은 참으로 변화되기 힘든 존재입니다. 때로 교통사고나 죽을병에 걸렸을 때 '아, 이렇게 살아서는 안 되겠구나!'라고 생각하

며 새로운 결심을 하지만 그 어려운 상황이 해결되면 또다시 너무 쉽게 옛날 방식의 삶으로 돌아가기 일쑤입니다.

예컨대 술 때문에 간에 문제가 생겨 중대한 수술을 받았다 하더라도 간이 회복되면 그 술 먹던 시절로 또다시 돌아가게 마련입니다. 교통사고가 나서 죽을 뻔하다 살아난 사람도 건강이 회복되면 예전의 그 방탕한 생활로 다시 돌아가기 마련입니다.

도박을 좋아해서 가산을 탕진하고, 가족들과도 헤어지는 삶을 산다 하더라도 그 사람들은 정선 카지노 주변에서 마치 노숙자처럼 거지 같은 삶을 살면서도 거기를 떠나지 못합니다. 사람들에게 빌붙어서 자존심도 버리고, 온갖 체면도 버리는 비참한 삶을 살면서도 거기를 떠나지 못합니다.

8. 그러나 간혹 완전히 다른 삶을 살아가는 변화된 사람도 볼 수 있습니다. 무엇이 그 사람을 변화시키는 것일까요? 그것은 죽음의 위협도 아니고, 병의 고통도 아니고, 어떤 누구의 권유 때문도 아닙니다. 사람이 변화되는 것은 가치관이 변화되어야 가능해지는 것입니다.

9. 가치관이란 쉽게 말해서 옳은 것, 바람직한 것, 해야 할 것 또는 하지 말아야 할 것 등에 대한 생각을 말합니다. 즉 인간은 정신이 변해야 비로소 삶의 습관도, 성격도, 마음도 바꿀 수 있는 것입니다. 즉 어떤 가치관을 갖고 있느냐에 따라 삶이 바뀔 수 있는 것입니다.

10. 저는 요즘 나이가 들어 감에 따라 친구가 보다 더 분명해집니다. 흔히들 "오래된 술과 오래된 친구가 제일 좋은 친구다."라고 통

념적으로 이야기하는데 저는 그 생각에는 조금 반대입니다. 오래된 친구가 제일 좋은 친구가 아니라 가치관이 같은 친구가 제일 좋은 친구라고 생각하게 되었습니다. 아무리 오래된 친구라 할지라도 가치관이 다르면, 즉 생각이 다르면, 인생을 보는 관점이 다르면 헛돌 수밖에 없습니다.

같은 자리에서 이야기를 나눈다 해도 가치관이 다르면 마음이 움직이지 않습니다. 그저 피곤할 뿐입니다. 나하고는 다른 세상에 사는 듯이 느껴져서 재미가 없습니다.

그러나 생각이 같은 친구, 즉 가치관이 비슷한 친구를 만나면 아무리 긴 시간의 여행도, 긴 시간의 식사도 너무너무 재미있습니다. 나 자신을 새롭게 발견하게 되고, 인생의 새로운 비전을 얻기도 하고, 삶의 또 다른 재미와 활력을 얻기도 합니다. 마음이 편해지고, 더 많은 이야기를 나누고 싶어지고, 내가 경험해 보지 못한 또 다른 세상의 이야기가 내 마음을 파고들기도 합니다.

11. '친구(親舊)'라는 단어를 한자로 풀이하면 나무들이 서서 한 방향을 바라보는 것이 '친' 자이며, '구'는 '오래될 구' 자입니다. 즉 오랫동안 한 방향을 함께 보아 온 사람들이 바로 친구라는 것입니다. 뜻이 참 기가 막힙니다. 한 방향을 바라본다는 것, 그것은 바로 가치관이 같다는 의미이기도 할 것입니다. 본다는 것, 그것은 바로 정면을 이야기하는 것이며, 또한 걸어가는 방향, 걸어갈 방향을 뜻하는 것입니다. 즉 친구란 같은 방향을 보며 같이 걸어가는 사람을 뜻합니다.

'친구 따라 강남 간다'는 말도 있듯이 우리가 어떤 친구를 갖고 있느냐가 우리 인생에 있어 참으로 중대한 일이 아닐 수 없습니다. 내 내면의 길과 같은 길을 가는 친구 한 사람만 얻어도 그 사람의 인생은 성공한 인생이라 할 수 있을 것입니다. 그래서 친하게 지내기는 하지만 모든 이가 진정한 친구가 될 수 없는 것이고, 나와 생각이 같은 사람, 나와 가치관이 같은 사람, 나와 같은 방향의 인생길을 걸어가는 사람만이 진정한 친구가 될 수 있는 것입니다.

12. 오늘 복음에서 예수님께서는 "내가 너희에게 명령하는 것을 실천하면 너희는 나의 친구가 된다."고 말씀하십니다. 예수님과 같은 생각, 예수님과 같은 가치관을 갖고 예수님과 같은 인생길을 걸으면 우리가 감히 예수님과 친구가 된다는 것입니다. 참으로 엄청난 가르침입니다. 우리가 감히 예수님과 친구가 될 수 있다니 이보다 더 엄청난 일이 어디 있겠습니까?

친구끼리는 비밀이 없습니다. 부끄러운 일도 다 이야기할 수 있습니다. 그리고 진정한 친구는 신의와 우정을 지킵니다. 친구가 더 좋은 인생길을 갈 수 있도록 자극을 주고 도와줍니다. 예수님께서 바로 우리 인생길에 그 누구와도 비길 수 없는 친구가 되어 주시겠다고 하십니다. 그분의 신의와 우정은 벗을 위하여 목숨까지 내놓는 그런 진정한 신의와 우정이고, 그것은 깊은 사랑의 결과이기도 합니다.

다만 조건은 그분의 말씀을 실천하는 것, 즉 그분과 같은 생각을 하고, 그분과 같은 가치관을 지니며, 그분과 함께 생활하고, 그분과 함께 나의 인생길을 걸어가야 한다는 것입니다. 나는 정말 못나고 부족하기 이를 데 없지만 나의 친구이신 예수님께서 도와주실 것입니다. 이끌어 주실 것이고, 깨닫게 해 주실 것입니다. 친구니까 우리도 마음을 터놓고 그분께 우리의 모든 삶의 사정을 말씀드릴 수 있을 것이고, 우리 안에 우리가 상상하지도 못했던 치유와 은총이 흘러 넘칠 것이고, 새로운 세상이라는 너무나 아름다운 변화를 체험하게 될 것입니다.

13. 세상에서 살아가는 가치관만 같아도, 아니 비슷해도 마음이 편해지고, 친밀감이 느껴지고, 우정이 샘솟는데 하물며 신앙의 세계에서, 그것도 예수님과 가치관이 같은 친구가 된다면 우리가 어찌 변하지 않을 수 있겠습니까?

우리 인생에서 가치관이 같은 친구 하나만 만나도 그 인생은 성공한 인생이라 하는데 하물며 가치관이 같은 예수님을 만난다면 우리 인생은 이 세상에 살면서도 이미 천상의 삶을 사는 것과 마찬가지일 것입니다. 우리의 친구이신 예수님께서 당신께서 갖고 계신 온갖 좋은 것을 우리에게 당연히 나누어 주실 것이기 때문입니다.

예수님께서 말씀하십니다. "친구인 너희들에게 내가 내 아버지에게 들은 것을 모두 알려 주었다." 친구인 너희가 내 이름으로 아버지께 청하는 것은 무엇이나 다 주실 것이라고 하십니다.

14. 예수님은 우리의 친구이십니다. 우리의 속사정을 다 들어 주십니다. 결코 우리를 비난하거나 헐뜯거나 다른 데 가서 우리의 부끄러움을 노출하지 않으십니다. 언제 어디서나 내 편이 되어 주시고, 나의 부족함을 탓하지 않으시고 나를 변호해 주십니다. 언제나 내 마음속의 이야기를 깊이 있게, 정성스럽게 들어 주시며, 내 인생에

새로운 활로를 열어 주시고, 보다 더 깊은 가치관을 갖게 해 주십니다.

내 삶의 고민을, 내 마음속 깊은 곳에 있는 아픔과 상처를 어루만져 주시며, 때로는 아버지의 힘을 빌려 기꺼이 치유해 주시는 분이십니다. 나와 함께 같은 방향을 바라보며 내 인생의 길을 걸어 주시는 분이십니다. 예수님과 진정한 친구가 될 때 우리 인생은 새로운 국면을 맞이하게 될 것입니다.

"나는 더 이상 너희를 종이라고 부르지 않는다. 나는 너희를 친구라고 불렀다. 너희는 나의 친구이다." 아멘.

주님 승천 대축일(2018. 5. 13.)
"내 삶의 주인이 바로 하느님이시다."

1. 1년 중 가장 아름다운 계절인 성모님의 달, 5월입니다.
촉촉이 내리는 봄비가 온갖 미세먼지를 깨끗이 씻어 주고 있습니다.
자연은 온갖 꽃들이 피어나고, 또 지고 있습니다. 이 봄비로 더욱더
맑고 청량한 아름다운 봄이 이어졌으면 좋겠습니다.

2. 가끔은 우리의 마음속에도 하느님의 은총의 단비가 내렸으면 좋
겠습니다. 세상살이에 찌들고, 지치고, 힘들어하는 우리 마음속의
더러운 때와 어둠을 깨끗이 씻어 주었으면 합니다.

3. 제가 처음 비행기를 타던 날이 생각납니다. 부제반 때 제주도로
졸업 여행을 갔는데 그때 난생처음 비행기를 타 보았습니다.
비가 주룩주룩 내리고 있었습니다. 그래도 비행기를 처음 타 본다
는 설렘과 제주도에 처음 가 본다는 기대감으로 마음은 풍선 부풀
듯이 한없이 흥분되었습니다.

4. 비행기가 빗속을 뚫고 이륙을 합니다. 비행기가 상승하더니 구
름 속을 뚫고 계속 올라갑니다. 그때 저는 깜짝 놀랐습니다. 땅에서
는 비가 내리고 있었는데 구름 위에서는 빛나는 태양이 우리를 반

겨 주고 있었기 때문입니다.

5. 그때 저는 깨달았습니다.
'아, 우리가 보는 세상이 다가 아니구나! 내가 미처 보지 못하는 또 다른 세상이 있구나!'

6. 우리는 많은 경우에, 아니 대부분의 경우에 자신이 보고, 듣고, 느끼는 것이 '다'라고 생각하는데 조금만 생각을 달리하면 다른 차원의 세상이 보입니다. 내가 보고, 듣고, 느끼는 것은 단지 나의 차원일 뿐입니다. 세상에는 내가 보고, 듣고, 느끼는 것보다 훨씬 다른 세상이 있고, 다른 차원의 세상도 있는 것입니다.

7. 그래서 인생은 죽을 때까지 배워야 하는 것이고, 좀 더 귀를 기울여 다른 세상의 이야기를 들어야 하고, 좀 더 눈을 크게 떠서 다른 세상을 보아야 하는 것이며, 좀 더 마음을 열어서 나를 넘어서는 큰 차원의 세상을 느낄 수 있어야 하는 것입니다.

8. 사람은 나이가 들면서 두 종류의 사람으로 나뉜다고 합니다.
첫째는 모든 것이 자기중심적인 사람입니다. 내가 생각하고, 보고, 듣는 것이 다라고 하면서 다른 사람의 생각이나 다른 차원의 세상에 대해서는 눈귀를 막고 사는 사람입니다. 당연히 자기 목소리가 커질 수밖에 없고, 고집이 세집니다. 그래서 세상과 주변 사람들에 대해서 불만과 불평이 많아집니다. 자기 생각만이 옳고, 다른 사람의 생각은 틀렸다고 생각하기에 그에게는 자비심도, 용서하는 마음도 없습니다. 마치 세상을 다 아는 것처럼 배우려 하지도 않고, 들으려 하지도 않습니다. 당연히 주변에 사람이 없을 수밖에 없죠.

두 번째는 눈과 귀와 마음이 열려 있는 사람입니다. 그는 나이가 들었어도 언제나 새로운 세상에 대한 관심과 도전 의식이 있습니다. 그래서 자기가 알지 못하는 세상에 대해 배우려 하고, 들으려 하고, 느끼려 합니다. 세상은 넓고 크다는 것을 알고 있기에 언제나 겸허한 마음을 가지고 있습니다. 언제나 다른 사람의 생각에도 일리가 있다고 생각하며 그의 이야기를 적극적으로, 긍정적으로 들어 줍니다. 결코 판단하지 않고, 단죄하지 않으며, 비난하지 않습니다. 비록 자기 생각과 많이 달라도 끝까지 들으려 하기에 그를 좋아하는 사람이 많을 수밖에 없습니다. 그는 자비롭게 나이를 먹게 됩니다.

9. 우리는 어떻게 나이를 먹어야 합니까? 당연히 두 번째 사람처럼 나이를 먹어야 하죠. 그래야 나이가 들어서도 인자하고, 자비롭고, 언제나 사랑이 많은 사람이 될 수 있는 것입니다. 주위 사람들을 인정하고, 그들의 삶에 대해 존경심과 경외심을 갖고 있을 때 나의 삶도 인정받을 수 있고, 누군가에게는 삶의 모범과 멘토가 될 수 있는 것입니다. 나이가 들어 신체적인 기능은 약화되지만 우리의 정신적인 면은 훨씬 더 풍요롭고, 더 아름다워져야 합니다. 그것이 진정으로 나이를 먹는, 세월을 먹는 사람의 모습일 것입니다.

10. 신앙의 세계에서는 더욱더 그러해야 합니다. 신앙은 사실 인간의 차원을 넘어서는 영적인 차원의 일입니다. 하느님께서 우리 인간에게 선물로 주신 영적인 힘으로 우리는 이 세상을 넘어서는 하느님의 신비한 세계를 탐구하고 깨달을 수 있게 되었습니다. 그러

하기에 신앙은 우리가 미처 깨닫지 못한 세상, 깨닫지 못한 진리, 깨닫지 못한 하느님의 사랑이 참으로 무궁무진합니다.

11. 그러하기에 어리석고 우매한 인간이 자신이 알고 있는 것이 신앙의 기준이고 척도라고 한다면 그는 인간이 지을 수 있는 가장 큰 오만과 교만의 죄를 짓게 되는 것입니다. 구름 위의 세상도 모르는 인간이, 내일의 상황도 모르는 인간이 어찌 감히 하느님의 신비에 대해서 안다고 이야기할 수 있겠습니까?

12. 그래서 우리는 하느님의 신비 앞에서, 우리의 신앙 앞에서 참으로 겸허한 마음, 겸손한 마음을 가져야 합니다. 감히 우리가 알 수 없는, 생각할 수 없는, 깨달을 수 없는 신비와 진리를 하느님께서 예수님을 통해서 가르쳐 주신다는 사실에 참으로 감사와 찬미를 드릴 수 있어야 합니다. 그리고 우리를 신앙의 세계에 초대해 주신 하느님의 섭리와 사랑에 무한한 감사와 영광을 드릴 수 있어야 합니다. 그리고 우리를 사랑하시기에 가르쳐 주시는 하느님에 대해서 좀 더 진지하게 생각하고, 공부하고, 기도할 수 있어야 합니다.

13. 가끔 어떤 사람을 보면 도대체 왜 신앙생활을 하는지 그 이유가 헷갈릴 때가 많습니다. 하느님 때문에 신앙생활을 하는 것이 아니고, 자기가 이 세상을 좀 더 편하게 살아 나가기 위한 방편으로 신앙생활을 하는 것이 아닌가 하는 생각이 들 정도입니다.
신앙은 오로지 하느님과의 관계 안에서 자신의 삶을 깨닫고, 오직 하느님을 내 삶의 기준으로 삼기 위해서 노력하는 것입니다. 그런데 인맥을 얻기 위해서, 어떤 도움을 받기 위해서, 또는 남들에게 잘 보이기 위해서, 또는 자신의 역량을 과시하기 위해서 신앙생활을 하는 것이 아닌가 하는 의구심이 들 때도 많습니다.

14. 그런 사람들은 당연히 신앙의 위기가 닥치면 절대로 그 위기를 벗어나지 못합니다. 수많은 냉담자들이 그 위기 속에 계시는 하느님을 깨닫지 못하고 있는 것이 아닌가 합니다. 나에게 현실적인 도움이 안 되는 하느님을 믿기 힘들어합니다. 내가 고통스러울 때 하느님은 어디에 계셨느냐고 항변하면서, 이 세상과 교회의 어둠 앞에서 과연 하느님은 계시냐고 투덜거리면서, 때로는 하느님을 부인하고, 때로는 언젠가 다시 나에게 하느님이 도움이 되면 그때 나갈 것이라고 미화하고, 책임전가를 하고, 자기 항변을 합니다.

15. 자기중심적인 사람은 참으로 신앙 안에서 올바로 커 나가기 힘들어합니다. 그들은 자기 삶의 주인이 바로 자기라고 생각하기 때문입니다. 내 삶에 주어진 모든 것이 바로 나의 노력 때문이라고 생각하기 때문입니다. 그러하기에 신앙의 신비와 진리에는 한 발자국도 나아가지 못합니다. 자기 자신이 너무 크기 때문입니다. 내가 내 삶의 주인이기 때문에 하느님이 그의 마음 안에 도저히 들어오실 수가 없는 것입니다.

16. 오늘은 예수님의 승천 대축일입니다. 예수님의 부활도 이해 못하면서 어찌 예수님의 승천을 이해할 수 있겠습니까? 눈을 열고, 귀를 열고, 마음을 열어야 우리 삶의 주인이 하느님이심을 깨달을 수 있고, 그래야 예수님이 우리 마음속에서 부활하실 수 있는 것이며, 부활의 완성이 바로 승천이며, 성령 강림이심을 깨달을 수 있는 것

입니다.

17. '내 삶의 주인이 바로 하느님이시다.'라는 가장 기본적인 진리
조차 깨닫지 못한다면 우리가 어찌 그 깊고 깊은 신앙의 진리들을
깨달을 수 있겠습니까?

"형제 여러분, 하느님께서 여러분에게 지혜의 영을 주시어 여러분
안에 있는 그 크고 위대한 희망이 무엇인지 깨닫게 해 주시고, 여러
분 안에 있는 하느님의 힘이 얼마나 큰지 깨닫게 해 주시길 빕니
다." 아멘.

삼위일체 대축일(2018. 5. 27.)

"보라, 내가 세상 끝날까지
언제나 너희와 함께 있겠다."

1. 어제 저녁에 성모님의 밤 행사가 있었습니다. 예년과 달리 성모님을 꽃가마에 태우고 행렬이 있었고, 어둠 속에서 촛불을 밝혀 들고 새로 창단된 소년레지오 학생들의 낭랑한 선창으로 묵주의 기도가 있었으며, 중고등부 학생들의 노래와 첫 영성체를 준비하는 어린이들의 과달루페 성모님의 무언극이 있었습니다.

정말 소박하지만 정과 사랑이 넘치는 성모님의 밤이었습니다. 금호동에서의 정취가 물씬 풍기는 모습이었습니다.

2. 문득 성모님은 어떤 동네에서, 어떤 분위기에서 자랐을까 생각해 보았습니다. 성모님이 자라신 나자렛이라는 동네는 산언덕 위에 있는 조그마한 시골이었습니다. 그 동네에는 사실 잘사는 사람이 별로 없었습니다. 산중턱에 텃밭을 일구고 가난하게 사는 사람들이었습니다. 토굴과 같은 움막에서 생활하였으며, 경제적으로 빈곤함, 그 자체였습니다.

그러나 추측컨대 그 동네 사람들은 정이 있었을 것입니다. 가난하고 힘든 삶을 살아야 했기에 서로에게 의지하면서 살아갈 수밖에 없었을 것입니다. 서로가 서로를 아주 잘 아는 동네였습니다. 그래서 때로는 아옹다옹하기도 하지만 이웃집의 아픔이 내 아픔이었을 것입니다. 그 동네에서는 그 동네를 떠나서는 살아가기 힘든 묘한 정이 있었을 것입니다.

3. 그래서 성모님은 시골구석에 사는 가난하고 비천한 자신에게 내리시는 하느님의 크신 자비를 누구보다도 크고, 깊게 느끼셨을 것입니다.

"내 영혼이 주님을 찬송하고, 내 마음이 기뻐 뛰노나니 그분께서 당신 종의 비천함을 굽어보셨기 때문입니다. 그분께서는 마음속 생각이 교만한 자들을 흩으시고, 비천한 이들을 들어 높이셨으며, 굶주린 이들을 배불리시고, 부유한 자들을 빈손으로 내치셨습니다."라고 찬송할 수 있으셨습니다.

4. 하느님께서 부유하고, 권력 있고, 똑똑하고, 능력 있는 자들을 택하시지 않고, 가난하고, 비천하고, 힘없고, 굶주리는 이들을 선택하시는 자비를 찬송하고 있는 것입니다.

5. 그래서인지 성모님의 발현을 체험한 사람을 살펴보면 그 동네에서 가장 가난하고, 힘없고, 내세울 게 없는 사람들이었습니다. 루르드에서의 베르나데트도 아버지가 사업에 완전히 실패해서 집도 없었고, 게다가 그녀는 천식 환자였습니다. 어느 하나 세상에 내놓을 것이 없는 비천한 환경이었습니다. 파티마의 세 아이도 마찬가지이고, 과달루페의 후안디에고도 그 동네에서 제일 가난한 사람이었습니다.

6. 예수님께서도 당신의 제자를 선택하실 때 마찬가지이셨습니다. 배운 것 없고, 가진 것 없고, 능력도 별로 없는 제자들을 선택하셨습니다. 세상적으로 보면 참 어리석은 선택이셨던 것입니다.

7. 왜 하느님의 선택과 예수님의 선택 기준은 이 세상의 판단 기준과 다른 것일까요?

8. 우리가 사는 세상은 똑똑하고, 능력 있고, 잘생긴 사람, 또는 이쁜 사람을 선호합니다. 그래서 똑똑해지고, 능력 있어지기 위해서 그야말로 목숨을 겁니다. 또 잘생겨지기 위해서, 이뻐지기 위해서 그야말로 모든 것을 다 겁니다.

9. 저도 한때는 잘나고, 똑똑하고, 능력 있는 사람이 좋았습니다. 못나고, 무식하고, 무능력한 사람이 싫기도 하였습니다. 그러나 돌이켜 생각해 보면 저에게 배신과 아픔을 준 사람은 다 나름대로 잘나고, 똑똑한 사람들이었습니다.

10. 생각을 해 봅니다. 왜 하느님께서는 못나고, 자라 온 환경에 문제가 많고, 무능력한 사람을 이뻐하시고, 그들을 선택하시는 걸까? 하느님의 판단 기준은 뭘까?

11. 하느님께서 보시는 눈은 확실히 다릅니다. 하느님께서는 드러난 면을 보지 않고 숨겨져 있는 이면을 보시는 분이 아닌가 합니다. 누구나 똑똑하고, 능력 있고 싶어 하지만 그리되지 못한 아픔을 보시는 것이 아닌가 합니다.

예컨대 우리는 성격이 이상한 사람을 싫어하지만 하느님께서는 그 사람이 그리될 수밖에 없었던 저간의 사정을 알고 계시기에 더더욱 마음을 쓰시고, 애정을 보여 주시는 것이 아닌가 합니다. 못생긴 사람들이 그리된 연유를 아시기에 그에게 더더욱 마음 아파하시는 것이 아닌가 합니다. 사회 경쟁에서 뒤처지는 사람들의 그 이면의 심정을 알고 계시기에 더더욱 힘을 내도록 위로와 용기를 주시는 것이 아닌가 합니다.

12. 우리는 때로 미워하기도 하고, 분노하기도 하고, 이해 못 해서 안달을 하기도 하지만 하느님께서는 우리가 당연히 미워하는 사람들, 분노하는 사람들, 이해 못 하는 사람들을 더더욱 애처롭게 바라보시는 것이 아닌가 합니다.

13. 때로 우리가 우리 자신을 용납하지 못해도 하느님께서만은 우리 존재를 인정해 주시고, 우리의 가치를 귀하게 여겨 주십니다. 왜냐하면 하느님께서는 내가 미처 알지 못하는 내 삶의 수많은 연유와 사연을 다 알고 계시기 때문입니다.

14. 진정한 사랑은 뭘까요? 하느님의 눈으로 보는 것이 아닐까 합니다. 이해하기 힘든 사람들, 미움이 솟구치는 사람들, 분노와 욕설이 터져 나오는 사람들, 우리를 힘들게 하는 사람들, 우리의 삶을 꼬이게 만드는 사람들, 이유도 없이 괜히 미운 사람들은 항상 존재하게 마련이고, 그 사람들 때문에 우리 마음이 혼란스럽고 괴로울 때가 많기 마련입니다.

15. 우리가 하느님처럼 그 사람들의 이면을 볼 수 있다면, 그 사람

들의 삶의 연유와 사연을 알 수 있다면, 그 사람들이 그리될 수밖에 없는 환경과 상처를 생각할 수 있다면 우리도 미움을 넘어서서 사랑과 이해가 가능하지 않을까 생각해 봅니다.

16. 우리가 이다음에 죽어서 다시 만나 그들의 그 한 많은 삶의 사연과 우여곡절, 수많은 상처를 알게 된다면 그들을 한없이 미워하고, 증오하고, 분노했던 우리 자신의 좁은 속이 얼마나 부끄러워질까 생각해 보면 '그때 좀 더 참을걸. 그때 좀 더 이해하려고 노력할걸.' 하는 후회가 물밀 듯이 밀려올 것입니다.

17. 어떻게 하면 사람들로부터 좀 더 자유로워질 수 있을까요? 어떻게 하면 내 마음속의 풍랑과 격랑으로부터 안정과 고요함과 침착함을 찾을 수 있을까요?
나 자신을 벗어나서 하느님께서 내 안에 머무시도록 해야 합니다. 그래야 내 좁은 시야에서 벗어나 크고, 광대하고, 넓은 시야를 가질 수 있게 됩니다. 하느님께서 내 안에 머무르셔야 나도 부족하지만 하느님의 눈으로 사람들과 세상을 바라볼 수 있는 은총을 얻을 수 있게 될 것입니다.

18. 하느님은 사랑의 하느님이십니다. 자비의 하느님이십니다. 당신이 우리를 귀하게 창조해 주셨으니 하느님께서는 내가 어떤 사람이든 나를 사랑해 주십니다. 내 주위 사람들에게도 역시 마찬가지입니다. 하느님의 능력은 그 이면을 보는 것입니다. 겉으로 드러난 결과, 현상을 보지 않고, 그 삶에 있어 왔던 과정과 연유와 사연을 바라보고 계시는 것입니다.

19. 우리는 부모님, 특히 어머니의 사랑을 통해서 하느님의 모습을 발견합니다. 세상으로부터 다 손가락질을 받는 사람이더라도 어머니는 그 자식의 이면과 내면을 보기에 어떤 경우라도 사랑을 멈출 수가 없는 것입니다. 부모의 마음을 천배, 만배 확대하면 그것이 바로 하느님의 마음인 것입니다.

20. 오늘은 삼위일체 하느님의 축일입니다. 하느님의 천지창조 때 이미 성자와 성령께서 함께 계셨고, 예수님의 수난 때 그 깊은 고통 속에서도 성부와 성령께서 함께 계셨으며, 또한 이 성령의 시대에 성부와 성자께서 함께 계신다는 것이 삼위일체의 신비입니다. 성부, 성자, 성령을 관통하는 것은 바로 사랑입니다. 사랑으로 성부, 성자, 성령께서 온전히 일치하고 계시는 것입니다. 삼위일체의 신비는 바로 사랑의 신비인 것입니다.

21. 우리 인생의 진정한 의미는 바로 진정한 사랑을 깨닫는 것이라고 할 수 있겠습니다. 사랑은 우리 인간의 진정한 본질이기 때문입니다.

22. 하느님의 눈으로 주위 사람들의 이면을 바라보려고 노력할 때 우리에게는 그 신비스러운 사랑의 힘과 능력이 함께할 것입니다. 하느님께서 우리 삶의 이면을 보고 계시기에 우리가 살아 있을 수 있는 것입니다.

"보라, 내가 세상 끝날까지 언제나 너희와 함께 있겠다." 아멘.

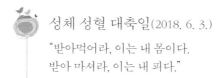

성체 성혈 대축일 (2018. 6. 3.)

"받아먹어라, 이는 내 몸이다.
받아 마셔라, 이는 내 피다."

1. 오늘은 어린이 13명이 첫 영성체를 하는 날입니다.

2. 아이들을 보노라면 마음이 흐뭇해지고, 마음속에 기쁨이 솟아오릅니다. 특히 이번 첫 영성체반 어린이들은 예년보다 훨씬 더 쾌활하고, 열심입니다.
지난번 본당의 날 때도 작은 공연을 통해 교우분들에게 큰 기쁨을 주었고, 또 성모님의 밤에는 과달루페의 성모님에 대한 공연을 통해 큰 감동을 주기도 하였습니다.

3. 어제 이 어린이들을 축하하는 작은 파티가 열렸는데 얼마나 큰 소리로 기쁘게 기도하는지, 보는 것만으로도 기특하고 대견스러웠습니다.
때 묻지 않은 순수함 속에 계시는 하느님의 모습을, 그리고 그런 어린이들을 기뻐하시는 예수님의 모습을 상상해 볼 수 있었습니다.
또한 함께 모여 하느님을 찬미하는 이들의 노력 속에 함께 계시는 사랑의 성령을 느낄 수 있었습니다.

4. 그저 보기만 해도 이쁘고 귀엽습니다. 그리고 너무나 사랑스럽

습니다. 이들의 해맑은 미소가 아름답고, 이들의 왁자지껄 떠드는 소리에서 이루 다 말할 수 없는 큰 에너지를 느끼게 됩니다.

5. 그러나 이 어린이들의 해맑은 미소, 때 묻지 않은 단순함과 순수함, 이 어린이들의 마음속에 있는 하얀 도화지 같은 마음들은 사실 거저 얻어진 것이 아닙니다.
그것은 하느님의 크신 사랑 안에서 부모님의 정성과 헌신, 희생과 사랑에 의한 결과인 것입니다.

6. 아이들의 해맑은 웃음소리 뒤에는 말로 다 표현할 수 없는 부모님의 사랑, 희생과 고통이 숨어 있는 것입니다.

7. 남자와 여자가 만나 사랑을 하고, 일생을 건 선택을 하고, 이 어려운 세상에서 서로를 위해 최선의 사랑을 하고, 그 사랑의 결실인 아기들이 태어납니다. 아기의 탄생은 그야말로 하늘의 선물이며, 서로의 사랑에 대한 선물인 것입니다. 엄마 뱃속에서 지극한 사랑 속에 열 달을 커 온 아기들이 이 세상에 태어날 때, 그 순간은 말로 다 표현할 수 없는 너무나 큰 감동의 순간이었을 것입니다. 남편과 아내에서 아빠와 엄마가 되는 순간은 평생 잊지 못할 귀중한 희열의 순간이었을 것입니다.

8. 아빠가 되는 순간, 또 엄마가 되는 순간부터 어떤 면에서는 진정한 인생이 시작되는 것이라 할 수 있겠습니다. 그 순간부터는 자신을 넘어서는 사랑, 이기적인 사랑에서 이타적인 사랑, 즉 조건 없는 사랑을 해야 되기 때문입니다. 이제 모든 삶의 중심은 아기의 생명

입니다. 그 생명을 키워 내기 위해서 부모는 그야말로 뼈를 깎는 노고를 바쳐야 하고, 어떠한 삶의 수고도 감당해 내야 합니다.

생명은 거저 키워지는 것이 아니기 때문입니다. 생명은 희생을 먹고 자라기 때문입니다. 이제 부모님의 삶을 위해서가 아니고, 아기들을 위해서 살아야 하는 새로운 삶의 국면을 맞이하게 되는 것입니다.

9. 유아기를 벗어나 초등학교에 입학했을 때 부모님의 마음은 참 많이 기쁠 것 같습니다. 이제 아기가 아니라 어린이가 되기 때문입니다. 생명을 위한 노력의 현장에서 하나의 성취감을 맛볼 수 있는 순간이지 않을까 상상해 봅니다. 초등학교에 입학하는 순간은 부모만이 느낄 수 있는 희열과 기쁨의 시간이었으리라 상상해 봅니다.

10. 이제 그 아기들이 커서 하느님 안에서 예수님을 받아 모시는 첫 영성체를 하게 됩니다. 하느님의 사랑 안에서 새롭게 태어나는 것입니다. 이제 하느님께서 이 어린이들에게 삶의 보호가 되어 주시고, 축복이 되어 주시고, 삶의 주인이 되어 주시는 것입니다. 이 순간 역시 하느님께서는 부모님과 함께 크게 기뻐하실 것입니다.

부모님들에게 말씀하실 것입니다.

"그래, 정말 애썼다. 아이들을 키우기 위한 너희들의 그 정성과 마음 그리고 그 희생과 고통을 내가 안다. 그리고 그 안에 함께 있는 너희의 사랑을 내가 안다. 너희 부모의 사랑 속에 나도 함께 있었다. 앞으로도 내가 너희와 함께 이 어린이들의 보호자가 되어 주겠고, 삶의 인도자가 되어 주겠다. 이제 더더욱 나와 함께 이 아이들을 위해서 최선의 노력을 다해 보자꾸나."

11. 언제나 그랬듯이 이제 새로운 시작입니다. 이제 이 어린이들의 몸과 마음속에 모셔진 예수님께서는 부모님의 사랑과 함께 하느님의 지극하신 사랑을 보여 주실 것이고, 그 사랑을 바탕으로 이 어린이들의 삶을 이끌어 가실 것입니다.

12. 부모님들의 하루하루가 모여 아기가 태어나고, 또 부모님들의 하루하루가 모여 아기가 초등학교에 입학하고, 또 부모님들의 하루하루가 모여 오늘의 이 기쁜 첫 영성체를 맞이하고 있는 것입니다. 그 하루하루는 때로는 아픔이기도 하고, 고통이기도 하고, 희생이기도 합니다. 자존심을 버리는 시간이기도 하고, 참아야 하는 시간이기도 합니다. 한마디로 사랑의 하루하루인 것입니다.
그 사랑은 아프고 힘든 것입니다. 자기 자신을 끊임없이 넘어서야 하는 성숙함이기도 한 것입니다. 때로는 보이지 않는 미래를 향한 강력한 희망이기도 한 것입니다.

13. 오늘은 성체와 성혈 대축일입니다.
가만히 생각해 보면 성체와 성혈도 부모님의 사랑과 같은 이치입니다. 한 알, 한 알의 밀알이 모이고 으깨져야만 성체를 이룰 수 있는 제병이 되는 것입니다. 한 알, 한 알의 포도가 모이고 으깨져야만 성혈을 이룰 수 있는 포도주가 되는 것입니다. 우리가 모시는 성체와 성혈 안에 얼마나 많은 밀알과 포도알이 숨어 있는 것일까요?

14. 언젠가 터키 순례를 한 적이 있는데 그곳에서의 빵맛을 결코 잊

을 수가 없습니다. 드넓은 자연 속에서, 강렬한 태양 속에서, 기름진 토양 속에서 가꿔진 밀로 만든 그 빵의 맛은 순수하면서도 담백하고, 정말 기분 좋은 빵 중의 빵이었습니다.

15. 요즘에는 와인을 즐기시는 분이 많습니다. 즐기는 차원을 넘어서서 몇 년도 와인인지, 어느 지역 산인지, 그 지역의 토양은 어떻고, 포도를 수확한 그해의 기후는 어떠했는지 등을 공부하는 사람도 많습니다. 그분들은 단지 와인이라는 술을 마시는 것이 아니라 그 와인을 마시면서 그때 당시의 태양과 풍광, 토양과 포도를 키우는 인간의 정성까지 즐기는 분들이기도 합니다.

16. 한 알의 밀알, 한 알의 포도 안에는 수많은 이야기와 사연이 담겨 있기 마련입니다. 우리의 하루하루도 바로 한 알의 밀알이요, 한 알의 포도알이라 할 수 있겠습니다.

17. 이 세상 사람들은 최고 품질의 밀과 포도를 선호하지만, 우리가 믿는 예수님께서는 비록 부족하기는 하여도 우리의 하루하루를 축복해 주시고, 우리의 삶을 성체로 변화시켜 주시는 분이십니다. 어렵고 힘든 여건 속에서 부족한 사랑으로 살아가는 우리들이지만 결코 차별하지 않으시고, 모든 삶을 다 축복해 주시는 것입니다. 비록 토양이 좋지 않다 하여도, 인간의 정성이 부족하다 하여도 물리치지 않으시고 미사를 통하여 당신의 몸과 피로 축복해 주시고, 당신의 몸과 피로 변화시켜 주시는 것입니다.

18. 인간의 삶 안에 있는 한 알의 밀알, 한 알의 포도알 속에는 그 누

구도 무시할 수 없는 그 자신만의 귀중한 사연과 삶의 이야기가 존재하기 때문입니다. 그러나 한 알로 남아 있을 때는 아무런 소용이 없습니다. 그것들이 모여 으깨져야 하는 것입니다. 자신의 모습이 사라지는 으깨짐, 그것은 바로 사랑만이 할 수 있는 것입니다.

19. 부모님들의 사랑, 그것은 여태까지 살아온 하루하루가 으깨진 모습입니다. 그래서 사랑은 고통스럽고 아픈 것일 수밖에 없습니다. 그러나 그것은 예수님께서 축복하시는 사랑입니다. 새로운 생명을 살리기 위한 사랑입니다.

20. 예수님께서도 우리를 살리시기 위해서 당신의 몸을, 하느님의 하루하루를 으깨고 계시는 것입니다. 우리는 단순한 성체만 모시는 것이 아니라 당신 자신이 쪼개지고 으깨지는 엄청난 사랑을 먹고 있는 것입니다.

21. 하느님께서 사랑하시는 이 어린이들의 마음속에 부모님의 사랑과 하느님의 엄청난 사랑이 인생의 아름다운 사랑의 꽃으로 피어나길 간절히 기도합니다.
"받아먹어라, 이는 내 몸이다. 받아 마셔라, 이는 내 피다." 아멘.

연중 제11주일 (2018. 6. 17.)

"하느님의 나라는 이와 같다. 어떤 사람이 땅에 씨앗을 뿌려
놓으면 밤에 자고 일어나고 하는 사이에 싹이 터서 자라는데,
그 사람은 어떻게 그리되는지 모른다."

1. 한낮에 약간 덥기는 해도 아침저녁으로는 선선합니다.
미세먼지가 좀 덜한 요즘 우리의 자연은 참으로 아름답습니다. 산
은 짙푸른 녹음이 우거져 있고, 맑은 하늘, 이쁜 구름은 우리의 마음
을 상쾌하게 합니다.

2. 저는 자연을 무척이나 사랑합니다. 피정지를 선택할 때도 꼭 자
연이 살아 있고, 아름다운 곳을 선택합니다. 인위적이고 인공적인
장소는 너무 싫습니다. 도심에 있는 피정집은 더더욱 싫어합니다.
아름다운 자연, 살아 있는 자연 속에서 만나는 하느님은 제 삶의 청
량제요, 영양제요, 제 에너지의 근간이기도 합니다.

3. 제가 왜 자연을 이토록 좋아하는지 생각해 보게 되었습니다. 거
기에는 엄청난 인생의 비밀, 하느님의 비밀이 숨어 있음을 문득 깨
닫게 되었습니다.

4. 제가 중학교 1학년 때 세례를 받았는데 그때 교리를 가르쳐 주시
던 수녀님이 "너는 세례명을 뭐라 했으면 좋겠냐?"고 물으셨고, 제
가 별로 생각해 보지 않았다고 대답하자 "그럼 프란치스꼬로 하는

게 좋겠다."고 말씀하셔서 자연스럽게 제 세례명이 프란치스꼬가 되었습니다. 생일과 비슷한 날짜의 축일을 세례명으로 정하는데 제 경우는 생일과는 전혀 상관없이 프란치스꼬라는 세례명이 정해졌습니다.

5. 작년 11월에 동창 신부님들과 이탈리아 자유여행을 다녀왔는데 그때 저는 저의 사부이신 프란치스꼬 성인의 아씨시에서 적어도 2박 이상 머무를 것을 강하게 이야기했고, 착한 동창들은 제 의견을 들어주었습니다. 아씨시에 머물면서 저는 내적으로 큰 감동을 받았습니다. 그곳의 자연은 참으로 아름다웠습니다. 그리고 너무나 평화로웠습니다. 아침저녁의 산보, 아씨시에서의 깊은 기도가 저에게 너무나 큰 힘과 평화와 깨침이 되었습니다.

6. 사부께서는 자연을 너무나 사랑하는 분이셨습니다. 태양을 형님이라 부르시고, 달을 누님이라 부르시며, 사람들을 괴롭히던 늑대를 설득하기도 하셨고, 새들과 친구가 되어 이야기를 나누기도 하셨습니다. 사부께서는 이 세상의 온갖 자연을 진정으로 사랑하셨고, 자연의 온갖 동식물들도 사부께는 마음을 열고 사랑을 나누었습니다.

7. 저는 제 세례명이 왜 프란치스꼬로 정해졌는지 그때 깨달았습니다. 수녀님께서는 어린 제 마음에 겨자씨처럼 작은 씨앗을 하나 심으셨던 것입니다. 아니, 하느님께서 그 수녀님을 통하여 제 마음속에 작은 씨앗 하나를 심어 주신 것이었습니다.

8. 대신학교 시절, 혼란의 그 시절에 저는 서울을 피해 광주신학교에 있었습니다. 서울은 최루탄과 반정부 시위로 몸살을 앓고 있었지만 제가 있던 광주신학교는 아름다운 자연과 함께 평온, 평화를 유지하고 있었습니다. 그때의 신학교 생활이 제 마음속에는 가장 아름답고 행복한 시절이 아니었나 생각해 봅니다. 매일매일 2시간 가까이 자연을 즐기며 하던 산보 시간이 제 마음속에 귀중한 인생의 자양분이 되었다고 생각합니다.

9. 사람은 이상하게도 이름에 따라 그 삶의 형태가 결정되고, 또 그리 살아가게 됩니다. 프란치스꼬라는 이름을 받은 저는 학생 때부터 너무나 자연스럽게 자연을 좋아하게 되었고, 자연 속에서 평화와 기쁨을 체험하게 되었습니다.

10. 서품을 받을 때 교구장님과 면담을 하게 됩니다. 그때 김수환 추기경님께서 물으십니다. "자네는 가난이 뭐라고 생각하나?" 그때 저는 조금의 주저함도 없이 "저는 가난을 자유로움이라고 생각합니다."라고 대답하였습니다. 그때 무슨 생각으로 그런 말을 했는지는 모르겠지만 '아마도 사부께서 제 마음속에 일러 주신 말씀이 아니었을까?'라고 수많은 세월이 흐른 지금 다시금 생각해 봅니다.

11. 저의 사제 생활은 외적으로 볼 때는 전혀 가난한 모습이 아닙니다. 그러나 저의 내적인 마음은 물질에 탐욕을 갖고 있지는 않습니다. 있으면 고맙고, 없어도 아무 불편함이 없습니다. 어떤 물건을 꼭 갖고 싶다는 생각도 없고, 더 잘 먹고, 더 편하게 살고 싶은 생각도 없습니다. 그저 주어지는 대로 살 뿐입니다. 있으면 좋고 편하지만,

없어도 아무 문제가 없고 불편하지 않은 삶을 저도 모르게 살고 있습니다.

어떤 사람이 저를 생각해서서 온갖 것을 다 해 주려고 하지만 저는 그 마음만 고마울 뿐이고, 필요한 것을 해 주서서 단지 감사할 뿐입니다. 물질에 그다지 구속받지 않는 저의 내적인 마음은 가난을 통해 자유로움을 추구했던 사부의 간구하심 덕분이 아니었나 생각해 봅니다.

12. 저는 사제 생활을 하면서 늘 갈등과 상처가 많았습니다. 곰곰이 생각해 보면 그 갈등과 상처는 이런 것이었습니다.

'왜 내 마음을 받아 주지 않는 걸까? 나는 나름대로 신자들을 위해서 최선을 다해 살아가는데 왜 그 마음을 이해해 주지 못하고 반대하고, 때로는 배신하는 것일까? 왜 내가 준 만큼 그들은 나에게 주지 않는 것일까?'

'내가 사랑해 주면 그들도 당연히 나를 사랑해 주어야 하는 것이고, 내가 이해해 주면 그들도 당연히 나를 이해해 주어야 하는 것이 아닐까?'

13. 아씨시에 머물면서 저는 내적으로 큰 충격을 받았습니다. 사부께서 말씀하십니다. "사랑받으려 하지 말고 사랑해라. 이해받으려 하지 말고 이해해라." 하는 늘상 알고 있던 말씀이 제 가슴속에 큰 충격으로 다가왔습니다.

아, 그렇구나. 내 상처는 어떤 면에서는 내가 만든 것이구나. 내가 사랑받으려 했고, 내가 이해받으려 했기에 내 마음속에 갈등과 상처가 생긴 것임을 새삼 깨닫게 되었습니다. 사랑을 원하기보다 내가 먼저 사랑했더라면, 이해를 원하기보다 내가 먼저 이해했더라면 나의 사제 생활이 좀 더 평화로울 수 있지 않았을까 반성해 봅니다.

14. 사부께서는 자연과 가난을 너무 사랑하셨고, 또 인간을 너무나 사랑하셨습니다. 마음속에 한없는 측은지심과 자비심을 갖고 계셨습니다. 당시 이탈리아는 마을 간의 싸움이 끊이지 않았습니다. 사부께서는 이 동네, 저 동네 다니시면서 사람들의 마음속에 평화와 기쁨을 심으셨습니다. 물질과 권력에 젖어 있던 아씨시는 그야말로 평화의 마을이 되었고, 그 평화가 지금까지 이어져 오고 있습니다. 인간을 그 자체로 사랑하시고 이해하시던 사부의 기도가 지금까지 통하고 있는 것입니다.

하느님께서는 인간을 사랑하시던 사부에게 하느님의 능력을 부여하십니다. 죽은 이를 살려 내시고, 병든 이를 고쳐 주시고, 사람들의 마음속에 하느님의 평화와 사랑을 전하게 하십니다.

15. 하느님을 사랑하고 그 뜻을 실천하는 사람에게 하느님께서는 당신의 능력을 부여하십니다. 인간의 힘으로가 아니고, 하느님의 힘으로 사람들의 마음속에 있는 불신과 미움을 이겨 나가게 하십니다.

16. 저도 부족하지만 사부처럼 되고 싶습니다. 저에게 부족한, 인간에 대한 측은지심의 마음과 보다 큰 자비로운 마음을 주십사 기도하고 있습니다.

17. 오늘 복음에서 예수님께서는 하늘나라의 신비를 겨자씨의 비유를 통하여 말씀해 주십니다. 겨자씨, 그 씨앗은 가장 작은 씨앗이

지만 이 세상의 어떤 풀보다도 커지고 큰 가지를 뻗어 새들이 그 그늘에 깃들 수 있게 된다고 말씀하십니다.

18. 제 어린 시절에 하느님께서 수녀님을 통하여 심어 주신 프란치스꼬라는 작은 겨자씨는 제 마음속에 항상 있어 왔고, 자연과 가난과 인간을 사랑하는 마음으로 커 온 것이 아닌가 합니다. 하느님께서 하시는 일은 참으로 신비스럽습니다. 아무 생각 없이 뿌린 듯한 작은 겨자씨가 하느님의 섭리 속에 한 인간의 마음속에서, 그 인생 속에서, 그 신앙 속에서 자라고 또 자랍니다.

19. 하느님께서는 인간을 통하여 인간에게 끊임없이 겨자씨를 뿌리시는 분이십니다. 그리고 그 사람이 의식하지 못해도 그 사람의 신앙과 인생 속에서 그 뿌려진 겨자씨를 정성껏 키우시는 분이십니다. 정성을 넘어서서 간절한 마음으로, 사랑으로 키워 내십니다. 무서리가 내리는 새벽에도, 천둥과 번개가 치는 밤에도, 숨조차 쉴 수 없는 한낮의 폭염 속에서도, 모든 것을 싹 쓸어 버릴 것 같은 태풍과 폭우 속에서도 그분께서는 눈을 부릅뜨시고 그 작은 씨앗을 노심초사하시며 키워 내십니다.

20. 내 인생 속에는 어떤 겨자씨가 있었는지 생각해 보아야 하겠습니다. 또 나는 누구에게 하느님의 겨자씨를 뿌리고 있는지도 생각해 보아야 하겠습니다.
"하느님의 나라는 이와 같다. 어떤 사람이 땅에 씨앗을 뿌려 놓으면 밤에 자고 일어나고 하는 사이에 싹이 터서 자라는데, 그 사람은 어떻게 그리되는지 모른다." 아멘.

연중 제14주일 (2018. 7. 8.)

"예언자는 어디에서나 존경받지만
고향과 친척과 집안에서는 존경받지 못한다."

1. 초여름의 날씨가 이틀 동안 정말 아름다웠습니다. 선선한 기온과 함께 펼쳐지는 하늘의 장대함과 아름다움, 그 속에서 춤추는 듯한 구름의 온갖 형태들, 먼 곳에 있는 산들도 손에 잡힐 듯이 가까이 보이는 깨끗함과 청아함 등등 기가 막힌 자연의 예술품들처럼 느껴집니다.

2. 이게 원래 우리나라의 풍광인데 온 산하를 뿌옇게 뒤덮고 있는 미세먼지를 보면 참으로 안타깝기 그지없습니다.

3. 미세먼지는 온갖 아름다움을 가려 버립니다. 매캐한 냄새와 함께 불쾌한 기분을 떨쳐 버릴 수가 없습니다.

4. 많은 신자분들이 저의 지나온 강론들을 다시 읽어 볼 수 없느냐는 요청을 하였습니다. 한참을 고민하다가 어떤 분의 소개로 출판사 사장님을 만나게 되었습니다. 그동안의 설명과 함께 제가 쓴 몇 개의 글을 보내 드렸습니다. 그랬더니 뜻하지 않게 그 사장님이 제가 쓴 글들을 책으로 내야 하겠다는 강한 의지를 보이셨습니다. 저는 책으로 낼 생각은 전혀 없었고, 간략하게 복사본을 만들어 원하

는 신자들에게 나눠 줄 생각이었는데 점차 책을 내는 쪽으로 일이 흘러가고 말았습니다.

막상 작업을 해 보니 분량이 만만치 않았습니다. 5년 동안의 강론을 모아 보니 1300페이지가 넘습니다. 많이 줄여서 200-300페이지로 하자고 했더니 너무 아깝다고 합니다. 그래서 두 권의 책을 내는 것으로 호기를 부리고 말았습니다.

5. 요즘 교정작업을 하고 있는데 책을 낸다는 것이 정말 보통 일은 아닙니다. 보잘것없는 글들을 책으로 내는 것이 한편으로는 부끄럽고 창피하기까지 합니다. 제 글들은 원래 출간을 목적으로 한 것이 아니기 때문입니다.

그러나 지나온 글들을 다시 읽으면서 많은 생각을 해 보게 됩니다. "아! 이 글들은 내가 잘나서 써진 것이 결코 아니구나. 그 세월 속에 함께 계셨고, 하느님께서 나를 도구로 삼아 신자들을 사랑하시는 방법이었구나."라는 느낌을 강하게 받게 됩니다. 제 글들을 통해서 하느님께서 어떤 일을, 어떻게 하실지는 조금도 예측할 수 없습니다. 그저 모든 것을 하느님께 맡기고 저는 마음을 비울 뿐입니다.

6. 추천사가 필요하다고 해서 얼마 전 우리 본당에 오셔서 특강을 해 주셨던 김병로 예수회 신부님께 부탁을 드렸습니다.

그 신부님이 보내신 글을 읽으면서 저는 깜짝 놀라고 말았습니다. 그 신부님의 추천사는 이러합니다.

"조 신부와의 첫 만남은 까까머리로 입학한 신학교에서였다. 벌써 40년에 가까우니 시간이 참으로 빠르다. 3년을 같이 살고는 서로 헤어졌다. 그리고 다시 만나 술잔을 기울이며 깊은 속내를 얘기한 것은 바로 얼마 전이었다. 그 만남은 적어도 40년 묵힌 만남이었던 셈이다.

그 만남에서 나는 하느님께서 인간 모두에게 주신 고유함에 믿음으로 충실하게 응답하고자 했던 나의 오랜 벗을 볼 수 있었다. 그리고 그것은 나에게도 참으로 큰 반향이 되었다. 왜냐하면 나는 그의 고유함을 그 시절에는 썩 좋아하지 않았기 때문이다.

그는 까만 얼굴에 하얀 이를 드러내며 밝게 웃는 그런 친구였다. 누구에게나 따뜻하고 밝은 웃음을 지으며 깊은 정감을 드러내는 그의 목소리의 감겨 옴이란⋯⋯. 하지만 그가 축구를 할 때 보이는 모습은 마치 튼튼한 다리를 지닌 한 마리의 말이 목표를 향해 뛰어가는 폭풍과도 같은⋯⋯ 그래서 그와 부딪치기라도 하는 날이면 반드시 그 대가를 육신의 아픔으로 치러야 하는⋯⋯ 그리고 공 앞에서는 어떠한 자비심도 없는 무시무시한⋯⋯.

아! 이런 모습들이 어떻게 한 인간 안에 공존할 수 있는지 내내 의아하고, 사실 그다지 진솔하게 보이지 않았던 것이 솔직한 나의 느낌이다.

하지만 오랜 세월이 흐른 후, 그가 살아온 본당신부로서의 삶을 들으면서 나는 나의 마음 안에 한 줄기 빛이 지나가는 것을 발견했다. '아! 그랬구나.' 내가 40년 전에 보았던 그의 무자비한 모습은 인간적인 것이라기보다 신앙에 바탕을 둔 영적인 것이었음을."

7. 제가 깜짝 놀란 이유는 바로 제가 축구를 하던 모습에서 이 친구는 무시무시한 공포를 느꼈고, 그 공포로 인한 선입견과 편견을 무

려 40년 동안이나 갖고 있었다는 사실입니다.

사실 저는 축구를 할 때도 "순간순간 최선을 다하자"는 저의 좌우명을 지키고 있었습니다. 저는 최선을 다해 온 운동장을 누비고 뛰어다녔지만 친구들은 그런 저의 모습 속에서 자비가 없는 공포심을 느꼈던 모양입니다. 아마 아직도 그런 오해와 편견 속에서 저를 바라보는 친구들이 많을 것입니다.

8. 무려 40년이 지난 지금에야 그 오해가 풀렸습니다. 지금에서야 그 친구는 그때 내가 왜 그리도 무식하게 뛰어다녔는지 이해하게 되었다고 이야기합니다. 역시 남자들에게 있어서는 마음을 연 한잔의 술이 큰 위력을 발휘하기도 합니다.

9. 저는 저의 삶을 산 것인데 제 마음을 알 길이 없는 친구들은 그저 겉으로 드러나는 저의 모습만을 보며 오해하고 편견을 가질 수 있음을 새삼 깨달을 수 있었습니다. 인간에게 있어 오해와 편견의 늪이 얼마나 깊은 것인지 새삼 생각해 보게 되었습니다.

10. 오늘 복음에서도 예수님께서는 고향 사람들에게 배척당하십니다. "저 사람이 어디서 저 모든 것을 얻었을까? 어디서 저런 지혜를 받았을까? 그의 손에서 어떻게 저런 기적들이 일어날 수 있을까?" 하며 예수님을 못마땅하게 여깁니다. 심지어는 벼랑 끝으로 몰고가 예수님을 그 아래로 떨어뜨리려고까지 합니다.

11. 아마도 동네 사람들은 마리아가 결혼하기 전에 이미 예수님을 잉태하였다는 사실을 기억하고 있었을 것입니다. 그 동네는 이웃집

에서 무슨 일이 일어나는지, 숟가락이 몇 개인지까지 다 아는 동네였기 때문입니다. 어떤 면에서 마리아는 부정한 여인이고, 그의 아들 예수 역시 부적절한 관계 속에서 태어났다는 오해와 편견과 선입견이 머릿속에 가득하였을 것입니다.

아마 성모님도 그런 동네 사람들의 분위기를 잘 알고 있었기에 그야말로 조용하게 예수님을 키울 수밖에 없었을 것입니다. 하느님께서 하신 일을 설명할 수도 없었을 것이고, 또 그리 설명한다 해도 동네 사람들의 오해만 더 커질 뿐 이해할 수 있는 사람이 별로 없었을 것입니다.

12. 성모님은 그야말로 이 세상의, 또 이 세상 사람들의 오해와 편견 속에서 인내와 침묵으로 사실 수밖에 없으셨을 것입니다. 그저 "하느님만은 아십니다. 당신의 뜻이 이루어지길 간절히 빕니다."라고 매일 고통 속에 기도를 바칠 수밖에 없으셨을 것입니다. 언젠가는 하느님께서 하신 일이 명명백백하게 드러날 것임을 믿고 살아가실 수밖에 없으셨을 것입니다.

13. 이 대목에서 성모님의 영성이 새롭게 느껴집니다. 이 세상 사람들의 오해와 편견 속에서도 하느님만을 믿고 산다는 것은 사실 쉬운 일이 아니었을 것입니다. 그러나 성모님은 꿋꿋하게 견뎌 내십니다. 그것은 하느님께 대한 신뢰 때문이었을 것입니다. 하느님께 대한 신뢰와 믿음이 없었다면 그 차갑고 냉혹한 사람들의 시선과 오해와 편견을 이겨 나가기 어려우셨을 것입니다.

아마도 하느님께서는 가슴 아프지만 성모님이 평생 동안 겪어 내서야 할 고통을 이겨 나갈 수 있는 마음의 준비를 위해서 그런 험한 삶의 여정을 허락하셨는지도 모르겠습니다.

14. 하느님의 나라를 당당하게 설파하시며 하느님의 사랑과 능력을 기적으로 보여 주시는 예수님에 대해서도 동네 사람들은 쉽게 받아들이지 않았고, 믿으려 하지 않았습니다. 오히려 하느님을 모독한다면서 신앙의 분노를 느끼고 예수님을 벼랑 끝으로 몰고 갑니다.

15. 그러나 예수님께서는 그들의 신앙의 분노, 편견과 선입견의 그 험한 파도를 뚫고 당당하게 그 한가운데를 지나가십니다. 그분의 권위 있는 몸짓에 동네 사람들은 움츠러들지만 여전히 자신들의 고집과 아집, 그리고 편견과 오해와 선입견을 버리지 않습니다. 예수님께서는 자신이 자라셨던 그 동네에서는 더 이상 하느님의 사랑과 능력을 보여 주실 수 없으셨습니다.

16. 아름다운 자연이 미세먼지로 그 고유한 아름다움을 보여 주지 못하듯이 인간사에도 온갖 오해와 편견, 억측과 선입견이 인간의 아름다움을 가로막고 있는 것이 우리가 사는 현실이 아닌가 합니다.

17. 우리는 더 이상 이 세상의 오해와 편견에 대해 속상해하지 말아야 하겠습니다. 그 누구도 내 깊은 마음을 알아주기는 어렵습니다. 또 설명해 주기도 어렵습니다.
저도 사제 생활을 하면서 저에 대한 무시무시하고도 무지막지한 오해와 편견이 있음을 알고 있고, 또 느끼고 있습니다. 그러나 우리는

"하느님은 내 깊은 속내를 알고 계신다."는 점을 분명하게 믿을 수 있어야 하겠습니다. "하느님께서 내 마음을 알고 계시니 그것으로 됐다."라고 할 수 있어야 하겠습니다. 구름과 같은 이 세상의 오해와 편견으로 인한 아픔과 상처에서 벗어나야 하겠습니다. 세상과 사람들은 자기들이 편한 대로 느끼고 생각한다는 사실을 생각해 보아야 하겠습니다.

"예언자는 어디에서나 존경받지만 고향과 친척과 집안에서는 존경받지 못한다." 아멘.

연중 제15주일(2018. 7. 15.)

"인생의 길을 떠날 때에 지팡이 외에는 아무것도,
빵도, 여행 보따리도, 전대에 돈도 가져가지 말라.
신발은 신되, 옷도 두 벌은 껴입지 말라."

1. 날씨가 너무 덥습니다. 그러나 미세먼지가 없어서 하늘도, 구름
도, 산야도 이쁘고 아름답습니다. 공기도 비교적 쾌청합니다. 숨쉬
기도 좋습니다. 덥긴 하지만 미세먼지가 없다는 것만으로도 견딜
만합니다.

2. 1년 반 전부터 어금니가 아프기 시작했습니다. 금호동 본당에 오
기 전 서울의 유명한 대학병원에서 치아에 대한 전반적인 치료를
받았는데 또다시 아프기 시작한 것입니다. 할 수 없이 이곳저곳 치
과를 알아보았습니다. 한 신자분이 치과는 정말 실력 좋은 데를 다
녀야 한다며 소개해 주었습니다.

여태까지 다녀 본 치과 중 가장 아프지 않았고, 젊은 의사임에도 실
력이 좋다는 것을 금방 느낄 수 있었습니다. 아주 천천히 치아에 대
한 치료가 시작되었습니다. 제 어금니를 진찰하더니 아무래도 임플
란트를 하는 게 좋다고 합니다.

3. 1년 반이라는 시간을 통해 2개의 임플란트를 하였습니다. 새로
운 치아가, 그것도 어금니가 2개 생겼다는 것은 하나의 기쁨이었습
니다.

4. 사실 저는 골격 하나만큼은 아주 좋게 태어난 것 같습니다. 동창 의사는 "신부님은 웬만한 병이 와도 골격이 워낙 좋아 다 이겨 나갈 것"이라고 말합니다. 사실 제 치아도 원래는 참 건강한 편이었습니다. 그런데 관리를 소홀히 한 데다 그동안 좋은 치과의사를 만나지는 못했던 것 같습니다.

5. 이제 새로 생긴 2개의 어금니가 참 든든하고 기쁘기까지 합니다. 그동안의 관리 소홀에 대해 반성하면서 새로운 치아에는 정성을 기울이고 있습니다.

6. 엊그제 주교님과 면담이 있었습니다. 사실 저는 올봄에 사제 연수 프로그램 중 제주도 엠마오의 집 연수를 신청한 바 있었습니다. 서울교구의 젊은 신부들이 오랫동안 본당신부 발령을 받지 못하고 있습니다. 소위 말하는 인사 정체현상 때문입니다. 저라도 본당을 비워 줘야겠다는 생각에 연수를 신청하게 되었습니다.
또 한편으로는 본당신부라는 직책에서 벗어나 뭔가 새로운 사제의 삶을 살고 싶은 생각도 있었습니다. 오랫동안 본당신부로 있으면서 내면이 고갈되고 지치는 제 모습을 발견하기도 하였고, 새로운 삶에 대한 갈망을 갖고 있는 저 자신을 발견하였기 때문입니다.

7. 주교님께서는 기쁘게 허락해 주셨습니다. 금호동에서의 삶에 대해서도 칭찬을 아끼지 않으셨습니다. 그리고 새로운 삶에 대한 의지에 대해서도 격려하셨습니다.

8. 금호동에서의 삶이 어떠했냐는 주교님의 질문에 저는 저에게 주

신 사제직에 대해 많이 생각해 보고 기도할 수 있었던 좋은 시간이었다고 대답하였습니다.

9. 이제 마음이 아주 홀가분합니다. 마음 깊은 곳에서 기쁨과 새로운 삶에 대한 희망과 기대가 솟구쳐 오르기도 합니다.

사실 모든 결정은 제가 하는 것이지만 주님께서 이끌어 주시는 것이 아닌가 합니다. 제 삶 안에 함께하시는 주님께서 제 인생의 결정적인 순간에는 언제나 함께해 주심을 보다 분명하게 느끼게 됩니다. 저를 정말로 사랑하시기에 제가 가는 길에 항상 함께하셨고, 모든 기쁨과 슬픔에 또한 함께하여 주심을 고백하지 않을 수 없습니다.

10. 저의 기본적인 성향은 열정과 투지, 그리고 끈기입니다. 그동안의 사제의 삶을 보면 그런 열정으로 살아온 것이 아닌가 합니다. 그러나 이곳에서는 제가 갖고 있는 성향마저 자제시키시고, 마음을 비우게 하시고, 또 때로는 저 자신을 온전히 버리게끔 하시는 주님의 섭리를 조금이나마, 이제나마 느끼게 됩니다.

그동안 저 자신으로 살아왔다면 이제부터는 하느님의 뜻 안에서 살게끔 이끄시는 것이 아닌가 합니다. 새로운 치아와 함께 새로운 마음, 새로운 생각으로 새로운 삶으로 이끄시는 것이 아닌가 합니다.

11. 물론 제주도 연수는 3개월이고, 그 이후의 시간에 대해서는 아무것도 결정된 것이 없습니다. 다만 그분께서 이끄시는 대로, 저를 쓰시고 싶으신 대로 그저 맡겨 드리겠다는 마음뿐입니다. 그분께서 저를 어떻게 이끄실지 전혀 예상할 수는 없지만 또 다른 새로운 삶을 준비하시는 것이 아닌가 하는 감만 있을 뿐입니다.

다만 여태까지와는 달리 저의 의지, 감정, 생각까지도 다 그분께 맡겨 드릴 뿐입니다. 여태까지 저의 삶을 이끌어 오셨듯이 앞으로도 이끌어 주실 것이라는 신뢰를 갖고 있을 뿐입니다. 이제 제 삶의 주도권은 저에게 있는 것이 아니라 그분께 있음을 고백하게 됩니다.

12. 오늘 복음에서 예수님께서는 열두 제자를 파견하시며 말씀하십니다. "길을 떠날 때에 지팡이 외에는 아무것도, 빵도, 여행 보따리도, 전대에 돈도 가져가지 말라고 명령하시며, 신발은 신되 옷도 두 벌은 껴입지 말라."고 하십니다.

13. 길을 떠날 때 빵, 여행 보따리, 돈, 의복은 절대적으로 필요한 것입니다. 그런데 인간의 생존조건인 그 모든 것을 하나도 가져가지 말라고 하십니다. 도대체 왜 그러시는 것일까요?

14. 하느님께서 필요한 것은 다 마련해 주실 테니 걱정하지 말라는 것입니다. 이 세상에 의지하지 말고, 오로지 하느님께만 의지하라는 것입니다. 그만큼 하느님을 믿고 신뢰하라는 것입니다. 나를 전하는 것이 아니고 하느님을 전하는 것이니, 하느님께서 주시는 능력과 섭리를 온전히 믿으라는 것입니다.
다른 말로 하면 들꽃마저도 화려하게 입히시는 하느님의 사랑과 이끄심을 온전히 믿으라는 것입니다. 이 세상의 방식에서 벗어나 전혀 새로운 삶의 방식을 보여 주라는 것입니다. 하느님께서 함께하시면 그 모든 필요한 것들을 필요한 만큼 받는다는 것을 깨달으라는 것입니다. 결코 혼자가 아니고 하느님께서 하시는 것이니, 그분의 현존하심을 굳게 믿으라는 것입니다.

15. 하느님께 대한 온전한 신뢰는 곧 하느님께 대한 사랑입니다. 어린 아기가 엄마 품에서 평온하게 있을 수 있듯이 모든 인간적인 걱정, 세상적인 걱정에서 벗어나야 한다는 것입니다. 또한 마음속에 늘 존재하는 두려움, 욕심에서도 벗어나야 한다는 것입니다.

16. 그리하면 더러운 영들을 제어하는 권한과 병을 고치는 능력을 받게 될 것이고, 전하는 말씀들이 사람들 안에서 새로운 생명으로, 구원으로 꽃필 것이라고 말씀해 주시는 것입니다.

17. 작년에 동창 신부들과의 이탈리아 자유 여행 때 아씨시에서 강하게 느꼈던 체험이 생각납니다. 프란치스꼬 성인은 정말 예수님을 깊이 사랑하셨고, 하느님께 온전히 의탁하셨습니다. 예수님을 얼마나 사랑하셨으면 예수님의 상처, 즉 오상을 달라고 간절한 기도를 바치기도 하셨겠습니까.

하느님께서는 성인에게 예수님의 고통에 동참할 수 있는 오상과 함께 하느님의 큰 능력을 허락해 주셨습니다. 병을 고치는 능력, 온갖 마귀를 쫓아내는 능력, 자연과 소통하는 능력, 사람들의 마음속에서 어둠을 쫓아내고 사랑과 평화를 심는 능력을 허락해 주셨습니다. 심지어 죽은 사람까지 살려내시는 특별한 능력까지도 허락해 주셨습니다.

18. 우리가 하느님께 온전히 의탁하고 신뢰할 수 있다면 하느님께서는 부족한 우리에게도 전능하신 당신의 능력을 선물로 주실 수 있음을 깊이 묵상할 수 있었습니다.

19. 정말 우리가 하느님께만 의지하면 하느님께서는 우리에게 필요한 모든 것을 아낌없이 베풀어 주신다는 것을 저는 제 사제의 삶을 통해 강하게 느끼고 체험하고 있습니다. 완전히 의지하지 못하는 부족함에도 불구하고 저에게 필요한 모든 것을 충분하게 채워 주심을 수시로 체험하고 있습니다.

그래서 저는 어려운 상황에서도 단 한 번도 부족함을 느끼지 못하고 충만하게 살아온 게 아닐까 하며 감사하고 있습니다. 하느님께서는 제 삶에 때로는 고통도 허락하셨지만 제 삶에 필요한 모든 것을 충분하게 채워 주셨음을 고백하지 않을 수 없습니다.

20. 하느님은 우리가 지금보다 조금만 더 믿고, 의지하고, 신뢰한다면 내가 내 삶을 이끄는 것보다 훨씬 더 나의 삶을 잘 이끌어 주신다는 사실을 굳게 믿을 수 있어야 하겠습니다.

"인생의 길을 떠날 때에 지팡이 외에는 아무것도, 빵도, 여행 보따리도, 전대에 돈도 가져가지 말라. 신발은 신되, 옷도 두 벌은 껴입지 말라." 아멘.